金融大模型

开发基础与实践

陈强 著

内容提要

本书结合具体实例循序渐进地讲解了金融大模型开发的核心知识。

全书共12章，分别讲解了大模型基础、大模型开发技术栈、数据预处理与特征工程、金融时间序列分析、金融风险建模与管理、高频交易与算法交易、信用风险评估、资产定价与交易策略优化、金融市场情绪分析、银行应用大模型开发实战、区块链与金融科技创新和未来金融智能化发展趋势。本书内容丰富全面，是学习金融大模型开发的优秀教程。

本书既适合已经掌握Python基础开发的初学者学习使用，也适合想进一步学习大模型开发、模型优化、模型应用和模型架构的读者阅读。本书不仅可以作为证券、保险、银行等行业从业者的参考书，还可以作为大专院校和培训学校的专业性教材。

图书在版编目（CIP）数据

金融大模型开发基础与实践 / 陈强著. -- 北京：
北京大学出版社，2024.8. -- ISBN 978-7-301-35320-2
I. F830.49
中国国家版本馆CIP数据核字第2024BP0020号

书　　　名	金融大模型开发基础与实践 JINRONG DAMOXING KAIFA JICHU YU SHIJIAN
著作责任者	陈　强　著
责任编辑	王继伟　刘　倩
标准书号	ISBN 978-7-301-35320-2
出版发行	北京大学出版社
地　　　址	北京市海淀区成府路205号　100871
网　　　址	http://www.pup.cn　新浪微博：@北京大学出版社
电子邮箱	编辑部 pup7@pup.cn　总编室 zpup@pup.cn
电　　　话	邮购部 010-62752015　发行部 010-62750672　编辑部 010-62570390
印　刷　者	河北滦县鑫华书刊印刷厂
经　销　者	新华书店
	720毫米×1092毫米　16开本　26印张　577千字 2024年8月第1版　2024年8月第1次印刷
印　　　数	1-3000 册
定　　　价	109.00 元

未经许可，不得以任何方式复制或抄袭本书之部分或全部内容。
版权所有，侵权必究
举报电话：010-62752024　电子邮箱：fd@pup.cn
图书如有印装质量问题，请与出版部联系。电话：010-62756370

前言

为什么写这本书?

在当今数字化和信息化的时代,金融行业正迅速演变为一个高度智能化和数据驱动的领域。金融机构、投资者和分析师需要依赖先进的技术和工具来处理庞大的金融数据、进行预测和决策,以获取竞争优势。因此,市场对金融领域的技术专业人士和从业者的需求不断增长,尤其是那些具备大模型开发和应用经验的人才。

本书填补了金融领域大模型开发的知识空白,是一本全面的指南。读者通过阅读本书,将掌握数据预处理、特征工程、时间序列分析、风险建模、高频交易、金融市场情绪分析和区块链等领域的关键技能。这些技能对金融从业者来说至关重要,能够提高他们的决策能力和风险管理能力。此外,随着金融科技的快速发展和区块链技术的兴起,金融领域对人工智能和大模型的需求将进一步增加。

本书提供了有关这些前沿领域的深入见解,为金融专业人士提供了宝贵的学习资源,有助于他们在竞争激烈的金融市场中脱颖而出。

本书的读者对象

- 数据科学家和分析师;
- 金融专业人士;
- 企业决策者和管理者;
- 从事人工智能研究的研究人员和学生。

温馨提示:本书附赠案例源代码,读者可用微信扫描封底二维码,关注"博雅读书社"微信公众号,并输入本书第77页中的资源下载码,根据提示获取。

目录

第1章 ▶ 大模型基础

1.1 人工智能 ...001
    1.1.1 人工智能的发展历程 ...002
    1.1.2 人工智能的研究领域 ...002
    1.1.3 人工智能对人们生活的影响 ...003
1.2 机器学习和深度学习 ...004
    1.2.1 机器学习 ...004
    1.2.2 深度学习 ...005
    1.2.3 机器学习和深度学习的区别 ...005

1.3 大模型介绍 ...006
    1.3.1 大模型的作用 ...007
    1.3.2 数据 ...008
    1.3.3 数据和大模型的关系 ...008
1.4 人工智能与金融行业交融 ...009
    1.4.1 人工智能驱动的金融创新 ...009
    1.4.2 大模型在金融行业中的应用 ...010

第2章 ▶ 大模型开发技术栈

2.1 深度学习框架 ...012
    2.1.1 TensorFlow ...012
    2.1.2 PyTorch ...013
2.2 数据预处理与处理工具 ...014
    2.2.1 Pandas ...014
    2.2.2 NumPy ...015
2.3 模型部署与推理 ...016

    2.3.1 Docker和Kubernetes ...016
    2.3.2 部署平台 ...017
2.4 其他技术 ...017
    2.4.1 模型训练和调优 ...017
    2.4.2 模型架构和设计 ...017
    2.4.3 加速、优化和安全性 ...018

第3章 ▶ 数据预处理与特征工程

3.1 数据清洗与处理 ...019
    3.1.1 数据质量检查与缺失值处理 ...019

    3.1.2 异常值检测与处理 ...023
    3.1.3 数据重复性处理 ...026

3.2 特征选择与特征提取 028
   3.2.1 特征选择方法 028
   3.2.2 特征提取技术 034
3.3 数据标准化与归一化 045
   3.3.1 标准化与归一化的概念 045
   3.3.2 金融模型中的标准化与归一化例子 045

第 4 章 金融时间序列分析

4.1 时间序列的基本概念 048
   4.1.1 什么是时间序列数据 048
   4.1.2 时间序列数据的特点 048
   4.1.3 时间序列分析在金融领域的应用 049
4.2 常用的时间序列分析方法 050
   4.2.1 移动平均法 050
   4.2.2 自回归模型 052
   4.2.3 自回归移动平均模型 055
   4.2.4 季节性自回归集成移动平均模型 058
   4.2.5 ARCH 和 GARCH 模型 062
   4.2.6 向量自回归模型 064
   4.2.7 协整分析 069
   4.2.8 机器学习方法 072

第 5 章 金融风险建模与管理

5.1 金融风险的概念与分类 078
   5.1.1 金融风险的基本概念 078
   5.1.2 金融风险的分类 079
5.2 基于人工智能的金融风险建模方法 080
   5.2.1 传统风险建模方法回顾 080
   5.2.2 机器学习在金融风险建模中的应用 081
   5.2.3 数据驱动的风险建模 082
5.3 制作贵州茅台的ARCH模型 083
   5.3.1 准备数据 083
   5.3.2 制作波动模型 083
   5.3.3 加入特征数据：市场指数 087
   5.3.4 制作股价预测模型 092
5.4 信贷投资组合风险评估模拟程序 095
   5.4.1 实例介绍 096
   5.4.2 设置信贷投资组合参数和可视化 096
   5.4.3 定义风险度量和计算风险贡献 098
   5.4.4 损失分布估计和可视化 104

第 6 章 高频交易与算法交易

6.1 高频交易 116
   6.1.1 高频交易的特点 116
   6.1.2 高频交易的挑战与风险 117
   6.1.3 传统高频交易策略回顾 118
   6.1.4 机器学习在高频交易中的应用 118
   6.1.5 高频交易中的预测建模 122
   6.1.6 量化交易框架 128
6.2 算法交易 128
   6.2.1 算法交易策略的特点和优势 129
   6.2.2 算法交易和量化交易的区别 129
   6.2.3 制作算法交易模型 130
6.3 量化选股程序 136
   6.3.1 Tushare令牌初始化 136
   6.3.2 辅助函数 136

6.3.3 保存结果	138
6.3.4 股票详情	138
6.3.5 选股策略	139
6.3.6 主程序	144

第7章 信用风险评估

7.1 信用风险的概念与评估方法 ... **146**
    7.1.1 信用风险的基本概念 ... 146
    7.1.2 信用评估方法 ... 147
7.2 人工智能在信用风险评估中的应用 ... **148**
    7.2.1 传统信用评估方法的局限性 ... 148
    7.2.2 机器学习与信用风险评估 ... 149
    7.2.3 风险模型的解释性与可解释性 ... 153
7.3 金融风险管理实战：制作信贷风控模型 ... **156**
    7.3.1 读取数据集数据 ... 156
    7.3.2 探索性数据分析 ... 157
    7.3.3 编码分类变量 ... 161
    7.3.4 数据分析 ... 163
    7.3.5 相关性分析 ... 167
    7.3.6 外部数据源 ... 172
    7.3.7 绘制成对图 ... 175
    7.3.8 特征工程 ... 177
    7.3.9 创建基线模型 ... 183
    7.3.10 优化模型 ... 186
    7.3.11 制作LightGBM模型 ... 192

第8章 资产定价与交易策略优化

8.1 资产定价模型概述 ... **201**
    8.1.1 常见的资产定价模型 ... 201
    8.1.2 金融市场的非理性行为 ... 205
8.2 基于人工智能的资产定价方法 ... **206**
    8.2.1 传统资产定价模型的局限性 ... 206
    8.2.2 机器学习与资产定价 ... 206
8.3 交易策略优化 ... **212**
    8.3.1 交易策略的基本概念 ... 212
    8.3.2 基于人工智能的交易策略优化 ... 213
8.4 股票交易策略实战：制作股票交易策略模型 ... **218**
    8.4.1 准备环境 ... 218
    8.4.2 准备数据 ... 219
    8.4.3 下载、清理和预处理股票数据 ... 220
    8.4.4 添加技术指标 ... 221
    8.4.5 拆分数据集 ... 222
    8.4.6 准备训练模型环境 ... 224
    8.4.7 训练DDPG模型 ... 225
    8.4.8 训练A2C模型 ... 229
    8.4.9 测试模型 ... 231
    8.4.10 保存交易决策数据 ... 232
    8.4.11 对交易策略进行模拟测试 ... 234

第9章 金融市场情绪分析

9.1 情绪分析的概念与方法 ... **236**
    9.1.1 情绪分析的基本概念 ... 236
    9.1.2 金融市场情绪的重要性 ... 237
    9.1.3 情绪分析的方法 ... 238
9.2 基于人工智能的金融市场情绪分析 ... **244**
    9.2.1 传统情绪分析方法的局限性 ... 244
    9.2.2 机器学习与情绪分析 ... 244
9.3 预训练模型：BERT ... **245**

9.3.1	BERT模型介绍 246	9.4.1	FinBERT模型介绍 254
9.3.2	情感关键字 248	9.4.2	基于FinBERT模型的市场情感分析
9.3.3	模型微调 251		系统 254
9.4	预训练模型：FinBERT......................254		

第10章 银行应用大模型开发实战

10.1	银行应用大模型基础 269	10.2.5	制作模型 297
10.1.1	银行应用大模型概述.............269	10.2.6	比较模型 303
10.1.2	大模型在银行业的重要性......270	10.3	银行消费者投诉处理模型 304
10.2	贷款预测模型................................271	10.3.1	背景介绍 304
10.2.1	项目背景 271	10.3.2	数据集预处理.......................305
10.2.2	数据集介绍 271	10.3.3	目标特征的分布...................310
10.2.3	数据探索 272	10.3.4	探索性数据分析...................312
10.2.4	数据预处理 292	10.3.5	制作模型 322

第11章 区块链与金融科技创新

11.1	区块链技术的概念与原理 337	11.3.6	构建模型和超参数调优.........368
11.1.1	区块链产生的背景.................337	11.3.7	模型评估 378
11.1.2	区块链的基本概念.................338	11.4	比特币价格预测系统 383
11.2	人工智能与区块链的结合应用............338	11.4.1	GreyKite介绍 383
11.2.1	人工智能与区块链的融合......339	11.4.2	数据预处理...........................384
11.2.2	区块链和大模型....................339	11.4.3	创建预测 387
11.3	检测以太坊区块链中的非法账户 340	11.4.4	交叉验证 389
11.3.1	数据集介绍 340	11.4.5	后测试 390
11.3.2	数据预处理 341	11.4.6	预测 391
11.3.3	数据分析 348	11.4.7	模型诊断 392
11.3.4	拆分数据集 362	11.4.8	使用LSTM训练模型 398
11.3.5	特征缩放 365	11.4.9	模型性能可视化...................401

第12章 未来金融智能化发展趋势

12.1	人工智能在金融领域的应用前景..........404	12.2.1	智能化金融服务的普及.........405
12.2	未来金融智能化发展趋势的展望..........405	12.2.2	区块链与数字货币的演进.....406
		12.2.3	金融监管与法规的调整.........407

第1章
大模型基础

本章导读

在机器学习和人工智能领域,"大模型"是指一类具有庞大参数数量和复杂结构的神经网络模型。这些模型通常有数以亿计的参数,能够处理复杂多变的任务和庞大的数据集。大模型的出现主要得益于计算能力的提升、数据集的增大以及算法的不断优化。本章将向读者介绍大模型的基础知识,为读者进一步学习后面的知识打下基础。

1.1 人工智能

人工智能(Artificial Intelligence,AI)是新一轮科技革命和产业变革的重要驱动力量,它是一门专注于研究、开发用于模拟、延伸和扩展人类智能的理论、方法、技术及应用系统的新兴技术科学。人工智能不是一个非常庞大的概念,单从字面上理解,是指人类创造的智能。那么什么是智能呢?如果人类创造了一个机器人,这个机器人能有像人类一样甚至超过人类的推理、知识、学习、感知处理等能力,那么就可以将这个机器人称为智能的物体,即实现了人工智能。

现在通常将人工智能分为弱人工智能和强人工智能,我们看到电影里的一些人工智能大部分都是强人工智能,它们能像人类一样思考如何处理问题,甚至能在一定程度上做出比人类更好的决定,它们能自适应周围的环境,解决一些程序中没有遇到的突发事件。但是目前在现实世界中,大部分人工智能只是实现了弱人工智能。这类人工智能系统能够让机器具备观察和感知的能力,在经过一定的训练后可以执行某些超出人类计算能力的任务,但是它并没有自适应能力,也就是它不会处理突发的情况,只能根据预先编程和预设的场景进行操作。

1.1.1 人工智能的发展历程

人工智能的发展历程可以追溯到20世纪50年代，其经历了几个阶段的演进和突破。以下是人工智能发展的主要阶段和里程碑事件。

（1）早期探索阶段（1950—1960）

1950年，艾伦·图灵（Alan Turing）提出了"图灵测试"，用于评估机器是否能够表现出人类智能。

1956年，美国达特茅斯学院的数学系助理教授约翰·麦卡锡（John McCarthy）等人发起"达特茅斯"会议，首次提出了人工智能的概念，这标志着人工智能作为一门新兴学科正式诞生。

1960年，人工智能研究集中在符号逻辑和专家系统上，尝试模拟人类思维过程。

（2）知识表达与专家系统阶段（1970—1980）

1970年，人工智能研究注重知识表示和推理，发展了多种知识表示方式，如产生式规则、语义网络等。

1980年，专家系统盛行，能够利用专家知识来解决特定领域的问题，但受限于知识获取和推理效率。

（3）知识与数据驱动的发展（1990—2000）

1990年，机器学习开始兴起，尤其是基于统计的方法，如神经网络和支持向量机。

2000年，数据驱动方法得到更广泛的应用，机器学习技术在图像识别、语音识别等多个领域取得突破。

（4）深度学习与大数据时代（2010年至今）

2010年，深度学习技术崛起，尤其是卷积神经网络（CNN）和循环神经网络（RNN）等模型在图像、语音和自然语言处理等多个领域表现出色。

2012年，AlexNet在ImageNet图像分类竞赛中获胜，标志着深度学习的广泛应用。

2016年，AlphaGo击败围棋世界冠军李世石，展示了强化学习在复杂决策领域的能力。

2019年，OpenAI发布了GPT-2模型，引发了关于大语言模型的讨论。

2020年，大模型和深度学习在多个领域取得了显著的突破，包括自然语言处理、计算机视觉、医疗诊断等。

未来，人工智能的发展趋势可能涵盖更高级的自主决策、更强大的学习能力、更广泛的应用领域，同时也需要关注伦理、隐私和社会影响等问题。

1.1.2 人工智能的研究领域

人工智能的研究领域主要有五层，具体如图1-1所示。

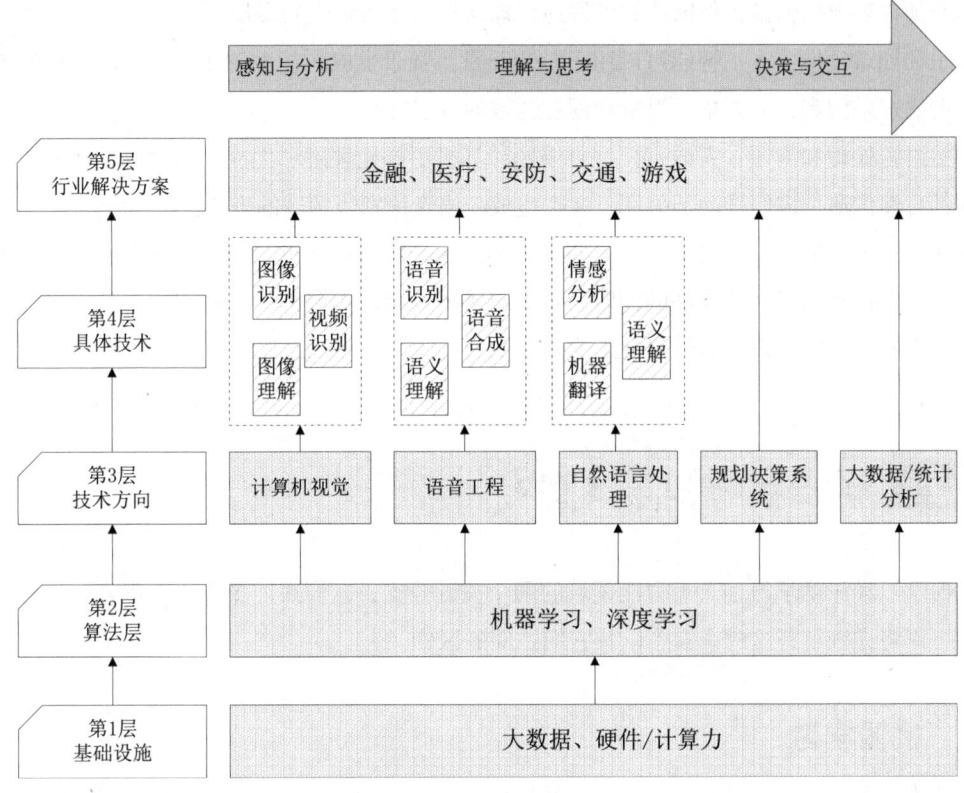

图1-1 人工智能的研究领域

1.1.3 人工智能对人们生活的影响

人工智能对人们生活的影响是多方面的,它已经在许多领域引起了深远的变革,主要包括以下几个方面。

自动化和生产效率提升:人工智能技术可以实现许多重复性、烦琐的任务的自动化,从而提高生产效率。例如,在制造业中,机器人可以执行装配、搬运等任务,从而提高生产线的效率和精度。

医疗和生命科学:人工智能在医疗诊断、药物研发和基因组学研究等领域有着重要的应用。它可以帮助医生更准确地诊断疾病,提高医疗决策的质量,同时加速新药的研发和疾病治疗方法的研究。

金融和商业:人工智能在金融领域可以用于风险评估、欺诈检测、投资分析等。它可以分析大量的数据,帮助人们做出更明智的金融决策,并提供个性化的客户服务。

交通和智能交通系统:人工智能可以改善交通流量管理、车辆自动驾驶、交通预测等。自动驾驶技术有望减少交通事故,提高交通效率,同时改善出行体验。

教育:人工智能可以个性化地定制教育内容,帮助学生更好地理解和吸收知识。人工智能还可以为教师提供智能辅助，帮助他们更好地管理课堂和评估学生的表现。

娱乐和创意领域：人工智能可以用于游戏开发、音乐生成、艺术创作等，可以模仿和创造出各种类型的娱乐内容，从而拓展娱乐和创意领域的可能性。

自然语言处理和沟通：大语言模型可以使计算机更好地理解和生成人类语言，促进了人与机器之间的自然沟通，进而推动了翻译、文本生成、语音识别等领域的进步。

然而，人工智能的发展也带来了一些挑战和问题，如就业变革、隐私和安全问题、伦理问题等。因此，在推动人工智能发展的同时，我们也需要仔细思考和解决这些问题，从而确保人工智能技术为人们的生活带来更多的积极影响。

1.2 机器学习和深度学习

机器学习和深度学习是人工智能领域的两个关键分支，它们在许多应用中都表现出了显著的性能。下面将详细解释这两个概念以及它们之间的区别。

1.2.1 机器学习

机器学习是一门多领域交叉学科，涉及概率论、统计学、逼近论、凸分析、算法复杂度理论等多门学科。机器学习专门研究计算机怎样模拟或实现人类的学习行为，以获取新的知识或技能，重新组织已有的知识结构使之不断完善自身的性能。

机器学习是一类算法的总称，这些算法试图从大量历史数据中挖掘出其中隐含的规律，并用于预测或者分类。更具体地说，机器学习可以看作是寻找一个函数，输入是样本数据，输出是期望的结果，只是这个函数过于复杂，以至于不太方便形式化表达。需要注意的是，机器学习的核心目标是确保学习到的函数式模型不仅能够在已知的训练样本上表现出色，而且更重要的是能够很好地适用于"新样本"或未见过的数据。这种将所学知识或规律应用到新情境下的能力，我们称之为模型的"泛化"能力。

机器学习需要海量的数据来进行训练，并从这些数据中得到有用的信息，然后反馈给真实世界的用户。

举一个简单的例子，当我们在天猫或京东购物的时候，天猫和京东会向我们推送商品信息，这些推荐的商品往往是我们自己很感兴趣的东西，这个过程正是通过机器学习完成的。其实这些推送商品是天猫和京东根据我们以前的购物订单和经常浏览的商品记录而得出的结论。

1.2.2 深度学习

前面介绍的机器学习是一种实现人工智能的方法,而深度学习是一种实现机器学习的技术。深度学习本来并不是一种独立的学习方法,其本身也会用到有监督和无监督的学习方法来训练深度神经网络。但由于近几年该领域发展迅猛,一些特有的学习手段相继被提出(如残差网络),因此越来越多的人将其单独看作一种学习方法。

假设我们需要识别某个照片是狗还是猫,如果是传统的机器学习方法,首先会定义一些特征,如有没有胡须、耳朵、鼻子、嘴巴等。总之,我们首先要确定相应的"面部特征"作为机器学习的特征,以此来对我们的对象进行分类识别。而深度学习的方法则更进一步,它自动地找出这个分类问题所需要的重要特征。那么,深度学习是如何做到这一点的呢?继续以猫狗识别的例子进行说明,步骤如下。

(1)首先通过卷积层检测图像中的边缘和角点等基本特征。这是因为边缘和角点通常包含了关于物体外形和结构的重要信息。在这一阶段,模型试图从原始图像中提取最基本的视觉特征,以便在后续层次中构建更复杂的模式,最终使得猫狗关系的识别更为准确。

(2)然后根据上一步找出的很多小元素(边、角等)构建层级网络,找出它们之间的各种组合。

(3)在构建层级网络之后,就可以确定哪些组合可以识别出猫和狗。

注意:其实深度学习并不是一个独立的算法,在训练神经网络的时候也通常会用到监督学习和无监督学习。但是由于一些独特的学习方法被提出,我觉得把它看成单独的一种学习的算法应该也没什么问题。深度学习可以大致理解成包含多个隐含层的神经网络结构,深度学习的深这个字指的就是隐藏层的深度。

1.2.3 机器学习和深度学习的区别

机器学习和深度学习相互关联,两者之间存在一些区别,主要区别如下。

(1)应用范畴方面的区别

机器学习是一个更广泛的概念,涵盖了多种算法和技术,用于让计算机系统通过数据和经验改善性能。机器学习不仅包括传统的统计方法,还包括基于模型的方法、基于实例的方法等。

深度学习是机器学习的一个特定分支,它基于多层次的神经网络结构,通过学习多层次的抽象表示来提取数据的复杂特征。深度学习关注利用神经网络进行数据表示学习和模式识别。

(2)网络结构方面的区别

机器学习方法包括各种算法,如决策树、支持向量机、线性回归等,它们可以应用于各种任务,不一定需要多层神经网络结构。

深度学习方法主要是基于多层神经网络的结构,涉及多个层次的抽象表示。深度学习的关键是使用多层次的非线性变换来捕捉数据的复杂特征。

（3）特征学习方面的区别

传统的机器学习方法通常需要手工设计和选择特征，然后使用这些特征来进行训练和预测。

深度学习的一个重要优势是它可以自动学习数据的特征表示，减少了对特征工程的依赖，从而能够处理更复杂的数据和任务。

（4）适用场景方面的区别

机器学习广泛应用于各个领域，包括图像处理、自然语言处理、推荐系统等，可以使用不同的算法来解决不同的问题。

深度学习主要在大规模数据和高度复杂的问题上表现出色，特别适用于图像识别、语音识别、自然语言处理等领域。

（5）计算资源需求方面的区别

传统的机器学习方法通常能够在较小的数据集上进行训练和预测，计算资源需求相对较低。

深度学习方法通常需要大量的数据和更多的计算资源。例如，训练一个大型深度神经网络可能需要使用多个GPU。

（6）解决问题方面的区别

在解决问题时，传统的机器学习方法通常先把问题分成几块，一个个地解决好之后，再重新组合起来。但是深度学习则是一次性地、端到端地解决。假如存在一个任务：识别出在某图片中有哪些物体，并找出它们的位置。传统的机器学习的做法是把问题分为两步：发现物体和识别物体。首先，我们有几个物体边缘的盒型检测算法，把所有可能的物体都框出来。然后，再使用物体识别算法，识别出这些物体分别是什么。

但是深度学习不同，它会直接在图片中把对应的物体识别出来，同时还能标明对应物体的名字。这样就可以做到实时的物体识别。

总之，机器学习是一个广泛的领域，涵盖多种算法和技术，而深度学习是机器学习的一个分支，侧重于基于多层神经网络的数据表示学习。深度学习在处理复杂数据和任务时表现出色，但也需要更多的计算资源和数据来训练和部署。

机器学习是实现人工智能的方法；深度学习是机器学习算法中的一种算法，一种实现机器学习的技术和学习方法。

1.3 大模型介绍

大模型是近年来人工智能领域的一个显著发展趋势，通过引入海量的参数和复杂的网络结构，它们在处理各种复杂任务时取得了显著的成效。以ChatGPT为例，尤其是其背后的GPT-3.5模型，约有1750亿个参数，这使得它在各种自然语言处理领域表现出卓越的性能，能够生成流畅的文本、准确地回答问题，甚至编写代码等。然而，由于大模型需要庞大的计算资源和海量的数据来进行训练和部署，因此它们可能会面临成本高昂、能源消耗大等问题。

1.3.1 大模型的作用

大模型的主要作用如下。

（1）提高性能和准确性

大模型通常具有海量的参数和复杂的网络结构，能够学习更多的数据特征和模式。这使得它们在许多任务中能够达到更高的性能和准确性，如图像识别、语音识别、自然语言处理等。

（2）自然语言处理

大模型能够更好地理解和生成自然语言，可以用于文本生成、翻译、问答系统等任务。它们在生成流畅、准确的文本方面表现出色。

（3）复杂决策

大模型在强化学习领域中可以用于处理更复杂的决策问题，如自动驾驶、金融交易、游戏策略等。它们能够通过学习大量数据来制定更智能的决策。

（4）个性化和推荐

大模型可以分析大量用户数据，为个人用户提供更准确的推荐和定制化体验，这一点在广告推荐、社交媒体内容过滤等方面具有重要作用。

（5）医疗和生命科学

大模型能够处理大规模的医疗数据，提供更准确的诊断，预测疾病风险等，它们在药物研发、基因组学研究等领域也有应用。

（6）创意和艺术

大模型可以用于音乐生成、艺术创作等领域，从而拓展创意和艺术的可能性，模仿和创造各种类型的创意内容。

（7）科学研究

大模型在天文学和生物学等领域的科学研究中扮演着至关重要的角色，特别是在处理复杂的数据分析和模拟方面。

（8）快速迭代和实验

大模型可以通过大量数据进行训练，从而能够更快地进行实验和迭代，加速研究和开发过程。

然而，使用大模型也面临一些挑战，包括计算资源需求、能源消耗、模型的可解释性和对隐私的影响等。因此，在利用大模型的同时，也需要综合考虑这些问题。

1.3.2 数据

数据是指对客观事件进行记录并可以鉴别的符号，是对客观事物的性质、状态以及相互关系等进行记载的物理符号或这些物理符号的组合。在计算机科学和信息技术领域，数据通常以数字、文字、图像、声音等形式存在，可以用来描述某个对象、现象或事件的各种特征和属性。

根据现实项目的需求，可以将数据划分为不同类型。

定性数据：这种数据用于描述特性或属性，通常是非数值的，如颜色、性别、品牌等。

定量数据：这种数据以数值形式表示，用于表示数量或度量，如温度、年龄、价格等。

连续数据：连续数据是一种定量数据，它可以在一定范围内取任何值，如身高、体重等。

离散数据：离散数据是一种定量数据，它只能取特定的、不连续的值，如家庭成员人数、汽车数量等。

结构化数据：这种数据以表格、数据库或类似结构存储，每个数据字段都有明确定义的含义，如数据库中的表格、电子表格中的数据等。

非结构化数据：这种数据没有固定的格式，通常包含文本、图像、音频和视频等，如社交媒体帖子、照片、声音录音等。

时序数据：时序数据是按照时间顺序排列的数据，用于分析和预测时间上的变化，如股票价格、气温变化等。

在机器学习和人工智能中，数据是培训模型的关键要素。模型使用数据来学习模式、规律和关系，从而在未见过的数据上进行预测和推断。高质量、多样性的数据对于训练出性能良好的模型非常重要，同时数据的隐私和安全问题也需要得到妥善处理。

1.3.3 数据和大模型的关系

数据和大模型在机器学习和人工智能领域中密切相关，它们之间的关系可以从如下角度来理解。

数据驱动的训练：数据是训练模型的基础，机器学习模型通过观察和学习数据中的模式和关系来提高性能。更多的数据通常能够帮助模型更好地学习任务的规律。

训练大模型需要数据：大模型通常需要大量的数据来训练，因为这些模型具有大量的参数，需要足够的样本来调整参数，以便能够泛化到未见过的数据。

泛化能力：丰富的数据有助于提高模型的泛化能力，即在新数据上的表现。大模型通过在大数据上训练，可以学习到更广泛的特征和模式，从而在不同的数据上表现更好。

过拟合和欠拟合：模型在训练数据上表现得很好，但在测试数据上表现不佳时，可能出现过拟合。数据量不足可能导致模型过耦合，而有足够的数据可以减轻这个问题。相反，欠拟合是模型没有捕捉到数据中的模式，可能是因为模型太简单或数据太少。

预训练和微调：大模型通常采用预训练和微调的方法。预训练阶段在大规模数据上进行，使模型学习通用的语言或特征表示。随后，在特定任务的数据上进行微调，使模型适应具体任务。

数据质量与模型效果：数据的质量对模型效果有重要影响。低质量的数据可能引入噪声，影响模型的性能。同时，数据的多样性也很重要，因为模型需要能够应对各种情况。

总之，数据和大模型之间的关系是相互依存的。大模型需要大量的数据来进行训练和调整，而高质量、多样性的数据能够帮助大模型更好地学习任务的规律并提高性能。同时，大模型的出现也促进了对数据隐私、安全性和伦理等问题的关注。

1.4 人工智能与金融行业交融

人工智能与金融行业的交融已经产生了深远的影响，人工智能给金融机构和市场带来了许多创新和改变。人工智能可以为金融机构提供更好的决策支持、风险管理、客户服务和效率提升。随着技术的不断进步，预计人工智能在金融领域的应用将继续扩大。

1.4.1 人工智能驱动的金融创新

人工智能在金融领域推动了多项创新，这些创新正在改变金融服务和市场。以下是一些受到人工智能驱动的金融创新。

1. 智能投资管理

智能投资组合管理：人工智能和机器学习模型可用于构建和优化投资组合，根据风险和回报进行资产分配，以实现更好的投资表现。

自动化投资决策：人工智能系统可以自动执行投资策略，根据市场数据和算法进行交易，无须人工干预。

2. 风险评估和信贷

信用风险评估：人工智能模型可以更准确地评估借款人的信用风险，帮助银行和信贷机构做出更明智的贷款决策。

反欺诈：人工智能可用于检测和预防欺诈活动，识别异常交易和行为模式。

3. 客户服务和体验

虚拟助手和聊天机器人：金融机构使用虚拟助手来提供更快速和个性化的客户支持，回答常见问题和提供服务。

个性化推荐：人工智能可用于分析客户数据，为客户提供个性化的产品和服务建议，改善客户体验。

4. 金融科技

数字支付：人工智能技术可用于提高数字支付的安全性和效率，包括支付验证和身份识别。

借贷和众筹平台：金融科技（FinTech）公司可使用人工智能和大数据来改进贷款风险评估，为小型企业和个人提供更便宜的贷款。

5. 市场分析和预测

市场趋势分析：人工智能可用于分析大量市场数据，以预测股市、货币汇率和商品价格的波动。

情感分析：分析社交媒体和新闻数据，以了解市场情绪和投资者情感。

6. 自动化流程

结算和清算：人工智能和智能合同可用于自动化金融交易的结算和清算流程，以提高效率和减少错误。

7. 监管合规

反洗钱和反欺诈：金融机构可使用人工智能来监测和检测可疑交易和活动，以确保合规性。

监管报告：利用人工智能生成和提交自动化合规性报告，以满足监管要求。

8. 区块链和加密货币

智能合同：人工智能与区块链技术结合，用于自动执行智能合同。

加密货币分析：利用人工智能分析和预测加密货币市场动态，支持投资决策。

上述创新正在推动金融行业的发展，创造出更优质的金融产品和服务，同时也引发了数据隐私、安全性和监管方面的许多问题和挑战。随着技术的不断发展，金融领域对人工智能的依赖将继续增强，可能会产生更多创新和改变。

1.4.2 大模型在金融行业中的应用

大模型在金融领域的应用通常指的是深度学习和自然语言处理领域的大型神经网络模型，如GPT-3、BERT等。这些模型具有大量的参数和强大的学习能力，因此在金融领域有一些特定的应用，与上面提到的创新有一些区别。

金融文本分析：大模型如BERT和GPT-3在金融文本分析中发挥着重要作用。它们能够理解和处理大量的金融新闻、报告、社交媒体帖子等文本数据，用于市场情绪分析、新闻事件影响分析、舆情监测等。

自然语言生成：大模型可以用于生成金融报告、市场分析、客户信函等自然语言文本。这有助于自动生成客户通信、研究报告等文档，帮助金融从业者提高工作效率。

风险管理：大模型可以用于识别潜在的风险信号和异常行为。它们能够在金融交易数据中识别异常模式，帮助金融机构更好地管理风险。

客户服务：大模型在虚拟助手和聊天机器人中的应用有助于提供更智能、响应更快的客户服务。这些模型能够理解和生成自然语言，与客户进行对话并提供支持。

投资策略：大模型在开发量化交易策略时有一定的应用。它们可以分析大量的市场数据，识别潜在的交易信号，并自动执行交易策略。

与人工智能驱动的金融创新不同的是，大模型更专注于处理和分析自然语言文本数据，并在金融决策、客户服务、风险管理等方面提供更智能的解决方案。这些模型的主要优势在于它们能够理解和处理大规模的非结构化文本数据，从而帮助金融从业者更好地理解市场动态和客户需求。

第2章 大模型开发技术栈

本章导读

开发金融领域的大型神经网络模型通常需要一个多功能的技术栈,以处理各种任务,包括数据准备、模型构建、训练、部署和监测。本章将详细讲解大模型开发的技术栈和开发大模型所需要的技术,为读者学习后面的知识打下基础。

2.1 深度学习框架

开发大型神经网络模型通常需要使用深度学习框架来构建、训练和部署模型。在本节的内容中,将简要介绍一些主要的深度学习框架,它们在开发大模型时非常有用。

2.1.1 TensorFlow

TensorFlow是一个由Google开发的深度学习框架,用于构建、训练和部署机器学习和深度学习模型。TensorFlow有以下特点和作用。

开源性质:TensorFlow是一个开源框架,可以免费使用,它具有广泛的社区支持,因此可以获得丰富的资源和工具。

灵活性:TensorFlow支持多种硬件和平台,包括CPU、GPU和TPU,因此可以在各种设备上运行,如个人计算机、云服务器等。

深度学习和机器学习:TensorFlow不仅支持深度学习任务,还支持传统的机器学习任务,如回归、分类、聚类等。这使得它在金融领域的广泛应用成为可能。

强大的工具集:TensorFlow提供了丰富的工具和资源,包括可视化工具TensorBoard、模型部署工具TensorFlow Serving，以及可用于在移动和嵌入式设备上部署模型的TensorFlow Lite等。

在金融领域，TensorFlow的应用非常广泛，特别是在开发大型神经网络模型时，它发挥了重要作用。

金融文本分析：TensorFlow可用于构建自然语言处理模型，分析金融文本数据，如新闻、社交媒体帖子、公司报告等。这些模型可以用于情绪分析、舆情监测和市场趋势预测。

风险管理：TensorFlow可用于构建风险管理模型，识别潜在的风险信号和异常模式。这有助于金融机构更好地管理信用风险、市场风险和操作风险。

量化交易策略：TensorFlow可用于开发和训练量化交易策略，分析市场数据并生成交易信号。这有助于投资者制定更智能的投资决策。

客户服务和支持：TensorFlow可用于构建虚拟助手和聊天机器人，提供更智能和个性化的客户服务和支持。这有助于金融机构改善客户体验。

市场预测和分析：TensorFlow可用于预测金融市场的走势，包括股票价格、货币汇率、商品价格等。它能够处理大规模的市场数据，识别市场趋势和潜在机会。

总的来说，TensorFlow作为一个强大的深度学习框架，在金融领域的应用非常广泛，特别是在处理大规模数据和构建复杂的神经网络模型时，它发挥了重要作用，有助于提高金融决策的准确性和效率。

2.1.2　PyTorch

PyTorch是一个由Facebook开发的开源深度学习框架，用于构建、训练和部署机器学习和深度学习模型。PyTorch在深度学习领域广受欢迎，因为它具有以下特点和作用。

动态计算图：PyTorch的一个显著特点是其动态计算图，这为模型构建和调试提供了更大的灵活性。与静态计算图如TensorFlow的框架不同，PyTorch允许在运行时动态定义计算图，这对于研究和实验非常有用。

Pythonic接口：PyTorch的API设计清晰、简洁，容易上手和使用。它与Python的语法风格非常相似，这使得模型开发变得更加直观。

广泛的应用：PyTorch可以用于各种深度学习任务，包括计算机视觉、自然语言处理、强化学习、生成对抗网络（GAN）等。它支持多种类型的神经网络，如卷积神经网络、循环神经网络和变换器模型。

丰富的扩展库：PyTorch社区开发了许多扩展库和工具，如TorchVision（计算机视觉）、TorchText（自然语言处理）、Ignite（训练工具）、PyTorch Lightning（训练抽象库）等，这些库可以加速深度学习项目的开发。

强大的研究工具：PyTorch广泛应用于深度学习研究领域，因为它支持动态计算图、自定义损失函数和自定义层，这些特性使得研究人员能够快速实验新的想法和模型。

部署支持：PyTorch提供了多种部署选项，包括将模型导出为ONNX格式、使用TorchScript进行模型转换、使用PyTorch Mobile在移动设备上部署模型等。

在金融领域，PyTorch被广泛用于构建和训练各种深度学习模型，包括金融风险管理、信用评估、量化交易策略、市场预测、自然语言处理应用等。其灵活性和易用性使其成为研究、实验和生产应用的理想选择，有助于提高金融决策的准确性和效率。

2.2 数据预处理与处理工具

在开发大型神经网络模型时，数据预处理是一个至关重要的步骤，它可以帮助你准备和清洗数据，以便模型能够有效地学习和泛化。

2.2.1 Pandas

Pandas是一个Python库，用于数据分析和数据处理，尤其适用于处理结构化数据。它提供了丰富的数据结构和函数，使用户能够轻松地加载、清洗、转换和分析数据。以下是Pandas的一些主要特点和作用。

（1）数据结构：DataFrame是Pandas的核心数据结构之一，类似于表格或电子表格，它由行和列组成，可以容纳不同类型的数据。DataFrame使用户能够以表格形式组织和操作数据。在Pandas中，Series是一种类似于一维数组的结构，它由一组数据以及一组与之相关的数据标签组成。Series可以看作是带有标签的一维数组，其中标签用于索引每个数据点。

（2）数据加载：Pandas支持从各种数据源加载数据，包括CSV文件、Excel文件、SQL数据库、JSON文件、HTML页面、Web API等。用户可以使用read_csv、read_excel、read_sql等函数来加载数据。

（3）数据清洗：Pandas提供了丰富的功能来处理数据中的缺失值、重复值、异常值等问题。用户可以使用dropna、fillna、drop_duplicates等方法来执行数据清洗操作。

（4）数据转换：Pandas提供了多种数据转换功能，包括数据的广播、映射、聚合、分组和透视。这些功能对于特征工程和数据准备非常有用。

（5）数据索引和选择：Pandas允许用户使用标签和位置进行数据的索引和选择。用户可以使用标签索引（如列名）或位置索引（如整数位置）来访问数据。

（6）数据合并和连接：Pandas支持将多个数据集合并和连接成一个数据集，包括横向合并（concat）、纵向合并（merge）等操作。

（7）数据可视化：Pandas结合了Matplotlib等可视化库，使用户能够轻松地生成数据可视化图表，以帮助用户理解和呈现数据。

（8）时间序列数据：Pandas对于时间序列数据处理非常强大，它提供了日期和时间的处理功能，以及滚动窗口、移动平均等时间序列分析工具。

（9）高性能计算：Pandas在数据处理方面进行了性能优化，而且对于大型数据集，也可以通过合理使用向量化操作来提高计算效率。

（10）扩展性：Pandas可以与其他Python库（如NumPy、Scikit-Learn）和深度学习框架（如TensorFlow、PyTorch）无缝集成，使得数据科学家、数据分析师和机器学习工程师能够构建高效且强大的数据科学和机器学习工作流。

Pandas提供的丰富工具和方法使用户能够更高效地处理各种数据分析任务，从而加速数据科学和机器学习项目的开发过程。

2.2.2 NumPy

NumPy（Numerical Python）是一个Python库，用于进行数值计算和科学计算。它提供了多维数组对象（称为NumPy数组）以及用于操作这些数组的函数，使得在Python中进行数学、科学和工程计算变得更加高效和方便。以下是NumPy的一些主要特点和作用。

多维数组：NumPy最重要的特征是其多维数组对象（numpy.ndarray），它允许用户创建和操作多维数组，这些数组可以包含数值数据，如整数、浮点数和复数。

数学函数：NumPy提供了丰富的数学函数，包括基本的算术运算、三角函数、指数函数、对数函数、线性代数运算等。这些函数对于科学计算和数据处理非常有用。

数组操作：NumPy数组支持广播（broadcasting）和向量化操作，这意味着用户可以对整个数组或数组的子集进行操作，而无须使用显式的循环。

随机数生成：NumPy包含一个随机数生成器模块（numpy.random），可以用于生成随机数、随机数组和随机抽样，用于模拟实验和随机过程。

数据索引和切片：用户可以使用NumPy数组的索引和切片操作来访问和修改数组的元素。

形状操作：NumPy提供了用于改变数组形状的函数，如重塑（reshape）、展平（flatten）和堆叠（stack）等，以适应不同的计算需求。

文件输入输出：NumPy支持从文本文件、二进制文件和其他格式的文件中加载数据，以及将数据保存到文件中。这对于与外部数据源进行交互非常有用。

性能优化：NumPy的底层实现是用C语言编写的，因此在处理大型数据集时非常高效。此外，NumPy还可以与其他高性能计算库（如BLAS和OpenMP）集成，从而提高计算性能。

科学计算和数据分析：NumPy通常与其他Python库，如SciPy（科学计算库）和Pandas（数据分析库）一起使用，以进行科学研究、数据分析和机器学习任务。

总之，NumPy为处理数值数据、进行数学计算和科学研究提供了强大的工具和功能。在数据预处理、特征工程和数值计算方面，NumPy的多维数组和数学函数使其成为数据科学和机器学习领域的核心组件。

2.3 模型部署与推理

模型部署与推理是将训练好的机器学习或深度学习模型投入实际生产环境中以进行预测或推断的过程。

2.3.1 Docker和Kubernetes

Docker和Kubernetes是两个常用的容器化和容器编排工具，它们在模型部署中发挥着重要的作用。

1. Docker

Docker是一种容器化技术，它将应用程序及其所有依赖项打包到一个独立的容器中。这些容器是轻量级的、可移植的应用部署单元，并且包含了应用程序、运行时环境和所有必需的依赖项。Docker的主要特点如下。

隔离性：Docker容器提供了强大的隔离性，每个容器都运行在一个独立的环境中，彼此之间互不影响。这有助于防止应用程序之间的冲突和干扰。

可重复性：Docker容器可以在不同的环境中以相同的方式运行，从而确保了开发、测试和生产环境之间的一致性，减少了部署时可能出现的问题。

快速部署：由于容器可以轻松地创建、销毁和复制，因此部署容器化应用程序非常迅速。这使得Docker特别适用于微服务架构和快速迭代的开发流程。

2. Kubernetes

Kubernetes是一个开源的容器编排平台，用于自动化部署、扩展和管理容器化应用程序。它提供了一种集中式的控制平面，用于管理整个容器集群。Kubernetes的主要特点如下。

自动化管理：Kubernetes提供了自动化功能，如自动扩展、负载均衡和自动修复，以确保应用程序在各种情况下都能保持可用性。

服务发现和负载均衡：Kubernetes内置了服务发现和负载均衡的功能，使服务之间的通信更加简单和可靠。

可扩展性：Kubernetes是高度可扩展的，支持各种不同类型的应用程序工作负载，包括长期运行的服务、批处理作业和无状态应用。

配置管理：Kubernetes允许定义和管理应用程序的配置，以便在不同环境中轻松部署和切换配置。

在模型部署中，Docker通常用于容器化模型和其依赖项，将其打包为一个可移植的镜像。然后，Kubernetes用于管理这些容器化的模型和应用程序，提供自动化、可伸缩性和高可用性的环境，使模型的部署和运维更加简单和可靠。这两个工具通常一起使用，以提供一个完整的容器化和容器编排解决方案，使模型部署变得更加灵活、可管理和可扩展。

Docker和Kubernetes：用于容器化和管理模型的部署。

TensorFlow Serving：用于在生产环境中部署TensorFlow模型。

ONNX Runtime：用于高性能推理的开源推理引擎。

2.3.2 部署平台

云平台：云服务提供商如AWS、Azure、Google Cloud等提供了全面的机器学习服务，包括模型训练、部署和管理。

边缘设备：如果需要在边缘设备（如嵌入式设备、移动设备）上运行模型，则需要选择适用的部署方案。

容器化：使用容器技术（如Docker）可以将模型及其依赖项封装为容器，实现跨平台、跨环境的部署。

服务器/虚拟机：在自有硬件或虚拟机上部署模型是一种传统的方式，可以提供更多的控制权。

2.4 其他技术

除了前面介绍的技术外，在开发大模型时还需要使用其他的一些技术。在本节内容中，将简单介绍大模型开发所需要的其他重要技术。

2.4.1 模型训练和调优

GPU/CPU集群：用于在大规模数据集上加速模型训练。

自动化超参数调整工具：如Hyperopt、Optuna等，用于搜索最佳超参数组合。

分布式训练框架：如Horovod，用于在多个设备（如GPU或CPU）上并行训练模型。

2.4.2 模型架构和设计

卷积神经网络、循环神经网络、Transformer等：常用于不同类型的任务，如图像处理、序列建模等。

迁移学习和预训练模型（Pretrained Model）：如BERT、GPT等，通过在大型数据集上预训练，然后微调到特定任务。

2.4.3 加速、优化和安全性

NVIDIA CUDA加速：NVIDIA CUDA技术为深度学习训练提供了强大的GPU加速支持，使得处理大规模神经网络和复杂数据集变得更加高效和可行。

日志记录和监控工具：使用日志记录工具（如ELK Stack）和监控工具（如Prometheus、Grafana）来监测模型性能和运行状态。

性能优化工具：使用性能优化工具来分析和改进模型的推理速度和效率。

数据安全性：采用数据加密、访问控制和合规性措施来确保金融数据的安全。

模型安全性：采用模型解释性技术和对抗性训练来提高模型的安全性。

上面列出的只是大模型开发与应用可能涉及的一部分技术栈。实际上，根据具体应用和需求，技术栈可能会有所不同。选择适合项目需求的技术和工具并熟练掌握它们，都是成功开发和应用大模型的关键因素。

> **注意**
>
> 本书介绍的大模型开发技术栈涵盖了金融大模型的整个开发生命周期，从数据准备和模型构建到部署和生产监测。在实践过程中，我们需要选择适合项目需求的工具和技术。金融领域对数据和模型的安全性有严格的要求，因此安全性措施也是关键的考虑因素。

第3章
数据预处理与特征工程

本章导读

数据预处理与特征工程是机器学习和数据分析中非常重要的步骤,它们有助于准备和优化数据,以便于构建准确的模型。数据预处理与特征工程的方法取决于数据的性质和问题的要求,正确的数据准备可以显著提高机器学习模型的性能和鲁棒性。本章将详细讲解使用数据预处理与特征工程技术处理金融数据的知识,并通过具体实例来介绍各个知识点的用法。

3.1 数据清洗与处理

数据清洗与处理是数据预处理过程的一部分,它涉及对原始数据进行修复、填充、删除和转换,以使其适合用于训练和测试机器学习模型。

3.1.1 数据质量检查与缺失值处理

数据质量检查与缺失值处理是数据预处理的关键步骤,它们对模型的性能和结果有重要影响。根据数据的特点和任务的需求,选择合适的方法来处理数据质量问题和缺失值是至关重要的。

假设有一个CSV文件stock_data.csv,包含一小部分苹果(AAPL)、谷歌(GOOGL)、特斯拉(TSLA)和英伟达(NVDA)的股票数据,并包含缺失值,具体内容如下所示。

```
Original Data:
日期          股票代码    开盘价     收盘价     最高价     最低价     交易量
2023-09-01   AAPL      150.00    155.00    160.00    149.50    1000000
```

2023-09-02	AAPL	156.00	159.50	161.50	154.00	1200000
2023-09-03	AAPL	159.75	157.25		155.25	1100000
2023-09-04	AAPL		160.75	163.00	157.00	900000
2023-09-05	AAPL	160.25		162.25	158.00	800000
2023-09-01	GOOGL	2750.00		2800.00	2740.00	500000
2023-09-02	GOOGL	2785.00	2795.75	2810.00		550000
2023-09-03	GOOGL	2790.50	2805.25	2820.00	2780.00	480000
2023-09-04	GOOGL	2803.75	2810.50	2825.50	2798.00	
2023-09-01	TSLA			750.00	720.00	1000000
2023-09-02	TSLA	755.00	760.50	762.00		1200000
2023-09-03	TSLA	760.75		757.25	755.25	1100000
2023-09-04	TSLA	765.50	761.75		750.00	900000
2023-09-01	NVDA	300.00	295.00	310.00	290.00	500000
2023-09-02	NVDA		298.50		285.00	550000
2023-09-03	NVDA	295.50	297.75	305.00	292.00	480000
2023-09-04	NVDA	298.75	299.50	310.25		520000

在这个CSV文件中，数据中存在缺失值。例如，某些行的"开盘价"列为空，此时可以使用Python语言来处理数据。

实例3-1：处理股票数据中的缺失值（源码路径：daima/3/chu.py）

实例文件chu.py的具体实现代码如下所示。

```python
import pandas as pd
import matplotlib.pyplot as plt

# 读取CSV文件
file_path = 'stock_data.csv'
stock_data = pd.read_csv(file_path)

# 输出处理前的数据
print("Original Data:")
print(stock_data)

# 数据质量检查和缺失值处理
# 1. 删除包含缺失值的行
stock_data_cleaned = stock_data.dropna()

# 2. 缺失值填充（以均值填充为例）
stock_data_filled = stock_data.filled(stock_data.mean())

# 输出处理后的数据
print("\nCleaned Data:")
```

```
print(stock_data_cleaned)
print("\nFilled Data:")
print(stock_data_filled)

# 保存处理后的数据到新的CSV文件
stock_data_cleaned.to_csv('cleaned_stock_data.csv', index=False)
stock_data_filled.to_csv('filled_stock_data.csv', index=False)

# 绘制箱线图以比较收盘价数据的分布情况
plt.figure(figsize=(10, 5))
plt.subplot(1, 2, 1)
plt.boxplot(stock_data["收盘价"].dropna(), vert=False)
plt.title('Original Closing Price')

plt.subplot(1, 2, 2)
plt.boxplot(stock_data_cleaned["收盘价"], vert=False)
plt.title('Cleaned Closing Price')

plt.tight_layout()
plt.show()
```

在上述代码中，首先读取了名为"stock_data.csv"的CSV文件，并执行了数据质量检查和缺失值处理。我们可以根据需要自定义文件路径和列名称，以适应我们的数据集。然后，将处理后的数据保存到新的CSV文件"cleaned_stock_data.csv"和"filled_stock_data.csv"中，这两个文件分别包含了删除缺失值和填充缺失值后的数据。最后绘制了箱线图，以比较处理前和处理后的收盘价数据的分布情况。

执行代码后会输出以下内容，并绘制了如图3-1所示的两个箱线图，一个是原始数据的箱线图，另一个是处理数据（删除或填充缺失值后）后的箱线图。

```
Original Data:
     日期          股票代码   开盘价      收盘价      最高价      最低价      交易量
0    2023-09-01  AAPL     150.00    155.00    160.00    149.50    1000000.0
1    2023-09-02  AAPL     156.00    159.50    161.50    154.00    1200000.0
2    2023-09-03  AAPL     159.75    157.25    NaN       155.25    1100000.0
3    2023-09-04  AAPL     NaN       160.75    163.00    157.00    900000.0
4    2023-09-05  AAPL     160.25    NaN       162.25    158.00    800000.0
5    2023-09-01  GOOGL    2750.00   NaN       2800.00   2740.00   500000.0
6    2023-09-02  GOOGL    2785.00   2795.75   2810.00   NaN       550000.0
7    2023-09-03  GOOGL    2790.50   2805.25   2820.00   2780.00   480000.0
8    2023-09-04  GOOGL    2803.75   2810.50   2825.50   2798.00   NaN
9    2023-09-01  TSLA     NaN       NaN       750.00    720.00    1000000.0
```

	日期	股票代码	开盘价	收盘价	最高价	最低价	交易量
10	2023-09-02	TSLA	755.00	760.50	762.00	NaN	1200000.0
11	2023-09-03	TSLA	760.75	NaN	757.25	755.25	1100000.0
12	2023-09-04	TSLA	765.50	761.75	NaN	750.00	900000.0
13	2023-09-01	NVDA	300.00	295.00	310.00	290.00	500000.0
14	2023-09-02	NVDA	NaN	298.50	NaN	285.00	550000.0
15	2023-09-03	NVDA	295.50	297.75	305.00	292.00	480000.0
16	2023-09-04	NVDA	298.75	299.50	310.25	NaN	520000.0

Cleaned Data:

	日期	股票代码	开盘价	收盘价	最高价	最低价	交易量
0	2023-09-01	AAPL	150.0	155.00	160.0	149.5	1000000.0
1	2023-09-02	AAPL	156.0	159.50	161.5	154.0	1200000.0
7	2023-09-03	GOOGL	2790.5	2805.25	2820.0	2780.0	480000.0
13	2023-09-01	NVDA	300.0	295.00	310.0	290.0	500000.0
15	2023-09-03	NVDA	295.5	297.75	305.0	292.0	480000.0

Filled Data:

	日期	股票代码	开盘价	收盘价	最高价	最低价	交易量
0	2023-09-01	AAPL	150.000000	...	160.000000	149.500000	1000000.0
1	2023-09-02	AAPL	156.000000	...	161.500000	154.000000	1200000.0
2	2023-09-03	AAPL	159.750000	...	1078.339286	155.250000	1100000.0
3	2023-09-04	AAPL	1066.482143	...	163.000000	157.000000	900000.0
4	2023-09-05	AAPL	160.250000	...	162.250000	158.000000	800000.0
5	2023-09-01	GOOGL	2750.000000	...	2800.000000	2740.000000	500000.0
6	2023-09-02	GOOGL	2785.000000	...	2810.000000	870.285714	550000.0
7	2023-09-03	GOOGL	2790.500000	...	2820.000000	2780.000000	480000.0
8	2023-09-04	GOOGL	2803.750000	...	2825.500000	2798.000000	798750.0
9	2023-09-01	TSLA	1066.482143	...	750.000000	720.000000	1000000.0
10	2023-09-02	TSLA	755.000000	...	762.000000	870.285714	1200000.0
11	2023-09-03	TSLA	760.750000	...	757.250000	755.250000	1100000.0
12	2023-09-04	TSLA	765.500000	...	1078.339286	750.000000	900000.0
13	2023-09-01	NVDA	300.000000	...	310.000000	290.000000	500000.0
14	2023-09-02	NVDA	1066.482143	...	1078.339286	285.000000	550000.0
15	2023-09-03	NVDA	295.500000	...	305.000000	292.000000	480000.0
16	2023-09-04	NVDA	298.750000	...	310.250000	870.285714	520000.0

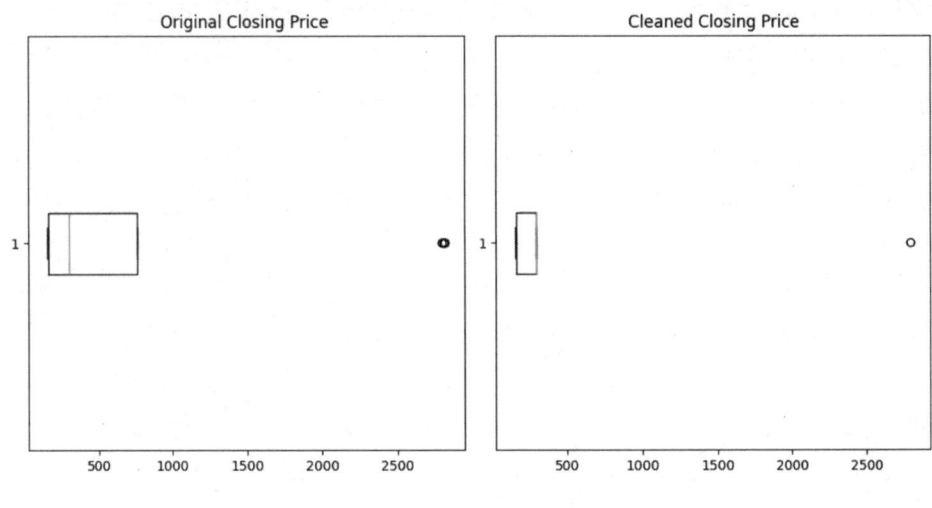

图3-1 箱线图

3.1.2 异常值检测与处理

异常值检测与处理与数据质量检查与缺失值处理在金融行业中是不同的概念,尽管它们都涉及数据的异常情况,但有不同的目的和侧重点。

(1)数据质量检查与缺失值处理

目的:数据质量检查的主要目的是确保数据的准确性、完整性和一致性。这包括检查数据类型、重复值和缺失值等,以便数据分析和建模能够顺利进行。

侧重点:数据质量检查侧重于数据的基本质量和整洁度。它通常涉及识别和纠正数据集中的问题,以确保数据可用于分析和决策。

例子:数据质量检查包括确保日期字段包含正确的日期格式,数值字段不包含非数字字符,以及去除重复记录等。

(2)异常值检测与处理

目的:异常值检测的主要目的是识别数据中的不寻常或异常情况。在金融领域,异常值可能表示潜在的风险或机会,因此需要仔细处理。

侧重点:异常值检测侧重于识别数据中的离群值,这些离群值可能是由于错误、欺诈、市场波动或其他因素引起的。处理异常值可能涉及是否忽略、调整或调查这些异常情况。

例子:在金融领域,异常值检测包括检测异常的交易模式,检查股票价格的极端波动或检测信用卡交易中的欺诈行为。

虽然数据质量检查和异常值检测都有助于维护数据的健康状态,但它们的方法和侧重点不同。在金融行业中,处理异常值通常涉及更复杂的技术和领域专业知识,因为异常值可能会对金融市场、投资和风险管理产生重大影响。因此,金融机构通常会投入大量的资源来开发和使用高级的异常值检测技术。

实例3-2：识别和处理股票数据中的异常值（源码路径：daima/3/boe.py）

实例文件boe.py的具体实现代码如下所示。

假设在文件app.csv中保存了某股票的交易数据，其中包含了极端价格波动的数据。

日期	股票代码	开盘价	收盘价	最高价	最低价	交易量
2023-09-01	AAPL	150.00	160.00	170.00	140.00	1000000
2023-09-02	AAPL	160.00	175.00	180.00	155.00	1200000
2023-09-03	AAPL	170.00	185.00	190.00	165.00	1300000
2023-09-04	AAPL	185.00	220.00	225.00	180.00	1500000
2023-09-05	AAPL	100.00	250.00	255.00	95.00	2000000
2023-09-06	AAPL	240.00	220.00	250.00	200.00	1800000
2023-09-07	AAPL	220.00	190.00	230.00	180.00	1600000
2023-09-08	AAPL	185.00	200.00	210.00	180.00	1700000
2023-09-09	AAPL	205.00	205.00	210.00	195.00	1400000
2023-09-10	AAPL	200.00	215.00	220.00	190.00	1500000

在上述文件app.csv中，股票的收盘价出现了极端波动，从160.00上升到250.00，然后从250.00下降到190.00，最后又从190.00上升到215.00。这种价格波动可以被认为是异常值，需要进行检测和处理，以使数据更符合正常的股票价格波动情况。接下来，编写文件boe.py来识别和处理文件app.csv中的异常值。

```
import pandas as pd
import matplotlib.pyplot as plt

# 读取CSV文件
file_path = 'app.csv'
stock_data = pd.read_csv(file_path)

# 输出处理前的数据
print("Original Data:")
print(stock_data)

# 异常值检测（以股票收盘价为例）
closing_price = stock_data['收盘价']

# 计算均值和标准差
mean_price = closing_price.mean()
std_deviation = closing_price.std()

# 定义异常值的阈值（例如，如果收盘价超过均值的两倍标准差，则视为异常值
```

```python
threshold = 2 * std_deviation

# 标识异常值
outliers = closing_price[abs(closing_price - mean_price) > threshold]

# 输出异常值
print("\nOutliers:")
print(outliers)

# 处理异常值(例如,可以将异常值替换为均值)
stock_data['收盘价'][abs(closing_price - mean_price) > threshold] = mean_price

# 输出处理后的数据
print("\nCleaned Data:")
print(stock_data)

# 绘制箱线图以比较处理前后的收盘价数据的分布情况
plt.figure(figsize=(10, 5))
plt.subplot(1, 2, 1)
plt.boxplot(closing_price, vert=False)
plt.title('Original Closing Price')

plt.subplot(1, 2, 2)
plt.boxplot(stock_data['收盘价'], vert=False)
plt.title('Cleaned Closing Price')

plt.tight_layout()
plt.show()
```

在上述代码中,首先计算了股票收盘价的均值和标准差,然后定义了异常值的阈值。接下来,标识了文件app.csv中超过阈值的异常值,并将这些异常值替换为均值。最后,绘制了箱线图,以比较处理前后的收盘价数据的分布情况。执行代码后的输出如下。

```
Original Data:
      日期         股票代码  开盘价   收盘价   最高价   最低价   交易量
0  2023-09-01    AAPL   150.0  160.0  170.0  140.0  1000000
1  2023-09-02    AAPL   160.0  175.0  180.0  155.0  1200000
2  2023-09-03    AAPL   170.0  185.0  190.0  165.0  1300000
3  2023-09-04    AAPL   185.0  220.0  225.0  180.0  1500000
4  2023-09-05    AAPL   100.0  250.0  255.0   95.0  2000000
5  2023-09-06    AAPL   240.0  220.0  250.0  200.0  1800000
6  2023-09-07    AAPL   220.0  190.0  230.0  180.0  1600000
```

```
7  2023-09-08  AAPL    185.0  200.0  210.0  180.0  1700000
8  2023-09-09  AAPL    205.0  205.0  210.0  195.0  1400000
9  2023-09-10  AAPL    200.0  215.0  220.0  190.0  1500000

Outliers:
Series([], Name: 收盘价, dtype: float64)

Cleaned Data:
   日期         股票代码  开盘价    收盘价    最高价    最低价    交易量
0  2023-09-01  AAPL    150.0  160.0  170.0  140.0  1000000
1  2023-09-02  AAPL    160.0  175.0  180.0  155.0  1200000
2  2023-09-03  AAPL    170.0  185.0  190.0  165.0  1300000
3  2023-09-04  AAPL    185.0  220.0  225.0  180.0  1500000
4  2023-09-05  AAPL    100.0  250.0  255.0   95.0  2000000
5  2023-09-06  AAPL    240.0  220.0  250.0  200.0  1800000
6  2023-09-07  AAPL    220.0  190.0  230.0  180.0  1600000
7  2023-09-08  AAPL    185.0  200.0  210.0  180.0  1700000
8  2023-09-09  AAPL    205.0  205.0  210.0  195.0  1400000
9  2023-09-10  AAPL    200.0  215.0  220.0  190.0  1500000
```

> **注意**
> 异常值的检测和处理方法可以根据具体情况进行调整和改进。这只是一个简单的示例，用于演示如何处理含有极端价格波动的股票数据。在实际应用中，可能需要更复杂的技术和策略来处理异常值。

3.1.3 数据重复性处理

在金融行业，数据重复性处理是非常重要的，因为它直接关系到金融决策和风险管理的准确性和可靠性。数据重复性处理有助于确保数据的准确性，提高决策质量，降低风险，满足法规要求和提高数据分析的可信度。金融机构通常会投入大量的资源来确保其数据质量，以支持其核心业务和风险管理。

实例3-3：删除股票数据中的重复值（源码路径：daima/3/chong.py）

假设在文件data.csv中保存了一些股票交易数据，其中包含一些重复记录的数据。

日期	股票代码	开盘价	收盘价	最高价	最低价	交易量
2023-09-01	AAPL	150.00	160.00	170.00	140.00	1000000
2023-09-02	GOOGL	2500.00	2550.00	2600.00	2450.00	1200000
2023-09-03	TSLA	700.00	720.00	750.00	680.00	1300000
2023-09-04	AAPL	155.00	165.00	170.00	150.00	1400000

```
2023-09-05    GOOGL    2480.00    2450.00    2550.00    2400.00    1100000
2023-09-06    TSLA      700.00     720.00     750.00     680.00    1300000    # 添加重复记录
2023-09-07    AAPL      160.00     160.00     170.00     140.00    1000000
2023-09-08    GOOGL    2500.00    2550.00    2600.00    2450.00    1200000    # 添加重复记录
2023-09-09    TSLA      700.00     720.00     750.00     680.00    1300000    # 添加重复记录
2023-09-10    AAPL      155.00     165.00     170.00     150.00    1400000    # 添加重复记录
```

在文件data.csv中，日期、股票代码、开盘价、收盘价、最高价、最低价和交易量是数据的不同列，其中在注释中已经标记了重复记录。这些重复记录可以通过数据重复性处理方法来识别和处理。接下来编写文件chong.py来删除上述CSV文件中的重复数据。

```python
import csv

# 读取CSV文件
input_file = 'data.csv'
output_file = 'cleaned_data.csv'

with open(input_file, 'r', newline='', encoding='utf-8') as infile, \
     open(output_file, 'w', newline='', encoding='utf-8') as outfile:
    # 其余代码不变

    reader = csv.DictReader(infile)
    fieldnames = reader.fieldnames

    # 使用集合来追踪已经出现过的行
    seen = set()

    # 写入新文件的头部
    writer = csv.DictWriter(outfile, fieldnames=fieldnames)
    writer.writeheader()

    # 遍历原始文件并删除重复行
    for row in reader:
        # 将行转换为元组，并从元组中移除日期和股票代码列
        row_tuple = tuple(row.items())[2:]

        if row_tuple not in seen:
            seen.add(row_tuple)
            writer.writerow(row)

# 读取并输出 cleaned_data.csv 文件内容
```

```
with open('cleaned_data.csv', 'r', newline='', encoding='utf-8') as cleaned_
file:
    reader = csv.reader(cleaned_file)
    for row in reader:
        print(row)
```

在上述代码中，使用Python中的csv模块遍历了原始文件data.csv，并使用一个集合来追踪已经出现过的行。如果发现一行不在集合中，就将其写入新的CSV文件中。这样可以删除重复的行，将删除重复数据后的数据保存到文件cleaned_data.csv中。最后打开文件cleaned_data.csv，逐行读取并输出文件内容，这样就可以看到已删除重复数据的新CSV文件的内容。执行代码后会输出如下结果。

```
['日期', '股票代码', '开盘价', '收盘价', '最高价', '最低价', '交易量']
['2023-09-01', 'AAPL', '150.00', '160.00', '170.00', '140.00', '1000000']
['2023-09-02', 'GOOGL', '2500.00', '2550.00', '2600.00', '2450.00', '1200000']
['2023-09-03', 'TSLA', '700.00', '720.00', '750.00', '680.00', '1300000']
['2023-09-04', 'AAPL', '155.00', '165.00', '170.00', '150.00', '1400000']
['2023-09-05', 'GOOGL', '2480.00', '2450.00', '2550.00', '2400.00', '1100000']
['2023-09-07', 'AAPL', '160.00', '160.00', '170.00', '140.00', '1000000']
```

3.2 特征选择与特征提取

特征选择与特征提取都是机器学习和数据分析中的重要步骤，用于准备数据以供模型训练和分析使用。它们的目的是降低数据维度，提高模型性能，并减少噪声和冗余信息。

3.2.1 特征选择方法

特征选择是从原始数据中选择最相关和最有价值的特征，以用于构建机器学习模型或分析任务。在金融领域，特征选择尤为重要，因为金融数据通常包含大量的特征，但并非所有的特征都对预测金融市场的变化或风险有用。下面介绍几种常见的特征选择方法，并提供一个金融领域的示例。

在现实应用中，常见的特征选择方法如下。

方差阈值选择：删除方差低于某个阈值的特征。在金融领域，某些特征可能不会随时间变化或只有很小的变化，这些特征对于预测可能没有太大帮助。

相关性选择：通过计算特征与目标变量之间的相关性来选择相关的特征。在金融领域，你可能希望选择与股票价格或投资回报率高度相关的特征，如经济指标、市场波动性等。

基于模型的选择：使用机器学习模型来评估特征的重要性，并选择最重要的特征。例如，可以使用随机森林模型或梯度提升树模型来计算每个特征的重要性分数，然后选择分数最高的特征。

正则化方法：在线性回归等模型中，正则化方法如Lasso（L1正则化）和Ridge（L2正则化）可以用于惩罚不重要的特征，促使模型选择最重要的特征。

递归特征消除（RFE）：通过递归地训练模型并删除最不重要的特征来选择特征。这个方法通常与模型选择一起使用。

实例3-4：使用特征选择预测某股票的股价（源码路径：daima/3/te.py）

假设你想要预测股票价格，现在有一个包含大量特征的金融数据集文件ningde.csv，包含的列有日期、开盘价、收盘价、最高价、最低价、交易量的特征。本实例只截取了其中的极少数数据。

日期	开盘价	收盘价	最高价	最低价	交易量
2022-01-01	220.50	223.20	225.00	220.00	1000000
2022-01-02	224.00	222.80	225.50	221.00	800000
2022-01-03	222.60	220.90	223.00	220.00	1200000
2022-01-04	221.00	225.30	226.50	220.50	950000
2022-01-05	226.20	230.10	231.00	226.00	1100000
2022-01-06	230.50	228.60	231.20	227.50	900000
2022-01-07	229.00	230.40	232.00	228.50	850000
2022-01-08	230.20	231.70	232.50	230.10	950000
2022-01-09	232.10	234.50	235.00	231.80	1050000
2022-01-10	235.00	238.20	239.00	234.50	1200000
2022-01-11	238.50	235.80	239.50	235.10	1100000
2022-01-12	236.00	238.90	239.50	235.50	900000
2022-01-13	238.70	239.50	240.00	237.80	950000
2022-01-14	240.20	243.10	244.00	239.50	1050000
2022-01-15	242.80	241.90	244.50	241.00	1100000
2022-01-16	242.00	239.80	243.00	238.80	950000
2022-01-17	239.70	238.00	241.50	237.80	900000
2022-01-18	237.50	239.70	240.50	237.00	850000
2022-01-19	239.80	237.50	241.00	236.50	950000
2022-01-20	237.80	236.90	239.00	236.50	1000000
2022-01-21	237.00	241.20	242.50	236.80	1100000
2022-01-22	241.50	243.00	244.50	241.20	1200000
2022-01-23	243.80	241.80	245.00	240.50	1050000

日期	开盘	收盘	最高	最低	成交量
2022-01-24	241.20	243.50	245.50	240.80	1000000
2022-01-25	243.80	246.00	248.00	243.50	1100000
2022-01-26	246.50	244.60	248.50	243.20	1200000
2022-01-27	244.80	245.50	247.00	243.60	1000000
2022-01-28	245.10	247.50	248.50	244.80	950000
2022-01-29	248.00	249.00	250.00	246.50	1050000
2022-01-30	249.50	248.60	251.00	248.00	1100000
2022-01-31	248.70	247.80	250.50	247.00	900000
2022-02-01	248.00	251.20	252.00	247.80	950000
2022-02-02	251.30	252.40	253.00	250.50	1000000
2022-02-03	252.70	249.80	253.20	248.80	1050000
2022-02-04	249.50	252.00	253.50	249.00	1100000
2022-02-05	252.10	254.00	255.00	251.20	1200000
2022-02-06	254.50	252.80	256.00	252.20	1000000
2022-02-07	252.60	251.70	254.00	251.00	900000
2022-02-08	251.90	253.60	255.00	251.20	950000
2022-02-09	253.50	251.40	255.50	250.80	1100000
2022-02-10	251.20	254.10	255.50	250.00	1050000
2022-02-11	254.20	255.50	256.00	253.80	1000000
2022-02-12	255.80	254.60	257.00	253.00	1200000
2022-02-13	254.80	253.40	256.00	252.80	900000
2022-02-14	253.60	256.20	257.50	253.50	950000
2022-02-15	256.30	255.80	258.00	255.20	1100000
2022-02-16	255.90	258.00	259.50	255.50	1050000
2022-02-17	258.10	259.30	260.00	257.50	1000000
2022-02-18	259.40	260.10	262.00	258.50	950000
2022-02-19	260.30	260.80	263.00	260.00	1200000

然后加载这个数据，并执行特征选择和建模的步骤。我们可以使用特征选择方法来选择最重要的特征，以提高股票价格预测模型的性能。首先，计算每个特征与股票价格之间的相关性。例如，可以计算股票价格与市场指数、公司财务指标、行业数据等特征之间的相关性，然后选择与股票价格高度相关的特征进行建模。

接下来，可以使用随机森林或梯度提升树等模型来计算每个特征的重要性分数。这些模型会告诉你哪些特征对于股票价格预测最关键。我们可以根据这些分数进一步筛选特征，选择最重要的特征。

最后，可以使用选定的特征来训练股票价格预测模型，这样可以减少维度并提高模型的性能，同时避免过拟合。这个过程可以帮助你构建更精确的金融预测模型。

编写实例文件te.py的具体实现代码如下所示。

```python
import pandas as pd
from sklearn.model_selection import train_test_split
from sklearn.ensemble import RandomForestRegressor
from sklearn.metrics import mean_squared_error
# 加载数据
data = pd.read_csv("ningde.csv")

# 假设你的目标变量是股票的收盘价
target_column = "收盘价"

# 特征选择步骤
# 首先，计算特征与目标变量的相关性
correlations = data.corr()[target_column].abs().sort_values(ascending=False)

# 选择与目标变量高度相关的特征，假设我们选择与目标变量相关性大于0.2的特征
selected_features = correlations[correlations > 0.2].index.tolist()

# 创建特征矩阵 X 和目标变量 y
X = data[selected_features].drop(target_column, axis=1)
y = data[target_column]

# 拆分数据集为训练集和测试集
X_train, X_test, y_train, y_test = train_test_split(X, y, test_size=0.2, random_state=42)

# 使用随机森林回归模型计算特征的重要性分数
rf_model = RandomForestRegressor()
rf_model.fit(X_train, y_train)

# 输出特征的重要性分数
feature_importances = pd.Series(rf_model.feature_importances_, index=X_train.columns).sort_values(ascending=False)
print("Feature Importances:")
print(feature_importances)

y_pred = rf_model.predict(X_test)
# 评估模型性能，如计算均方误差（MSE）
mse = mean_squared_error(y_test, y_pred)
```

```python
print("Mean Squared Error (MSE):", mse)

# 使用训练好的模型进行股票价格预测
predicted_prices = rf_model.predict(X_test)

# 创建一个包含真实价格和预测价格的DataFrame
results = pd.DataFrame({'真实价格': y_test, '预测价格': predicted_prices})

# 输出部分预测结果
print(results.head(10))

# 可视化预测结果（如果有需要，可以使用matplotlib或其他绘图库）
import matplotlib.pyplot as plt

plt.figure(figsize=(12, 6))
plt.plot(results.index, results['真实价格'], label='真实价格', marker='o')
plt.plot(results.index, results['预测价格'], label='预测价格', linestyle='--')
plt.xlabel('样本索引')
plt.ylabel('价格')
plt.title('股票价格预测结果')
plt.legend()
plt.grid()
plt.show()
```

上述代码的具体说明如下。

加载数据：使用 pd.read_csv() 函数从名为"ningde.csv"的CSV文件中加载股票数据，并存储在名为"data"的DataFrame中。

特征选择：通过计算特征与目标变量（收盘价）之间的相关性，确定了哪些特征与目标变量相关性较高。在示例中，通过计算相关性，筛选出与目标变量相关性大于0.2的特征，然后将它们存储在名为"selected_features"的列表中。

创建特征矩阵和目标变量：根据选定的特征，从原始数据中创建特征矩阵 X 和目标变量 y。

数据拆分：使用函数train_test_split()将数据集拆分为训练集和测试集，其中80%的数据用于训练，20%的数据用于测试。拆分后的数据存储在 X_train、X_test、y_train和y_test 变量中。

使用随机森林回归模型：创建一个随机森林回归模型 rf_model，并使用训练数据对其进行训练。

输出特征的重要性分数：使用模型的 feature_importances_ 属性，计算每个特征的重要性分数，并按重要性排序输出。

评估模型性能：使用均方误差（MSE）评估模型的性能，计算模型在测试数据上的平均平方误差，并输出该值。

使用模型进行股票价格预测：使用训练好的模型对测试数据进行股票价格预测，将预测结果存储在 predicted_prices 中。

创建结果DataFrame和可视化：创建一个包含真实价格和预测价格的DataFrame results，并输出前10个预测结果。使用matplotlib绘制一个折线图，展示真实价格和模型预测价格之间的关系，以可视化评估模型的性能。

执行代码后会输出以下结果，并绘制一个股票价格的折线图，用于可视化比较模型的预测价格（虚线）和真实价格（实际折线），如图3-2所示。

```
Feature Importances:
最高价      0.456828
最低价      0.335267
开盘价      0.207906
dtype: float64
Mean Squared Error (MSE): 1.9347409000000577
     真实价格      预测价格
13   243.1    241.028
39   251.4    253.361
30   247.8    249.145
45   255.8    256.787
17   239.7    238.731
48   260.1    259.728
26   245.5    245.732
25   244.6    246.969
32   252.4    251.694
19   236.9    237.988
```

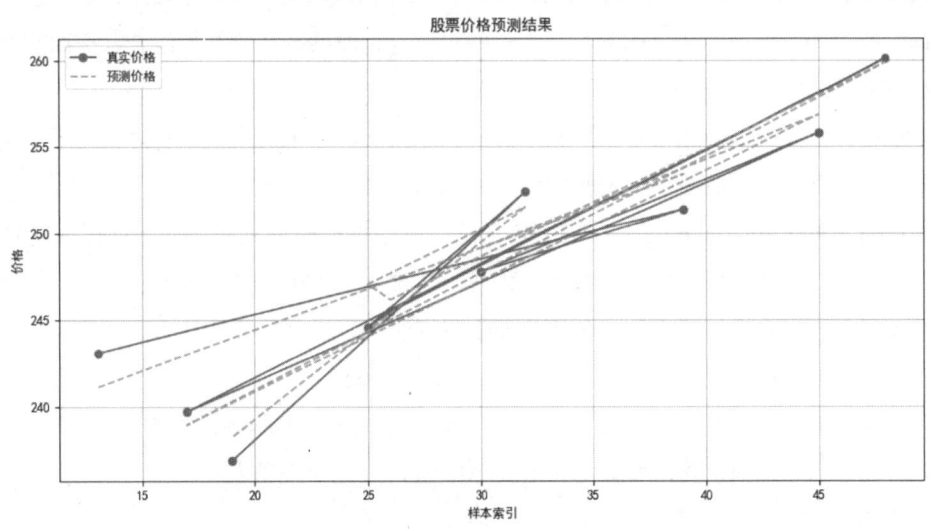

图3-2　股票价格的折线图

以下是对图3-2的具体说明。

x 轴：样本索引，表示测试集中的每个数据点的索引。

y 轴：价格，表示股票的价格值。

真实价格（实际折线）：是从测试集中提取的真实股票价格数据，每个点代表一个时间点的真实价格。

预测价格（虚线）：是模型根据选定的特征和训练数据所做的预测，每个点代表相应时间点的模型预测的股票价格。

通过这个图表，可以直观地比较模型的预测价格和真实价格之间的关系。如果虚线紧密跟随实际折线，表示模型的预测较为准确。如果虚线与实际折线之间有较大差距，表示模型的预测可能不够准确。

从图表中可以看到模型的预测价格（虚线）相对接近真实价格（实际折线），这表明模型在这些时间点上的预测相对准确。但还需要进一步分析更多的时间点和使用其他评估指标来全面评估模型的性能。

3.2.2 特征提取技术

特征提取是从原始数据中创建新特征的过程，这些新特征可以更好地表示数据的关键信息。特征提取的目标是减少数据的维度，同时保留或增强有助于机器学习模型的重要信息。这是机器学习和数据分析中的关键步骤之一，因为原始数据集可能包含大量特征，但并非所有特征都对建模和预测任务有用。

在现实应用中，常见的特征提取技术包括以下几种。

主成分分析（Principal Component Analysis，PCA）：PCA是一种降维技术，通过线性变换将原始特征转换为一组称为主成分的新特征。这些主成分是原始特征的线性组合，按照它们的方差从大到小排列。PCA可以用于数据压缩和噪声去除。

独立成分分析（Independent Component Analysis，ICA）：ICA也是一种降维技术，它试图找到原始数据中相互独立的成分。ICA通常用于信号处理和图像分析。

特征哈希（Feature Hashing）：特征哈希是将原始特征映射到固定数量的桶或特征上的技术。这可以用于处理高维稀疏数据，如文本数据，以减小维度并生成特征向量。

自动特征工程：自动特征工程是使用机器学习方法来生成新特征的技术，如使用生成对抗网络或神经网络进行特征生成。这可以用于创建复杂的非线性特征。

时间序列特征提取：在金融领域，时间序列数据是一种常见的数据类型。时间序列特征提取方法包括计算移动平均值、技术指标（如RSI、MACD）、波动性指标等。

文本特征提取：在金融领域，文本数据包括新闻、社交媒体评论、公告等。文本特征提取方法包括词袋模型（Bag-of-Words Model）、词频-逆文档频率（Term Frequency-Inverse Document Frequency，TF-IDF）、Word Embeddings（词嵌入）等。

图像特征提取：如果金融数据包括图像，可以使用图像处理技术，如边缘检测、颜色直方图、纹理分析等，来提取特征。

假设想要预测股票市场的涨跌，可以考虑使用以下特征提取方法。

时间序列数据：计算股票价格和成交量的移动平均值、波动性指标（如标准差）、技术指标（如RSI、MACD）等。

文本数据：如果有新闻或社交媒体评论的文本数据，可以使用自然语言处理技术，如TF-IDF或Word Embeddings，来提取与市场情感相关的特征。

图像数据：如果你有与股票相关的图像数据，如股票图表或公司标志，你可以使用图像处理技术提取特征，如颜色分布、形状分析等。

通过这些特征提取方法，可以将原始金融数据转化为更有信息量的特征，以供机器学习模型使用，从而改进你的预测或分类任务。特征提取是根据数据和问题的性质选择合适的技术的关键步骤。

实例3-5：使用时间序列数据预测某股票的涨跌（源码路径：daima/3/zhang.py）

（1）假设在文件zhang.csv中保存了某股票的数据，包括日期、开盘价、最高价、最低价、收盘价和成交量的信息。请注意，这只是一个虚拟的示例数据集，用于演示和实验。在实际应用中，需要使用真实的股票或大盘指数数据。

日期	开盘价	最高价	最低价	收盘价	成交量
2021-01-01	100	105	98	102	50000
2021-01-02	103	108	101	107	60000
2021-01-03	106	110	104	109	55000
2021-01-04	108	112	105	110	58000
...					

（2）编写实例文件zhang.py，具体实现代码如下所示。

```python
import pandas as pd
import numpy as np
from sklearn.model_selection import train_test_split
from sklearn.ensemble import RandomForestClassifier
from sklearn.metrics import accuracy_score, classification_report

# 加载示例数据集
data = pd.read_csv("zhang.csv")
data['日期'] = pd.to_datetime(data['日期'])
```

```python
# 特征提取
data['SMA_20'] = data['收盘价'].rolling(window=20).mean()   # 20日简单移动平均
data['EMA_12'] = data['收盘价'].ewm(span=12).mean()   # 12日指数移动平均
data['RSI'] = 100 - (100 / (1 + (data['收盘价'].diff(1) / data['收盘价'].shift(1)).rolling(window=14).mean()))
data['MACD'] = data['收盘价'].ewm(span=12).mean() - data['收盘价'].ewm(span=26).mean()
data['收盘价标准差'] = data['收盘价'].rolling(window=20).std()
data['成交量均值'] = data['成交量'].rolling(window=20).mean()
data['前一日收盘价'] = data['收盘价'].shift(1)

# 删除包含NaN值的行
data.dropna(inplace=True)

# 创建涨跌标签：1代表涨，0代表跌
data['涨跌'] = np.where(data['收盘价'] > data['前一日收盘价'], 1, 0)

# 选择特征和目标变量
features = ['SMA_20', 'EMA_12', 'RSI', 'MACD', '收盘价标准差', '成交量均值']
X = data[features]
y = data['涨跌']

# 拆分数据集为训练集和测试集
X_train, X_test, y_train, y_test = train_test_split(X, y, test_size=0.2, random_state=42)

# 训练随机森林分类器
clf = RandomForestClassifier(n_estimators=100, random_state=42)
clf.fit(X_train, y_train)

# 预测涨跌
y_pred = clf.predict(X_test)

# 评估模型性能
accuracy = accuracy_score(y_test, y_pred)
print("准确率:", accuracy)
print("分类报告:\n", classification_report(y_test, y_pred))
```

在上述代码中，首先加载时间序列数据，然后执行特征提取步骤，包括计算移动平均线、技术指标、波动性指标和成交量特征。接着，创建一个二元分类标签，表示涨跌情况。最后，使用随机森林分类器对特征进行训练，并评估模型性能。执行代码后会输出以下内容。

分类报告：

	Precision	Recall	F1-Score	Support
1	1.00	1.00	1.00	6
accuracy			1.00	6
macro avg	1.00	1.00	1.00	6
weighted avg	1.00	1.00	1.00	6

上述输出表示我们的模型在测试数据上表现得非常好，准确率达到了1.00，也就是100%。具体说明如下。

Precision（精确率）：对于预测为涨（1）的样本，模型预测的准确比例为1.00，也就是100%。

Recall（召回率）：模型成功捕获了所有实际为涨（1）的样本，召回率也为1.00，也就是100%。

F1-Score（F1分数）：F1分数是精确率和召回率的调和平均值，对于二分类问题，F1分数是一个常用的综合性能度量。在这里，F1分数为1.00，也是最高分，表示模型的综合性能非常好。

Support（支持数）：实际测试集中有6个样本。

综合来看，这个输出结果表明我们的模型在测试数据上的预测非常准确，完美地捕获了涨跌情况。然而，需要注意的是，这只是一个非常小的测试集，模型的表现可能在更大的、真实的数据集上有所不同。因此，在实际应用中，通常需要更多的数据来评估模型的性能。但就这个小数据集来说，模型对于预测涨跌表现出色。

在下面的实例中，我们将使用PyTorch构建一个简单的文本情感分类模型，使用TF-IDF特征对文本数据进行特征提取，然后训练模型并评估其在情感分类任务上的性能。

实例3-6：构建金融市场文本情感分类模型（源码路径：daima/3/qingxu.py）

实例文件qingxu.py的具体实现代码如下所示。

```
# 假设有包含股票市场情感相关数据的DataFrame
data = pd.DataFrame({
    'text': [
        '股市今天大幅度上涨，投资者情绪高涨。',
        '市场出现了一些波动，投资者感到担忧。',
        '公司发布了积极的业绩报告，股价上涨。',
        '经济数据表现不佳，市场情绪疲软。'
    ],
    'sentiment': ['积极', '消极', '积极', '消极']
})
```

```python
# 分割数据集为训练集和测试集
train_data, test_data = train_test_split(data, test_size=0.2, random_state=42)

# 使用TF-IDF提取特征
tfidf_vectorizer = TfidfVectorizer()
tfidf_train_features = tfidf_vectorizer.fit_transform(train_data['text'])
tfidf_test_features = tfidf_vectorizer.transform(test_data['text'])

# 构建PyTorch张量
train_labels = torch.tensor([1 if sentiment == '积极' else 0 for sentiment in train_data['sentiment']])
test_labels = torch.tensor([1 if sentiment == '积极' else 0 for sentiment in test_data['sentiment']])
train_features = torch.tensor(tfidf_train_features.toarray(), dtype=torch.float32)
test_features = torch.tensor(tfidf_test_features.toarray(), dtype=torch.float32)

# 构建情感分类模型
class SentimentClassifier(nn.Module):
    def __init__(self, input_dim, output_dim):
        super().__init__()
        self.fc = nn.Linear(input_dim, output_dim)

    def forward(self, x):
        return self.fc(x)

# 初始化模型
input_dim = train_features.shape[1]
output_dim = 1
model = SentimentClassifier(input_dim, output_dim)

# 损失函数和优化器
criterion = nn.BCEWithLogitsLoss()
optimizer = torch.optim.Adam(model.parameters())

# 训练模型
def train(model, iterator, optimizer, criterion):
    model.train()
    for batch_features, batch_labels in iterator:    # 修改这里
        optimizer.zero_grad()
```

```python
        predictions = model(batch_features)  # 修改这里
        loss = criterion(predictions.squeeze(1), batch_labels.float())
        loss.backward()
        optimizer.step()


# 测试模型
def evaluate(model, iterator):
    model.eval()
    predictions = []
    with torch.no_grad():
        for batch_features, _ in iterator:  # 修改这里
            preds = model(batch_features)  # 修改这里
            predictions.extend(torch.round(torch.sigmoid(preds)).tolist())
    return predictions


# 转换为PyTorch的数据加载器
train_data = torch.utils.data.TensorDataset(train_features, train_labels)
train_loader = torch.utils.data.DataLoader(train_data, batch_size=2, shuffle=True)

# 训练模型
N_EPOCHS = 10
for epoch in range(N_EPOCHS):
    train(model, train_loader, optimizer, criterion)

# 评估模型
test_data = torch.utils.data.TensorDataset(test_features, test_labels)
test_loader = torch.utils.data.DataLoader(test_data, batch_size=2, shuffle=False)

predictions = evaluate(model, test_loader)
true_labels = test_labels.tolist()

# 计算准确率
accuracy = accuracy_score(true_labels, predictions)
print(f"准确率: {accuracy:.2f}")

# 输出分类报告
report = classification_report(true_labels, predictions)
print(report)
```

对上述代码的具体说明如下。创建包含文本数据和情感标签的DataFrame (data)：这个DataFrame包含了一些关于股票市场情感的示例文本数据以及与每个文本相关的情感标签（积极或消极）。

使用 train_test_split 将数据集分割为训练集 (train_data) 和测试集 (test_data)，其中测试集占总数据的20%。

使用 TfidfVectorizer 对文本数据进行特征提取：其中tfidf_vectorizer 用于初始化一个TF-IDF向量化器；tfidf_train_features 通过拟合向量化器并将其应用于训练数据，提取训练集的TF-IDF特征；tfidf_test_features 通过将向量化器应用于测试数据，提取测试集的TF-IDF特征。

将数据转换为PyTorch张量：将提取的TF-IDF特征和情感标签转换为PyTorch张量，以便进行深度学习模型的训练。

构建情感分类模型 (SentimentClassifier)：这是一个简单的全连接神经网络模型，接受输入维度 input_dim 并输出二进制分类结果（0或1）。模型包含一个线性层 (nn.Linear)，用于进行二分类任务。

初始化模型 (model)，选择损失函数 (BCEWithLogitsLoss) 和优化器 (Adam)。

定义训练函数 (train) 和评估函数 (evaluate)：train 函数用于训练模型，它迭代训练数据加载器 (iterator) 中的每个批次，计算损失并执行反向传播来更新模型参数。evaluate 函数用于评估模型，它迭代测试数据加载器，生成预测并将其转换为分类结果。

将数据转换为PyTorch的数据加载器 (train_loader 和 test_loader)，以便进行批量训练和评估。

训练模型 (train)：迭代多个时期 (N_EPOCHS)，每个时期都使用训练数据进行模型训练。

评估模型 (evaluate)：使用测试数据评估模型的性能，计算准确率并输出分类报告。

最后输出模型的准确率和分类报告。

在本实例中只用到了4条股民情感数据，保存在了text中。在实际应用中，需要抓取大量的股民情感数据，并保存到本地文件中。在下面的实例中，我们将从文本文件中读取情绪数据，然后使用 TF-IDF 特征提取和 PyTorch 构建一个情感分类模型，再对模型的性能进行评估和可视化处理。

实例3-7：构建金融市场文本情感分类模型的升级版（源码路径：daima/3/qingxu1.py）

（1）在文件your_data.txt 中保存了某日股民们的积极和消极情感标签的文本数据，我们可以基于这些数据进行模型的训练和评估。

```
股市今天大幅度上涨，投资者情绪高涨。积极
市场出现了一些波动，投资者感到担忧。消极
公司发布了积极的业绩报告，股价上涨。积极
经济数据表现不佳，市场情绪疲软。消极
股市表现强劲，投资者信心增强。积极
新的政策推出后，市场出现了不确定性，投资者谨慎观望。消极
#省略后面的数据
```

（2）实例文件qingxu1.py的主要实现代码如下所示。

```python
# 从 your_data.txt 中读取数据
with open('your_data.txt', 'r', encoding='utf-8') as file:
    lines = file.readlines()

# 分割每一行的文本和情感标签
data = [line.strip().split(' ', 1) for line in lines]

# 创建DataFrame
df = pd.DataFrame(data, columns=['text', 'sentiment'])

# 分割数据集为训练集和测试集
train_data, test_data = train_test_split(df, test_size=0.2, random_state=42)

# 使用TF-IDF提取特征
tfidf_vectorizer = TfidfVectorizer()
tfidf_train_features = tfidf_vectorizer.fit_transform(train_data['text'])
tfidf_test_features = tfidf_vectorizer.transform(test_data['text'])

# 构建PyTorch张量
train_labels = torch.tensor([1 if sentiment == '积极' else 0 for sentiment in train_data['sentiment']])
test_labels = torch.tensor([1 if sentiment == '积极' else 0 for sentiment in test_data['sentiment']])
train_features = torch.tensor(tfidf_train_features.toarray(), dtype=torch.float32)
test_features = torch.tensor(tfidf_test_features.toarray(), dtype=torch.float32)

# 构建情感分类模型
class SentimentClassifier(nn.Module):
    def __init__(self, input_dim, output_dim):
        super().__init__()
        self.fc = nn.Linear(input_dim, output_dim)

    def forward(self, x):
        return self.fc(x)

# 初始化模型
input_dim = train_features.shape[1]
output_dim = 1
model = SentimentClassifier(input_dim, output_dim)
```

```python
# 损失函数和优化器
criterion = nn.BCEWithLogitsLoss()
optimizer = torch.optim.Adam(model.parameters())

# 训练模型
def train(model, iterator, optimizer, criterion):
    model.train()
    for batch_features, batch_labels in iterator:  # 修改此行
        optimizer.zero_grad()
        predictions = model(batch_features)  # 修改此行
        loss = criterion(predictions.squeeze(1), batch_labels.float())
        loss.backward()
        optimizer.step()

# 测试模型
def evaluate(model, iterator):
    model.eval()
    predictions = []
    with torch.no_grad():
        for batch_features, _ in iterator:  # 修改此行
            preds = model(batch_features).squeeze(1)  # 修改此行
            predictions.extend(torch.round(torch.sigmoid(preds)).tolist())
    return predictions


# 转换为PyTorch的数据加载器
train_data = torch.utils.data.TensorDataset(train_features, train_labels)
train_loader = torch.utils.data.DataLoader(train_data, batch_size=2, shuffle=True)

# 训练模型
N_EPOCHS = 10
for epoch in range(N_EPOCHS):
    train(model, train_loader, optimizer, criterion)

# 转换为PyTorch的数据加载器
test_data = torch.utils.data.TensorDataset(test_features, test_labels)
test_loader = torch.utils.data.DataLoader(test_data, batch_size=2, shuffle=False)

predictions = evaluate(model, test_loader)
```

```python
true_labels = test_labels.tolist()

# 计算准确率
accuracy = accuracy_score(true_labels, predictions)
print(f"准确率: {accuracy:.2f}")

# 输出分类报告
report = classification_report(true_labels, predictions)
print(report)

import matplotlib.pyplot as plt
import numpy as np
from sklearn.metrics import confusion_matrix
import seaborn as sns
plt.rcParams["font.sans-serif"] = ["SimHei"]  # 设置字体
plt.rcParams["axes.unicode_minus"] = False  # 该语句解决图像中负号乱码的问题
import matplotlib.pyplot as plt

# 计算混淆矩阵
from sklearn.metrics import confusion_matrix
confusion = confusion_matrix(true_labels, predictions)

# 创建一个热力图可视化混淆矩阵
plt.figure(figsize=(8, 6))
plt.imshow(confusion, interpolation='nearest', cmap=plt.cm.Blues)
plt.title('混淆矩阵')
plt.colorbar()

classes = ['消极', '积极']
tick_marks = np.arange(len(classes))
plt.xticks(tick_marks, classes, rotation=45)
plt.yticks(tick_marks, classes)

plt.xlabel('预测值')
plt.ylabel('真实值')

# 在图上显示数字
thresh = confusion.max() / 2.
for i in range(confusion.shape[0]):
    for j in range(confusion.shape[1]):
        plt.text(j, i, format(confusion[i, j], 'd'),
                 ha="center", va="center",
```

```
                    color="white" if confusion[i, j] > thresh else "black")
plt.tight_layout()
plt.show()
```

对上述代码的具体说明如下。从名为 "your_data.txt" 的文本文件中读取数据，并将每一行的文本和情感标签分割成一个列表。

创建一个包含文本和情感标签的 Pandas DataFrame (df)，其中包含从文件中读取的数据。

使用 train_test_split 将数据集分割为训练集 (train_data) 和测试集 (test_data)，其中测试集占总数据的20%。

使用 TfidfVectorizer 对文本数据进行特征提取，将文本数据转换为 TF-IDF 特征向量。

将提取的 TF-IDF 特征和情感标签转换为 PyTorch 张量，以便进行深度学习模型的训练。

构建一个情感分类模型 (SentimentClassifier)，这是一个简单的全连接神经网络模型，用于进行情感分类任务。

初始化模型 (model)，选择损失函数 (BCEWithLogitsLoss) 和优化器 (Adam)。

定义训练函数 (train) 和评估函数 (evaluate)，用于训练和评估模型。

将数据转换为 PyTorch 的数据加载器 (train_loader 和 test_loader)，以便进行批量训练和评估。

训练模型 (train)：迭代多个时期 (N_EPOCHS)，每个时期都使用训练数据进行模型训练。

评估模型 (evaluate)：使用测试数据评估模型的性能，计算准确率并输出分类报告。

输出模型的准确率和分类报告。

接下来，代码通过使用 Matplotlib 和 seaborn 库绘制混淆矩阵的可视化热力图，以更直观地展示模型的性能和分类效果。

总之，上述代码演示了如何从文本文件中读取数据，使用 TF-IDF 特征提取和 PyTorch 构建一个情感分类模型，然后对模型的性能进行评估和可视化。最后，它生成一个混淆矩阵的可视化热力图，用于展示分类结果和模型的性能。

> **注意**
>
> 上面的实例文件qingxu.py和qingxu1.py的执行结果的准确率为1.00，这是因为文件your_data.txt中的数据太少而导致的过拟合。在机器学习中，如果训练数据集太小，模型可能会记住训练数据的细节，而无法泛化到新的未见过的数据。这需要大家使用现实中真实的股民情感数据进行处理。

3.3 数据标准化与归一化

数据标准化（Standardization）和数据归一化（Normalization）是两种常用的数据预处理技术。它们在金融领域有着广泛的应用，用于处理不同尺度、范围或分布的金融数据，以便更好地进行分析和建模。

3.3.1 标准化与归一化的概念

1. 标准化

标准化是一种数据转换方法，旨在将数据转换为均值为0、标准差为1的标准正态分布（也称为Z分布）。标准化通常用于处理不同尺度的数据或具有不同单位的数据，以确保它们具有相似的尺度。标准化的公式如下。

$$标准化值 = \frac{原始值 - 均值}{标准差}$$

在金融领域，标准化通常用于投资组合分析、风险管理和金融建模中，以确保不同资产的风险和收益具有可比性。例如，如果有一组不同股票的收益率数据，可以对其进行标准化，以便更容易比较它们的波动性。

2. 归一化

归一化是将数据缩放到特定范围的过程，通常是[0, 1]或[-1, 1]。它不考虑数据的分布，只关心数据的相对位置。归一化的公式如下（将数据映射到[0, 1]的情况）。

$$归一化值 = \frac{原始值 - 最小值}{最大值 - 最小值}$$

归一化常用于神经网络训练等机器学习任务中，以确保不同特征的值在相似的范围内，从而提高模型的训练效果。在金融领域，归一化可用于股票价格、指数值等数据，以便在模型中进行比较或预测。

总的来说，标准化和归一化都有助于处理金融数据，使其更容易进行统计分析、建模和比较。选择使用哪种方法通常取决于数据的性质和分析的具体需求。标准化更关注数据的分布和单位，而归一化更侧重于将数据缩放到特定范围内。

3.3.2 金融模型中的标准化与归一化例子

在下面的例子中，我们将展示如何使用Python金融模型中的标准化和归一化技术对某股票的价格数据进行处理。

实例3-8：使用标准化和归一化技术处理某股票的价格（源码路径：daima/3/gui.py）

实例文件gui.py的具体实现代码如下所示。

```python
import pandas as pd
from sklearn.preprocessing import StandardScaler, MinMaxScaler

# 假设有一个包含股票价格的DataFrame
data = pd.DataFrame({
    'AAPL': [150.50, 152.30, 149.25, 153.20, 155.40],
    'GOOG': [2700.10, 2695.50, 2710.75, 2725.90, 2735.20],
    'TSLA': [700.80, 710.20, 695.50, 720.60, 730.40]
})

# 创建标准化和归一化对象
scaler_standard = StandardScaler()
scaler_minmax = MinMaxScaler()

# 使用标准化对象进行标准化处理
data_standardized = scaler_standard.fit_transform(data)
data_standardized = pd.DataFrame(data_standardized, columns=data.columns)

# 使用归一化对象进行归一化处理
data_normalized = scaler_minmax.fit_transform(data)
data_normalized = pd.DataFrame(data_normalized, columns=data.columns)

# 输出标准化后的数据
print("标准化后的数据：")
print(data_standardized)

# 输出归一化后的数据
print("\n归一化后的数据：")
print(data_normalized)
```

在上述代码中，首先创建了一个包含了若干股票价格的DataFrame，然后使用StandardScaler进行标准化处理，以及使用MinMaxScaler进行归一化处理。最后，输出处理后的数据。执行后会输出如下代码。

```
标准化后的数据：
       AAPL      GOOG      TSLA
0 -0.763016 -0.888423 -0.839532
1  0.079578 -1.193632 -0.101999
2 -1.348152 -0.181798 -1.255375
```

```
3  0.500876  0.823401  0.713995
4  1.530714  1.440454  1.482912

归一化后的数据：
       AAPL      GOOG      TSLA
0  0.203252  0.115869  0.151862
1  0.495935  0.000000  0.421203
2  0.000000  0.384131  0.000000
3  0.642276  0.765743  0.719198
4  1.000000  1.000000  1.000000
```

标准化后的数据会使每只股票的价格在均值为0、标准差为1的范围内，这有助于比较它们的波动性。而归一化后的数据将每只股票的价格映射到[0, 1]，使得它们在相同的尺度上，适用于一些需要使用相对值的金融模型。根据具体需求，我们可以选择使用其中一种方法或两种方法的组合来处理金融数据。

第4章
金融时间序列分析

本章导读

金融时间序列分析是金融学和统计学领域的一个重要分支,它涉及对金融市场和资产价格的历史数据进行统计和计量分析。这种分析有助于揭示金融市场的模式、趋势和波动性,为投资决策、风险管理和金融政策制定提供有用的信息。本章将详细讲解金融时间序列分析的知识,并通过具体实例来讲解各个知识点的用法。

4.1 时间序列的基本概念

时间序列是一种数据表示形式,其数据点按照时间顺序排列。

4.1.1 什么是时间序列数据

时间序列数据是按照时间顺序排列的一系列数据点或观测值的集合。这些数据点通常与特定时间点相关联,时间间隔可以是等间隔的,也可以是不等间隔的,具体取决于数据收集的频率和方式。时间序列数据可以应用于各个领域,包括经济学、金融学、气象学、工程学、医学等。

时间序列分析旨在理解数据中的模式、趋势、季节性和周期性变化,以便进行预测、模型建立和决策制定。时间序列分析中使用了多种统计和数据分析方法,如自回归模型、自相关分析、移动平均模型。

4.1.2 时间序列数据的特点

时间序列数据具有以下特点,这些特点使其在统计分析、预测和决策制定中与其他数据类型有所不同。

时间相关性：时间序列数据的观测值是按照时间顺序排列的，过去的数据点与未来的数据点有关。这意味着时间序列数据中的时间因素是重要的，通常需要考虑时间的影响。

趋势性：时间序列数据可能包含长期变化的方向，即趋势。趋势可以是上升的（增长趋势）、下降的（下降趋势）或平稳的（稳定趋势）。

季节性：季节性是时间序列数据中的周期性变化，通常与时间的季节性因素相关。例如，零售数据可能在每年的假期季节性增加，这是一个季节性模式。

周期性：周期性是时间序列中的周期性变化，其周期长度可以大于一年，通常与经济周期或其他长周期性因素有关。这与季节性不同，季节性模式的周期性通常为一年或一季度。

噪声：时间序列数据中通常包含噪声，即随机波动或不规则性。这些噪声可以掩盖趋势性、季节性和周期性模式，使数据变得更加难以解释和预测。

自相关性：自相关性指的是时间序列数据中的观测值通常与之前的观测值相关联。自相关性可以用于检测数据中的模式和规律。

不稳定性：时间序列数据可能是不稳定的，即数据的均值和方差会随着时间的变化而变化。这需要采取一些方法来稳定时间序列，以便进行分析和建模。

预测需求：与静态数据不同，时间序列数据通常用于预测未来的值。这使得时间序列分析在决策制定和规划中非常有用。

数据频率：时间序列数据有不同的数据频率，如每日、每月、每季度或每年。数据频率决定了分析和建模的方法。

理解时间序列数据的这些特点对于选择适当的分析方法、建立准确的模型以及做出有意义的预测非常重要。根据时间序列数据的特点，我们可以选择合适的统计方法、时间序列模型和数据处理技术。

4.1.3 时间序列分析在金融领域的应用

金融时间序列分析是一个广泛的领域，涉及多种技术和模型，目的是更好地理解和解释金融市场的行为，从而更好地指导金融决策和风险管理。不同的问题和数据类型可能需要不同的方法和模型。以下是金融时间序列分析的主要应用。

数据收集和处理：金融时间序列分析的第一步是收集和整理金融数据，这可能包括股票价格、汇率、债券收益率、期货价格等。数据清洗和处理也很重要，其主要用于处理缺失值、异常值和数据频率不一致等问题。

描述性分析：在进行更深入的数据分析前，通常需要进行描述性分析，以了解数据的基本特征。描述性分析可以通过计算统计指标来实现，如均值、标准差、相关性等。

时间序列图表：创建时间序列图表是一种可视化方法，有助于观察价格和收益率的趋势、季节性和周期性模式。常用的图表包括线图、柱状图和点图。

随机游走和白噪声：许多金融时间序列被认为是随机游走或白噪声过程。这些模型通常用作基准模型，以便比较更复杂的模型的性能。

时间序列分解：时间序列可以分解为趋势性、季节性和残差成分，以帮助揭示数据的内在结构。

移动平均和指数平滑：移动平均和指数平滑是用于平稳化时间序列数据的常见技术，以减少噪声和揭示趋势。

差分自回归移动平均（Autoregressive Integrated Moving Average，ARIMA）模型：ARIMA模型是一种常见的时间序列模型，用于对具有自回归和移动平均成分的数据进行建模和预测。

广义自回归条件异方差（Generalized Autoregressive Conditional Heteroskedasticity，GARCH）模型：GARCH模型是一种用于对金融时间序列数据波动性进行建模和预测的重要工具。

向量自回归（Vector Autoregressive，VAR）模型：VAR模型用于预测相互联系的时间序列系统以及分析随机扰动对变量系统的动态影响。

金融市场模型：资本资产定价模型、随机资产定价模型等是用于解释金融市场行为的模型，它们涉及时间序列数据的使用。

高频数据分析：随着计算能力的提高，高频数据分析也变得更加重要，其包括秒级或毫秒级的市场数据分析。

4.2 常用的时间序列分析方法

在金融领域，时间序列分析方法是非常重要的，它可用于理解金融市场、预测资产价格、进行风险管理以及优化资产组合等方面。在本节内容中，将详细介绍金融领域一些常用的时间序列分析方法。

4.2.1 移动平均法

移动平均法可以用于平滑金融时间序列数据，减小价格波动的噪声，揭示趋势。简单移动平均（SMA）和指数移动平均（EMA）是两种常见的方法。假设有一个名为"stock_data.csv"的CSV文件，在里面保存了某只股票的日期和价格数据列。在下面的实例中，我们将使用SMA来平滑这些价格数据，并可视化SMA线。

实例4-1：绘制某只股票30日的移动平均线（源码路径：daima/4/ping.py）

实例文件ping.py的具体实现代码如下所示。

```
import pandas as pd
import matplotlib.pyplot as plt
```

```python
plt.rcParams["font.sans-serif"] = ["SimHei"]  # 设置字体
plt.rcParams["axes.unicode_minus"] = False  # 该语句解决图像中负号的乱码问题
# 读取CSV文件
df = pd.read_csv('stock_data.csv')

# 将日期列转换为日期时间格式
df['Date'] = pd.to_datetime(df['Date'])

# 设置日期列为索引
df.set_index('Date', inplace=True)

# 计算简单移动平均（SMA）
window = 30  # SMA窗口大小，如30个交易日
df['SMA'] = df['Price'].rolling(window=window).mean()

# 绘制原始价格和SMA线
plt.figure(figsize=(12, 6))
plt.plot(df.index, df['Price'], label='原始价格')
plt.plot(df.index, df['SMA'], label=f'{window}日SMA', color='orange')
plt.xlabel('日期')
plt.ylabel('价格')
plt.title('股票价格和简单移动平均')
plt.legend()
plt.grid(True)
plt.show()
```

在上述代码中，首先读取CSV文件，将日期列转换为日期时间格式，并将日期列设置为数据帧的索引。然后，计算一个30个交易日的简单移动平均，并将SMA数据列添加到数据帧中。最后，使用Matplotlib库绘制原始价格线和SMA线，如图4-1所示。

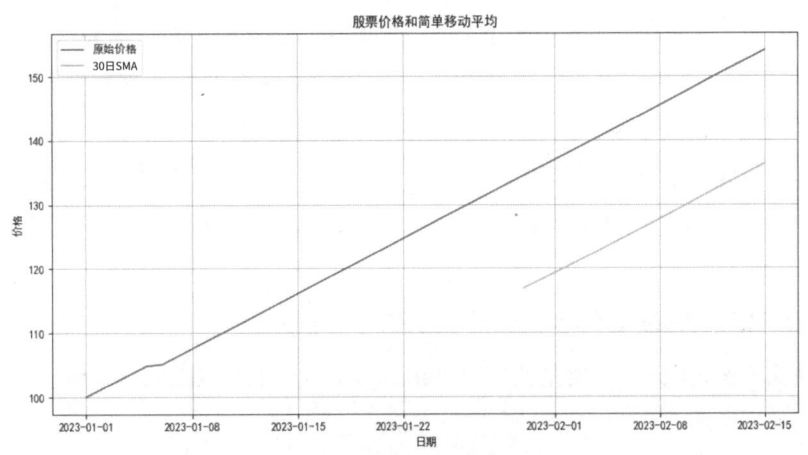

图4-1 股票价格的原始时间序列数据和SMA折线图

在上述Python实例4-1中，执行后会绘制一个包含两条线的折线图。

原始价格线：这是股票价格的原始时间序列数据的折线图，其中x轴表示日期，y轴表示股票价格。这条线反映了股票价格的实际波动情况。

SMA线：SMA是对股票价格进行平滑处理的结果，它使用了一个30个交易日的窗口，因此SMA线反映了股票价格的趋势，使波动性减小，更容易观察长期走势。

这两条线组成的折线图有助于可视化股票价格的走势以及简单移动平均如何平滑这些价格数据。原始价格线通常会有波动，而SMA线则更平稳，有助于识别趋势。这种可视化有助于金融分析师更好地理解和分析股票价格的动态。

4.2.2 自回归模型

自回归（Autoregressive，AR）模型是一种重要的时间序列分析工具，用于建模和预测金融市场中的价格和收益率。自回归模型基于时间序列数据的自相关性质，它假设当前时刻的观测值与过去的观测值之间存在一种线性关系，这一关系可以用来预测未来的价格或收益率。下面是自回归模型在金融领域的应用和一些重要概念。

价格预测：AR模型通常用于预测金融资产的价格，如股票价格、债券价格、外汇汇率等。模型根据过去的价格数据，尤其是自回归阶数来估计未来的价格变动。

波动率建模：AR模型可以用于对金融市场中的波动性进行建模，特别是金融时间序列的波动率聚集现象。GARCH模型是一种常见的自回归条件异方差模型，用于对金融时间序列的波动性进行建模。

风险管理：AR模型可以用于估计风险，如市场风险和信用风险，从而更好地预测未来的风险并采取相应的措施。

金融市场预测：自回归模型也可以用于预测金融市场的整体走势，尽管这在实际应用中可能受到多种因素的影响。

市场调整策略：一些交易策略依赖于AR模型的信号，尤其是配对交易和均值回归策略。

需要注意的是，AR模型的性能和效果可能受到市场的复杂性、非平稳性、外部因素和模型选择的影响。因此，在金融领域，通常需要使用更复杂的模型，如ARIMA、GARCH、VAR等，来更好地捕捉和解释金融时间序列中的动态特性。此外，金融时间序列数据通常需要进行差分操作以处理非平稳性。因此，AR模型通常被视为更广泛时间序列建模的一部分，而不是唯一的分析工具。

实例4-2：使用自回归模型预测某只股票的价格（源码路径：daima/4/ping1.py）

编写实例文件ping1.py，功能是使用文件stock_data.csv中的金融数据构建一个自回归模型，具体实现代码如下所示。

```
import pandas as pd
```

```python
import numpy as np
import matplotlib.pyplot as plt
from sklearn.model_selection import train_test_split
from sklearn.linear_model import LinearRegression
from sklearn.metrics import mean_squared_error

plt.rcParams["font.sans-serif"] = ["SimHei"]  # 设置字体
plt.rcParams["axes.unicode_minus"] = False  # 该语句解决图像中的"-"负号的乱码问题

# 读取股票数据
data = pd.read_csv('stock_data.csv')
print(data.head())  # 检查数据是否正确读取
prices = data['Price'].values.astype(float)

# 数据标准化
mean_price = np.mean(prices)
std_price = np.std(prices)
prices = (prices - mean_price) / std_price

# 创建自回归数据集
seq_length = 10
X = []
y = []

for i in range(len(prices) - seq_length):
    X.append(prices[i:i + seq_length])
    y.append(prices[i + seq_length])

X = np.array(X)
y = np.array(y)

# 检查数据长度是否足够
if len(X) == 0 or len(y) == 0:
    raise ValueError("数据集长度不足,无法创建自回归数据集")

# 划分训练集和测试集
X_train, X_test, y_train, y_test = train_test_split(X, y, test_size=0.2, random_state=42)

# 训练线性回归模型
model = LinearRegression()
```

```
model.fit(X_train, y_train)

# 在测试集上进行预测
y_pred = model.predict(X_test)

# 反标准化预测结果
y_pred = (y_pred * std_price) + mean_price
y_test = (y_test * std_price) + mean_price

# 计算均方误差
mse = mean_squared_error(y_test, y_pred)
print(f"均方误差 (MSE): {mse:.2f}")

# 打印股票预测价格
print("模型预测价格:")
for i in range(len(y_pred)):
    print(f"时间步 {i}: 预测价格 = {y_pred[i]:.2f}")

# 调试输出: 打印 y_test 和 y_pred
print("y_test:", y_test)
print("y_pred:", y_pred)

# 绘制原始数据和模型预测结果
plt.figure(figsize=(12, 6))
plt.plot(range(len(y_test)), y_test, label='原始数据', color='blue', marker='o')  # 确保颜色和标记设置正确
plt.plot(range(len(y_test)), y_pred, label='模型预测', color='orange', linestyle='--', marker='x')  # 使用不同的样式
plt.xlabel('时间步')
plt.ylabel('股票价格')
plt.title('股票价格预测')
plt.legend()
plt.grid(True)
plt.show()
```

在上述代码中，加载了文件stock_data.csv中的数据，对其进行标准化，然后创建了自回归数据集。接着，使用线性回归模型对数据进行训练和预测。最后，使用均方误差评估模型的性能，并绘制了原始数据和模型预测的对比图。执行后会输出以下内容，并绘制了如图4-2所示的折线图。在本实例中，因为文件stock_data.csv中的样本数据不是很多，所以均方误差 (MSE) 为 0.00，所以执行后的原始数据折线图和模型预测折线图会重合。

```
         Date    Price
0   2023-01-01  100.00
1   2023-01-02  101.23
2   2023-01-03  102.45
3   2023-01-04  103.67
4   2023-01-05  104.89
均方误差 (MSE): 0.00
模型预测价格：
时间步 0: 预测价格 = 154.00
时间步 1: 预测价格 = 127.11
时间步 2: 预测价格 = 143.00
时间步 3: 预测价格 = 147.89
时间步 4: 预测价格 = 130.78
时间步 5: 预测价格 = 149.11
时间步 6: 预测价格 = 136.89
时间步 7: 预测价格 = 125.89
y_test: [154.    127.12 143.    147.89 130.78 149.12 136.89 125.89]
y_pred: [154.00243543 127.11237595 143.00226161 147.89012559 130.78245022
 149.11272361 136.88995177 125.88977794]
```

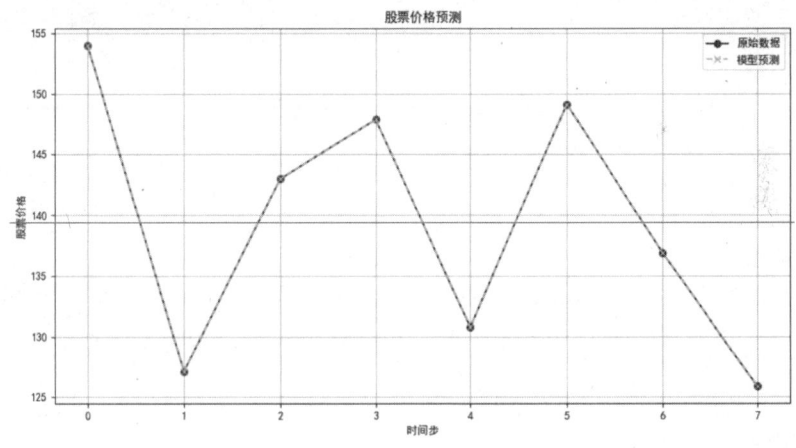

图4-2　股票价格预测折线图

4.2.3　自回归移动平均模型

自回归移动平均模型结合了自回归模型和移动平均模型两种模型的特点，同时还可以通过差分操作来处理非平稳数据。在金融时间序列中，ARIMA模型用于对价格的波动性进行建模和预测。

实例4-3：使用自回归移动平均模型预测某只股票的价格（源码路径：daima/4/zihui.py）

编写实例文件zihui.py，功能是使用文件stock_data.csv中的金融数据构建一个自回归移动平均模型，然后使用pmdarima库进行金融预测。文件zihui.py的具体实现代码如下所示。

```python
import pandas as pd
import numpy as np
import matplotlib.pyplot as plt
from pmdarima.arima import auto_arima
from sklearn.metrics import mean_squared_error

# 读取股票数据
data = pd.read_csv('stock_data.csv')
data['Date'] = pd.to_datetime(data['Date'])
data.set_index('Date', inplace=True)

# 可选：绘制原始数据图表
plt.figure(figsize=(12, 6))
plt.plot(data['Price'], label='原始数据')
plt.xlabel('日期')
plt.ylabel('股票价格')
plt.title('原始股票价格数据')
plt.legend()
plt.grid(True)
plt.show()

# 拟合ARIMA模型
model = auto_arima(data['Price'], seasonal=False, stepwise=True, trace=True,
error_action='ignore', suppress_warnings=True)
print(model.summary())

# 预测未来的股票价格
forecast_steps = 5  # 要预测的未来时间步数
forecast, conf_int = model.predict(n_periods=forecast_steps, return_conf_int=True)

# 输出未来股票价格的预测值
print("未来股票价格的预测值:")
for i in range(forecast_steps):
    print(f"时间步 {i+1}: 预测价格 = {forecast[i]:.2f}")

# 绘制原始数据和模型预测结果
plt.figure(figsize=(12, 6))
plt.plot(data['Price'], label='原始数据')
plt.plot(pd.date_range(start=data.index[-1], periods=forecast_steps+1,
closed='right'), forecast, label='未来预测', color='green')
plt.xlabel('日期')
plt.ylabel('股票价格')
```

```
plt.title('股票价格预测')
plt.legend()
plt.grid(True)
plt.show()
```

在上述代码中，使用pmdarima库的auto_arima函数来自动拟合ARIMA模型，并预测未来的股票价格。我们可以根据需要调整函数auto_arima()的参数，以获取更好的模型拟合结果。执行后会输出以下内容。

```
Performing stepwise search to minimize aic
 ARIMA(2,1,2)(0,0,0)[0] intercept   : AIC=-33.365, Time=3.03 sec
 ARIMA(0,1,0)(0,0,0)[0] intercept   : AIC=-41.292, Time=0.34 sec
 ARIMA(1,1,0)(0,0,0)[0] intercept   : AIC=-39.308, Time=0.35 sec
 ARIMA(0,1,1)(0,0,0)[0] intercept   : AIC=-39.309, Time=0.49 sec
 ARIMA(0,1,0)(0,0,0)[0]             : AIC=146.777, Time=0.13 sec
 ARIMA(1,1,1)(0,0,0)[0] intercept   : AIC=-37.307, Time=0.98 sec

Best model:  ARIMA(0,1,0)(0,0,0)[0] intercept
Total fit time: 5.360 seconds
                               SARIMAX Results
==================================================================================
Dep. Variable:                          y   No. Observations:                   46
Model:                     SARIMAX(0, 1, 0)   Log Likelihood                  22.646
Date:                     Fri, 15 Sep 2023   AIC                            -41.292
Time:                             15:58:28   BIC                            -37.679
Sample:                           01-01-2023   HQIC                           -39.945
                                - 02-15-2023
Covariance Type:                        opg
==================================================================================
                 coef    std err          z      P>|z|      [0.025      0.975]
----------------------------------------------------------------------------------
intercept      1.2000      0.760      1.579      0.114      -0.289       2.689
sigma2         0.0214      0.034      0.624      0.533      -0.046       0.089
```

```
=============================================================================
Ljung-Box (L1) (Q):                   0.02    Jarque-Bera (JB):
3308.27
Prob(Q):                              0.89    Prob(JB):
0.00
Heteroskedasticity (H):               0.01    Skew:
-6.47
Prob(H) (two-sided):                  0.00    Kurtosis:
42.96
=============================================================================

未来股票价格的预测值：
时间步 1: 预测价格 = 155.20
时间步 2: 预测价格 = 156.40
时间步 3: 预测价格 = 157.60
时间步 4: 预测价格 = 158.80
时间步 5: 预测价格 = 160.00
```

> **注意**
>
> 这只是一个基本的ARIMA例子，大家可以根据需要选择不同的ARIMA阶数（order参数）来调整模型的复杂性。根据项目的数据和需求，你可能需要进行更多的模型调优和评估。另外，statsmodels是一个功能强大的统计分析库，特别适用于时间序列分析、线性回归、方差分析等统计建模任务。它提供了丰富的统计模型和工具，可用于拟合、评估和推断各种统计模型。

4.2.4 季节性自回归集成移动平均模型

季节性自回归集成移动平均（Seasonal Autoregressive Integrated Moving Average，SARIMA）模型是一种用于时间序列分析和预测的统计模型，它是自回归集成移动平均模型的一种扩展。SARIMA模型被广泛应用于金融领域，特别是用于分析和预测具有季节性特征的金融时间序列数据。

SARIMA模型有以下主要特点。

季节性：SARIMA模型考虑了时间序列数据中的季节性成分。季节性成分是数据中周期性变化的模式，通常以周、月份或季为周期。在金融领域，股票价格、汇率、商品价格等时间序列数据通常都具有季节性。

自回归：SARIMA模型包含一个自回归（AR）成分，表示当前时间点的观测值与过去时间点的观测值之间的关系。AR成分考虑了时间序列的自相关性。

差分：SARIMA模型通常对时间序列数据进行差分操作，以处理非平稳数据。差分操作是对观测值之间的差异进行建模，可以将非平稳的时间序列数据转化为平稳的序列。

移动平均：SARIMA模型包含一个移动平均（MA）成分，表示当前时间点的观测值与过去时间点的噪声误差之间的关系。MA成分考虑了时间序列的白噪声成分。

SARIMA模型的参数通常由三组参数表示：(p, d, q)、(P, D, Q) 和 s，这三组参数的具体说明如下。

(p, d, q) 是非季节性部分的自回归阶数、差分阶数和移动平均阶数。

(P, D, Q) 是季节性部分的自回归阶数、季节性差分阶数和季节性移动平均阶数。

s 是季节性周期的长度。

在金融领域，SARIMA模型可以用于分析股票价格、利率、汇率等金融时间序列数据，帮助分析师和投资者了解市场的季节性趋势、自相关性以及预测未来价格走势。通过合适地选择SARIMA模型的参数，可以提高金融时间序列数据的预测准确性。

> **注意**
>
> SARIMA模型的建立和参数调优可能需要一定的统计分析和时间序列领域的专业知识。在实际应用中，通常需要对不同的模型进行比较和评估，以选择最合适的模型来分析和预测金融时间序列数据。

实例4-4：使用SARIMA模型预测某只股票的价格（源码路径：daima/4/jijie.py）

编写实例文件jijie.py，功能是使用文件stock_data.csv中的金融数据构建一个SARIMA模型，然后使用SARIMA模型来分析和预测金融时间序列数据。文件jijie.py的具体实现代码如下所示。

```python
import pandas as pd
import numpy as np
import matplotlib.pyplot as plt
from statsmodels.tsa.statespace.sarimax import SARIMAX
from statsmodels.graphics.tsaplots import plot_acf, plot_pacf

# 读取股票数据
data = pd.read_csv('stock_data.csv')
data['Date'] = pd.to_datetime(data['Date'])
data.set_index('Date', inplace=True)

# 可选：绘制原始数据图表
plt.figure(figsize=(12, 6))
plt.plot(data['Price'], label='原始数据')
plt.xlabel('日期')
plt.ylabel('股票价格')
plt.title('原始股票价格数据')
```

```python
plt.legend()
plt.grid(True)
plt.show()

# 为了选择SARIMA模型的参数,可以绘制自相关函数(ACF)和偏自相关函数(PACF)图
plot_acf(data['Price'], lags=20)
plot_pacf(data['Price'], lags=20)
plt.show()

# 根据自相关函数和偏自相关函数的图形,选择合适的参数
# 以示例为目的,假设选择了ARIMA(1,1,1)(1,1,1)_4模型
order = (1, 1, 1)
seasonal_order = (1, 1, 1, 4)

# 拟合SARIMA模型
model = SARIMAX(data['Price'], order=order, seasonal_order=seasonal_order)
results = model.fit()

# 预测未来的股票价格
forecast_steps = 5   # 要预测的未来时间步数
forecast = results.get_forecast(steps=forecast_steps)

# 输出未来股票价格的预测值
print("未来股票价格的预测值:")
print(forecast.predicted_mean)

# 绘制原始数据和模型预测结果
plt.figure(figsize=(12, 6))
plt.plot(data['Price'], label='原始数据')
plt.plot(forecast.predicted_mean, label='未来预测', color='green')
plt.xlabel('日期')
plt.ylabel('股票价格')
plt.title('股票价格预测')
plt.legend()
plt.grid(True)
plt.show()
```

执行后会输出SARIMA模型的拟合和预测结果。

```
RUNNING THE L-BFGS-B CODE

           * * *
```

```
Machine precision = 2.220D-16
 N =            5    M =              10

 At X0           0 variables are exactly at the bounds

 At iterate    0    f= -3.22434D-01    |proj g|=  2.27540D-01
 This problem is unconstrained.

 At iterate    5    f= -3.57391D-01    |proj g|=  3.82935D-03

 At iterate   10    f= -3.57609D-01    |proj g|=  4.18884D-02

 At iterate   15    f= -3.57679D-01    |proj g|=  2.19458D-03

 Bad direction in the line search;
    refresh the lbfgs memory and restart the iteration.

 At iterate   20    f= -3.57680D-01    |proj g|=  1.09522D-04

            * * *

Tit   = total number of iterations
Tnf   = total number of function evaluations
Tnint = total number of segments explored during Cauchy searches
Skip  = number of BFGS updates skipped
Nact  = number of active bounds at final generalized Cauchy point
Projg = norm of the final projected gradient
F     = final function value

            * * *

   N    Tit    Tnf   Tnint   Skip  Nact     Projg         F
   5     21    56      2      0     0    1.373D-04   -3.577D-01
 F = -0.35767955628650960

CONVERGENCE: REL_REDUCTION_OF_F_<=_FACTR*EPSMCH
未来股票价格的预测值:
2023-02-16    155.225061
2023-02-17    156.445288
2023-02-18    157.666403
2023-02-19    158.891448
```

```
2023-02-20    160.114163
Freq: D, Name: predicted_mean, dtype: float64
```

上述输出显示了SARIMA模型的拟合和预测结果，以下是对输出中一些关键部分的解释。

模型拟合过程：模型使用L-BFGS-B算法进行拟合，通过迭代来找到最优参数。输出中显示了一些迭代过程的信息，包括迭代次数、目标函数值（f）、梯度的投影值（|proj g|）等。

模型参数：输出中显示了模型的参数，包括非季节性部分和季节性部分的阶数。在这个示例中，我们使用了ARIMA(1,1,1)(1,1,1)_4模型。

未来股票价格的预测值：输出中显示了未来股票价格的预测值，涵盖的时间段为2023年2月16日到2023年2月20日，这是模型基于训练数据进行的预测。

> **注意**
>
> 模型的收敛性以及预测的准确性取决于模型参数的选择和训练数据的质量。在实际应用中，通常需要仔细选择模型参数，进行模型诊断，并使用更多的历史数据来提高预测的准确性。上述实例仅用于演示如何使用SARIMA模型进行金融时间序列数据的分析和预测。

4.2.5 ARCH 和 GARCH 模型

ARCH（Autoregressive Conditional Heteroskedasticity）模型和GARCH模型是用于对金融时间序列数据中的波动性（方差）进行建模和预测的统计模型。它们在金融领域有着广泛的应用，特别是在风险管理和波动性建模方面发挥着重要作用。

1. ARCH模型

ARCH模型是由罗伯特·恩格尔（Robert Engle）于1982年提出的。ARCH模型的基本思想是：时间序列中的波动性是条件异方差的，即波动性的大小取决于过去时间点的误差项的平方，这种波动性在时间上是自回归的。ARCH模型通常表示为ARCH(p)，其中p是滞后阶数。

ARCH模型常用于金融时间序列数据的波动性建模，特别是用于股票价格波动、汇率波动和利率波动的分析。ARCH模型可以帮助金融分析师和投资者更好地理解和预测市场波动性，从而制定风险管理策略。

2. GARCH模型

GARCH模型是ARCH模型的扩展，由蒂姆·波勒斯勒夫（Tim Bollerslev）于1986年提出。它引入了滞后时间点的波动性的条件异方差，并将过去时间点的误差项的平方视为影响条件异方差的因素。GARCH模型通常表示为GARCH(p, q)，其中p和q分别是ARCH项和GARCH项的滞后阶数。

GARCH模型在金融领域的应用非常广泛，它能够捕捉股票价格的波动性，预测市场波动的未来趋势，以及衡量金融产品的风险。GARCH模型还在期权定价和波动性交易中发挥了关键作用，帮助金融机构更好地管理风险。

总之，ARCH和GARCH模型在金融领域的应用有助于更好地理解和管理市场波动性，提高投资和风险管理的效率。这两个模型的不断发展和改进，也使它们成为金融时间序列分析中不可或缺的工具。下面是一个使用ARCH和GARCH模型实现风险管理的简单示例，将使用arch库来估计模型和进行风险度量。首先，确保已经安装了arch库，我们可以使用以下命令进行安装。

```
pip install arch
```

实例4-5：使用ARCH和GARCH模型估计波动性和进行风险度量（源码路径：daima/4/rch.py）

编写实例文件rch.py，功能是创建一个示例数据集，并使用ARCH和GARCH模型来估计波动性并进行风险度量。文件rch.py的具体实现代码如下所示。

```
import numpy as np
import pandas as pd
import matplotlib.pyplot as plt
from arch import arch_model
# 创建一个示例数据集（每日收益率）
np.random.seed(42)
returns = np.random.randn(1000) / 100
dates = pd.date_range(start="2022-01-01", periods=len(returns), freq="D")
returns = pd.Series(returns, index=dates)
# 使用ARCH模型估计波动性
model_arch = arch_model(returns, vol="ARCH", p=1)
results_arch = model_arch.fit()
# 使用GARCH模型估计波动性
model_garch = arch_model(returns, vol="Garch", p=1, q=1)
results_garch = model_garch.fit()
# 输出模型估计结果
print("ARCH模型估计结果: ")
print(results_arch.summary())
print("\nGARCH模型估计结果: ")
print(results_garch.summary())
# 绘制条件波动性图
plt.figure(figsize=(12, 6))
plt.title("条件波动性")
plt.plot(results_arch.conditional_volatility, label="ARCH", alpha=0.7)
plt.plot(results_garch.conditional_volatility, label="GARCH", alpha=0.7)
plt.xlabel("日期")
plt.ylabel("波动性")
```

```
plt.legend()
plt.show()
```

在上述代码中，首先创建了一个随机生成的每日收益率数据集。然后，使用ARCH模型和GARCH模型分别估计波动性，并输出模型的估计结果。最后，绘制条件波动性图，以可视化模型估计的波动性。执行后会输出显示ARCH和GARCH模型的估计结果，并绘制ARCH和GARCH模型的波动性预测图，显示预测的波动性如何随时间变化，如图4-3所示。这个图可以帮助你更好地理解股票价格的波动性，并为风险管理提供有用的信息。

注意

在本实例中，使用的是随机数数据集。在实际应用中，建议使用真实的金融数据来估计这些模型，然后根据估计的波动性进行风险度量和风险管理决策。ARCH和GARCH模型可以帮助你更好地理解和量化金融市场的波动性，从而更好地管理投资组合的风险。

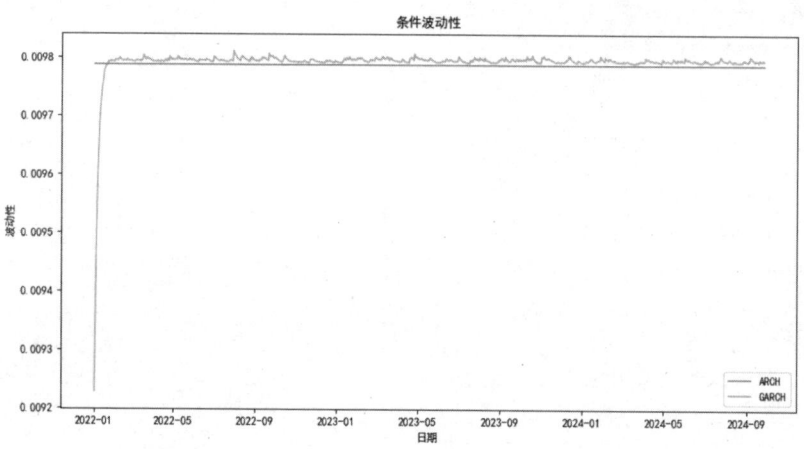

图4-3 ARCH和GARCH模型的波动性预测图

4.2.6 向量自回归模型

向量自回归（Vector Autoregression，VAR）模型是一种用于分析和预测多个时间序列变量之间相互关系的统计模型，它在金融领域和宏观经济学中具有广泛的应用。以下是VAR模型在金融领域的主要作用和应用。

多变量建模：VAR模型允许分析多个相关的金融时间序列变量，而不仅仅是单一的变量。这对于分析金融市场中不同资产之间的相互作用非常有用，如股票价格、汇率、利率和商品价格等。

冲击分析：VAR模型可以用来分析不同变量之间的冲击效应。通过引入外部冲击（如央行政策变化、金融危机等），可以估计不同变量对这些冲击的响应，帮助理解金融市场如何受到各种因素的影响。

预测和风险管理：VAR模型可以用来预测多个金融变量的未来走势。这对于投资组合管理和风险管理非常重要，因为它允许投资者更好地了解不同资产类别之间的相关性，以更好地分散风险。

政策分析：在宏观经济学和金融政策分析中，VAR模型可以用来研究货币政策、财政政策和其他政策变化对经济和金融市场的影响。

协整分析：它是VAR模型的扩展形式，用于分析具有协整关系的金融时间序列变量。这对于研究长期均衡关系以及短期波动非常重要。

因果关系分析：VAR模型可以帮助确定不同变量之间的因果关系，即一个变量如何影响另一个变量。这对于了解金融市场中的因果关系非常重要，特别是在投资决策和交易策略的制定中。

总之，VAR模型在金融领域中是一种强大的工具，可用于分析多变量时间序列数据，理解不同金融变量之间的相互作用，并支持决策制定、风险管理和政策分析。VAR模型已成为金融分析和经济研究中的重要方法之一。在下面的实例中，我们将使用 Tushare 获取宁德时代（300750.SZ）和药明康德（603259.SH）的股票数据，然后进行 VAR 建模并进行股价预测。

实例4-6：使用宁德时代和药明康德的股票数据建模并预测（源码路径：daima/4/var.py）

实例文件var.py的主要实现代码如下所示。

```
# 替换为你自己的 Tushare API 令牌
token = '17ad67abce0b2ecad98e6c7fddfb594ecfd8222655ee96a9e057e2be'
ts.set_token(token)

# 初始化 Tushare 客户端
pro = ts.pro_api()

# 获取宁德时代股票数据
ndsd = pro.daily(ts_code='300750.SZ', start_date='20220101', end_date='20230101')

# 获取药明康德股票数据
ymkd = pro.daily(ts_code='603259.SH', start_date='20220101', end_date='20230101')

# 合并两只股票的收盘价数据
data = pd.merge(ndsd[['trade_date', 'close']], ymkd[['trade_date', 'close']], on='trade_date', suffixes=('_ndsd', '_ymkd'))

# 将日期列设置为索引
```

```python
data['trade_date'] = pd.to_datetime(data['trade_date'])
data.set_index('trade_date', inplace=True)

# 创建并拟合 VAR 模型
model = VAR(data)
model_fitted = model.fit()

# 输出模型的总结
print(model_fitted.summary())

# 预测未来若干步
forecast = model_fitted.forecast(model_fitted.endog, steps=5)
print("VAR 模型预测未来5个时间步的收盘价:")
print(forecast)

from statsmodels.tools.eval_measures import rmse

# 计算RMSE
rmse_score = rmse(data[-5:], forecast)
print("RMSE:", rmse_score)

# 假设forecast是你的VAR模型的预测结果，这里只是示例数据
forecast = model_fitted.forecast(model_fitted.endog, steps=5)

# 创建一个日期范围，以便绘制预测结果的时间序列
forecast_index = pd.date_range(start=data.index[-1], periods=6,
closed='right')

# 将预测结果添加到原始数据中
forecast_df = pd.DataFrame(forecast, columns=['close_ndsd', 'close_ymkd'],
index=forecast_index)
data = pd.concat([data, forecast_df])

# 绘制股价预测结果
plt.figure(figsize=(12, 6))
plt.plot(data['close_ndsd'], label='宁德时代')
plt.plot(data['close_ymkd'], label='药明康德')
plt.xlabel('日期')
plt.ylabel('股价')
plt.title('宁德时代和药明康德股价预测')
plt.legend()
plt.grid(True)
plt.show()
```

在上述代码中，首先通过 Tushare 获取了宁德时代和药明康德的股票数据，然后将它们合并为一个 DataFrame。接下来，使用 VAR 模型对合并后的数据进行建模和拟合，并输出模型的总结信息。然后，使用模型预测未来的股价，并计算了均方根误差（RMSE）以评估模型的精度。最后实现数据可视化，创建一个日期范围来表示预测结果的时间点，将预测结果添加到原始数据中，使用Matplotlib绘制宁德时代和药明康德的股价预测图形。执行后会输出以下内容。

```
  Summary of Regression Results
==================================
Model:                         VAR
Method:                        OLS
Date:           Tue, 30, Jul, 2024
Time:                     14:01:56
--------------------------------------------------------------
No. of Equations:     2.00000    BIC:                  7.44002
Nobs:                 241.000    HQIC:                 7.38821
Log likelihood:      -1564.00    FPE:                  1561.28
AIC:                  7.35326    Det(Omega_mle):       1523.13
--------------------------------------------------------------
Results for equation close_ndsd
================================================================
                 coefficient    std. error         t-stat         prob
----------------------------------------------------------------
const              10.887685      7.810989          1.394        0.163
L1.close_ndsd       0.959263      0.020319         47.209        0.000
L1.close_ymkd       0.079411      0.102916          0.772        0.440
================================================================

Results for equation close_ymkd
================================================================
                 coefficient    std. error         t-stat         prob
----------------------------------------------------------------
const               2.394698      1.580796          1.515
```

```
                                 0.130
L1.close_ndsd            0.001971              0.004112              0.479
                                 0.632
L1.close_ymkd            0.963290              0.020828             46.249
                                 0.000
========================================================================
====

Correlation matrix of residuals
              close_ndsd   close_ymkd
close_ndsd    1.000000     0.407925
close_ymkd    0.407925     1.000000


VAR 模型预测未来5个时间步的收盘价：
[[394.71328078  81.19642611]
 [395.96947573  81.38818985]
 [397.18972539  81.57538929]
 [398.37513158  81.75812117]
 [399.52675894  81.93648082]]
RMSE（宁德时代）：1.22
RMSE（药明康德）：0.19
```

执行后还会绘制宁德时代和药明康德股票价格的可视化图，包括历史价格和预测价格，如图4-4所示。

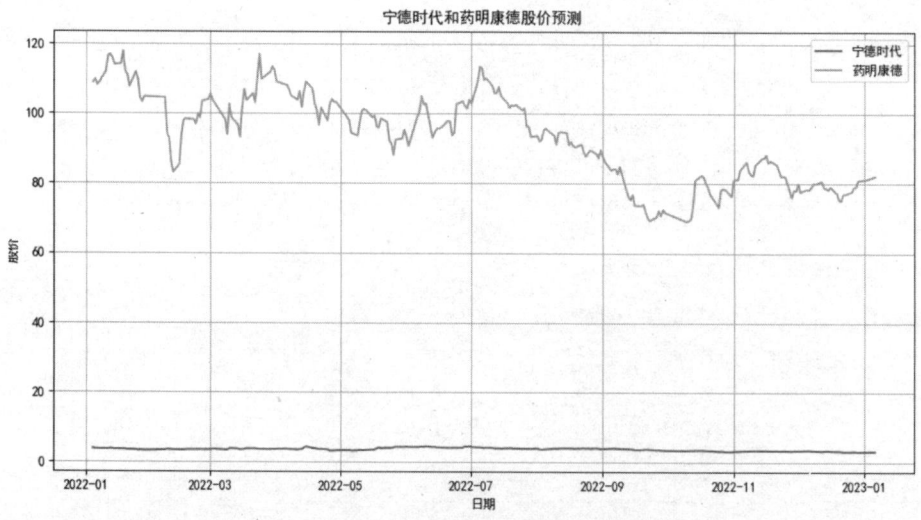

图4-4 宁德时代和药明康德股票价格的可视化图

在使用本实例代码时,请确保将"YOUR_Tushare_TOKEN"替换为你自己的 Tushare API 令牌。这个示例代码中使用的是宁德时代(300750.SZ)和药明康德(603259.SH)的股票数据,你可以根据需要修改股票代码和日期范围。

4.2.7 协整分析

协整分析是一种统计方法,用于研究两个或多个时间序列之间的长期关系。在金融和经济学领域,协整分析常用于确定多个金融资产或经济变量之间是否存在长期均衡关系,以及如何利用这些关系进行风险管理、交易策略或决策支持。请看下面的例子,使用Tushare获取比亚迪(002594.SZ)和中际旭创(300308.SZ)的股票数据,然后进行协整分析,以发现市场中的套利机会。

实例4-7:挖掘套利机会:分析比亚迪和中际旭创的协整关系(源码路径:daima/4/xie.py)

实例文件xie.py的具体实现代码如下所示。

```
import Tushare as ts
import pandas as pd
import numpy as np
import statsmodels.api as sm
import matplotlib.pyplot as plt

# 设置Tushare令牌
token = 'YOUR_Tushare_TOKEN'
ts.set_token(token)

# 初始化Tushare客户端
pro = ts.pro_api()

# 获取比亚迪(002594.SZ)和中际旭创(300308.SZ)的历史日线数据
byd_data = pro.daily(ts_code='002594.SZ', start_date='20200101', end_date='20211231')
zjxc_data = pro.daily(ts_code='300308.SZ', start_date='20200101', end_date='20211231')

# 提取收盘价数据
byd_close = byd_data['close']
zjxc_close = zjxc_data['close']
```

```python
# 合并两只股票的收盘价数据
data = pd.concat([byd_close, zjxc_close], axis=1)
data.columns = ['BYD', 'ZJXC']

# 进行协整分析
model = sm.OLS(data['BYD'], sm.add_constant(data['ZJXC'])).fit()
spread = data['BYD'] - model.params['ZJXC'] * data['ZJXC'] - model.params['const']

# 计算协整关系的ADF检验统计量
adf_statistic = sm.tsa.adfuller(spread, maxlag=1)[0]

# 设置显著性水平
alpha = 0.05

# 输出协整关系检验结果
if adf_statistic < sm.tsa.adfuller(spread, maxlag=1)[4]['5%'] and model.params['ZJXC'] < 0:
    print("存在协整关系,且中际旭创为比亚迪的领先指标")
    print("协整关系检验ADF统计量:", adf_statistic)
    print("OLS回归参数: ")
    print(model.params)
else:
    print("不存在协整关系或中际旭创不是比亚迪的领先指标")
    print("协整关系检验ADF统计量:", adf_statistic)
    print("OLS回归参数: ")
    print(model.params)

# 绘制收益曲线
plt.figure(figsize=(12, 6))
plt.plot(data.index, np.cumsum(spread), label='Cumulative Spread')
plt.xlabel('日期')
plt.ylabel('累积差价')
plt.title('比亚迪和中际旭创协整关系')
plt.legend()
plt.grid(True)
plt.show()
```

在上述代码中,首先从Tushare获取比亚迪和中际旭创的历史日线数据,提取它们的收盘价,并进行OLS回归分析。接下来,计算协整关系的ADF检验统计量,如果统计量小于5%的临界值,并且回归参数表明中际旭创是比亚迪的领先指标,那么就认为存在协整关系。最后,绘制收益曲线,以帮助识别潜在的套利机会。执行后会输出如下内容。

```
不存在协整关系或中际旭创不是比亚迪的领先指标
协整关系检验ADF统计量: -2.3705784199020457
OLS回归参数:
const    472.497598
ZJXC      -6.312554
```

根据上述执行后的输出结果,ADF统计量为-2.3705784199020457,它小于5%显著性水平下的临界值,表明差分序列不具有稳定性,即差分序列是非平稳的。这意味着在给定的显著性水平下,我们不能拒绝原假设,即没有足够的证据表明这两只股票的价格之间存在协整关系。此外,OLS回归参数中中际旭创(ZJXC)的系数为-6.312554,表明中际旭创与比亚迪之间的线性关系不显著。因此,根据协整分析的结果可以得出结论:比亚迪和中际旭创之间的价格并没有长期稳定的关系,因此在这两者之间寻找套利机会可能是不合适的。在实际交易前,需要进行更深入的研究和风险管理以确定是否存在其他类型的交易机会。

另外,执行后还绘制了比亚迪和中际旭创协整关系的累积差价曲线图,如图4-5所示。累积差价曲线是协整分析的一部分,它显示了两个时间序列之间差价的累积值。在这里,它用于可视化协整关系的稳定性和变化。

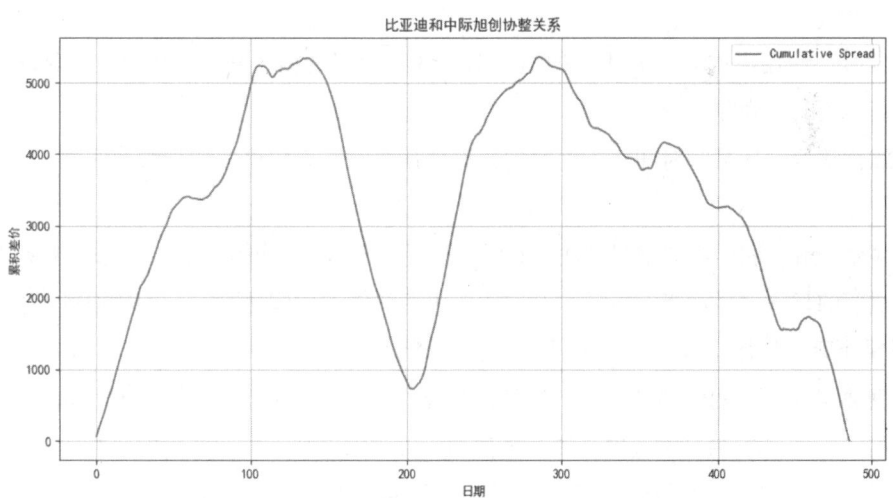

图4-5 比亚迪和中际旭创协整关系的累积差价曲线图

> **注意**
>
> 协整分析的结果应仔细解释,不能仅仅依赖于统计显著性,还应结合实际市场情况进行综合考虑。协整关系的存在并不一定意味着存在套利机会,因此需要进行更深入的研究和风险管理。

4.2.8 机器学习方法

机器学习方法在时间序列分析中的应用越来越广泛,可以用于预测、异常检测、分类、聚类等不同方面的问题。以下是一些机器学习方法在时间序列分析中的常见应用。

回归分析:使用线性回归、多项式回归或其他回归模型,将时间序列数据与其他因素进行拟合,以建立预测模型。这在趋势分析和长期预测中非常有用。

决策树和随机森林:决策树和随机森林可以用于分类和回归问题。在时间序列分析中,它们可以用于将序列数据分类到不同的类别或预测未来值。

支持向量机:SVM通常用于分类问题,但它也可以用于时间序列回归。通过该技巧,SVM可以处理非线性关系。

神经网络:循环神经网络(RNN)和长短时记忆网络(LSTM)等深度学习模型特别适用于时间序列分析。它们可以捕捉到时间序列数据中的复杂依赖关系。

聚类分析:通过聚类算法(如K均值聚类算法)将时间序列数据分组,可以识别不同的模式或趋势。

异常检测:使用异常检测算法(如孤立森林或一类支持向量机)来识别时间序列中的异常点,对于监测系统健康状态或欺诈检测非常有用。

降维技术:利用主成分分析(PCA)或t-SNE等降维技术,可以将高维时间序列数据可视化或减少数据维度。

集成学习:使用集成学习方法(如随机森林或梯度提升树)将多个模型的预测结果结合起来,以提高预测的准确性。

深度强化学习:在某些时间序列问题中,深度强化学习方法可以用于决策问题,如股票交易决策或资源分配。

时间序列分解:利用机器学习方法对时间序列进行分解,以识别趋势、季节性和残差成分。

需要注意的是,选择适当的机器学习方法取决于具体的时间序列问题和数据特点。通常需要进行数据预处理、特征工程和模型评估来优化机器学习模型的性能。此外,在建模时要充分考虑时间序列数据的时间的依赖性。下面实例的功能是预测未来30天的隆基绿能(601012.SH)股价,并使用Matplotlib绘制真实股价、测试集预测股价和未来30天预测股价的可视化图表。

实例4-8:预测隆基绿能未来30天的股价(源码路径:daima/4/shenjing.py)

实例文件shenjing.py的主要实现代码如下所示。

```
# 替换为你自己的Tushare token
token = '17ad67abce0b2ecad98e6c7fddfb594ecfd8222655ee96a9e057e2be'
ts.set_token(token)

# 初始化Tushare客户端
```

```python
pro = ts.pro_api()

# 获取隆基绿能的股票数据
df = pro.daily(ts_code='601012.SH', start_date='20200101', end_date='20210831')

# 将日期列转换为日期时间格式，并设置为索引
df['trade_date'] = pd.to_datetime(df['trade_date'])
df.set_index('trade_date', inplace=True)

# 数据预处理
scaler = MinMaxScaler()
scaled_data = scaler.fit_transform(df['close'].values.reshape(-1, 1))

# 划分训练集和测试集
train_size = int(len(scaled_data) * 0.8)
train_data = scaled_data[:train_size]
test_data = scaled_data[train_size:]

# 创建训练数据集和标签
def create_dataset(dataset, time_step=1):
    dataX, dataY = [], []
    for i in range(len(dataset) - time_step - 1):
        a = dataset[i:(i + time_step), 0]
        dataX.append(a)
        dataY.append(dataset[i + time_step, 0])
    return np.array(dataX), np.array(dataY)

time_step = 60
X_train, y_train = create_dataset(train_data, time_step)
X_test, y_test = create_dataset(test_data, time_step)

# 转换为PyTorch张量
X_train = torch.Tensor(X_train).view(-1, time_step, 1)
y_train = torch.Tensor(y_train).view(-1, 1)
X_test = torch.Tensor(X_test).view(-1, time_step, 1)
y_test = torch.Tensor(y_test).view(-1, 1)

# 创建LSTM模型
class LSTMModel(nn.Module):
    def __init__(self, input_size, hidden_size, output_size):
        super(LSTMModel, self).__init__()
```

```python
        self.hidden_size = hidden_size
        self.lstm = nn.LSTM(input_size, hidden_size)
        self.fc = nn.Linear(hidden_size, output_size)

    def forward(self, x):
        out, _ = self.lstm(x)
        out = self.fc(out[:, -1, :])
        return out

input_size = 1
hidden_size = 50
output_size = 1

model = LSTMModel(input_size, hidden_size, output_size)
criterion = nn.MSELoss()
optimizer = optim.Adam(model.parameters(), lr=0.001)

# 训练模型
num_epochs = 100
for epoch in range(num_epochs):
    optimizer.zero_grad()
    outputs = model(X_train)
    loss = criterion(outputs, y_train)
    loss.backward()
    optimizer.step()

# 预测股价
train_predict = model(X_train).detach().numpy()
test_predict = model(X_test).detach().numpy()

# 反归一化
train_predict = scaler.inverse_transform(train_predict)
test_predict = scaler.inverse_transform(test_predict)

# 计算均方根误差
train_rmse = np.sqrt(mean_squared_error(y_train.numpy(), train_predict))
test_rmse = np.sqrt(mean_squared_error(y_test.numpy(), test_predict))
print("训练集均方根误差:", train_rmse)
print("测试集均方根误差:", test_rmse)

# 预测未来股价
future_days = 30
```

```python
future_dates = pd.date_range(start=df.index[-1], periods=future_days+1,
closed='right')
future_data = df.iloc[-time_step:, :]['close'].values.reshape(1, -1, 1)

future_predictions = []

for i in range(future_days):
    prediction = model(torch.Tensor(future_data))
    future_data = np.append(future_data[:, 1:, :], prediction.detach().numpy().reshape(1, 1, 1), axis=1)
    future_predictions.append(prediction[0][0].item())

# 反归一化未来预测值
future_predictions = scaler.inverse_transform(np.array(future_predictions).reshape(-1, 1))

# 输出未来预测值
print("未来30天股价预测:")
for i in range(len(future_dates)):
    print(future_dates[i], future_predictions[i][0])

# 绘制股价预测结果
plt.figure(figsize=(12, 6))
plt.plot(df.index[-len(test_predict):], df['close'][-len(test_predict):],
label='真实股价')
plt.plot(df.index[-len(test_predict):], test_predict, label='测试集预测股价')
plt.plot(future_dates, future_predictions, label='未来30天预测股价', line-
style='dashed', color='red')
plt.xlabel('日期')
plt.ylabel('股价')
plt.title('隆基绿能股价预测')
plt.legend()
plt.grid(True)
plt.show()
```

上述代码是一个时间序列分析的例子，其中使用了PyTorch来构建和训练一个LSTM（Long Short-Term Memory）神经网络模型，以预测隆基绿能的股票价格。以下是上述代码的主要实现步骤。

获取股票数据：使用Tushare API获取隆基绿能（601012.SH）从2020年1月1日到2021年8月31日的股票数据，并将日期列转换为日期时间格式。

数据预处理：使用MinMaxScaler对股票的收盘价数据进行了归一化。

划分训练集和测试集：将数据划分为训练集和测试集，通常80%的数据用于训练，20%的数据用于测试。

创建训练数据集和标签：定义一个函数create_dataset，将时间序列数据转换为可用于训练的数据集和标签。

转换为PyTorch张量：将训练数据集和标签转换为PyTorch张量。

创建LSTM模型：定义一个LSTM神经网络模型，包括输入大小、隐藏层大小和输出大小。

训练模型：使用均方根误差作为损失函数，使用Adam优化器来训练模型，迭代100个训练周期。

预测股价：使用训练好的模型对训练集和测试集进行股价预测，并进行反归一化操作。

预测未来股价：对未来30天的股价进行预测，使用模型进行逐步预测，并保存预测结果。

绘制股价预测结果：使用Matplotlib绘制三条曲线，分别表示真实股价、测试集预测股价和未来30天预测股价。

执行后会输出以下内容。

```
训练集均方根误差： 76.27081
测试集均方根误差： 41.99505
未来30天股价预测：
2020-01-03 00:00:00 83.91883622288705
2020-01-04 00:00:00 32.20103839218617
2020-01-05 00:00:00 29.134599278122188
2020-01-06 00:00:00 28.955792621299626
2020-01-07 00:00:00 28.94537872515619
2020-01-08 00:00:00 28.94477723235935
2020-01-09 00:00:00 28.944737050235275
2020-01-10 00:00:00 28.944735549241308
2020-01-11 00:00:00 28.944735549241308
2020-01-12 00:00:00 28.944735549241308
2020-01-13 00:00:00 28.944735549241308
2020-01-14 00:00:00 28.944735549241308
2020-01-15 00:00:00 28.944735549241308
2020-01-16 00:00:00 28.944735549241308
2020-01-17 00:00:00 28.944735549241308
2020-01-18 00:00:00 28.944735549241308
2020-01-19 00:00:00 28.944735549241308
2020-01-20 00:00:00 28.944735549241308
2020-01-21 00:00:00 28.944735549241308
2020-01-22 00:00:00 28.944735549241308
2020-01-23 00:00:00 28.944735549241308
2020-01-24 00:00:00 28.944735549241308
```

```
2020-01-25 00:00:00 28.944735549241308
2020-01-26 00:00:00 28.944735549241308
2020-01-27 00:00:00 28.944735549241308
2020-01-28 00:00:00 28.944735549241308
2020-01-29 00:00:00 28.944735549241308
2020-01-30 00:00:00 28.944735549241308
2020-01-31 00:00:00 28.944735549241308
2020-02-01 00:00:00 28.944735549241308
```

上面的输出结果说明已经成功训练神经网络模型，并且输出了训练集均方根误差和测试集均方根误差以及未来30天的股价预测。以下是对输出结果的一些解释。

训练集均方根误差：76.27081。这是模型在训练集上的均方根误差，表示模型在训练数据上的拟合程度。较低的值表示模型在训练数据上的拟合效果较好。

测试集均方根误差：41.99505。这是模型在测试集上的均方根误差，表示模型在未见过的测试数据上的拟合程度。较低的值表示模型在测试数据上的泛化效果较好。

未来30天股价预测：这是模型根据历史数据对未来30天的股价进行的预测。这些预测值显示在日期和预测价格之间。需要注意的是，这些预测是基于模型对过去数据的学习而得出的，因此可能会受到未来市场变化的影响。

另外，本实例执行后还会绘制股价预测结果的可视化图，如图4-6所示。

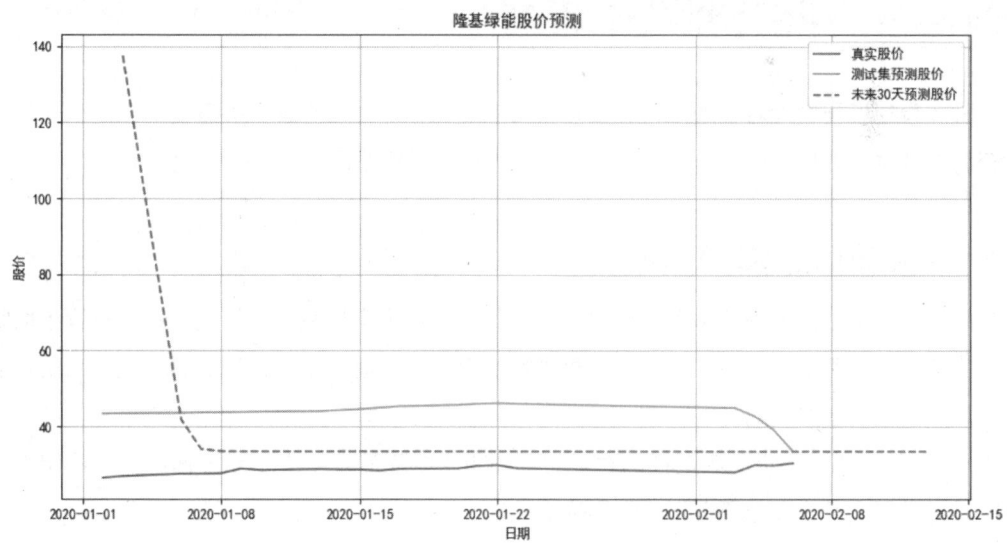

图4-6　股价预测结果的可视化图

资源下载码：224730

第5章
金融风险建模与管理

本章导读

金融风险建模与管理是金融领域中的一个重要组成部分,旨在识别、量化和管理金融机构或投资组合所面临的各种风险,以确保金融市场的稳定性和投资的安全性。本章将详细讲解金融风险建模与管理的知识,并通过具体实例来讲解各个知识点的用法。

5.1 金融风险的概念与分类

金融风险建模与管理对金融机构、投资公司和资产管理公司有着至关重要的作用,有助于保护投资者的利益,维护市场的稳定性,并帮助机构做出明智的投资和风险管理决策。

5.1.1 金融风险的基本概念

金融风险是金融领域中的一个重要概念,它指的是金融市场和金融机构在运作过程中面临的潜在损失或不确定性的可能性。金融风险可以影响个人、企业、金融机构和整个经济系统。以下是金融风险涉及的主要概念。

(1)风险:风险是指不确定性的存在,即在未来事件的发生或结果方面存在不确定性。金融风险是与金融交易或金融资产相关的不确定性。

(2)风险因素:导致金融风险的原因或因素,包括市场因素、信用因素、操作因素、流动性因素、法律和合规因素等。

(3)风险管理:金融风险管理是指金融机构或个体采取一系列策略和措施来识别、评估、控制和监控潜在的金融损失。风险管理的目标是降低风险对财务状况和经济活动的不利影响。

(4)风险度量:度量风险的方法,包括在险价值(Value at Risk,VaR)标准差、风险贡献等。这些度量可以帮助确定潜在损失的大小和概率。

（5）风险管理工具：用于管理金融风险的策略和工具，包括多样化投资组合、对冲策略、止损策略、监管合规、风险报告和监控等。

（6）风险管理框架：金融机构通常遵循特定的风险管理框架和标准，如巴塞尔协议，以确保风险得到适当的管理和监控。

5.1.2 金融风险的分类

金融风险可以根据其来源、性质和影响程度进行不同的分类。以下是常见的金融风险的分类。

（1）市场风险

股票市场风险：涉及股票价格的波动性，包括股票价格的上升和下降。

债券市场风险：与债券价格波动相关，包括利率上升导致债券价格下降。

商品市场风险：与商品（如石油、黄金、农产品等）价格波动有关。

外汇市场风险：涉及不同货币汇率的波动性，并对跨国交易和外汇储备产生深远影响。

（2）信用风险

违约风险：指借款人或发行人未能按时支付本金和利息的风险。

信用评级风险：与信用评级下降或提高有关，可能导致债券价格波动。

对手方风险：涉及与金融交易对手方的违约或不履行合同义务的风险。

（3）操作风险

技术风险：与技术系统或基础设施的故障、中断或损坏有关。

人为风险：由内部操作错误、欺诈、不当行为或失误引起的风险。

流程风险：涉及内部流程和程序的缺陷，可能导致错误或损失。

（4）流动性风险

市场流动性风险：在市场出现紧急情况时，无法快速出售资产的风险。

资产流动性风险：特定资产的流动性受限，无法迅速转换为现金。

（5）法律和合规风险

法律诉讼风险：与法律纠纷或诉讼有关，可能导致损失或诉讼费用。

监管风险：与监管规定的变化或违规行为有关，可能导致罚款或制裁。

（6）政治风险：涉及国际关系、政治动荡或战争等因素，可能对金融市场和投资产生影响。

（7）模型风险：金融机构使用的风险模型可能不准确或不适用于特定市场条件。

（8）衍生品市场风险：涉及与期权、期货、掉期等衍生品交易有关的各种潜在风险。

（9）系统性风险：涉及整个金融体系或市场的风险，可能导致金融危机或市场崩溃。

金融风险的分类有助于金融从业者更好地理解和管理潜在的风险因素，采取适当的风险管理措施。在金融领域，通常会使用多种方法和工具来度量、管理和监控不同类型的风险。

5.2 基于人工智能的金融风险建模方法

基于人工智能的金融风险建模方法使用机器学习和深度学习技术来分析金融市场数据、经济指标和其他相关信息，以预测和管理各种金融风险。

5.2.1 传统风险建模方法回顾

传统风险建模方法是在人工智能和机器学习技术出现之前广泛应用于金融风险管理领域的方法。这些方法通常基于统计和数学原理，涉及对金融市场数据和相关因素的分析和建模。以下是几种常见的传统风险建模方法。

1. VaR

VaR是一种广泛用于度量金融风险的方法，它用于估计在一定置信水平下投资组合或资产的最大可能损失。

VaR的计算通常基于历史数据或模型，包括正态分布、蒙特卡罗模拟等。

尽管VaR在风险度量中得到广泛应用，但它也存在一些争议，因为它未考虑极端事件的风险。

2. 风险因子分析

风险因子分析是一种分解投资组合或资产的风险来源的方法。

通过识别和分析不同的风险因子，投资者可以更好地理解其投资组合的风险敞口。

常见的风险因子包括市场风险、利率风险、信用风险等。

3. 时间序列分析

时间序列分析用于预测金融时间序列数据中的趋势、季节性和周期性。

常用的时间序列模型包括ARIMA模型和GARCH模型。

4. 蒙特卡罗模拟

蒙特卡罗模拟是一种基于随机抽样的方法，用于估计不确定性和风险。

它可以用于估计投资组合的未来价值分布以及其他金融衍生品的风险。

5. 信用评级模型

信用评级模型用于评估债券和信用衍生品的信用风险。

常见的信用评级模型包括穆迪、标准普尔和惠誉等评级机构所建立的模型。

6. 回归分析

回归分析用于建立不同变量之间的关系，以识别影响风险的因素。

多元线性回归、Logistic回归等回归模型在金融风险建模中有广泛应用。

7. 申请统计方法

申请统计方法包括均值-方差分析、协方差矩阵估计等，用于评估投资组合的风险和收益。

8. 波动率模型

波动率模型用于估计资产或投资组合的价格波动率。例如，Black-Scholes模型用于衡量期权的波动率。

这些传统风险建模方法曾长期应用于金融领域，并为风险管理提供了有力的工具。然而，它们在面对复杂和非线性的金融市场情况时可能存在局限性。因此，现代金融风险管理领域倾向于采用一种综合策略，即将经典的风险管理方法与创新的人工智能及机器学习技术相融合，旨在实现对各类金融风险的更为全面、精准的管理。

5.2.2 机器学习在金融风险建模中的应用

机器学习在金融风险建模中有着广泛的应用，它提供了更灵活、精确和自动化的方法来评估和管理金融风险。以下是机器学习在金融风险建模中的一些主要应用。

（1）信用风险评估：机器学习可以用于分析借款人的信用历史、财务状况、就业状况等信息，以预测其违约风险。常见的应用包括信用评分模型、违约概率模型和个人贷款风险评估。

（2）市场风险管理：机器学习可以用于分析市场数据，识别趋势、波动性和市场情绪，以预测股票价格、汇率和商品价格的波动。常见的应用包括股票价格预测、波动率模型和情感分析。

（3）操作风险管理：机器学习可以用于检测潜在的操作风险，如欺诈检测、交易异常检测和内部操纵的识别。基于机器学习的模型可以分析大规模的交易数据，自动发现异常模式。

（4）资产定价：机器学习可以用于开发更精确的资产定价模型，如使用神经网络来估计期权的定价。基于深度学习的方法可以处理非线性的金融工具，提供更准确的价格预测。

（5）投资组合优化：机器学习可以帮助投资者优化投资组合，以最大化收益或降低风险，这包括使用强化学习方法来动态调整资产配置。

（6）风险预警系统：机器学习可以用于建立风险预警系统，实时监测金融市场和投资组合的风险，并提供即时警报。这对于投资者和机构来说是非常重要的，可以帮助他们在风险增加之前采取行动。

（7）洗钱和欺诈检测：机器学习可以用于检测潜在的洗钱和欺诈活动，通过分析交易数据和客户行为来发现异常模式。

（8）量化交易策略：机器学习可以用于开发量化交易策略，通过分析市场数据来制定买入和卖出决策。

（9）文本分析：机器学习可以用于分析新闻、社交媒体和其他文本数据，以了解市场情绪和事件对金融市场的影响。

总的来说，机器学习在金融风险建模中的应用范围非常广泛，可以提高决策的效率和准确性，并帮助金融机构更好地管理风险。然而，也需要注意到，机器学习模型需要大量的数据和精心的调整，以确保其性能和鲁棒性。同时，监管机构也在密切关注和监督这些模型的使用，以确保金融市场的稳定性和公平性。

5.2.3 数据驱动的风险建模

数据驱动的风险建模是一种基于大数据和机器学习技术的方法，用于量化和管理金融风险。它的核心思想是利用大规模的数据集和先进的数据分析技术，以更准确、实时和全面的方式识别、测量和管理不同类型的金融风险。数据驱动风险建模的关键要点如下。

大数据集：数据驱动的风险建模依赖于大规模的金融和经济数据集，包括市场数据、财务数据、宏观经济指标、客户交易数据等。这些数据的来源包括交易所、金融机构内部系统、社交媒体等。

数据清洗和整合：在建模之前，需要对数据进行清洗和整合，以处理缺失值、异常值和重复数据。数据整合也涉及将不同来源的数据进行结合，以建立一个全面的数据集。

特征工程：特征工程是将原始数据转化为可供机器学习模型使用的特征的过程。这包括选择相关的特征、创建新的特征、进行归一化和标准化等操作，以提高模型的性能。

机器学习模型：数据驱动的风险建模使用各种机器学习模型，包括线性回归、决策树、随机森林、支持向量机、神经网络等。不同的模型适用于不同类型的风险和问题。

风险类型：数据驱动的风险建模可以应用于不同类型的金融风险，包括信用风险、市场风险、操作风险、流动性风险、法律风险等。每种风险类型可能需要不同的数据和模型。

模型训练和验证：数据驱动的风险建模包括模型的训练和验证阶段。通常将数据分为训练集和测试集，用训练集来训练模型，然后使用测试集来评估模型的性能。

实时监测：数据驱动的风险建模可以实时自动分析新数据，发现异常模式，并生成警报，以帮助金融机构及时应对风险。

模型优化：数据驱动的风险建模是一个持续优化的过程。模型需要定期更新和改进，以适应不断变化的市场条件和风险情况。

监管合规性：在金融领域，合规性和监管要求至关重要。因此，数据驱动的风险建模需要满足监管机构的要求，包括透明度、解释性和报告要求。

5.3 制作贵州茅台的ARCH模型

本节将通过具体实例展示金融风险建模与管理在现实中的应用。本实例的功能是使用贵州茅台的日线数据和大盘指数数据制作波动性分析模型。

实例5-1：处理股票数据中的缺失值（源码路径：daima/5/maotai.py）

5.3.1 准备数据

在制作深度学习模型之前，需要准备用于模型训练的数据。这些数据可以包括历史金融市场数据、公司财务数据、宏观经济数据等。确保数据有风险因素的信息，如股票价格、利率、汇率等。编写文件maotai.py，功能是从Tushare获取贵州茅台（600519.SH）在2020年1月1日到2023年9月1日之间的日线数据。

```
import Tushare as ts

# 设置Tushare的API令牌（请使用你自己的令牌）
ts.set_token('')

# 初始化Tushare的pro接口
pro = ts.pro_api()

# 获取贵州茅台的历史日线数据
df = pro.daily(ts_code='600519.SH', start_date='20200101', end_date='20230901')

# 保存数据到本地CSV文件
df.to_csv('maotai_stock_data.csv', index=False)
```

在上述代码中，首先使用Tushare库获取了贵州茅台从2020年1月1日到2023年9月1日的历史日线数据。然后，使用方法to_csv()将数据保存到名为"maotai_stock_data.csv"的本地CSV文件中。运行此代码后，将在当前工作目录下找到名为"maotai_stock_data.csv"的CSV文件，其中包含贵州茅台的历史日线数据。接下来可以在此文件的基础上进行进一步的数据分析和建立风险模型。

5.3.2 制作波动模型

编写文件maofeng1.py实现一个简单的ARCH模型，用于估计贵州茅台每日收益率的波动性。ARCH模型通过训练来学习股票波动性的模式，并可以用于预测未来的波动性。这是金融时间序列分析中常见的建模方法之一，用于风险管理和波动性预测。文件maofeng1.py的具体实现代码如下所示。

```python
import torch
import torch.nn as nn
import pandas as pd
import numpy as np
import matplotlib.pyplot as plt

# 加载数据
data = pd.read_csv("maotai_stock_data.csv")
data['Date'] = pd.to_datetime(data['Date'], format='%Y%m%d')
data.set_index('Date', inplace=True)

# 选择时间范围
start_date = '2020-01-01'
end_date = '2023-09-01'
data = data[start_date:end_date]

# 计算每日收益率
data['returns'] = data['close'].pct_change()

# 去除第一个NaN值
data = data.dropna()

# 将数据转换为PyTorch张量
returns_tensor = torch.tensor(data['returns'].values, dtype=torch.float32).view(-1, 1)


# 定义ARCH模型
class ARCHModel(nn.Module):
    def __init__(self):
        super(ARCHModel, self).__init__()
        self.linear = nn.Linear(1, 1)

    def forward(self, x):
        x = self.linear(x)
        return x


# 初始化ARCH模型
```

```
arch_model = ARCHModel()

# 定义损失函数和优化器
criterion = nn.MSELoss()
optimizer = torch.optim.Adam(arch_model.parameters(), lr=0.001)

# 训练ARCH模型
num_epochs = 10000
for epoch in range(num_epochs):
    optimizer.zero_grad()
    output = arch_model(returns_tensor)
    loss = criterion(output, returns_tensor)
    loss.backward()
    optimizer.step()

    if (epoch + 1) % 100 == 0:
        print(f'Epoch [{epoch + 1}/{num_epochs}], Loss: {loss.item()}')

# 预测波动性
with torch.no_grad():
    predicted_volatility = torch.sqrt(arch_model(returns_tensor))

# 可视化结果
plt.figure(figsize=(12, 6))
plt.plot(data.index[1:], predicted_volatility.numpy()[1:], label='Predicted Volatility')
plt.xlabel('Date')
plt.ylabel('Volatility')
plt.title('ARCH Model Predicted Volatility')
plt.legend()
plt.show()
```

上述代码的实现流程如下。

（1）从名为"maotai_stock_data.csv"的CSV文件加载股票数据，将日期列转换为日期时间格式，再将日期设置为索引。然后设置提取特定的时间范围：从"2020-01-01"到"2023-09-01"。

（2）使用pct_change()方法计算每日的股票收益率，并将结果存储在名为"returns"的新列中。注意，需要删除包含NaN值的行。

（3）将计算得到的每日收益率数据转换为PyTorch张量（returns_tensor），这是模型的输入。

（4）创建一个简单的ARCH模型，它包含一个线性层（nn.Linear），用于对输入进行线性变换。

（5）初始化ARCH模型（arch_model），使用均方误差损失函数（nn.MSELoss）作为损失函数，使用Adam优化器（torch.optim.Adam）来优化模型的参数。

（6）开始训练ARCH模型：在循环中进行多次迭代训练模型，在每个迭代中计算模型的输出，然后计算输出与真实收益率波动性之间的均方误差。使用反向传播算法更新模型的参数，以减小损失。最后，输出每100次迭代的损失。

（7）在训练完成后，使用训练好的模型对每日收益率的波动性进行预测，并将结果存储在名为"predicted_volatility"的张量中。

（8）使用Matplotlib可视化预测的波动性。

执行后会输出如下训练过程，并绘制预测波动性随时间的变化图，如图5-1所示。

```
Epoch [100/10000], Loss: 0.5639897584915161
Epoch [200/10000], Loss: 0.434192031621933
Epoch [300/10000], Loss: 0.3285294473171234
Epoch [400/10000], Loss: 0.243910253047943122
Epoch [500/10000], Loss: 0.17737139761447906
Epoch [600/10000], Loss: 0.1261054426431656
#省略部分代码
Epoch [9700/10000], Loss: 1.3232623987714538e-16
Epoch [9800/10000], Loss: 1.3232616046780657e-16
Epoch [9900/10000], Loss: 1.069563590272378e-16
Epoch [10000/10000], Loss: 1.069562862353439e-16
```

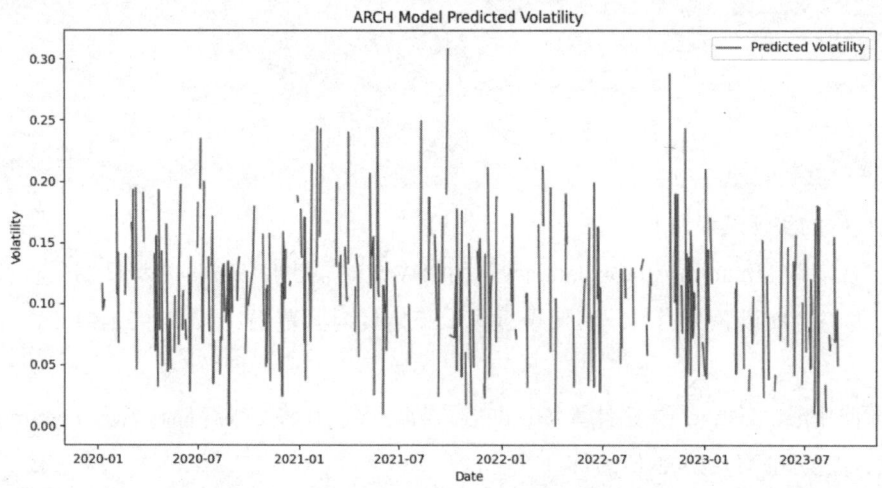

图5-1 预测波动性随时间的变化图

5.3.3 加入特征数据：市场指数

在制作深度学习模型的过程中，如果有其他相关的特征数据如客观经济数据、市场指数、交易量等可用，可以考虑将它们添加到模型中以提高预测性能。例如，股票走势在很大程度上是和大盘指数息息相关的。接下来我们就在前面的ARCH模型中增加"市场指数"特征。

（1）在Tushare 中提供了一些宏观经济数据的获取功能，我们可以使用 Tushare 来获取国内的宏观经济数据，如国内生产总值（Gross Domestic Product，GDP）、居民消费价格指数（Consumer Price Index，CPI）、生产者价格指数（Producer Price Index，PPI）等。可以通过Tushare 的接口来获取这些数据，并将其用于金融分析和建模。编写文件economic.py获取Tushare 中提供的2020年1月1日到2023年9月1日的市场指数数据（market_index_data）和交易量（trading_volume_data），将获取到的数据保存到文件"macroeconomic_data.csv"中，具体实现代码如下所示。

```python
import Tushare as ts
import pandas as pd

# 设置 Tushare 的 API 令牌，将 YOUR_TOKEN 替换为你的实际令牌
ts.set_token('YOUR_TOKEN')

# 初始化 Tushare 接口
pro = ts.pro_api()

# 定义获取数据的起始日期和结束日期
start_date = '20200101'
end_date = '20230901'

# 获取市场指数数据
# 这里假设使用上证指数（你可以根据需要修改股票代码）
market_index_data = pro.index_daily(ts_code='000001.SH', start_date=start_date, end_date=end_date, fields='trade_date,close')

# 获取交易量数据
# 这里假设使用上证指数的交易量（你可以根据需要修改股票代码）
trading_volume_data = pro.index_daily(ts_code='000001.SH', start_date=start_date, end_date=end_date, fields='trade_date,vol')

# 合并市场指数和交易量数据
macroeconomic_data = market_index_data.merge(trading_volume_data, on='trade_date')
```

```python
# 选择需要的列
macroeconomic_data = macroeconomic_data[['trade_date', 'close', 'vol']]

# 重命名列
macroeconomic_data.columns = ['Date', 'Market_index', 'Trading_volume']

# 保存到 CSV 文件
macroeconomic_data.to_csv('macroeconomic_data.csv', index=False)

print("数据已保存到 macroeconomic_data.csv 文件。")
```

此时文件macroeconomic_data.csv中的内容格式如下。

```
Date,Market_index,Trading_volume
20230901,3133.2467,292310992.0
20230831,3119.8764,313448242.0
20230830,3137.1375,347511867.0
20230829,3135.8867,398875780.0
20230828,3098.6363,485607764.0
20230825,3064.0747,293347686.0
20230824,3082.2439,300024637.0
20230823,3078.4021,272244124.0
20230822,3120.3338,309316335.0
20230821,3092.9777,265753423.0
20230818,3131.953,294390352.0
20230817,3163.7393,294692586.0
20230816,3150.1277,281728292.0
20230815,3176.1758,273251922.0
#省略后面的数据
```

此时文件maotai_stock_data.csv中的内容格式如下。

```
ts_code,trade_date,open,high,low,close,pre_close,change,pct_chg,vol,amount
600519.SH,20230901,1852.83,1865.47,1846.03,1851.05,1847.0,4.05,0.2193,13145.19,2438622.738
600519.SH,20230831,1860.0,1860.0,1841.01,1847.0,1856.0,-9.0,-0.4849,14820.22,2738445.519
600519.SH,20230830,1867.9,1868.0,1843.66,1856.0,1851.33,4.67,0.2523,19811.81,3672570.26
600519.SH,20230829,1828.0,1869.08,1828.0,1851.33,1834.97,16.36,0.8916,28950.28,5371260.173
600519.SH,20230828,1898.58,1898.58,1831.88,1834.97,1824.98,9.99,0.5474,41052.13,7633221.012
600519.SH,20230825,1808.79,1837.77,1806.01,1824.98,1816.3,8.68,0.4779,18830.
```

```
86,3433296.756
600519.SH,20230824,1779.62,1828.0,1775.0,1816.3,1774.0,42.3,2.3844,26055.09,
4703417.6
600519.SH,20230823,1797.0,1800.0,1770.08,1774.0,1788.0,-14.0,-
0.783,19912.22,3556178.584
600519.SH,20230822,1800.99,1802.56,1771.02,1788.0,1791.0,-3.0,-
0.1675,26650.36,4763131.152
600519.SH,20230821,1793.0,1813.99,1790.07,1791.0,1802.59,-11.59,-
0.643,18911.81,3405415.645
#省略后面的数据
```

我们发现两个文件之间的共性是日期，为了便于后面的合并处理，我们将文件maotai_stock_data.csv中的列名"trade_date"修改为"Date"，这样便实现了统一。

（2）编写文件maofeng2.py，首先读取大盘指数数据文件macroeconomic_data.csv，然后将大盘指数数据与贵州茅台的股票数据合并，以确保它们在相同的日期上对齐。最后将合并后的数据用于ARCH模型的训练和优化。文件maofeng2.py的具体实现代码如下所示。

```python
# 读取宏观经济数据和股票数据
economic_data = pd.read_csv("macroeconomic_data.csv")
stock_data = pd.read_csv("maotai_stock_data.csv")

# 转换日期列为字符串
economic_data['Date'] = economic_data['Date'].astype(str)
stock_data['Date'] = stock_data['Date'].astype(str)

# 合并数据
merged_data = economic_data.merge(stock_data, on='Date', how='inner')

# 定义要标准化的特征列
features_to_scale = ['Market_index', 'Trading_volume', 'open', 'high',
'low', 'close', 'pre_close', 'change', 'pct_chg', 'vol', 'amount']

# 使用StandardScaler进行标准化处理
scaler = StandardScaler()
merged_data[features_to_scale] = scaler.fit_transform(merged_data[features_to_scale])

# 准备数据
X = merged_data[features_to_scale].values
y = merged_data['close'].values

# 划分训练集和测试集
```

```python
X_train, X_test, y_train, y_test = train_test_split(X, y, test_size=0.2,
random_state=42)

# 转换为PyTorch张量
X_train = torch.tensor(X_train, dtype=torch.float32)
y_train = torch.tensor(y_train, dtype=torch.float32)
X_test = torch.tensor(X_test, dtype=torch.float32)
y_test = torch.tensor(y_test, dtype=torch.float32)

# 使用StandardScaler对目标变量进行标准化处理
y_scaler = StandardScaler()
y_train_scaled = torch.tensor(y_scaler.fit_transform(y_train.view(-1, 1)),
dtype=torch.float32)

y_test_scaled = y_scaler.transform(y_test.view(-1, 1))

# 定义神经网络模型
class StockPredictionModel(nn.Module):
    def __init__(self, input_size):
        super(StockPredictionModel, self).__init__()
        self.fc1 = nn.Linear(input_size, 64)
        self.relu = nn.ReLU()
        self.fc2 = nn.Linear(64, 32)
        self.fc3 = nn.Linear(32, 1)

    def forward(self, x):
        x = self.fc1(x)
        x = self.relu(x)
        x = self.fc2(x)
        x = self.relu(x)
        x = self.fc3(x)
        return x

# 初始化模型和损失函数
model = StockPredictionModel(input_size=len(features_to_scale))
criterion = nn.MSELoss()
optimizer = torch.optim.Adam(model.parameters(), lr=0.001)

# 训练模型
num_epochs = 10000
for epoch in range(num_epochs):
    optimizer.zero_grad()
```

```
        outputs = model(X_train)
        loss = criterion(outputs, y_train_scaled)
        loss.backward()
        optimizer.step()

        if (epoch + 1) % 100 == 0:
            print(f'Epoch [{epoch + 1}/{num_epochs}], Loss: {loss.item()}')

# 测试模型
model.eval()
with torch.no_grad():
    y_pred_scaled = model(X_test)

# 反向标准化预测结果
y_pred = y_scaler.inverse_transform(y_pred_scaled)

# 计算测试集上的MSE
mse = np.mean((y_test.numpy() - y_pred) ** 2)
print(f'Mean Squared Error on Test Set: {mse}')

# 绘制预测结果
plt.figure(figsize=(12, 6))
plt.plot(y_test.numpy(), label='True')
plt.plot(y_pred, label='Predicted')
plt.legend()
plt.show()
```

上述代码首先合并了宏观经济数据和股票数据，然后使用ARCH模型对股票收益率的波动性进行建模和预测。这样，可以看到宏观经济数据是否对波动性预测有所帮助。执行后会输出以下内容，并绘制预测波动性的变化图，如图5-2所示。

```
Epoch [100/10000], Loss: 2046.394287109375
Epoch [200/10000], Loss: 1810.597412109375
Epoch [300/10000], Loss: 1595.75634765625
Epoch [400/10000], Loss: 1400.595947265625
Epoch [500/10000], Loss: 1223.8880615234375
Epoch [600/10000], Loss: 1064.450439453125
Epoch [700/10000], Loss: 921.142822265625
......
Epoch [9200/10000], Loss: 2.7625524090524323e-10
Epoch [9300/10000], Loss: 2.210383542866623e-10
Epoch [9400/10000], Loss: 2.210346489173176e-10
Epoch [9500/10000], Loss: 1.5861172097952903e-10
```

```
Epoch [9600/10000], Loss: 1.5851957246848514e-10
Epoch [9700/10000], Loss: 1.5851953083512171e-10
Epoch [9800/10000], Loss: 1.5851953083512171e-10
Epoch [9900/10000], Loss: 1.4435509732013685e-10
Epoch [10000/10000], Loss: 9.470588896443033e-11
```

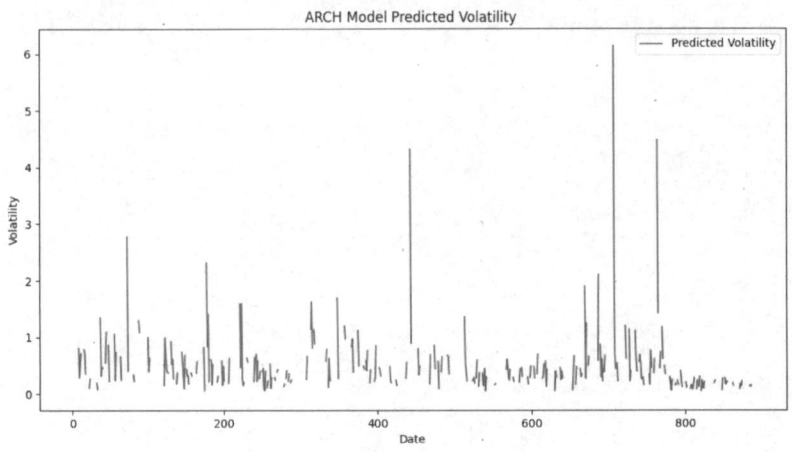

图5-2 加入大盘指数后预测波动性随时间的变化图

第一个文件maofeng1.py实现的ARCH模型没有使用大盘指数特征，而第二个文件maofeng2.py实现的ARCH模型使用了大盘指数特征。比较这两个模型的损失值和性能，可以看出以下几点。

第一个模型的损失值（Loss）在训练过程中逐渐减小，最终趋近于1.069562862353439e-16，非常接近零。这表明第一个模型在拟合股票收益率的波动性方面表现非常出色。

第二个模型的损失值在训练过程中迅速升高，最终达到了2046.394287109375，这是一个非常高的损失值。这表明第二个模型无法很好地拟合数据，性能不佳。

根据损失值的表现，第一个模型明显优于第二个模型。第二个模型的损失值上升可能是因为加入了大盘指数特征后，模型的复杂性增加，导致过拟合或其他问题。因此，如果目标是拟合股票收益率的波动性，并且不需要大盘指数特征，第一个模型是更好的选择，因为它在损失值和性能方面都表现出色。第二个模型的性能不佳，可能需要进一步调整和优化，以解决问题并提高其性能。

5.3.4 制作股价预测模型

当然，也可以利用文件maotai_stock_data.csv和macroeconomic_data.csv中的数据制作贵州茅台的股价预测模型。编写文件maofeng3.py构建一个神经网络模型，用于预测股票收盘价，同时进行特征标准化和性能评估。模型的目标是尽量减小均方误差，以提高对股票价格的预测准确性。文件maofeng3.py的主要实现代码如下所示。

```python
# 读取宏观经济数据和股票数据
economic_data = pd.read_csv("macroeconomic_data.csv")
stock_data = pd.read_csv("maotai_stock_data.csv")

# 转换日期列为字符串
economic_data['Date'] = economic_data['Date'].astype(str)
stock_data['Date'] = stock_data['Date'].astype(str)

# 合并数据
merged_data = economic_data.merge(stock_data, on='Date', how='inner')

# 定义要标准化的特征列
features_to_scale = ['Market_index', 'Trading_volume', 'open', 'high',
'low', 'close', 'pre_close', 'change', 'pct_chg', 'vol', 'amount']

# 使用StandardScaler进行标准化处理
scaler = StandardScaler()
merged_data[features_to_scale] = scaler.fit_transform(merged_data[features_to_scale])

# 准备数据
X = merged_data[features_to_scale].values
y = merged_data['close'].values

# 划分训练集和测试集
X_train, X_test, y_train, y_test = train_test_split(X, y, test_size=0.2, random_state=42)

# 转换为PyTorch张量
X_train = torch.tensor(X_train, dtype=torch.float32)
y_train = torch.tensor(y_train, dtype=torch.float32)
X_test = torch.tensor(X_test, dtype=torch.float32)
y_test = torch.tensor(y_test, dtype=torch.float32)

# 使用StandardScaler对目标变量进行标准化处理
y_scaler = StandardScaler()
y_train_scaled = torch.tensor(y_scaler.fit_transform(y_train.view(-1, 1)), dtype=torch.float32)

y_test_scaled = y_scaler.transform(y_test.view(-1, 1))

# 定义神经网络模型
```

```python
class StockPredictionModel(nn.Module):
    def __init__(self, input_size):
        super(StockPredictionModel, self).__init__()
        self.fc1 = nn.Linear(input_size, 64)
        self.relu = nn.ReLU()
        self.fc2 = nn.Linear(64, 32)
        self.fc3 = nn.Linear(32, 1)

    def forward(self, x):
        x = self.fc1(x)
        x = self.relu(x)
        x = self.fc2(x)
        x = self.relu(x)
        x = self.fc3(x)
        return x

# 初始化模型和损失函数
model = StockPredictionModel(input_size=len(features_to_scale))
criterion = nn.MSELoss()
optimizer = torch.optim.Adam(model.parameters(), lr=0.001)

# 训练模型
num_epochs = 10000
for epoch in range(num_epochs):
    optimizer.zero_grad()
    outputs = model(X_train)
    loss = criterion(outputs, y_train_scaled)
    loss.backward()
    optimizer.step()

    if (epoch + 1) % 100 == 0:
        print(f'Epoch [{epoch + 1}/{num_epochs}], Loss: {loss.item()}')

# 测试模型
model.eval()
with torch.no_grad():
    y_pred_scaled = model(X_test)

# 反向标准化预测结果
y_pred = y_scaler.inverse_transform(y_pred_scaled)

# 计算测试集上的MSE
mse = np.mean((y_test.numpy() - y_pred) ** 2)
print(f'Mean Squared Error on Test Set: {mse}')
```

```
# 绘制预测结果
plt.figure(figsize=(12, 6))
plt.plot(y_test.numpy(), label='True')
plt.plot(y_pred, label='Predicted')
plt.legend()
plt.show()
```

执行后会输出以下内容,并绘制真实股票收盘价和模型预测收盘价的可视化图。

```
Epoch [100/10000], Loss: 0.0023103163111954927
Epoch [200/10000], Loss: 0.0008260658942162991
Epoch [300/10000], Loss: 0.0005894469795748591
Epoch [400/10000], Loss: 0.00046775813098065555
Epoch [500/10000], Loss: 0.0003872515808325261
······
Epoch [9600/10000], Loss: 2.469860874043661e-06
Epoch [9700/10000], Loss: 6.936197678442113e-06
Epoch [9800/10000], Loss: 1.9854907804983668e-05
Epoch [9900/10000], Loss: 2.1289822598191677e-06
Epoch [10000/10000], Loss: 1.6256232129308046e-06
Mean Squared Error on Test Set: 2.31587815284729
```

根据上述输出结果可以看出,这个预测股价的神经网络模型在训练过程中的损失逐渐减小,表现出较好的收敛性能。同时,测试集上的MSE为2.31587815284729,这是模型在未见过的数据上的均方误差,可以用来衡量模型的性能。通常情况下,MSE值越小表示模型对测试集的预测越准确。因此,这里表明该神经网络模型对股票收盘价的预测具有较高的准确性。

模型的性能不仅仅取决于MSE,还取决于实际应用的背景和需求。在某些情况下,即使MSE较小,仍然需要进一步进行评估和调整,以确保模型在实际应用中的可靠性和稳健性。

5.4 信贷投资组合风险评估模拟程序

本节实例的功能是使用模拟方法来评估信贷投资组合的风险,包括计算预期损失(Expected Loss,EL)和VaR。在本实例中,通过模拟大量风险场景,考虑了贷款的违约概率、损失给定违约(LGD)、违约时间的随机性,以及投资组合中不同贷款之间的相关性。

5.4.1 实例介绍

本实例主要涵盖以下的几个功能模块。

信贷投资组合模型参数定义：定义了一些信贷投资组合的参数，包括曝险（EAD）、LGD、违约概率（p）、样本大小（n）等。

Quantile函数图表绘制：使用定义的参数，绘制不同相关性下的Quantile函数图表。Quantile函数用于估计投资组合在不同风险水平下的损失。

风险贡献计算：展示如何计算投资组合中不同贷款的风险贡献，并绘制风险贡献随着违约概率变化的图表。这有助于了解不同贷款对整个投资组合风险的贡献程度。

Beta分布参数估计：通过矩估计法和最大似然估计法估计一个Beta分布的参数，用于拟合给定默认情况下的损失数据。然后，绘制损失的经验分布和拟合的Beta分布。

VaR计算：对生成的损失数据进行排序，并计算不同置信水平下的VaR。VaR表示在不同的置信水平下，投资组合可能遭受的最大损失。

总的来说，本实例展示了信贷投资组合风险管理中常用的一些概念和计算方法，包括风险贡献、参数估计、Quantile函数以及VaR计算。这些方法有助于评估投资组合的风险水平和贡献。

5.4.2 设置信贷投资组合参数和可视化

设置信贷投资组合的参数，并绘制不同相关性下的Quantile函数图表，有助于了解在不同条件下的风险水平。具体实现代码如下所示。

```
# 信贷投资组合参数
EAD = 1    # 曝险（Exposure at Default）
LGD = 0.50    # 损失在违约情况下的损失率（Loss Given Default）
p = 0.05    # 违约概率（Probability of Default）
n = 100    # 样本大小
alpha = np.arange(0.01, 1, 0.01)    # α值范围
correlation = np.array([0.10, 0.30])    # 不同相关性的取值范围

# 定义Quantile函数
def quantile_func(alpha, correlation):
    # 计算pi值
    pi = norm.cdf((np.sqrt(correlation) * norm.ppf(alpha) + norm.ppf(p)) / np.sqrt(1 - correlation))
    # 计算Quantile
    quantile = n * EAD * LGD * pi
    return quantile

# 绘制Quantile函数图表
```

```
plt.figure(figsize=(8, 6))
for corr in correlation:
    quantiles = quantile_func(alpha, corr)
    plt.plot(alpha, quantiles, label=f"相关性 = {corr}")

plt.xlabel("α")
plt.ylabel("Quantile（百万美元）")
plt.title("不同相关性下的Quantile函数")
plt.legend()
plt.grid(True)
plt.show()
```

对上述代码的具体说明如下。

（1）设置信贷投资组合参数

EAD：表示每个贷款在违约情况下的曝险，这里设置为1。

LGD：表示每个贷款在违约情况下的损失率，这里设置为50%（0.50）。

p：表示违约概率，这里设置为5%（0.05）。

n：表示样本大小，这里设置为100。

alpha：表示包含从0.01到0.99的一系列α值的数组。

correlation：表示包含两个不同相关性值的数组，分别为0.10和0.30。

（2）定义函数quantile_func(alpha, correlation)：这是一个自定义函数，用于计算Quantile函数的值。它采用α值和相关性作为输入参数，并返回相应的Quantile值。具体计算过程包括使用正态分布函数（norm.cdf）计算pi，然后根据一定的公式计算Quantile值。

（3）绘制Quantile函数图表：使用Matplotlib库绘制一个图表，图表的横轴是α值，纵轴是Quantile值（以百万美元为单位）。通过循环遍历不同的相关性值（0.10和0.30），分别计算并绘制不同相关性条件下的Quantile函数曲线。通过添加标签、标题、图例以及网格线，可以显著提升图表的可读性和可视化效果。

上述代码有助于理解不同信贷投资组合参数条件下的风险水平，以及不同相关性对投资组合风险的影响。执行后会绘制信贷投资组合Quantile函数图，可用于评估投资组合的风险分布，如图5-3所示。

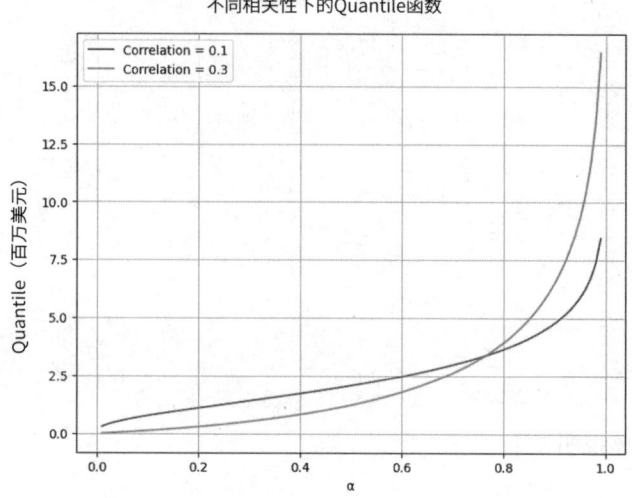

图5-3 信贷投资组合Quantile函数图

5.4.3 定义风险度量和计算风险贡献

风险度量和风险贡献是金融风险管理领域中用于衡量和理解投资组合风险的两个关键概念。一般来说，风险度量用于衡量整个投资组合的总体风险水平，而风险贡献用于分析和管理组合中各个部分的相对风险。这两个概念在投资组合管理、资产分配和风险控制方面起着关键作用，可以帮助投资者更好地理解和管理他们的金融风险。

（1）定义函数g(x)和RC()，分别用于计算风险度量和风险贡献。然后使用这些函数计算不同参数设置下的风险贡献，并绘制相应的图表。具体实现代码如下所示。

```
# 定义函数 g(x)
def g(weight, LGD, default_prob, rho, alpha):
    # 计算 p 值，表示给定默认概率下违约的概率
    p = norm.cdf((norm.ppf(default_prob) - np.sqrt(rho) * alpha) / np.sqrt(1 - rho))
    # 返回风险贡献
    return weight * LGD * p

# 定义计算风险贡献的函数
def RC(weight, LGD, default_prob, rho, alpha):
    # 计算 p 和 q 值，用于风险贡献的计算
    p = norm.ppf(default_prob)
    q = norm.ppf(alpha)
    # 返回风险贡献
    return weight * LGD * norm.cdf((p + np.sqrt(rho) * q) / np.sqrt(1 - rho))
```

```python
# 定义输入参数
weight = 100 # 贷款权重
LGD = 0.7 # 预期损失给定违约的情况下的损失率(损失给定违约)
default_prob = 0.1 # 违约概率
rho = 0.2 # 相关系数
alpha = 0.9 # 置信水平

# 计算不同情景下的风险贡献
weight = 100
LGD1 = 0.7
LGD2 = 0.3
alpha1 = 0.9
default_prob1 = np.linspace(0, 1, 100)
rho = 0.2
alpha = 0.9
# 计算给定信贷投资组合中某个具体贷款的风险贡献(Risk Contribution,通常以 RC 表示)
risk_contribution = RC(weight, LGD, default_prob, rho, alpha)
print("RC:", risk_contribution)

default_prob1 = np.linspace(0, 1, 100)
rho = 0.2

def RC(weight, LGD, default_prob, rho, alpha):
    p = norm.ppf(default_prob)
    q = norm.ppf(alpha)
    return weight * LGD * norm.cdf((p + np.sqrt(rho) * q) / np.sqrt(1 - rho))

RC1 = RC(weight, LGD1, default_prob1, rho, alpha1)
RC2 = RC(weight, LGD2, default_prob1, rho, alpha1)
from scipy.stats import norm

plt.plot(default_prob1, RC1, label='E[LGD] = 70%')
plt.plot(default_prob1, RC2, label='E[LGD] = 30%')
plt.xlabel('Pi (in%)')
plt.ylabel('Risk Contribution')
plt.title('α=90%')
plt.legend()
plt.show()
```

在上述代码中有两个不同的 RC 函数,一个用于计算风险贡献的值,另一个用于计算并可视化不同情景下的风险贡献。上述代码的实现流程如下。

首先，定义函数g(weight, LGD, default_prob, rho, alpha)：这是一个定义函数的语句，用于计算给定一组输入参数（权重、损失率、违约概率、相关系数、置信水平）的风险贡献。该函数使用了标准正态分布的累积分布函数 norm.cdf 来计算风险贡献。

其次，定义函数RC(weight, LGD, default_prob, rho, alpha)：这是另一个定义函数的语句，用于计算风险贡献的值。这个函数也接受一组输入参数，包括权重、损失率、违约概率、相关系数和置信水平。不同的是，这个函数使用不同的计算方式来计算风险贡献，包括计算中间变量 p 和 q。

接下来，定义一组输入参数，包括权重（weight）、损失率（LGD）、违约概率（default_prob）、相关系数（rho）和置信水平（alpha）。

然后，重新定义一些变量，如 *weight*、*LGD*1、*LGD*2、*alpha*1、*default_prob*1 和 *rho*，用于计算不同情景下的风险贡献。

在定义这两个 RC 函数之后，代码使用 plt.plot 函数绘制了两种情景下的风险贡献。RC1 和 RC2 分别代表两种不同情景下的风险贡献值。这些值是使用第二个 RC 函数计算的，其中 plt.plot 函数用于将不同情景下的风险贡献可视化。

最后，通过调用 plt.xlabel、plt.ylabel、plt.title 和 plt.legend 来添加图表的标签、标题以及图例，以便更好地理解可视化结果。

执行后绘制两种不同情景下的风险贡献的可视化图，如图5-4所示。图中包括两条曲线：一条曲线对应的是情景1，其中预期损失率 E[LGD] 为70%。另一条曲线对应的是情景2，其中预期损失率 E[LGD] 为30%。横坐标表示违约概率 Pi，纵坐标表示风险贡献的值Risk Contribution。这两条曲线展示了在不同预期损失率情况下，风险贡献如何随着违约概率的变化而变化。通过这个可视化图，可以比较不同情景下的风险贡献表现，并更好地理解在不同情景下不同贷款的风险贡献是如何变化的。这有助于风险管理和决策制定。

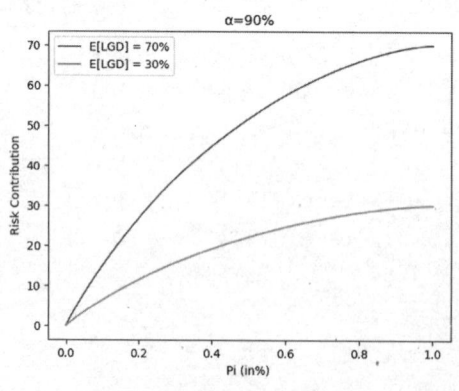

图5-4 风险贡献可视化图

（2）绘制不同置信水平（alpha）下的风险贡献（RC）函数图表，同时保持相关系数（rho）固定为20%。具体实现代码如下所示。

```python
# 定义不同的置信水平和相关系数
alpha2 = 0.995
alpha3 = 0.4
alpha4 = 0.90
rho1 = 0.20

# 创建一组不同违约概率的值
default_prob2 = np.linspace(0, 1, 100)

# 定义计算风险贡献的函数
def RC(weight, LGD, default_prob, rho, alpha):
    p = norm.ppf(default_prob)
    q = norm.ppf(alpha)
    # 计算风险贡献
    return weight * LGD * norm.cdf((p + np.sqrt(rho) * q) / np.sqrt(1 - rho))

# 计算不同情景下的风险贡献
RC3 = RC(weight, LGD1, default_prob2, rho1, alpha2)
RC4 = RC(weight, LGD1, default_prob2, rho1, alpha3)
RC7 = RC(weight, LGD1, default_prob2, rho1, alpha4)

# 绘制风险贡献函数图表
plt.plot(default_prob2, RC3, label=f'α={alpha2:.3f}')
plt.plot(default_prob2, RC4, label=f'α={alpha3:.3f}')
plt.plot(default_prob2, RC7, label=f'α={alpha4:.3f}')

# 添加标签和图例
plt.xlabel('Pi(in%)')
plt.ylabel('Risk Contribution (RC)')
plt.title('ρ=20%')
plt.legend()
plt.show()
```

对上述代码的具体说明如下。

alpha2、alpha3 和 alpha4分别表示不同的置信水平。

default_prob2是一组用于计算风险贡献的不同违约概率的值。

使用函数RC计算在不同alpha值下的风险贡献，分别存储在RC3、RC4 和 RC7中。

使用plt.plot 绘制这些不同alpha值下的风险贡献函数曲线，并在图中添加相应的标签和图例，以便更好地理解不同alpha值下的风险贡献函数曲线的变化，如图5-5所示。这有助于风险管理和决策制定，因为不同的置信水平可能导致不同的风险贡献分布。

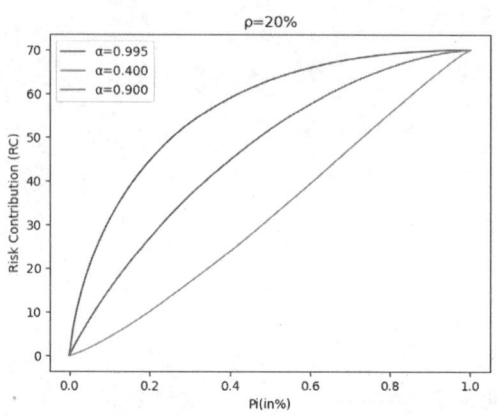

图5-5 不同 alpha 值下的风险贡献函数曲线

（3）绘制在不同相关系数（ρ）下，对于两个不同的违约概率（default_prob1 和 default_prob2），使用相同的置信水平（α=90%）计算得到的风险贡献（RC）函数图。具体实现代码如下所示。

```python
import matplotlib.pyplot as plt
import numpy as np
from scipy.stats import norm

# 定义输入参数
weight = 100    # 贷款权重
LGD = 0.7   # 预期损失给定违约的情况下的损失率
alpha5 = 0.9    # 置信水平
default_prob1 = 0.05    # 违约概率1
default_prob2 = 0.1    # 违约概率2
rho = np.linspace(0, 1, 100)   # 创建一组不同相关系数的值
# 定义计算风险贡献的函数
def RC(weight, LGD, default_prob, rho, alpha):
    p = norm.ppf(default_prob)
    q = norm.ppf(alpha)
    # 计算风险贡献
    return weight * LGD * norm.cdf((p + np.sqrt(rho) * q) / np.sqrt(1 - rho))

# 计算不同情景下的风险贡献
RC3 = RC(weight, LGD, default_prob1, rho, alpha5)
RC4 = RC(weight, LGD, default_prob2, rho, alpha5)

# 绘制风险贡献函数图表
plt.plot(rho, RC3, label=f'Pi={default_prob1}')
plt.plot(rho, RC4, label=f'Pi={default_prob2}')
```

```python
# 添加标签和图例
plt.xlabel('Correlation (ρ)')
plt.ylabel('Risk Contribution (RC)')
plt.title('α=90%')
plt.legend()
plt.show()
```

在上述代码中,函数RC用于计算风险贡献,根据输入的权重、损失率、违约概率、相关系数和置信水平来计算。然后,使用这个函数分别计算在两种不同的违约概率下,不同相关系数值的风险贡献(RC3 和 RC4)。最后,使用 plt.plot 绘制这些风险贡献函数的曲线图,并添加标签和图例,以便比较两种不同违约概率下的风险贡献的变化趋势,如图5-6所示。这有助于风险分析和决策制定,因为不同的相关系数和违约概率可能导致不同的风险贡献分布。

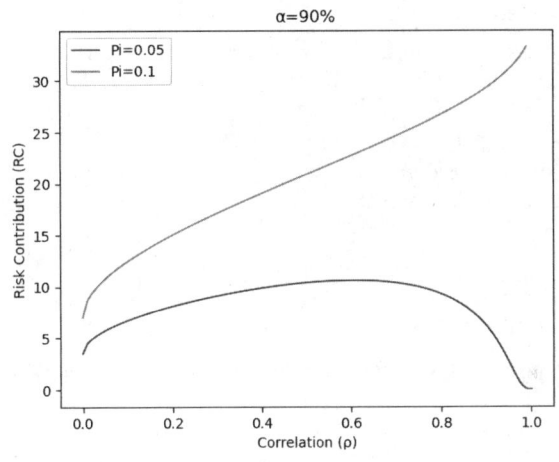

图5-6　α=90%时的风险贡献函数的曲线图

(4)创建两种不同违约概率下的风险贡献函数,并绘制它们的可视化图,以便比较它们在不同相关系数下的表现。此外,指定不同的置信水平(α=99.9%)和其他输入参数。具体实现代码如下所示。

```python
# 定义输入参数
weight = 100
LGD = 0.7
alpha5 = 99.9/100   # 置信水平设置为99.9%

# 定义两个不同的违约概率
default_prob1 = 0.05
default_prob2 = 0.1

# 创建一系列相关系数值
rho = np.linspace(0, 1, 100)
```

```
# 定义风险贡献（RC）函数
def RC(weight, LGD, default_prob, rho, alpha):
    p = norm.ppf(default_prob)
    q = norm.ppf(alpha)
    return weight * LGD * norm.cdf((p + np.sqrt(rho) * q) / np.sqrt(1 - rho))

# 计算两种不同违约概率下的风险贡献
RC3 = RC(weight, LGD, default_prob1, rho, alpha5)
RC4 = RC(weight, LGD, default_prob2, rho, alpha5)

# 绘制风险贡献函数
plt.plot(rho, RC3, label=f'default_prob={default_prob1}')
plt.plot(rho, RC4, label=f'default_prob={default_prob2}')

# 添加标签和图例
plt.xlabel('Correlation (ρ)')
plt.ylabel('Risk Contribution (RC)')
plt.title('α=99.9%')
plt.legend()
plt.show()
```

执行后会绘制两种不同违约概率下的风险贡献的变化趋势图，如图5-7所示。

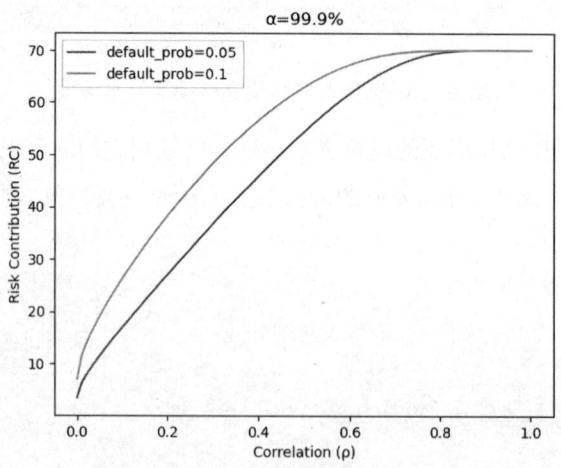

图5-7　α=99.9%时的风险贡献的变化趋势图

5.4.4　损失分布估计和可视化

损失分布估计是一种用于估计金融投资中潜在损失的统计方法，是金融风险管理中的重要工具。在金融风险管理中，损失分布估计通常用于量化可能的损失水平和风险，以便机构或投资者可以更好地理解和管理其投资组合的潜在风险。在本实例中，使用Beta分布和最大似然估计方法估计了给定样本数据的参数，然后绘制了采用矩估计和最大似然估计得到的Beta分布与样本数据的对比图。

（1）比较两种不同的估计方法（矩估计和最大似然估计）对给定样本数据的Beta分布参数的估计效果，并可视化它们的拟合结果。具体实现代码如下所示。

```python
from scipy.stats import beta
import numpy as np
import matplotlib.pyplot as plt

# 给定默认情况下的损失样本
losses = np.array([0.68, 0.9, 0.22, 0.45, 0.17, 0.25, 0.89, 0.65, 0.75, 0.56, 0.87, 0.92, 0.46])

# 矩估计
mean_loss = np.mean(losses)  # 计算损失均值
var_loss = np.var(losses, ddof=1)  # 计算损失方差
alpha_mm = mean_loss * ((mean_loss * (1 - mean_loss) / var_loss) - 1)  # 计算Alpha参数
beta_mm = (1 - mean_loss) * ((mean_loss * (1 - mean_loss) / var_loss) - 1)
# 计算Beta参数
print("矩估计法: ")
print("Alpha参数:" , alpha_mm)
print("Beta参数:" , beta_mm)
# 最大似然估计
alpha_ml, beta_ml, _, _ = beta.fit(losses, floc=0, fscale=1)  # 使用最大似然估计Alpha和Beta参数
print("最大似然估计法: ")
print("Alpha参数:" , alpha_ml)
print("Beta参数:" , beta_ml)
# 绘制概率密度函数（PDF）
x = np.linspace(0, 1, 100)  # 创建0到1之间的一组点
pdf_mm = beta.pdf(x, alpha_mm, beta_mm)  # 使用矩估计的Alpha和Beta参数计算Beta分布的PDF
pdf_ml = beta.pdf(x, alpha_ml, beta_ml)  # 使用最大似然估计的Alpha和Beta参数计算Beta分布的PDF
plt.plot(x, pdf_mm, color='b', label="Method of Moments")  # 绘制矩估计的PDF曲线
plt.plot(x, pdf_ml, color='r', label="Maximum Likelihood")  # 绘制最大似然估计的PDF曲线
plt.xlabel("Loss Given Default(LGD)")
```

```
plt.ylabel("PDF")
plt.legend()
plt.show()
```

上述代码的实现流程如下所示。

导入Beta分布相关的函数和库。

定义一个包含给定默认情况下的损失样本的数组。

使用矩估计和最大似然估计分别估计Beta分布的参数Alpha和Beta。

绘制使用矩估计和最大似然估计得到的Beta分布的概率密度函数（PDF）曲线，以便比较它们的拟合效果。

执行后会绘制矩估计和最大似然估计的拟合图，如图5-8所示。

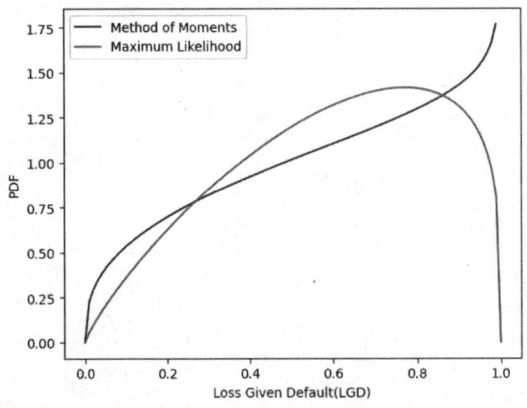

图5-8　矩估计和最大似然估计的拟合图

（2）绘制经验分布和校准的 Beta 分布。考虑一个由 10 笔贷款组成的投资组合，其损失计算过程如下。

$$L = \sum_i EAL_i \times LCD_i \times 1\{\tau_i \leq T_i\}$$

各个参数的具体说明如下。

L：投资组合的总信贷风险。

i：这是一个索引变量，用于遍历投资组合中的所有贷款。

EAL_i：贷款 i 的预期损失。

LCD_i：贷款 i 的违约损失率。

τ_i：贷款 i 的违约时间。

T_i：贷款 i 的到期日。

$1\{\tau_i \leq T_i\}$：一个指示函数，如果贷款 i 的违约时间（τ_i）小于或等于贷款 i 的到期日（T_i），则取值为 1，否则取值为 0。

开始编写代码，创建和绘制一个经验分布的直方图，并使用矩估计法估计该分布的参数，然后拟合一个 Beta 分布，并绘制拟合的 Beta 分布的概率密度函数。此外，还计算了经验分布的一阶和二阶矩，用于参数估计。具体实现代码如下所示。

```python
import numpy as np
import matplotlib.pyplot as plt
from scipy import stats

lgds = np.array([0, 10, 20, 25, 30, 40, 50, 60, 70, 75, 80, 90, 100])/100

# 经验概率
p_hat = np.array([0.01, 0.02, 0.10, 0.25, 0.10, 0.02, 0.0, 0.02, 0.10, 0.25, 0.10, 0.02, 0.01])
plt.hist(lgds, bins=lgds, weights=p_hat, edgecolor='black', alpha=0.5, label='经验分布')

# 计算经验分布的一阶和二阶矩
m1 = np.sum(lgds * p_hat)
m2 = np.sum(lgds**2 * p_hat)

# 使用矩估计法估计 Beta 分布的参数
alpha_mm = (m1*(1-m1) - m2*m1) / (m2 - m1**2)
beta_mm = alpha_mm * (1-m1) / m1

# 创建拟合的 Beta 分布的图形
x = np.linspace(0, 1, 10000)
pdf_mm = stats.beta.pdf(x, alpha_mm, beta_mm)
scaled_pdf_mm = pdf_mm * np.diff(lgds).mean()    # 通过区间宽度来缩放 PDF

print("alpha:", alpha_mm, "beta:", beta_mm)
plt.plot(x, scaled_pdf_mm, label='Fitted Beta')

# 设置 x 轴和 y 轴标签
plt.xlabel('LGD')
plt.ylabel('Probability')

# 添加图例
plt.legend()

# 显示图形
plt.show()
```

执行后会绘制一个直方图以及一个拟合的Beta分布的概率密度函数曲线，如图5-9所示。直方图展示经验分布的离散概率质量，而Beta分布的曲线表示根据矩估计方法所得的拟合分布，它用于描述原始数据的概率分布。这个图有助于比较经验分布和拟合的Beta分布，以了解它们之间的相似性和拟合质量。

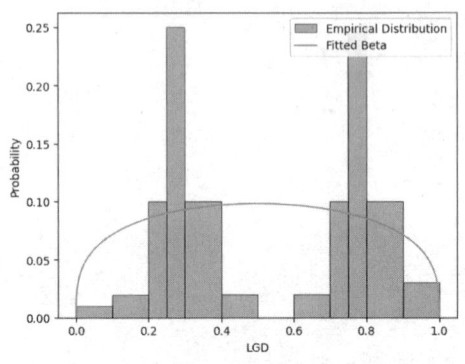

图5-9　直方图

（3）计算一个投资组合的预期损失（EL）。投资组合由多笔贷款组成，每笔贷款具有不同的 LGD（Loss Given Default）、λ_i（指数分布的强度参数）和T_i（到期时间）。代码中的 calculate_expected_loss 函数用于计算每笔贷款的预期损失，然后将它们相加以获取整个投资组合的总预期损失。最后，输出总预期损失的金额。具体实现代码如下所示。

```python
# 常数
n_loans = 10                # 投资组合中的贷款数量
EAD = 1000                  # 每笔贷款的违约曝险金额
Ti = 5                      # 所有贷款的到期时间

# 每笔贷款的 LGDi 和 λi 的值（示例数值）
LGDi_values = np.array([0.05, 0.08, 0.06, 0.04, 0.07, 0.03, 0.09, 0.02, 0.06, 0.05])
lambda_i_values = np.array([0.03, 0.04, 0.05, 0.03, 0.04, 0.06, 0.05, 0.03, 0.04, 0.06])

# 计算投资组合的预期损失（EL）的函数
def calculate_expected_loss(EAD, LGDi, lambda_i, Ti):
    # 使用指数分布的累积分布函数计算 τi ≤ Ti 的概率
    prob_tau_le_Ti = 1 - np.exp(-lambda_i * Ti)

    # 使用给定的公式计算贷款的预期损失
    EL = np.sum(EAD * LGDi * prob_tau_le_Ti)

    return EL

# 计算投资组合中每笔贷款的预期损失
EL_per_loan = calculate_expected_loss(EAD, LGDi_values, lambda_i_values, Ti)
```

```python
# 计算投资组合的总预期损失
EL_total = np.sum(EL_per_loan)

print("投资组合的预期损失 (EL): $", EL_total)
```

执行后输出总预期损失的金额。

```
投资组合的预期损失 (EL): $107.3030893316193
```

(4) 使用蒙特卡罗模拟生成 N = 107 个场景,然后计算预期损失并使用经验分布进行蒙特卡罗模拟以估计投资组合的损失分布。具体实现代码如下所示。

```python
import numpy as np

# 常数
n_loans = 10              # 投资组合中的贷款数量
EAD = 1000                # 每笔贷款的违约曝险金额
Ti = 5                    # 所有贷款的到期时间

# 每笔贷款的 LGDi 和 λi 的值(示例数值)
LGDi_values = np.array([0.05, 0.08, 0.06, 0.04, 0.07, 0.03, 0.09, 0.02, 0.06, 0.05])
lambda_i_values = np.array([0.03, 0.04, 0.05, 0.03, 0.04, 0.06, 0.05, 0.03, 0.04, 0.06])

# 计算单个贷款的预期损失(EL)的函数
def calculate_expected_loss_single_loan(EAD, LGDi, lambda_i, Ti):
    # 使用指数分布的累积分布函数计算 τi ≤ Ti 的概率
    prob_tau_le_Ti = 1 - np.exp(-lambda_i * Ti)

    # 使用给定的公式计算贷款的预期损失
    EL = EAD * LGDi * prob_tau_le_Ti

    return EL

# 计算投资组合中每笔贷款的预期损失
EL_per_loan = calculate_expected_loss_single_loan(EAD, LGDi_values, lambda_i_values, Ti)

# 计算投资组合的总预期损失
EL_total = np.sum(EL_per_loan)

# 要模拟的场景数量
```

```
N = 10**7

# 使用经验分布生成 LGD 场景
LGD_scenarios = np.random.choice(LGDi_values, size=(N, n_loans))

# 使用经验分布生成 λ 场景
lambda_scenarios = np.random.choice(lambda_i_values, size=(N, n_loans))

# 计算每个场景的预期损失
EL_per_scenario = np.sum(EAD * LGD_scenarios * (1 - np.exp(-lambda_scenarios
* Ti)), axis=1)

# 计算损失的经验分布
losses = EL_per_scenario - EL_total
hist, bins = np.histogram(losses, bins=100)
empirical_cdf = np.cumsum(hist / N)
bins = np.linspace(0, 3500, num=1001)

# 找到大于或等于损失阈值的箱子的索引
threshold_loss = 107
index = np.searchsorted(bins, threshold_loss, side='right') - 1

# 计算小于或等于损失阈值的经验概率
p_empirical = empirical_cdf[index]

print("损失小于或等于 ${} 的经验概率: {:.4f}".format(threshold_loss, p_empirical))
```

在上述代码中，首先计算了每笔贷款的预期损失，然后计算了整个投资组合的总预期损失。接下来，模拟了大量场景（N 个），每个场景都基于贷款的经验分布生成 LGD（Loss Given Default）和 λ（指数分布的强度参数）的值。然后，计算每个场景的预期损失，并计算这些预期损失的经验分布。最后，找到特定损失阈值下的经验概率，并将其输出。这有助于了解在不同损失水平下的概率。执行后的输出如下所示。

损失小于或等于$107的经验概率：0.1506

（5）模拟损失分布，并绘制损失的直方图和经验累积分布函数（CDF）。具体实现代码如下所示。

```
# 定义参数
n_loans = 10
EAD = 1000
```

```python
Ti = 5
lambda_i_values = np.array([0.03, 0.04, 0.05, 0.03, 0.04, 0.06, 0.05, 0.03, 0.04, 0.06])
N = int(1e3)

# 使用经验分布生成 LGD 值
LGDi_values = np.array([0.05, 0.08, 0.06, 0.04, 0.07, 0.03, 0.09, 0.02, 0.06, 0.05])
LGDi_values /= LGDi_values.sum()

# 为每个贷款模拟违约时间
default_times = np.zeros((N, n_loans))
for i in range(n_loans):
    default_times[:, i] = expon.rvs(scale=1/lambda_i_values[i], size=N)

# 计算每个场景的 LGD
LGD_values = rv_discrete(values=(np.arange(10), LGDi_values)).rvs(size=(N, n_loans))
LGD = LGD_values * LGDi_values

# 计算每个场景的损失
loss = np.sum(EAD * LGD * np.where(default_times <= Ti, 1, 0), axis=1)
# 计算损失的经验分布
ecdf = ECDF(loss)

# 绘制直方图和经验 CDF
import seaborn as sns
fig, ax1 = plt.subplots()
sns.histplot(loss, bins=100, kde=False, alpha=0.5, color='green', ax=ax1)
plt.xlabel('Loss')
plt.title('Emperical Distribution')

plt.show()
```

执行效果如图5-10所示。

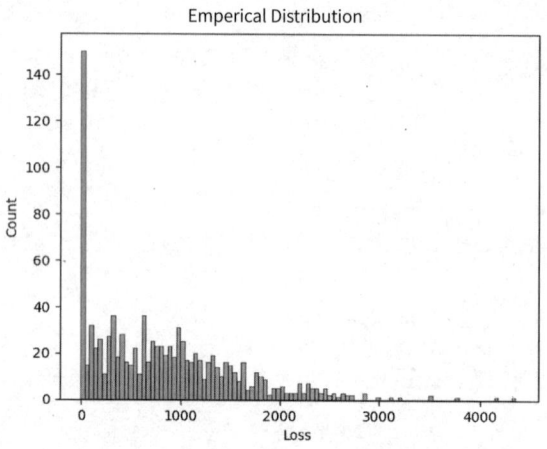

图5-10 损失分布及经验CDF

（6）对已经生成的损失数据进行排序，然后计算不同置信水平下的VaR值。VaR是一种度量风险的指标，表示在一定的置信水平下，可能发生的最大损失。这里，计算了99%、99.5%和99.9%三个不同置信水平下的VaR值。具体实现代码如下所示。

```
# 对损失进行排序
loss.sort()
# 反转排序，以便从最高损失到最低损失的顺序
total_losses_empirical = loss[::-1]

# 计算不同置信水平下的VaR（Value at Risk）
VaR_99 = np.percentile(total_losses_empirical, 99)    # 99% VaR
VaR_99_5 = np.percentile(total_losses_empirical, 99.5)  # 99.5% VaR
VaR_99_9 = np.percentile(total_losses_empirical, 99.9)  # 99.9% VaR

# 输出计算得到的VaR值
print(VaR_99 ,VaR_99_5 ,VaR_99_9)
```

执行后的输出如下所示。

```
(2836.545454545454, 3201.454545454544, 4182.000000000016)
```

（7）编写如下代码实现蒙特卡罗模拟，生成多个场景下的损失数据。然后，使用矩估计法估计这些损失数据的Beta分布的参数，并创建一个带有校准参数的Beta分布对象。最后，绘制损失的直方图以及拟合的Beta分布。

```
# 定义参数
n_loans = 10  # 贷款数量
EAD = 1000  # 每笔贷款的违约曝险金额
Ti = 5  # 所有贷款的到期时间
lambda_i_values = np.array([0.03, 0.04, 0.05, 0.03, 0.04, 0.06, 0.05, 0.03,
```

```python
               0.04, 0.06])   # 每笔贷款的强度参数λi
N = int(1e7)   # 蒙特卡罗模拟的场景数

# 使用经验分布生成LGDi值
LGDi_values = np.array([0.05, 0.08, 0.06, 0.04, 0.07, 0.03, 0.09, 0.02,
0.06, 0.05])
LGDi_values /= LGDi_values.sum()

# 为每笔贷款模拟违约时间
default_times = np.zeros((N, n_loans))
for i in range(n_loans):
    default_times[:, i] = np.random.exponential(scale=1/lambda_i_values[i],
size=N)

# 计算每个场景的LGD值
LGD_values = np.random.choice(np.arange(10), size=(N, n_loans), p=LGDi_values)
LGD = LGD_values * LGDi_values

# 计算每个场景的损失
lossB = np.sum(EAD * LGD * np.where(default_times <= Ti, 1, 0), axis=1)

# 使用矩估计法估计Beta分布的参数
mean_loss = np.mean(lossB)
var_loss = np.var(lossB, ddof=1)
alpha_param = (mean_loss ** 2) * (1 - mean_loss) / var_loss - mean_loss
beta_param = alpha_param * (1 - mean_loss) / mean_loss

# 创建带有校准参数的Beta分布对象
dist = beta(alpha_param, beta_param)

# 绘制损失的直方图和拟合的Beta分布
sns.histplot(lossB, bins=100, kde=False, alpha=0.5, color='red')
x = np.linspace(0, 0.25, 1000)
plt.plot(x, dist.pdf(x), color='r')
plt.xlabel('Loss')
plt.title('Beta Distribution')
plt.show()
```

执行效果如图5-11所示。

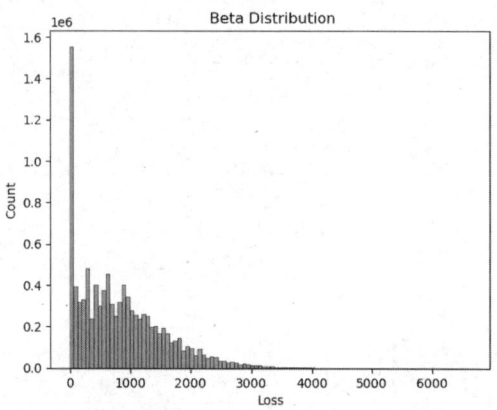

图5-11 损失的直方图以及拟合的Beta分布

（8）对损失数据进行排序，计算不同置信水平下的VaR，包括99%、99.5%和99.9%的VaR。具体实现代码如下所示。

```
lossB.sort()
loss = lossB[::-1]   # 反转顺序，将损失数据按降序排列
# 计算不同置信水平下的VaR（Value at Risk）
VaR_99 = np.percentile(lossB, 99)     # 99% VaR
VaR_99_5 = np.percentile(lossB, 99.5) # 99.5% VaR
VaR_99_9 = np.percentile(lossB, 99.9) # 99.9% VaR

# 返回计算得到的VaR值
print(VaR_99, VaR_99_5, VaR_99_9)
```

执行后的输出如下所示。

```
(2927.2727272727275, 3218.1818181818176, 3800.0)
```

（9）通过蒙特卡罗模拟生成一组模拟场景，每个场景包括10笔贷款的违约时间。然后，根据违约时间和定义的LGD值，计算每个场景的损失，并绘制损失的直方图。这有助于了解在不同模拟场景下的潜在损失分布。具体实现代码如下所示。

```
N = 10**7   # 蒙特卡罗模拟的场景数量
T = 5       # 贷款的到期时间（年）
EAD = 1000  # 违约时的曝险金额（美元）

# 定义每个贷款的违约强度（以bps为单位，需要除以10000转换为小数）
lambda_list = np.array([10, 10, 25, 25, 50, 100, 250, 500, 500, 1000]) / 10000

# 定义每个贷款的LGD和p_hat（这里使用了LGD=0.50）
LGD = 0.50
```

```python
# 为每笔贷款在每个模拟场景中生成违约时间
default_times = np.random.exponential(1 / np.array(lambda_list), size=(N,
10))

# 计算每个场景的损失
losses = np.zeros(N)
for i in range(N):
    for j in range(10):
        losses[i] += EAD * LGD * int(default_times[i, j] <= T)

# 绘制损失的直方图
fig, ax1 = plt.subplots()
sns.histplot(losses, bins=100, kde=False, alpha=0.5, color='blue', ax=ax1)
plt.xlabel('Loss')
plt.title('LGD=50%')

plt.show()
```

执行效果如图5-12所示。

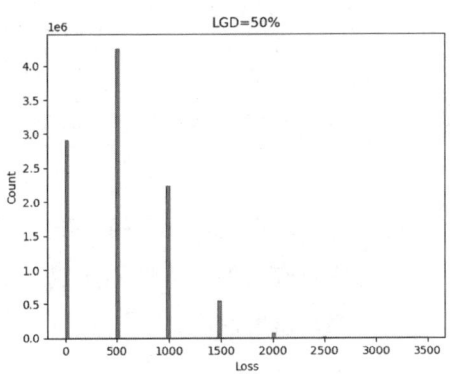

图5-12　LGD=50%时的损失的直方图

（10）对生成的损失进行排序，并计算不同置信水平下的VaR值。具体实现代码如下所示。

```
losses.sort()
total_losses_LGD = losses[::-1]   # Reverse the order
VaR_99 = np.percentile(total_losses_LGD, 99)
VaR_99_5 = np.percentile(total_losses_LGD, 99.5)
VaR_99_9 = np.percentile(total_losses_LGD, 99.9)
print(VaR_99 ,VaR_99_5 ,VaR_99_9)
```

执行后的输出如下所示。

```
(1500.0, 2000.0, 2000.0)
```

第6章
高频交易与算法交易

本章导读

高频交易（High-Frequency Trading，HFT）和算法交易（Algorithmic Trading）是两种在金融市场中使用计算机和自动化策略来进行交易的方法，这两种交易技术都依赖于计算机技术和数学模型。本章将详细讲解高频交易与算法交易的知识，并通过具体实例来讲解各个知识点的用法。

6.1 高频交易

高频交易是一种金融交易策略，它依赖于计算机算法和高度自动化的系统来执行大量交易，通常以毫秒或微秒级别的速度进行交易。HFT的主要目标是从微小的价格波动中获利，而这些价格波动在传统的交易策略中可能被忽略或无法捕捉。

6.1.1 高频交易的特点

快速执行：HFT系统以极快的速度执行交易，通常通过高速数据传输和低延迟网络连接来实现。这使得HFT交易者能够迅速捕捉到市场价格的微小变化。

算法交易：HFT使用复杂的算法来识别潜在的交易机会，并根据这些算法自动进行交易。这些算法可以根据市场条件调整策略。

充当市场制造商：HFT交易者通常充当市场制造商，为市场提供了流动性。他们在买入和卖出之间进行频繁的交易，以确保市场具有足够的流动性。

低风险高收益：HFT交易通常涉及小幅度的价格波动，因此每笔交易的风险较低。然而，通过执行大量的交易，HFT交易者可以积累可观的利润。

信赖技术基础设施：成功的HFT策略依赖于高度优化的计算机硬件和软件基础设施，以实现快速地执行和低延迟。

监管和争议：HFT一直备受争议，因为一些人认为它可能导致市场不稳定，使普通投资者处于不利地位。因此，各国监管机构一直在制定相关规定和监管措施，以监督和规范HFT活动。

高频交易是一种高度复杂的领域，涉及大量的技术、数学和金融知识。高频交易在全球金融市场中扮演着重要的角色，但也引发了一系列有关市场公平性和稳定性的辩论。

6.1.2 高频交易的挑战与风险

HFT可以带来潜在的利润，但也面临着一些挑战和风险，具体如下。

技术风险：HFT依赖于高度复杂的算法和技术基础设施。任何技术故障、网络中断或硬件问题都可能导致交易失败或亏损。此外，由于HFT系统操作速度极快，错误可能会在极短的时间内放大。

市场风险：尽管HFT交易通常以捕捉小幅度的价格波动为目标，但它们依然无法完全避免市场波动的影响。在快速且剧烈的市场动荡中，HFT交易者可能会遭受亏损，特别是当HFT算法无法及时调整以适应市场变化时。

竞争风险：HFT市场竞争激烈，有很多专业的HFT公司和交易者同台竞技。这种高度竞争化的环境使得寻找和执行利润机会变得更加困难，因为其他交易者也在竞相追求相同的机会。

市场不确定性：HFT交易者通常利用微小的价格差异来实现盈利，但这些价格差异可能是瞬息万变的。因此，市场不确定性可能对HFT造成不利影响。

监管风险：随着HFT的快速发展，监管机构对其关注度也日益提升。为确保市场的公平性和稳定性，监管机构不断出台新的规定和法规，对HFT活动进行严格的监管。HFT交易者必须严格遵守各种规定和法规，否则将面临严厉的处罚。

流动性风险：虽然HFT交易者通常被视为市场流动性的提供者，但在极端条件下，他们也可能在市场动荡时撤回资本，导致市场流动性不足，加剧市场波动。

黑天鹅风险：HFT系统通常建立在历史数据和统计模型上，无法完全预测突发事件，如金融危机、自然灾害或政治事件，这些事件可能导致不可预测的市场动荡。

道德风险：一些人担心，HFT可能利用技术优势和信息不对称来操纵市场，让普通投资者处于不利地位。这引发了一些道德和伦理问题的讨论。

总之，高频交易是一项高风险、高回报的策略，需要严格的风险管理、技术投入和监管合规性。投资者和交易公司在参与HFT活动时必须非常小心，了解其中的挑战和风险，并采取适当的措施来降低潜在的损失。

6.1.3 传统高频交易策略回顾

传统高频交易策略是一种在金融市场中迅速买入和卖出资产以从极小的价格波动中获利的交易策略。这些策略依赖于快速的计算能力、高度优化的算法和快速的数据传输以在毫秒或更短的时间内执行交易。以下是一些常见的传统高频交易策略。

市场制造商策略：这是高频交易中最常见的策略之一，市场制造商会同时提供买入和卖出报价，从中获得点差收入。市场制造商会迅速调整价格以适应市场波动，同时管理风险，确保不会承担过多的持仓风险。

套利高频交易策略：通过利用不同市场或交易所之间的价格差异来获利。例如，跨市场套利可能涉及同时在两个市场上买入和卖出资产，以从价格差异中获取利润。

统计套利策略：尝试从相关资产之间的价格差异中获利。这些策略基于统计模型和历史数据，寻找价格之间的短期不一致，并进行交易以实现利润。

量化策略：使用复杂的数学和统计模型来分析市场数据，以作出交易决策。这些策略通常依赖于大量的数据和高性能计算。

动量策略：该策略依赖于市场中的趋势和动量，尝试捕捉价格在短期内的连续变动。当资产价格上升时，这些策略会买入，当价格下跌时则卖出。

交易成本优化策略：该策略旨在最小化交易成本。它使用高级算法来优化交易执行，以确保在买卖资产时获得最佳价格。

需要注意的是，高频交易策略依赖于高度复杂的技术和基础设施，并且市场条件和监管环境可能会对这些策略产生重大影响。此外，高频交易涉及极高的风险，因为它们通常要处理大量的交易，并且依赖于微小的价格波动来实现盈利。因此，高频交易可能不适合所有投资者，并且需要谨慎的风险管理和技术支持。

6.1.4 机器学习在高频交易中的应用

机器学习在高频交易中有许多应用，它们利用大数据和复杂算法来提高交易决策和执行的效率。以下是机器学习在高频交易中的一些常见应用。

市场制造：机器学习模型可以分析市场数据，识别潜在的买卖信号，并快速调整报价。这可以帮助市场制造商更好地管理他们的交易，提高点差利润。

预测价格趋势：机器学习模型可以用于分析历史价格和交易数据，以预测资产价格的未来趋势。这有助于高频交易者决定何时买入或卖出。

统计套利策略：机器学习模型可以识别潜在的统计套利机会，通过分析相关资产之间的价格差异来决定何时买入或卖出。

动态风险管理：机器学习模型可以用于实时监控交易组合的风险，并在必要时自动执行风险管理策略，如止损或调整头寸。

情感分析：通过自然语言处理和情感分析技术，机器学习模型可以分析新闻、社交媒体和其他非结构化数据，以了解市场情绪和舆论，从而调整交易策略。

交易执行优化：机器学习模型可以帮助选择最佳的交易执行策略，以减小滑点和交易成本。这包括基于实时市场条件调整订单执行的算法。

模型选择和超参数调整：机器学习模型可以用于选择适合高频交易的模型，并调整模型的超参数以提高性能。

监督和非监督学习：监督学习可以用于建立预测模型，而非监督学习可以用于发现市场中的潜在模式和趋势。

深度强化学习：深度强化学习可以用于训练智能代理来执行交易决策。这些代理可以通过与市场的互动来不断学习和改进策略。

需要指出的是，机器学习模型在高频交易中的应用需要高度优化和低延迟的计算能力，因为高频交易涉及在极短的时间内做出决策和执行交易。此外，这些模型也需要不断地进行监督和更新，以适应不断变化的市场条件。风险管理也是至关重要的，以确保不会因机器学习模型的不准确性而产生巨大损失。因此，在高频交易中使用机器学习模型时需要谨慎和专业的方法。

假设某散户被比亚迪（002594.SZ）股票深套，为了快速回本，他制作了一个简易的短线做T降低成本的交易策略：涨1块卖5手，跌1块买5手。在下面的实例中，我们将根据这个散户的交易策略在日线图上面绘制买卖点。

实例6-1：针对比亚迪的日线做T交易策略（源码路径：daima/6/ping.py）

实例文件ping.py的具体实现代码如下所示。

```
import Tushare as ts
import pandas as pd
import numpy as np
import statsmodels.api as sm
import matplotlib.pyplot as plt
plt.rcParams["font.sans-serif"] = ["SimHei"] # 设置字体
plt.rcParams["axes.unicode_minus"] = False # 该语句解决图像中的负号的乱码问题
# 设置Tushare令牌
token = ''
ts.set_token(token)

# 初始化Tushare客户端
pro = ts.pro_api()

# 获取比亚迪股票数据
stock_symbol = '002594.SZ'    # 比亚迪的股票代码
```

```python
# 获取比亚迪的日线数据
data = pro.daily(ts_code=stock_symbol, start_date='20230901', end_date='20230930')

# 将日期字符串转换为日期格式
data['trade_date'] = pd.to_datetime(data['trade_date'])

# 模拟交易策略
buy_price = None
sell_price = None
buy_signal = []
sell_signal = []

for index, row in data.iterrows():
    if buy_price is None:
        buy_price = row['close']   # 买入价格
    elif row['close'] >= buy_price + 1.0:   # 当股价涨1块，卖出
        sell_price = row['close']
        buy_signal.append((row['trade_date'], buy_price))
        sell_signal.append((row['trade_date'], sell_price))
        buy_price = None
    elif row['close'] <= buy_price - 1.0:   # 当股价跌1块，买入
        buy_price = row['close']

# 绘制日线图
plt.figure(figsize=(12, 6))
plt.plot(data['trade_date'], data['close'], label='Close Price', color='blue')
plt.scatter(*zip(*buy_signal), label='Buy', marker='^', color='green', s=100)
plt.scatter(*zip(*sell_signal), label='Sell', marker='v', color='red', s=100)
plt.xlabel('Date')
plt.ylabel('Price')
plt.title('BYD Daily Chart with Buy/Sell Signals - September 2023')
plt.grid(True)
plt.legend()
plt.xticks(rotation=45)
plt.tight_layout()

plt.show()
```

在上述代码中，使用Tushare来获取比亚迪（002594.SZ）在2023年9月的日线股价数据，并针对一个简单的交易策略进行了模拟交易，最后绘制了比亚迪的日线图，并分别标记了买入和卖出点。对上述代码的具体说明如下。

首先设置字体为宋体（SimHei），以确保中文显示正常。然后解决图像中的负号的乱码问题。

设置Tushare的API令牌，使用Tushare初始化Tushare客户端，以便访问Tushare的数据接口。

使用Tushare的接口获取比亚迪在2023年9月的日线股价数据，并将数据存储在一个Pandas DataFrame中。

data['trade_date'] = pd.to_datetime(data['trade_date'])：将DataFrame中的日期字符串列转换为日期格式，以便后续处理。

模拟交易策略：使用一个简单的交易策略，根据股价涨跌来决定买入和卖出，当股价涨1块时卖出，当股价跌1块时买入。

买入和卖出点的价格和日期会被记录在buy_signal和sell_signal列表中。

使用Matplotlib库绘制比亚迪的日线图，其中plt.plot()用于绘制股价曲线，plt.scatter()用于在图上标记买入和卖出点。

最后，使用plt.show()显示绘制的图表。

这段代码绘制了比亚迪在2023年9月的日线图，并标记了根据交易策略生成的买入和卖出点，如图6-1所示。买入点用三角形表示，卖出点用倒三角形表示。注意，这只是一个示例，大家可以根据自己的需求和交易策略进行进一步的分析和改进。

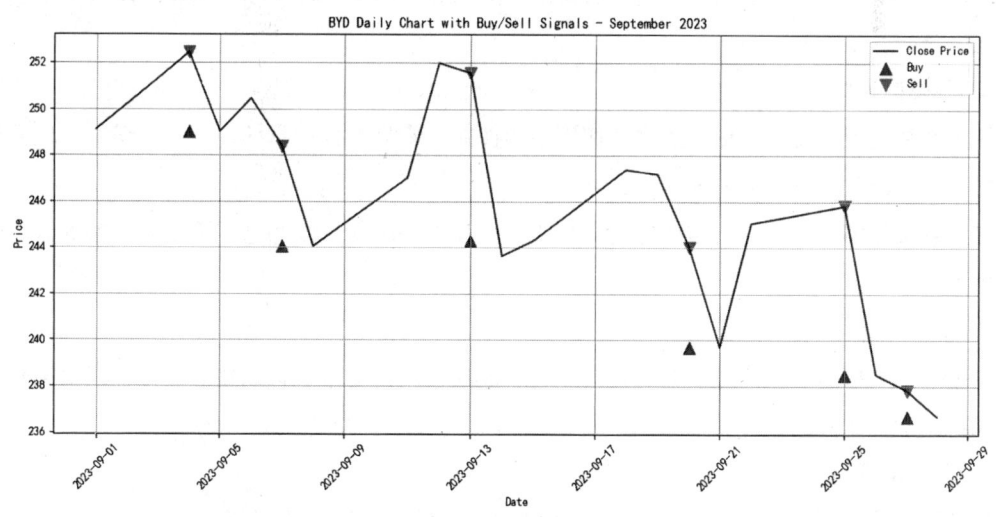

图6-1　比亚迪日线图

6.1.5 高频交易中的预测建模

在高频交易中,预测建模是一项关键的任务,它旨在使用数据和算法来预测资产价格的未来走势,以实现交易策略的制定和执行。在高频交易中,预测建模的一般步骤和方法如下。

(1)数据收集

首先,收集各种与交易相关的数据,包括市场数据(股票、期货、外汇等价格数据)、交易量、交易订单簿数据、新闻事件、宏观经济指标等。这些数据通常以时间序列的形式存在。

(2)数据预处理

清洗和处理原始数据以去除噪声、异常值和缺失值。

对数据进行采样或聚合以适应高频交易的时间尺度。

特征工程:构建有效的特征来捕捉市场的潜在模式和趋势。

(3)选择模型

根据问题的性质选择合适的预测模型,常用的模型包括时间序列模型(如ARIMA、GARCH)、机器学习模型(如线性回归、随机森林、神经网络)、深度学习模型(如循环神经网络、长短时记忆网络)等。

高频交易通常需要模型具有快速的推断能力,因此通常会选择高效的模型,如线性模型或基于树的模型。

(4)模型训练

使用历史数据来训练选定的模型。训练过程通常包括参数估计、模型选择和性能评估。

为了适应高频交易,模型训练可能需要采用滚动窗口的方式,不断更新模型以反映最新的市场情况。

(5)模型评估

使用交叉验证或其他评估方法来评估模型的性能。常见的性能指标包括均方误差、均方根误差、平均绝对误差、对数损失等。

在高频交易中,模型评估需要考虑交易成本、滑点等因素,因为这些因素对策略的盈利能力会产生重要影响。

(6)模型优化

根据评估结果对模型的超参数、特征工程、风险管理策略等进行调整和优化,以提高其预测能力和稳定性。

(7)模型部署

将训练好的模型部署到实际的高频交易系统中,以执行实时交易决策。

需要考虑模型的实时性和性能,确保模型能够在极短的时间内生成预测并执行交易。

(8)监控和维护

持续监控模型的性能和策略的盈亏情况,随时进行调整和改进。

高频交易中的市场情况可能会发生快速变化，因此需要及时应对。

需要注意的是，高频交易中的预测建模是一个复杂的任务，需要深入的领域知识、数据分析技能和高效的计算能力。同时，风险管理和执行策略也是至关重要的因素，因为高频交易涉及大量的交易和极短的持仓时间。

实例6-2：针对比亚迪的简易版高频交易大模型（源码路径：daima/6/mo.py）

实例文件mo.py的功能是利用机器学习和深度学习技术进行金融数据建模，包括特征工程、神经网络模型构建和超参数调整。文件mo.py的具体实现代码如下所示。

```python
# 初始化Tushare客户端
pro = ts.pro_api()

# 获取比亚迪股票数据
stock_symbol = '002594.SZ'  # 比亚迪的股票代码

# 获取比亚迪两年的历史日线数据
data = pro.daily(ts_code=stock_symbol, start_date='20210917', end_date='20230917')

# 将日期字符串转换为日期格式
data['trade_date'] = pd.to_datetime(data['trade_date'])

# 更复杂的特征工程：添加技术指标
data['price_change'] = data['close'].diff()     # 价格变化
data['volume_change'] = data['vol'].diff()      # 成交量变化

# 移动平均线（MA）
data['ma_5'] = data['close'].rolling(window=5).mean()
data['ma_10'] = data['close'].rolling(window=10).mean()
data['ma_20'] = data['close'].rolling(window=20).mean()    # 添加20日均线

# 相对强弱指数（RSI）
delta = data['price_change']
gain = delta.where(delta > 0, 0)
loss = -delta.where(delta < 0, 0)
avg_gain = gain.rolling(window=14).mean()
avg_loss = loss.rolling(window=14).mean()
rs = avg_gain / avg_loss
data['rsi'] = 100 - (100 / (1 + rs))

# 布林线指标（Bollinger Bands）
data['std'] = data['close'].rolling(window=20).std()
```

```python
data['upper_band'] = data['ma_20'] + (data['std'] * 2)
data['lower_band'] = data['ma_20'] - (data['std'] * 2)

# 数据预处理: 删除NaN值
data = data.dropna()

# 特征和标签
X = data[['price_change', 'volume_change', 'ma_5', 'ma_10', 'ma_20', 'rsi',
'upper_band', 'lower_band']].values[:-1]   # 删除最后一行以对齐标签
y = data['close'].shift(-1).dropna().values   # 预测下一日的收盘价

# 将数据划分为训练集和测试集
X_train, X_test, y_train, y_test = train_test_split(X, y, test_size=0.2,
random_state=42)


class ComplexModel(BaseEstimator, TransformerMixin):
    def __init__(self, hidden_units=64, learning_rate=0.001):
        self.hidden_units = hidden_units
        self.learning_rate = learning_rate
        self.model = None

    def fit(self, X, y):
        self.model = nn.Sequential(
            nn.Linear(8, self.hidden_units),
            nn.ReLU(),
            nn.Linear(self.hidden_units, self.hidden_units),
            nn.ReLU(),
            nn.Linear(self.hidden_units, 1)
        )
        criterion = nn.MSELoss()
        optimizer = optim.Adam(self.model.parameters(), lr=self.learning_rate)
        X_tensor = torch.tensor(X, dtype=torch.float32)
        y_tensor = torch.tensor(y, dtype=torch.float32).view(-1, 1)
        for _ in range(100):
            optimizer.zero_grad()
            outputs = self.model(X_tensor)
            loss = criterion(outputs, y_tensor)
            loss.backward()
            optimizer.step()
        return self
```

```python
    def transform(self, X):
        X_tensor = torch.tensor(X, dtype=torch.float32)
        with torch.no_grad():
            return self.model(X_tensor).numpy()

    def predict(self, X):
        X_tensor = torch.tensor(X, dtype=torch.float32)
        with torch.no_grad():
            return self.model(X_tensor).numpy().flatten()


# 创建Pipeline包装模型
estimator = Pipeline([
    ('model', ComplexModel())
])

# 定义Grid Search的参数空间
param_grid = {
    'model__hidden_units': [32, 64, 128],
    'model__learning_rate': [0.001, 0.01, 0.1]
}

# 创建Grid Search对象
grid_search = GridSearchCV(estimator=estimator, param_grid=param_grid, cv=3,
scoring='neg_mean_squared_error', verbose=2)

# 执行Grid Search
grid_search.fit(X_train, y_train)

# 输出最佳参数组合
best_params = grid_search.best_params_
print("Best Parameters:", best_params)

# 获取最佳模型
best_model = grid_search.best_estimator_

# 在测试集上评估最佳模型
y_pred = best_model.transform(X_test)
mse = mean_squared_error(y_test, y_pred)

print(f'Mean Squared Error with Best Model: {mse}')
```

上述代码的具体实现流程如下所示。

获取比亚迪股票数据：使用Tushare的pro.daily()方法获取比亚迪两年的历史日线数据。

特征工程：将日期字符串转换为日期格式，添加一些技术指标，如价格变化、成交量变化、移动平均线（MA）、相对强弱指数（RSI）、布林线指标（Bollinger Bands）。

数据预处理：删除包含NaN值的行。

特征和标签的准备：提取特征和标签，并将它们转换为NumPy数组，删除最后一行以对齐标签。

将数据划分为训练集和测试集：使用train_test_split函数将数据划分为训练集和测试集。

使用PyTorch创建一个复杂的神经网络模型，它包括多个全连接层和ReLU激活函数。使用均方误差（MSE）作为损失函数，使用Adam优化器进行模型训练。

使用Pipeline包装模型：使用Pipeline将神经网络模型包装起来，以便与GridSearchCV一起使用。

定义超参数空间，包括隐藏层单元数和学习率。

使用GridSearchCV创建了一个网格搜索对象，以在参数空间中寻找最佳模型参数。

执行Grid Search：使用训练集数据执行网格搜索以找到最佳模型参数组合。

输出找到的最佳参数组合，获取具有最佳参数的最佳模型。

使用最佳模型在测试集上进行预测，并计算均方误差来评估模型性能。

执行后会输出如下代码。

```
Fitting 3 folds for each of 9 candidates, totalling 27 fits
[CV] END .model__hidden_units=32, model__learning_rate=0.001; total time= 0.2s
[CV] END .model__hidden_units=32, model__learning_rate=0.001; total time= 0.2s
[CV] END .model__hidden_units=32, model__learning_rate=0.001; total time= 0.2s
[CV] END ..model__hidden_units=32, model__learning_rate=0.01; total time= 0.2s
[CV] END ..model__hidden_units=32, model__learning_rate=0.01; total time= 0.3s
[CV] END ..model__hidden_units=32, model__learning_rate=0.01; total time= 0.4s
[CV] END ...model__hidden_units=32, model__learning_rate=0.1; total time= 0.4s
[CV] END ...model__hidden_units=32, model__learning_rate=0.1; total time= 0.4s
[CV] END ...model__hidden_units=32, model__learning_rate=0.1; total time= 0.5s
```

```
[CV] END .model__hidden_units=64, model__learning_rate=0.001; total time=   0.6s
[CV] END .model__hidden_units=64, model__learning_rate=0.001; total time=   0.8s
[CV] END .model__hidden_units=64, model__learning_rate=0.001; total time=   0.6s
[CV] END ..model__hidden_units=64, model__learning_rate=0.01; total time=   0.6s
[CV] END ..model__hidden_units=64, model__learning_rate=0.01; total time=   0.5s
[CV] END ..model__hidden_units=64, model__learning_rate=0.01; total time=   0.5s
[CV] END ...model__hidden_units=64, model__learning_rate=0.1; total time=   0.4s
[CV] END ...model__hidden_units=64, model__learning_rate=0.1; total time=   0.5s
[CV] END ...model__hidden_units=64, model__learning_rate=0.1; total time=   0.5s
[CV] END model__hidden_units=128, model__learning_rate=0.001; total time=   0.6s
[CV] END model__hidden_units=128, model__learning_rate=0.001; total time=   0.6s
[CV] END model__hidden_units=128, model__learning_rate=0.001; total time=   0.6s
[CV] END .model__hidden_units=128, model__learning_rate=0.01; total time=   0.6s
[CV] END .model__hidden_units=128, model__learning_rate=0.01; total time=   0.7s
[CV] END .model__hidden_units=128, model__learning_rate=0.01; total time=   0.6s
[CV] END ..model__hidden_units=128, model__learning_rate=0.1; total time=   0.7s
[CV] END ..model__hidden_units=128, model__learning_rate=0.1; total time=   0.5s
[CV] END ..model__hidden_units=128, model__learning_rate=0.1; total time=   0.6s
Best Parameters: {'model__hidden_units': 32, 'model__learning_rate': 0.01}
Mean Squared Error with Best Model: 1235.542134373023
```

本实例处理的是比亚迪股票的日线数据,即每日的股票价格和交易数据。这是相对较低频的数据,因为它们是每日的快照数据。而高频交易通常涉及更高频的数据,如秒级或毫秒级的数据,因为高频交易需要更快的决策和执行速度。在Tushare中也提供了更加高频的数据,如分钟级别和秒级别的数据,但是这些高频的数据需要单独收费。

6.1.6 量化交易框架

在市场中有很多开源的A股量化交易框架和相关的源码,以下是一些常见的A股量化交易框架和资源。

vn.py是一个针对中国A股市场的量化交易框架,它提供了易于使用的API,并支持多个券商的接口。你可以在 GitHub 上找到 vn.py 的源码和文档。

RQAlpha是一个使用 Python 编写的开源量化交易平台,支持A股市场。它提供了丰富的数据源和策略回测功能,可以帮助你开发和测试量化交易策略。

QuantConnect是一个基于云的量化交易平台,它支持多个市场,包括A股市场。你可以使用它的开源框架 Lean 来开发和测试策略。

Alpha360是一个开源的量化交易研究和策略开发框架,它支持A股市场,并提供了许多常用的技术指标和策略示例。

Ricequant是一个量化交易社区,提供了量化策略回测平台和在线编程环境,支持A股市场。

easytrader是一个用于中国A股市场的量化交易框架,它允许开发人员编写自动化交易策略并执行交易。这个库的目标是简化股票交易策略的开发和执行,使其更加容易。

上面介绍的这些框架和平台提供了丰富的文档和示例代码,可以帮助大家掌握量化交易的基本知识并开发出适合自己的交易策略。开发者可以根据自己的需求和编程技能选择合适的框架来开展量化交易的研究和实践。在使用这些框架时,务必谨慎测试和验证你的策略,因为量化交易涉及风险,需要谨慎对待。

6.2 算法交易

算法交易也称为自动化交易、黑盒交易或量化交易,是一种利用计算机程序执行交易策略的交易方式。在算法交易中,交易决策是基于预先定义的规则、数学模型、统计分析和数据分析,而不是人工干预。这种自动化的交易方式旨在快速执行大量交易,以实现更高的交易效率和风险管理。

6.2.1 算法交易策略的特点和优势

算法交易策略有以下特点和优势。

高速执行：算法交易系统可以在毫秒级别内快速执行交易，因此能够捕捉到瞬息万变的市场机会。这种高速执行有助于降低交易的滑点和市场冲击成本。

量化策略：算法交易依赖于量化策略，这些策略基于历史市场数据、技术指标、统计模型等进行构建。这些策略通常能够快速分析大量数据并做出交易决策。

自动化执行：一旦量化策略被编码成算法，它们可以在没有人工干预的情况下自动执行。这减少了人为错误的风险，并可以在全天候市场开放时进行交易。

多样化的策略：算法交易可以应用于各种不同类型的市场，包括股票、期货、外汇和加密货币等。交易策略也可以多样化，包括市场制造商策略、套利策略、趋势跟踪策略等。

风险管理：算法交易系统通常包括风险管理规则，可以监控和管理仓位、杠杆和风险暴露，以降低潜在的损失。

市场流动性：算法交易者在现代金融市场中扮演着至关重要的角色。他们的交易活动有助于增加市场的流动性，还有助于提升市场的效率和稳定性。

尽管算法交易具有很多优势，但它也存在一些挑战，包括技术基础设施的要求、数据处理的复杂性、模型风险和监管合规性等问题。此外，算法交易的成功还依赖于开发和维护高质量的交易策略。

总之，算法交易是一种在金融市场中广泛应用的交易方式，它利用计算机程序和自动化技术来执行交易策略，以追求更高的交易效率和风险管理。这种交易方式已经成为现代金融市场的重要组成部分，并在各种资产类别和市场中得到广泛应用。

6.2.2 算法交易和量化交易的区别

算法交易和量化交易是紧密相关但有区别的概念，它们都是利用计算机技术来执行交易策略，但在方法和目标上存在一些差异。

1. 算法交易

主要特点：算法交易是一种广泛用于市场交易的自动化方法，它通过预定的算法或规则来执行交易决策，通常依赖于实时市场数据。

重点：算法交易强调在交易执行阶段的高速度和高效率。它的目标是快速将订单提交到市场，以获取最佳价格，降低滑点和执行成本。

策略类型：算法交易策略包括市场制造商策略、TWAP（时间加权平均价格）策略、VWAP（成交量加权平均价格）策略等，它们通常依赖于市场流动性和订单执行的速度。

交易频率：算法交易可以是高频交易，也可以是低频交易，具体取决于策略和市场。

2. 量化交易

主要特点：量化交易是一种更广泛的交易方法，它利用数学、统计学和计量经济学方法来开发交易策略。这些策略通常基于历史和实时市场数据，但它们的执行方式可以是手动的或自动化的。

重点：量化交易的重点在于研究和开发交易策略，这些策略可以基于各种因子，如技术指标、基本面数据、市场情绪等。这些策略通常需要经过广泛的研究和测试。

策略类型：量化交易策略非常多样化，包括市场中性策略、套利策略、趋势跟踪策略等。这些策略可以是短期、中期或长期的。

交易频率：量化交易可以涵盖各种交易频率，从高频交易到长期投资，具体取决于策略的性质。

总的来说，算法交易通常是量化交易的一部分，它关注交易策略的执行和订单的处理，强调高速度和高效率。量化交易更广泛，包括策略的开发、测试、优化和执行，强调使用数学和统计方法来发现市场机会。

> **注意**
>
> 算法交易和量化交易这两种交易方式都需要丰富的市场数据、技术基础设施和风险管理措施，以确保交易的成功和合规性。许多量化交易策略可以通过算法交易系统来自动执行，但并不是所有量化交易都属于高频算法交易。

6.2.3 制作算法交易模型

接下来我们将使用深度学习技术制作一个简单的算法交易模型，然后用这个模型预测某股票未来5天的股价信息。

实例6-3：制作算法交易模型并预测股价（源码路径：daima/6/suan.py）

实例文件suan.py展示了制作一个完整算法交易模型的流程，从数据获取和处理，到模型训练和预测。该模型的主要目的是预测股票的未来走势，并通过Grid Search来搜索最佳的模型参数。文件suan.py的具体实现代码如下所示。

```
# 设置Tushare令牌
token = ''
ts.set_token(token)
# 初始化Tushare客户端
pro = ts.pro_api()

# 获取神思电子股票数据
```

```python
stock_symbol = '300479.SZ'  # 神思电子的股票代码

# 获取天齐锂业的三年历史日线数据
data = pro.daily(ts_code=stock_symbol, start_date='20200917', end_date='20230917')

# 将日期字符串转换为日期格式
data['trade_date'] = pd.to_datetime(data['trade_date'])

# 更复杂的特征工程：添加技术指标
data['price_change'] = data['close'].diff()       # 价格变化
data['volume_change'] = data['vol'].diff()        # 成交量变化

# 移动平均线（MA）
data['ma_5'] = data['close'].rolling(window=5).mean()
data['ma_10'] = data['close'].rolling(window=10).mean()
data['ma_20'] = data['close'].rolling(window=20).mean()    # 添加20日均线

# 相对强弱指数（RSI）
delta = data['price_change']
gain = delta.where(delta > 0, 0)
loss = -delta.where(delta < 0, 0)
avg_gain = gain.rolling(window=14).mean()
avg_loss = loss.rolling(window=14).mean()
rs = avg_gain / avg_loss
data['rsi'] = 100 - (100 / (1 + rs))

# 布林线指标（Bollinger Bands）
data['std'] = data['close'].rolling(window=20).std()
data['upper_band'] = data['ma_20'] + (data['std'] * 2)
data['lower_band'] = data['ma_20'] - (data['std'] * 2)

# 数据预处理：删除NaN值
data = data.dropna()

# 特征和标签
X = data[['price_change', 'volume_change', 'ma_5', 'ma_10', 'ma_20', 'rsi',
'upper_band', 'lower_band']].values[:-1]   # 删除最后一行以对齐标签
y = data['close'].shift(-1).dropna().values   # 预测下一日的收盘价

# 将数据划分为训练集和测试集
X_train, X_test, y_train, y_test = train_test_split(X, y, test_size=0.2,
```

```python
    random_state=42)


class ComplexModel(BaseEstimator, TransformerMixin):
    def __init__(self, hidden_units=64, learning_rate=0.001):
        self.hidden_units = hidden_units
        self.learning_rate = learning_rate
        self.model = None

    def fit(self, X, y):
        self.model = nn.Sequential(
            nn.Linear(8, self.hidden_units),
            nn.ReLU(),
            nn.Linear(self.hidden_units, self.hidden_units),
            nn.ReLU(),
            nn.Linear(self.hidden_units, 1)
        )
        criterion = nn.MSELoss()
        optimizer = optim.Adam(self.model.parameters(), lr=self.learning_rate)
        X_tensor = torch.tensor(X, dtype=torch.float32)
        y_tensor = torch.tensor(y, dtype=torch.float32).view(-1, 1)
        for _ in range(100):
            optimizer.zero_grad()
            outputs = self.model(X_tensor)
            loss = criterion(outputs, y_tensor)
            loss.backward()
            optimizer.step()
        return self

    def transform(self, self, X):
        X_tensor = torch.tensor(X, dtype=torch.float32)
        with torch.no_grad():
            return self.model(X_tensor).numpy()

    def predict(self, X):
        X_tensor = torch.tensor(X, dtype=torch.float32)
        with torch.no_grad():
            return self.model(X_tensor).numpy().flatten()


# 创建Pipeline包装模型
```

```python
estimator = Pipeline([
    ('model', ComplexModel())
])

# 定义Grid Search的参数空间
param_grid = {
    'model__hidden_units': [32, 64, 128],
    'model__learning_rate': [0.001, 0.01, 0.1]
}

# 创建Grid Search对象
grid_search = GridSearchCV(estimator=estimator, param_grid=param_grid, cv=3,
scoring='neg_mean_squared_error', verbose=2)

# 执行Grid Search
grid_search.fit(X_train, y_train)

# 输出最佳参数组合
best_params = grid_search.best_params_
print("Best Parameters:", best_params)

# 获取最佳模型
best_model = grid_search.best_estimator_

# 用模型预测未来5天的股价
last_data = X_test[-1].reshape(1, -1)    # 取测试集中的最后一行作为输入
future_predictions = []
for _ in range(5):
    next_day_prediction = best_model.predict(last_data)[0]
    future_predictions.append(next_day_prediction)
    # 更新last_data，删除第一个特征，将新的预测值作为最后一个特征
    last_data = np.hstack((last_data[:, 1:], np.array([[next_day_prediction]])))

print("未来5天的股价预测: ", future_predictions)
```

对上述代码的具体说明如下。

设置Tushare令牌和初始化Tushare客户端。Tushare是一个用于获取金融市场数据的Python库，通过设置Token，你可以访问Tushare的数据接口。

使用Tushare客户端获取神思电子（300479.SZ）的历史日线股价数据，日期为2020年9月17日到2023年9月17日。

对获取的股价数据进行一系列特征工程的处理，包括计算价格变化、成交量变化、移动平均线、相对强弱指数和布林线指标等技术指标。

数据预处理阶段删除了包含NaN值的行，确保数据的完整性。

将特征和标签分别存储在X和y变量中，其中X包含特征数据，y包含要预测的下一日收盘价。

使用train_test_split函数将数据分割为训练集（X_train和y_train）和测试集（X_test和y_test），测试集占总数据的20%。

定义一个名为ComplexModel的自定义机器学习模型，它是一个基于PyTorch的神经网络模型，具有多层线性层和激活函数。

创建一个Pipeline（管道）包装模型，用于后续的参数搜索。

定义Grid Search的参数空间，包括隐藏单元数和学习率的不同组合。

创建Grid Search对象，它会在指定参数空间内搜索最佳模型参数，使用交叉验证评估模型性能。

执行Grid Search，找到最佳参数组合，并输出最佳参数。

获取Grid Search找到的最佳模型，保存在best_model中。

使用最佳模型预测未来5天的股价，从测试集中选择最后一行作为输入，并循环预测5天的股价。

最后，输出未来5天的股价预测结果。

执行后会输出以下内容。

```
Fitting 3 folds for each of 9 candidates, totalling 27 fits
[CV] END .model__hidden_units=32, model__learning_rate=0.001; total time= 0.2s
[CV] END .model__hidden_units=32, model__learning_rate=0.001; total time= 0.2s
[CV] END .model__hidden_units=32, model__learning_rate=0.001; total time= 0.4s
[CV] END ..model__hidden_units=32, model__learning_rate=0.01; total time= 0.4s
[CV] END ..model__hidden_units=32, model__learning_rate=0.01; total time= 0.4s
[CV] END ..model__hidden_units=32, model__learning_rate=0.01; total time= 0.4s
[CV] END ...model__hidden_units=32, model__learning_rate=0.1; total time= 0.5s
[CV] END ...model__hidden_units=32, model__learning_rate=0.1; total time= 0.5s
[CV] END ...model__hidden_units=32, model__learning_rate=0.1; total time= 0.6s
```

```
[CV] END .model__hidden_units=64, model__learning_rate=0.001; total time=
0.6s
[CV] END .model__hidden_units=64, model__learning_rate=0.001; total time=
0.8s
[CV] END .model__hidden_units=64, model__learning_rate=0.001; total time=
0.9s
[CV] END ..model__hidden_units=64, model__learning_rate=0.01; total time=
0.8s
[CV] END ..model__hidden_units=64, model__learning_rate=0.01; total time=
0.7s
[CV] END ..model__hidden_units=64, model__learning_rate=0.01; total time=
0.5s
[CV] END ...model__hidden_units=64, model__learning_rate=0.1; total time=
0.6s
[CV] END ...model__hidden_units=64, model__learning_rate=0.1; total time=
0.4s
[CV] END ...model__hidden_units=64, model__learning_rate=0.1; total time=
0.5s
[CV] END model__hidden_units=128, model__learning_rate=0.001; total time=
0.6s
[CV] END model__hidden_units=128, model__learning_rate=0.001; total time=
0.6s
[CV] END model__hidden_units=128, model__learning_rate=0.001; total time=
0.5s
[CV] END .model__hidden_units=128, model__learning_rate=0.01; total time=
0.5s
[CV] END .model__hidden_units=128, model__learning_rate=0.01; total time=
0.6s
[CV] END .model__hidden_units=128, model__learning_rate=0.01; total time=
0.6s
[CV] END ..model__hidden_units=128, model__learning_rate=0.1; total time=
0.7s
[CV] END ..model__hidden_units=128, model__learning_rate=0.1; total time=
0.7s
[CV] END ..model__hidden_units=128, model__learning_rate=0.1; total time=
0.9s
Best Parameters: {'model__hidden_units': 32, 'model__learning_rate': 0.001}
未来5天的股价预测: [20.390276, 21.55685, 20.429485, -1.3544853, 19.9205484]
```

在股价预测模型的预测结果中出现负数可能是因为模型在某些情况下未能捕获到股价的真实波动情况，导致预测值偏离了实际值。负数的预测值意味着模型认为未来某一天的股价可能下跌，但实际情况可能会受到众多因素的影响，包括市场波动、公司业绩、宏观经济等。要提高股价预测的准确性，可以考虑改进模型的特征工程、使用更多的历史数据、引入外部因素等方法，但仍然需要注意预测的不确定性，不要过度依赖模型的结果。

6.3 量化选股程序

接下来要讲解的实例是一个简单的量化选股脚本，通过调用Tushare获取股票数据，然后根据不同的选股模型来筛选符合条件的股票，并将结果保存到文件中。用户可以根据自己的需求选择不同的选股模型和参数。请注意，该代码仅供学习和参考，实际应用时需要根据自己的需求和风险管理进行进一步的开发和测试。

6.3.1 Tushare令牌初始化

编写Tushare令牌初始化函数Initial()，用于设置Tushare令牌，并初始化Tushare客户端。这是获取股票数据的前提步骤。具体实现代码如下所示。

```python
def Initial():#初始化
    # 设置Tushare令牌
    token = ''
    ts.set_token(token)
    # 初始化Tushare客户端
    pro=ts.pro_api()
    return pro
```

6.3.2 辅助函数

编写辅助函数Stocklist()、Wait(n)和函数Menu()。其中，函数Stocklist()用于获取A股市场的股票列表，包括股票代码等信息；Wait(n)是一个简单的辅助函数，用于等待一段时间，以控制访问频率，避免频繁访问Tushare API；函数Menu()用于显示用户菜单，让用户选择不同的选股模型，并根据用户的选择调用不同的选股策略函数。具体实现代码如下所示。

```python
def Stocklist():#获取股票列表
    sl=pro.stock_basic(exchange='',list_status='L',fields='ts_code')
    return sl
```

```python
#        print(sl)  #调试用

def Wait(n):
    i=0
    while i<n:
        i+=1

def Menu():
    print("请选择选股模型:")
    print("1.均线金叉模型")
    print("2.均线压制K线多时,K线站上均线模型")
    print("3.均线拐头模型")
    print("4.趋势模型")
    print("all:以上所有模型")
    choice=input()
    if choice=="1":
        freq=input("请输入均线周期:")
        mas=input("请输入短期均线:")
        mal=input("请输入长期均线:")
        n=input("请输入跨越的周期长度:")
        m=input("几天内金叉:")
        result=GoldenCross(freq,int(mas),int(mal),int(n),int(m))
        filename=freq+'cross'+mas+mal+'_'+n+'_'+m+'_'+now+'.txt'  #文件名
        SaveResult(filename,result)   #保存结果
    elif choice=="2":
        freq=input("请输入均线周期:")
        mas=input("请输入均线:")
        n=input("请输入跨越的周期长度:")
        m=input("K线在多长时间内站上均线:")
        result=Suppress(freq,int(mas),int(n),int(m))
        filename=freq+'suppress'+mas+'_'+n+"_"+m+'_'+now+'.txt'  #文件名
        SaveResult(filename,result)   #保存结果
    elif choice=='3':
        freq=input("请输入均线周期:")
        ma_s=input("请输入均线:")
        n=input("请输入跨越的周期长度:")
        m=input("均线拐头天数:")
        result=Bottom(freq,int(ma_s),int(n),int(m))
        filename=freq+'bottom'+ma_s+'_'+n+"_"+m+'_'+now+'.txt'  #文件名
        SaveResult(filename,result)   #保存结果
    elif choice=='4':
        freq=input("请输入均线周期:")
```

```
            ma_s=input("请输入均线:")
            n=input("请输入跨越的周期长度:")
            m=input("均线趋势上扬时间:")
            result=Suppress(freq,int(ma_s),int(n),int(m))
            filename=freq+'trend'+ma_s+'_'+n+"_"+m+'_'+now+'.txt'  #文件名
            SaveResult(filename,result)  #保存结果
    elif choice=='all':
            print("正在设定均线金叉模型参数:")
            freq1=input("请输入均线周期:")
            mas=input("请输入短期均线:")
            mal=input("请输入长期均线:")
            n1=input("请输入跨越的周期长度:")
            result=Cross(freq1,int(mas),int(mal),int(n1))
            print("正在设定均线压制K线多时,K线站上均线模型参数:")
            freq2=input("请输入均线周期:")
            n2=input("请输入跨越的周期长度:")
            result=Suppress(freq2,int(n2))
```

6.3.3 保存结果

函数SaveResult(filename, result)用于将选股结果保存到指定的文件中，具体实现代码如下所示。

```
def SaveResult(filename,result):
    with open ('G:/result/'+filename,'w') as f:
        for i in result:
            details=StockDetails(i)
            Wait(50000)
            for j in details:
                f.write(j)
            f.write('\n')
    f.close()
```

6.3.4 股票详情

函数StockDetails(ts_code)用于获取特定股票的详细信息，具体实现代码如下所示。

```
def StockDetails(ts_code):
    details=[]  #记录股票详细信息
    tmp=pro.stock_basic(ts_code=ts_code)  #获取DataFrame结构的信息
    for i in tmp.loc[0]:  #遍历DataFrame中的label:0
        if i!=None:
```

```
            details.append(i+'\t')
    return details
```

6.3.5 选股策略

在本程序中提供了多种选股策略,每种选股策略均有独立的功能函数实现,具体说明如下。

函数Cross(freq, mas, mal, n):实现均线交叉选股策略。它会遍历股票列表,检查每只股票的短期均线是否在长期均线上方,并且在过去n个交易日内发生了金叉情况。

函数GoldenCross(freq, mas, mal, n, m):实现均线金叉选股策略。它会遍历股票列表,检查每只股票的短期均线是否在长期均线上方,并且在过去n个交易日内发生了金叉情况。此外,还要求金叉后的m天内价格上涨。

函数Suppress(freq, mas, n, m):实现K线站上均线选股策略。它会遍历股票列表,检查每只股票的K线是否站上了均线,并且在过去n个交易日内发生了这种情况。

函数Trend(freq, ma_s, n):实现单调递增选股策略。它会遍历股票列表,检查每只股票的均线是否在过去n个交易日内保持单调递增。

函数Bottom(freq, ma_s, n, m):实现均线拐点选股策略。它会遍历股票列表,检查每只股票的均线是否在过去n个交易日内发生了拐点,并且拐点后的m天内价格上涨。

上述选股函数的具体实现代码如下所示。

```
def Cross(freq,mas,mal,n): #均线交叉
    count=0 #计数
    total=len(sl['ts_code']) #总上市股票数
    result=[]
    for i in sl['ts_code']:
        os.system('clear')
        count+=1 #每判断一只股票,计数加1
        print('进度:'+str(count)+'/'+str(total)) #显示已判断股票数的比例
        print('正在比对:'+i) #调试用
        data=ts.pro_bar(ts_code=i,freq=freq,adj='qfq',start_date=previous,end_date=now,ma=[mas,mal])
        if data is None: #如果没有获取到任何数据,如刚上市又还没上市的股票
            continue
        ma_s=data['ma'+str(mas)] #提取短期均线
        ma_l=data['ma'+str(mal)] #提取长期均线
        if len(ma_s)<n or len(ma_l)<n: #判断是否有空值
#            print(i+'上市时间过短')
            continue
        if (ma_s[0]-ma_l[0])>0 and (ma_s[n]-ma_l[n])<0:
            result.append(i)
```

```python
#            print('捕获:'+data['ts_code'])
        if freq=='W':
            Wait(15000)  #等待一段时长，防止频率过快，受限于账号积分
        if freq=='M':
            Wait(5000000)  #等待一段时长，防止频率过快，受限于账号积分
#    print(ma13)
#    plt.plot(data['trade_date'],data['ma13'])
#    plt.plot(data['trade_date'],data['ma55'])
#    plt.show()
    return result

def GoldenCross(freq,mas,mal,n,m):  #均线金叉
    count=0  #计数
    total=len(sl['ts_code'])  #总上市股票数
    result=[]
    for i in sl['ts_code']:
        os.system('clear')
        count+=1  #每判断一只股票，计数加1
        print('进度:'+str(count)+'/'+str(total))  #显示已判断股票数的比例
        print('正在比对:'+i)  #调试用
        data=ts.pro_bar(ts_code=i,freq=freq,adj='qfq',start_date=previous,end_date=now,ma=[mas,mal])
        if data is None:  #如果没有获取到任何数据，如刚上市又还没上市的股票
            continue
        ma_s=data['ma'+str(mas)]  #提取短期均线
        ma_l=data['ma'+str(mal)]  #提取长期均线
        if len(ma_s)<n or len(ma_l)<n:  #判断是否有空值
            continue
        if ma_s[0]>ma_l[0]:  #判断短期均线是不是在长期均线上方
            j=1
            crosspoint=0  #初始值为0，假设1天内出现金叉的情况
            while j<=n:  #判断之前的收盘价是不是在均线下方，以此寻找刚启动的行情
                if ma_s[j]>ma_l[j]:  #判断短期均线是否还在长期均线上方，不是则交叉点已经出现
                    crosspoint=j  #记录金叉时的天数
                    j=j+1
                else:
                    if crosspoint<=m:  #判断交叉点是否在要求的时间段里，是则继续判断
                        j+=1
                        if j==n:  #交叉前的N天，短期均线都在长期均线下方，可以断定为金叉
                            result.append(i)
```

```
                else:
                    break
        if freq=='W':
            Wait(20000)  #等待一段时长，防止频率过快，受限于账号积分
        if freq=='M':
            Wait(9000000)  #等待一段时长，防止频率过快，受限于账号积分
    return result

def Suppress(freq,mas,n,m):  #K线站上均线模型
    count=0  #计数
    total=len(sl['ts_code'])  #总上市股票数
    result=[]
    for i in sl['ts_code']:
        os.system('clear')
        count+=1  #每判断一只股票，计数加1
        print('Suppress进度:'+str(count)+'/'+str(total))  #显示已判断股票数的比例
        print('正在比对:'+i)  #调试用
        data=ts.pro_bar(ts_code=i,freq=freq,adj='qfq',start_date=previous,end_date=now,ma=[mas])
#        data1=ts.pro_bar(ts_code=i,freq='D',adj='qfq',start_date=previous,end_date=now,ma=[mas])
#        data.to_csv('/tmp/online.csv')
#        break
        if data is None:  #如果没有获取到任何数据，比如刚上市又还没上市的股票
            continue
        Wait(20000000)  #等待一段时长，防止频率过快，受限于账号积分
        close=data['close']
        ma=data['ma'+str(mas)]
        if len(close)<n or len(ma)<n:  #判断是否有空值
            continue
        if close[0]>ma[0]:  #判断最新收盘价是不是在均线上方
            j=1
            point=0
            while j<=n:  #判断之前的收盘价是不是在均线下方，以此寻找刚启动的行情
                if close[j]>ma[j]:  #判断K线是否还在长期均线上方，不是则突破压制
                    point=j  #记录突破时的天数
                    j=j+1
                else:
                    if point==m:  #判断突破是否在要求的时间段里，是则继续判断
                        if j==n:  #突破前的N段时间内，都在均线下方，突破成立
                            result.append(i)
                    j+=1
```

```python
                else:
                    break
    return result

def Trend(freq,ma_s,n): #单调递增模型
    count=0 #计数
    total=len(sl['ts_code']) #总上市股票数
    result=[]
    for i in sl['ts_code']:
        os.system('clear')
        count+=1 #每判断一只股票，计数加1
        print('进度:'+str(count)+'/'+str(total)) #显示已判断股票数的比例
        print('正在比对:'+i) #调试用
        data=ts.pro_bar(ts_code=i,freq=freq,adj='qfq',start_date=previous,end_date=now,ma=[ma_s])
        if data is None: #如果没有获取到任何数据，如刚上市又还没上市的股票
            continue
        ma=data['ma'+str(ma_s)]
        if len(ma)<n: #判断是否有空值
            continue
        j=0 #循环初始化
        while ma[j]>ma[j+1]:
            if j==n: #n天内，均线单调递增
                result.append(i)
                break
            j+=1
        if freq=='W':
            Wait(5000000) #等待一段时长，防止频率过快，受限于账号积分
        if freq=='M':
            Wait(5000000) #等待一段时长，防止频率过快，受限于账号积分
    return result


def Bottom(sl,freq,ma_s,n,m): #均线拐点
    global previous  # 使用全局的 previous 变量
    global q  # 使用全局的 q 变量
    count=0 #计数
    total=len(sl['ts_code']) #总上市股票数
    result=[]
    for i in sl['ts_code']:
        os.system('clear')
        count+=1 #每判断一只股票，计数加1
```

```
        print('Bottom进度:'+str(count)+'/'+str(total)) #显示已判断股票数的比例
        print('正在比对:'+i) #调试用
        data=ts.pro_bar(ts_code=i,freq=freq,adj='qfq',start_date=previous,end_date=now,ma=[ma_s])
        if data is None: #如果没有获取到任何数据,如刚上市又还没上市的股票
            continue
        ma=data['ma'+str(ma_s)] #提取均线
        close=data['close'] #提取收盘价
        if len(ma)<n: #判断是否有空值
            continue
        if close[0]<ma[0]: #收盘价在均线上方,如在均线下方,则为弱势
            continue
        j=0 #初始化
        if ma[j]>ma[j+1]: #判断当前均值是否大于前一天,即均线拐头,如不是,则均线向下,不合要求,排除
            j=j+1
            while ma[j]>ma[j+1]: #向前递归,直到出现拐点
                j=j+1
            point=j #记录拐点
        else:
            continue
        if point==m: #拐点是否在要求的时间
            while ma[j]<=ma[j+1]: #向前递归,拐点前是否单调递减
                j=j+1
                if j==n: #直到规定的时间内,都是单调递减,则输出
                    result.append(i)
                    break #捕捉到致富代码,则退出循环,寻找下一个

    if freq=='D':
        Wait(5000000) #等待一段时长,防止频率过快,受限于账号积分
    if freq=='W':
        Wait(500000) #等待一段时长,防止频率过快,受限于账号积分
    if freq=='M':
        Wait(950000000) #等待一段时长,防止频率过快,受限于账号积分
q.put(result)
return result
```

6.3.6 主程序

__main__ 部分是本实例的主程序部分,包含了代码的执行流程。首先初始化Tushare客户端,获取股票列表,然后根据用户菜单选择的不同选股策略调用相应的策略函数。接下来以Bottom为例进行演示。具体实现代码如下所示。

```
####主程序####
if __name__ == '__main__':
    pro=Initial() #初始化
    q=Queue()
    now=time.strftime("%Y%m%d") #当前日期
    #now='20201230'
    previous=int(now)-30000 #一年前的日期
    previous=str(previous)  #转换成字符串
    sl=Stocklist() #股票列表
#    sl=sl[1:20] #调试用,限制股票数量以减短时间
#    global result
#    result=[]#全局变量,记录结果
    start=time.time()

    t1=Process(target=Bottom,args=(sl[100:200],'D',13,15,1))
    t1.start()
    t1.join()
    end=time.time()
    result=q.get()
    print(end-start)
    print(result)
#   Menu()
    #result=Cross('W',13,55,2) #调试用
    #result=Suppress('M',8,10) #调试用
    #result=GoldenCross('D',8,21,3,1) #调试用
    #result=Trend('W',55,50) #调试用
    #result=Bottom('D',55,10,2) #调试用
    #SaveResult('test',result) #调试用
```

另外,在主函数注释掉的测试代码中,有一些示例代码用于测试不同的选股策略函数。这些示例代码以不同的策略调用函数,并且用于演示如何使用各个选股策略。以下是对被注释掉示例代码的说明。

result=Cross('W',13,55,2):这行代码演示了如何使用Cross策略函数,其中的参数包括选股的频率为周线('W'),短期均线周期为13,长期均线周期为55,跨越的周期长度为2。这个示例会检查过去的周线数据,查找金叉情况。

result=Suppress('M',8,10)：这行代码演示了如何使用Suppress策略函数，其中的参数包括选股的频率为月线（'M'），均线周期为8，跨越的周期长度为10。这个示例会检查过去的月线数据，查找K线是否站上均线的情况。

result=GoldenCross('D',8,21,3,1)：这行代码演示了如何使用GoldenCross策略函数，其中的参数包括选股的频率为日线（'D'），短期均线周期为8，长期均线周期为21，跨越的周期长度为3，金叉后的价格上涨天数为1。这个示例会检查过去的日线数据，查找金叉情况，并要求金叉出现后的第一天股票价格上涨。

result=Trend('W',55,50)：这行代码演示了如何使用Trend策略函数，其中的参数包括选股的频率为周线（'W'），均线周期为55，跨越的周期长度为50。这个示例会检查过去的周线数据，查找均线是否保持单调递增的情况。

result=Bottom('D',55,10,2)：这行代码演示了如何使用Bottom策略函数，其中的参数包括选股的频率为日线（'D'），均线周期为55，跨越的周期长度为10，均线拐头天数为2。这个示例会检查过去的日线数据，查找均线是否发生了拐点，并要求拐点出现后价格上涨。

上述被注释掉的示例代码可以帮助用户了解如何使用不同的选股策略函数，并根据自己的需求进行自定义配置。在实际使用时，可以取消注释这些代码，并根据具体的选股需求进行调整和测试。

第7章 信用风险评估

本章导读

信用风险评估是金融领域中的一项重要活动,它涉及评估个人、企业或实体在借款或信用交易中违约的可能性。这种评估对于金融机构、信用卡公司、贷款提供者、租赁公司等都至关重要,因为它有助于这些机构决定是否应该向某人或某实体提供信贷或信用。本章将详细讲解使用大模型实现信用风险评估的知识,并通过具体实例来讲解各个知识点的用法。

7.1 信用风险的概念与评估方法

信用风险评估是一个复杂的过程,通常需要综合考虑多个因素。金融机构和信用评估机构使用各种模型和工具来进行评估,以帮助他们做出信贷决策并管理风险。

7.1.1 信用风险的基本概念

信用风险是金融领域中的一个基本概念,它涉及某人或实体未能按照合同规定的方式履行其债务或信用责任,导致债权人遭受损失的风险。以下是一些常见的信用风险。

违约风险:这是最常见的信用风险形式,指的是借款人或债务人未能按照协议条件按时支付本金或利息,或者完全未能履行其债务责任。违约风险通常会导致债权人损失本金和未支付的利息。

延期风险:这种风险是指债务人虽然最终可能会还款,但未按时支付。这将导致债权人面临资金短缺或现金流问题。

减值风险:减值风险涉及资产(通常是贷款或债券)的价值下降,因为债务人的信用质量恶化或资产价值下跌,从而导致资产价值减少。

集中风险：这是指债权人的信用风险暴露在某个行业、地区或债务人集中度较高的组合中。如果债权人过于依赖某个领域或债务人群体，一旦该领域或群体受到不利影响，风险将增加。

基本风险：这是与债务人的财务状况和信用历史相关的风险。债务人的偿债能力和信用记录是评估这种风险的关键因素。

市场风险：市场条件的变化可以影响债务人的信用风险。例如，经济衰退、利率上升或市场不稳定可能导致债务人的信用质量下降，增加信用风险。

政治风险：政治不稳定或政策变化可能会影响债务人的信用风险，尤其是国际债务。

信用风险评估和管理是金融机构、投资者和信用提供者的重要职责之一。为了降低信用风险，这些机构通常采用各种方法，包括信用评级、分散投资组合、制定风险管理政策等。信用风险管理的目标是最大程度地减少违约风险，并确保金融市场的稳定性。

7.1.2 信用评估方法

信用评估方法是用于评估个人、企业或实体信用风险的工具和技术。不同的金融机构和信用评估机构可能使用不同的方法来进行信用评估，其中常用的信用评估方法如下。

信用评分模型：信用评分模型是一种量化信用风险的方法，它将借款人的信用信息转化为数字分数。最著名的信用评分模型之一是FICO（Fair Isaac Corporation）分数。这些模型考虑各种因素，如借款人的还款历史、债务水平、信用历史、收入等，然后生成一个信用分数，用于预测借款人未来的信用表现。

信用报告分析：信用报告包含有关个人或企业的信用历史和金融活动的详细信息。金融机构和信用评估机构会仔细分析这些信用报告，评估借款人的信用状况，包括是否有不良记录、逾期还款、违约记录等。

财务分析：金融机构在评估企业信用时，通常会进行财务分析，包括审查企业的财务报表、现金流量、资产负债表等。这有助于了解企业的偿债能力和财务稳健程度。

借款人收入和就业验证：金融机构通常会验证借款人的收入和就业情况，以确定其还款能力。这可能涉及要求借款人提供工资单、雇主证明或其他相关文件。

担保品和抵押物评估：在一些情况下，贷款提供者可能要求借款人提供担保品或抵押物，以降低信用风险。在这种情况下，评估担保品或抵押物的价值也是一个重要的评估步骤。

行业和市场分析：在进行企业信用评估时，分析借款人所在行业的健康状况和市场前景也是一个重要的考虑因素。不同行业可能受到不同的市场风险影响。

定性评估：除了定量分析外，定性分析也是信用评估中的一种重要方法。这包括考虑借款人的信誉、信用历史中的特殊情况、行为和信用背景。

模拟和压力测试：一些金融机构使用模拟和压力测试来评估借款人在不同市场条件下的信用表现。这有助于了解债务人面临的不同风险情景。

信用评估方法可以根据不同的借款人类型、借款类型和市场条件而异。这些方法的目标是准确估计借款人的信用风险，以便做出贷款决策、定价借款或管理信用风险。信用评估对金融行业至关重要，因为它有助于维护金融体系的稳定性并确保信贷市场的正常运作。

7.2 人工智能在信用风险评估中的应用

人工智能在信用风险评估中的应用已经变得越来越重要，因为它可以提供更准确和高效的信用评估，帮助金融机构更好地管理风险。

7.2.1 传统信用评估方法的局限性

传统信用评估方法在某些情况下存在一些明显的局限性，具体如下。

基于有限数据：传统信用评估主要依赖于信用报告中的信息，这些信息通常有限且基于过去的信用历史。这意味着对于没有或仅有有限信用历史的人，以及那些来自新兴市场或低收入地区的人，传统方法可能无法提供准确的信用评估。

不包括非传统数据：传统信用评估通常不考虑非传统数据，如租赁历史、社交媒体活动、电子支付记录等。这些数据可能包含有关借款人信用风险的重要信息，但传统方法无法捕捉到这些信息。

滞后性：传统信用评估方法通常是滞后的，因为它们依赖于历史数据。这意味着当借款人的信用风险状况发生变化时，传统方法可能无法迅速反映这些变化。

不适用于新兴市场：在一些新兴市场和发展中国家，大多数人没有传统的信用历史记录，因此传统信用评估方法可能无法适用。这使得金融包容性成为一个挑战。

无法评估未来能力：传统信用评估主要关注借款人的过去信用表现，但无法准确评估借款人未来的还款能力。这在某些情况下可能导致误判。

未考虑个性化因素：传统信用评估方法通常不考虑借款人的个性化因素，如职业、教育水平、家庭状况等。这些因素可能对信用风险有重要影响，但未被充分考虑。

信用评分波动：信用评分可能会因信用报告中的错误或不一致性而波动。这可能导致借款人在不同时间或不同信用评估机构之间获得不一致的信用评分。

无法应对突发事件：传统信用评估方法通常无法应对突发事件，如自然灾害、经济危机或大流行病。这些事件可能会导致信用质量迅速下降，但传统方法无法提前预测或评估这些风险。

正是由于这些局限性，金融机构和信用评估机构越来越倾向于整合人工智能和大数据分析等新技术，以改善信用评估的准确性和全面性，同时提高金融包容性，使更多人能够获得贷款和信用。

7.2.2 机器学习与信用风险评估

机器学习在信用风险评估中的应用已经成为一种重要趋势，因为它可以有效地改善传统方法的准确性和效率。以下是机器学习在信用风险评估中的一些关键应用。

信用评分模型的改进：机器学习可以用于改进传统的信用评分模型。通过分析大量的数据和特征，机器学习算法可以识别潜在的非线性关系和模式，提高信用评分的准确性。例如，支持向量机、决策树、随机森林和神经网络等算法可以用于建立更精确的信用评分模型。

非传统数据的整合：机器学习可以用于整合非传统数据，如社交媒体活动、在线购物历史、移动应用使用等，这些数据可以提供有关借款人信用风险的额外信息。通过分析这些非传统数据，机器学习可以更全面地评估借款人的信用状况。

实时信用决策：机器学习能够进行实时信用评估，使金融机构能够在几秒内做出贷款批准或拒绝的决策。这对于提供快速的借款决策和改善客户体验非常有价值。

特征选择和降维：机器学习可以帮助识别最重要的特征，从而降低数据维度和模型复杂性，提高模型的解释性。这有助于我们更好地理解信用评分模型给出的结果。

欺诈检测：机器学习可以用于欺诈检测，识别信用申请中的不寻常行为或可能的欺诈行为。这可以帮助金融机构降低欺诈风险。

风险预测和模型调整：机器学习可以用于预测借款人未来的信用表现，并根据实际表现调整信用评分模型。这有助于金融机构更好地管理信用风险。

个性化定价：机器学习可以根据每个借款人的信用风险水平和特征，帮助金融机构制定个性化的贷款定价策略。这可以提高贷款产品的定价准确性。

> **注意**
>
> 1.尽管机器学习在信用风险评估中提供了许多好处，但也需要注意数据隐私、模型解释性和公平性等问题。金融机构需要确保其机器学习模型符合法规要求，并采取措施来解释模型的决策过程，以确保不出现偏见或歧视性决策。此外，不断监测和更新机器学习模型也是确保其性能和准确性的关键。
>
> 2.尽管人工智能在信用风险评估中具有重要作用，但也需要注意隐私和道德问题，以确保借款人的个人信息得到充分保护。此外，AI系统的可解释性也是一个重要的问题，因为信用决策需要透明和明确的解释依据以符合法规要求和监管标准。因此，在采用AI技术时，金融机构需要仔细考虑这些问题。

请看下面的实例，功能是使用PyTorch构建和训练神经网络模型，以进行信用风险评估，并且包括了模型的保存、加载和损失可视化功能。这只是一个简单的示例，实际的信用风险评估任务可能涉及更复杂的模型和更多的数据处理工作。

实例7-1：处理股票数据中的缺失值（源码路径：daima/7/fen.py）

实例文件fen.py的具体实现代码如下所示。

```python
import torch
import torch.nn as nn
import torch.optim as optim
import numpy as np
from sklearn.model_selection import train_test_split
from sklearn.preprocessing import StandardScaler
from sklearn.metrics import accuracy_score, classification_report
import matplotlib.pyplot as plt

# 创建虚构的数据集
np.random.seed(0)
data = np.random.rand(1000, 5)    # 1000个借款人，每个人有5个特征
labels = (data.sum(axis=1) > 2.5).astype(int)    # 根据特征之和大于2.5进行二分类

# 数据标准化
scaler = StandardScaler()
data = scaler.fit_transform(data)

# 划分数据集为训练集和测试集
X_train, X_test, y_train, y_test = train_test_split(data, labels, test_size=0.2, random_state=42)

# 创建神经网络模型
class CreditRiskClassifier(nn.Module):
    def __init__(self):
        super(CreditRiskClassifier, self).__init__()
        self.fc1 = nn.Linear(5, 10)
        self.fc2 = nn.Linear(10, 1)
        self.sigmoid = nn.Sigmoid()

    def forward(self, x):
        x = torch.relu(self.fc1(x))
        x = self.fc2(x)
        x = self.sigmoid(x)
        return x

# 初始化模型、损失函数和优化器
model = CreditRiskClassifier()
criterion = nn.BCELoss()
optimizer = optim.Adam(model.parameters(), lr=0.001)

# 将数据转换为PyTorch张量
X_train = torch.FloatTensor(X_train)
```

```python
y_train = torch.FloatTensor(y_train)
X_test = torch.FloatTensor(X_test)
y_test = torch.FloatTensor(y_test)

# 训练模型
epochs = 1000
train_losses = []
test_losses = []
for epoch in range(epochs):
    optimizer.zero_grad()
    outputs = model(X_train)
    loss = criterion(outputs, y_train.view(-1, 1))
    loss.backward()
    optimizer.step()

    # 计算并记录训练集和测试集的损失
    train_losses.append(loss.item())
    with torch.no_grad():
        test_outputs = model(X_test)
        test_loss = criterion(test_outputs, y_test.view(-1, 1))
        test_losses.append(test_loss.item())

# 保存模型
torch.save(model.state_dict(), 'credit_risk_model.pth')

# 加载模型
loaded_model = CreditRiskClassifier()
loaded_model.load_state_dict(torch.load('credit_risk_model.pth'))
loaded_model.eval()

# 在测试集上评估模型
with torch.no_grad():
    y_pred = loaded_model(X_test)
    y_pred = (y_pred >= 0.5).float()
    accuracy = accuracy_score(y_test, y_pred)
    report = classification_report(y_test, y_pred)

print(f'Accuracy: {accuracy}')
print(f'Classification Report:\n{report}')

# 可视化训练和测试损失
plt.figure(figsize=(10, 5))
```

```python
plt.plot(range(epochs), train_losses, label='Train Loss', color='blue')
plt.plot(range(epochs), test_losses, label='Test Loss', color='red')
plt.xlabel('Epochs')
plt.ylabel('Loss')
plt.legend()
plt.title('Training and Test Loss Over Epochs')
plt.show()
```

上述代码的实现流程如下。

创建一个虚构的数据集，包含了1000个借款人的特征和标签（违约或非违约）。然后对数据进行标准化处理，以确保特征具有相同的尺度。

定义一个简单的前馈神经网络模型，包括一个输入层、一个隐藏层和一个输出层。然后使用Sigmoid激活函数进行二分类。

开始训练模型，首先初始化模型、损失函数（二进制交叉熵损失）和优化器（Adam）。然后使用训练数据对模型进行训练，通过反向传播和梯度下降来最小化损失函数。

将模型的状态字典保存到名为"credit_risk_model.pth"的文件中。通过加载状态字典，可以重新加载已训练的模型。

模型评估：在测试数据集上评估模型的性能，计算准确度和生成分类报告，以了解模型的精度和召回率等性能指标。

损失可视化：使用Matplotlib绘制训练和测试损失的曲线图，以帮助可视化模型的训练进展。

执行后会输出以下内容。

```
Accuracy: 0.995
Classification Report:
              Precision    Recall  F1-Score   Support

         0.0       0.99      1.00      1.00       104
         1.0       1.00      0.99      0.99        96

    accuracy                           0.99       200
   macro avg       1.00      0.99      0.99       200
weighted avg       1.00      0.99      0.99       200
```

对上述输出结果的具体说明如下。

（1）输出的准确度（Accuracy）为0.995，这表示模型在测试数据集上的预测准确率非常高，达到了99.5%。这意味着模型成功地学习并预测了大多数借款人的信用风险。

（2）分类报告（Classification Report）提供了更详细的性能指标，包括精确度（Precision）、召回率（Recall）和F1分数（F1-Score）。这些指标提供了有关模型在不同类别（违约和非违约）上的性能的信息。

(3)类别0(非违约)

精确度为0.99,表示预测为非违约的情况99%是正确的。

召回率为1.00,表示在实际非违约案例中,模型成功地捕捉到了所有案例。

F1分数为1.00,是精确度和召回率的调和平均值。

(4)类别1(违约)

精确度为1.00,表示预测为违约的情况几乎都是正确的。

召回率为0.99,表示在实际违约案例中,模型成功地捕捉到了99%的案例。

F1分数为0.99,是精确度和召回率的调和平均值。

综合来看,模型在两个类别上表现都非常出色,F1分数也接近1,说明模型在信用风险评估任务上的性能非常好。

另外,在代码的最后部分,使用Matplotlib库绘制了一个损失曲线图,该图显示了训练过程中训练损失和测试损失的变化情况,如图7-1所示。这是一个折线图,它的x轴表示训练的轮数(Epochs),y轴表示损失值(Loss)。具体来说,这张图展示了以下信息。

训练损失(Train Loss),显示了模型在每个训练轮次中的损失值。

测试损失(Test Loss),显示了模型在每个训练轮次后,在测试数据集上的损失值。

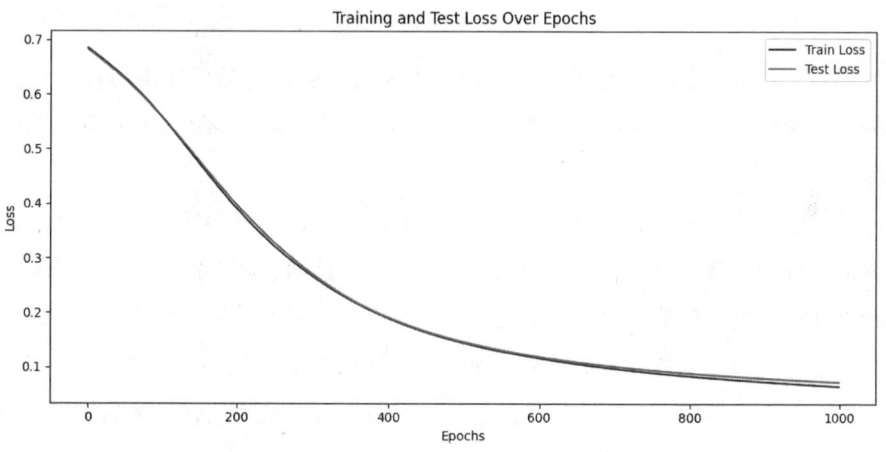

图7-1 模型的损失曲线图

7.2.3 风险模型的解释性与可解释性

风险模型的解释性(interpretability)和可解释性(explainability)是指模型的输出和决策是否能够被清晰、直观地理解和解释的程度。这两个概念在金融领域,特别是在信用风险评估中非常重要。

1. 解释性

解释性指的是模型的输出和决策是否容易被理解。具有高解释性的模型通常具有以下特征。

直观性：模型的工作原理和决策过程应该易于理解，不涉及复杂的数学或统计概念。

可视化：模型的关键特征、权重和重要性应该能够通过可视化工具直观地展示出来，以便用户能够看到哪些因素影响了模型的决策。

简单性：具有较低复杂性的模型通常更容易解释。例如，逻辑回归（Logistic Regression）和决策树等模型通常比神经网络具有更高的解释性。

高解释性的模型通常更受金融机构和监管机构的欢迎，因为它们能够提供透明和可理解的决策过程，有助于满足法规和监管要求。

2. 可解释性

可解释性强调的是模型的决策是否能够解释给借款人或利益相关者。具有高可解释性的模型通常具有以下特征。

因果关系：模型的决策应该能够提供清楚的解释，说明为什么做出某个决策，即因果关系应该可追踪。

特征重要性：模型应该能够明确指出哪些特征对于决策的影响最大，以帮助借款人理解他们的信用申请被接受或拒绝的原因。

人类友好的解释：模型的解释应该以人类可理解的方式呈现，而不仅仅是数学公式或黑盒子的输出。

在金融领域，可解释性非常重要，因为借款人需要了解他们的信用申请被接受或拒绝的原因，以及如何改善他们的信用状况。此外，监管机构也要求金融机构能够解释他们的信用决策过程，以确保公平和合规。

在实际应用中，选择模型的解释性和可解释性取决于任务需求和模型的复杂性。在追求模型更高准确性的过程中，我们有时需要采用更复杂的模型。然而，随着模型复杂度的提升，其解释性和可解释性往往会受到挑战。为了平衡这一点，我们可以采取一系列措施来提高模型的解释性和可解释性，如使用特征重要性分析工具来评估各个特征对模型预测结果的影响，或生成详尽的决策解释报告。以下实例展示了风险模型的解释性和可解释性的用法，以及如何提高模型的可解释性。假设我们正在建立一个信用评估模型，用于判断借款人是否有违约的风险。

实例7-2：使用逻辑回归模型预测借款人是否有违约风险（源码路径：daima/7/luo.py）

实例文件luo.py的具体实现代码如下所示。

```
# 创建虚拟数据集
np.random.seed(0)
data = pd.DataFrame({
    '年龄': np.random.randint(20, 60, 8000),
    '收入': np.random.randint(20000, 80000, 8000),
    '信用分数': np.random.randint(300, 850, 8000),
    '负债率': np.random.uniform(0, 1, 8000),
```

```python
    '是否违约': np.random.randint(0, 2, 8000)
})

# 划分数据集
X = data.drop('是否违约', axis=1)
y = data['是否违约']
X_train, X_test, y_train, y_test = train_test_split(X, y, test_size=0.2,
random_state=42)

# 训练逻辑回归模型
model = LogisticRegression()
model.fit(X_train, y_train)

# 评估模型
y_pred = model.predict(X_test)
accuracy = accuracy_score(y_test, y_pred)
report = classification_report(y_test, y_pred)

print(f'Accuracy: {accuracy}')
print(f'Classification Report:\n{report}')
```

这个例子使用了逻辑回归模型来预测借款人是否有违约的风险。现在我们重点看一下解释性和可解释性。

解释性：逻辑回归是一种高度解释性的模型。模型的输出是基于线性组合特征的结果，可以理解为对不同特征的权重加权和。例如，信用分数可能对决策的影响比年龄或负债率更重要。

可解释性：为了提高模型的可解释性，我们可以使用特征重要性分析。逻辑回归的特征权重可以用来解释哪些特征对于模型的决策最重要。例如，如果发现信用分数对决策的影响最大，那么可以告诉借款人提高信用分数可能会改善他们的信用风险。

执行后的输出如下。

```
Accuracy: 0.490625
Classification Report:
              Precision    Recall    F1-Score    Support

           0       0.48       0.83       0.61        771
           1       0.52       0.18       0.27        829

    accuracy                             0.49       1600
   macro avg       0.50       0.50       0.44       1600
weighted avg       0.50       0.49       0.43       1600
```

在实际应用中，还可以使用可视化工具来呈现模型的解释结果。例如，绘制特征重要性的柱状图或展示每个特征对决策的影响。总之，逻辑回归作为一个简单且解释性强的模型，可以用于信用风险评估，并且我们可以通过特征重要性分析提高模型的可解释性，让借款人更好地理解信用评估的依据。

7.3 金融风险管理实战：制作信贷风控模型

经过本章前面内容的介绍，我们已经了解了金融风险建模与管理的基础知识，明确了金融风险建模与管理的重要性。在本节内容中，将通过具体实例展示金融风险建模与管理在现实中的应用。本实例的功能是使用历史贷款申请数据来预测申请人是否有能力还贷款。

7.3.1 读取数据集数据

在数据集中包含了大量的特征和标签，可以用于建立和测试机器学习模型，以改进信贷风险评估。

（1）列出所有可用的数据文件，具体实现代码如下所示。

```
print(os.listdir("input"))

#训练数据
app_train = pd.read_csv('input/application_train.csv')
```

执行后会输出以下内容。

```
['POS_CASH_balance.csv', 'bureau_balance.csv', 'application_train.csv',
'previous_application.csv', 'installments_payments.csv', 'credit_card_bal-
ance.csv', 'sample_submission.csv', 'application_test.csv', 'bureau.csv']
```

输出内容中共有9个文件：1个用于训练的主文件（包含目标），1个用于测试的主文件（不包含目标），1个示例提交文件，以及6个包含有关每笔贷款的附加信息的其他文件。

（2）输出训练数据的形状以及前几行数据的内容，具体实现代码如下所示。

```
print('Training data shape: ', app_train.shape)
print(app_train.head())
```

执行后会输出以下内容。

```
Training data shape:  (307511, 122)
   SK_ID_CURR  TARGET  ... AMT_REQ_CREDIT_BUREAU_QRT AMT_REQ_CREDIT_BUREAU_
YEAR
0      100002       1  ...                                             0.0
```

```
1    100003        0    ...                              0.0
1.0
0.0
2    100004        0    ...                              0.0
0.0
3    100006        0    ...                              NaN
NaN
4    100007        0    ...                              0.0
0.0

[5 rows x 122 columns]
```

数据中包含了307511行和122列，前几列包含了一些基本信息，比如贷款类型、性别、是否拥有车辆等。最后几列包含了一些关于信用和贷款申请的信息。

（3）读取测试数据集，然后输出测试数据的形状和前几行数据的内容。具体实现代码如下所示。

```
app_test = pd.read_csv('input/application_test.csv')
print('Testing data shape: ', app_test.shape)
app_test.head()
```

执行后会输出以下内容。

```
Testing data shape:  (48744, 121)
   SK_ID_CURR  ... AMT_REQ_CREDIT_BUREAU_YEAR
0      100001  ...                         0.0
1      100005  ...                         3.0
2      100013  ...                         4.0
3      100028  ...                         3.0
4      100038  ...                         NaN

[5 rows x 121 columns]
```

测试数据包含48744个观测值和121个特征，测试数据用于评估我们训练的模型在未见过的数据上的性能。通过上述输出可知，测试集明显较小，并且缺少TARGET列。测试集通常比训练集小，因为它用于评估模型的性能，而不需要包含目标列，因为我们的任务是预测测试集中每个申请的目标值。

7.3.2 探索性数据分析

探索性数据分析（Exploratory Data Analysis，EDA）是一个开放性的过程。在进行探索性数据分析时，我们会计算统计数据并制作图表，以查找数据中的趋势、异常、模式或关系。EDA可以用来指导我们的建模选择，比如帮助我们决定使用哪些特征。

（1）检查目标列的分

目标是我们要预测的内容：0表示贷款按时还款，1表示客户有支付困难。我们首先可以查看落入每个类别的贷款数量，具体实现代码如下所示。

```
app_train['TARGET'].value_counts()
```

上述代码用于查看目标列中每个类别的样本数量，即贷款按时还款（0）和贷款有支付困难（1）的数量。这有助于我们了解数据中两个类别的分布情况。执行后会输出以下内容。

```
0    282686
1     24825
Name: TARGET, dtype: int64
```

通过如下代码将app_train中的TARGET列的数据类型转换为整数类型（int），然后绘制直方图。

```
app_train['TARGET'].astype(int).plot.hist();
```

对上述代码的具体说明如下。

app_train['TARGET'].astype(int)：将TARGET列中的数据类型转换为整数类型，这是为了确保数据可以被正确地绘制在直方图上。

plot.hist()：使用Pandas的绘图功能绘制直方图。直方图用于可视化数据的分布情况，它将数据分成不同的区间，然后统计每个区间中数据点的数量，并将结果以柱状图的形式呈现出来。

这行代码的效果是绘制了TARGET列中的数据分布情况的直方图，如图7-2所示。通过直方图，我们可以看到不同类别的样本数量，从而更好地理解目标变量的分布。

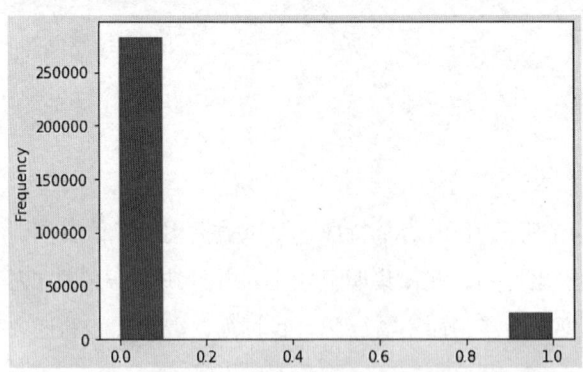

图7-2　TARGET列中的数据分布情况的直方图

（2）缺失值处理

分析数据集中的缺失值情况，并生成一个包含有关每列缺失值数量和百分比的汇总表格。具体实现代码如下所示。

```
# 用于按列计算缺失值的函数
```

```python
def missing_values_table(df):
    # 总缺失值
    mis_val = df.isnull().sum()
    
    # 缺失值的百分比
    mis_val_percent = 100 * df.isnull().sum() / len(df)
    
    # 创建包含结果的表格
    mis_val_table = pd.concat([mis_val, mis_val_percent], axis=1)
    
    # 重命名列名
    mis_val_table_ren_columns = mis_val_table.rename(
        columns={0: '缺失值数量', 1:'总值百分比'})
    
    # 按缺失值百分比降序排序表格
    mis_val_table_ren_columns = mis_val_table_ren_columns[
        mis_val_table_ren_columns.iloc[:, 1] != 0].sort_values(
        '总值百分比', ascending=False).round(1)
    
    # 输出一些摘要信息
    print("Your selected dataframe has " + str(df.shape[1]) + " columns.\n"
                                                             "There are " +
str(mis_val_table_ren_columns.shape[0]) +
        " columns that have missing values.")
    
    # Return the dataframe with missing information
    return mis_val_table_ren_columns

# 缺失值
missing_values = missing_values_table(app_train)
missing_values.head(20)
```

在上述代码中定义了一个名为 missing_values_table 的函数，该函数用于分析数据框中的缺失值并生成包含统计信息的表格。执行后会输出以下内容。

```
Your selected dataframe has 122 columns.
There are 67 columns that have missing values.
                        Missing Values      % of Total Values
COMMONAREA_MEDI         214865              69.9
COMMONAREA_AVG          214865              69.9
COMMONAREA_MODE         214865              69.9
NONLIVINGAPARTMENTS_MEDI    213514          69.4
NONLIVINGAPARTMENTS_MODE    213514          69.4
```

```
NONLIVINGAPARTMENTS_AVG      213514  69.4
FONDKAPREMONT_MODE   210295  68.4
LIVINGAPARTMENTS_MODE        210199  68.4
LIVINGAPARTMENTS_MEDI        210199  68.4
LIVINGAPARTMENTS_AVG         210199  68.4
FLOORSMIN_MODE       208642  67.8
FLOORSMIN_MEDI       208642  67.8
FLOORSMIN_AVG        208642  67.8
YEARS_BUILD_MODE     204488  66.5
YEARS_BUILD_MEDI     204488  66.5
YEARS_BUILD_AVG      204488  66.5
OWN_CAR_AGE  202929  66.0
LANDAREA_AVG 182590  59.4
LANDAREA_MEDI        182590  59.4
LANDAREA_MODE        182590  59.4
```

当开始构建机器学习模型时，我们需要填补这些缺失值（即缺失值填充）。在后续工作中，将使用诸如XGBoost之类的模型来处理缺失值，无须进行填充。另外，我们也可以选择放弃那些具有高缺失值百分比的列，尽管无法提前知道这些列是否对我们的模型有帮助。因此，目前我们将保留所有列。

（3）列的数据类型

接下来开始查看每种数据类型的列数，其中int64和float64是数值变量（可以是离散型或连续型）。object（分类）列包含字符串类型的数据，属于分类特征。具体实现代码如下所示。

```
# 每种数据类型的列数
app_train.dtypes.value_counts()
```

执行后会输出以下内容。

```
float64    65
int64      41
object     16
dtype: int64
```

现在查看每个object（分类）列中唯一条目的数量，具体实现代码如下所示。

```
#每个object列中唯一类别的数量
app_train.select_dtypes('object').apply(pd.Series.nunique, axis = 0)
```

执行后会输出以下内容。

```
NAME_CONTRACT_TYPE           2
CODE_GENDER                  3
FLAG_OWN_CAR                 2
```

```
FLAG_OWN_REALTY                 2
NAME_TYPE_SUITE                 7
NAME_INCOME_TYPE                8
NAME_EDUCATION_TYPE             5
NAME_FAMILY_STATUS              6
NAME_HOUSING_TYPE               6
OCCUPATION_TYPE                18
WEEKDAY_APPR_PROCESS_START      7
ORGANIZATION_TYPE              58
FONDKAPREMONT_MODE              4
HOUSETYPE_MODE                  3
WALLSMATERIAL_MODE              7
EMERGENCYSTATE_MODE             2
dtype: int64
```

7.3.3 编码分类变量

在机器学习任务中，特别是当使用大多数机器学习模型时（除了少数能直接处理分类数据的模型，如LightGBM），我们通常需要处理分类变量（也称为类别型特征或名义变量）。因此，我们必须找到一种方法，将这些变量编码（表示为数值型变量），然后将它们传递给模型。有以下两种主要的方法来执行此过程。

标签编码（Label Encoding）：为分类变量中的每个唯一类别分配一个唯一的整数，不创建新列。

独热编码（One-Hot Encoding）：为分类变量中的每个唯一类别创建一个新的二进制列，并在该类别对应的行中设置该列的值为1，其他所有列的值为0。

在本实例中，我们将对只有2个类别的分类变量使用标签编码，对具有超过2个类别的分类变量使用独热编码。随着项目的进展，这个过程可能需要进行相应的调整更改。

现在我们按照上述策略开始进行标签编码和独热编码。

对于标签编码，使用Scikit-Learn的LabelEncoder；对于独热编码，使用pandas的get_dummies(df)函数实现。具体实现代码如下所示。

```
#创建数据框
le = LabelEncoder()
le_count = 0

# 遍历所有列
for col in app_train:
    if app_train[col].dtype == 'object':
        # 如果唯一类别的数量小于或等于2
```

```
            if len(list(app_train[col].unique())) <= 2:
                # 在训练数据上进行标签编码的训练
                le.fit(app_train[col])
                # 对训练数据和测试数据进行标签编码的转换
                app_train[col] = le.transform(app_train[col])
                app_test[col] = le.transform(app_test[col])

                # 记录标签编码的列数d
                le_count += 1

print('%d columns were label encoded.' % le_count)
```

对上述代码的具体说明如下。

（1）创建一个标签编码器对象 le 和一个计数器 le_count 以跟踪标签编码的列数。

（2）遍历 app_train 数据集的所有列，对于数据类型为"object"（即字符串类型）的列，执行以下操作。

如果该列唯一类别的数量小于或等于2，表示该列是一个二进制分类特征。

使用标签编码器 le 在训练数据上进行拟合（学习类别与整数标签之间的映射）。

对训练数据和测试数据中的相同列进行编码转换，将类别转换为整数标签。

增加 le_count 计数以跟踪已标签编码的列数。

（3）最后，输出标签编码的列数。标签编码是将分类特征转换为机器学习模型可以处理的数值特征的一种方法，特别适用于具有二进制类别的列。这有助于准备数据以供机器学习模型使用。执行后会输出以下内容。

```
3 columns were label encoded.
```

接下来对分类变量进行独热编码，具体实现代码如下所示。

```
app_train = pd.get_dummies(app_train)
app_test = pd.get_dummies(app_test)

print('Training Features shape: ', app_train.shape)
print('Testing Features shape: ', app_test.shape)
```

在这里，代码对训练数据集和测试数据集中的分类变量进行了独热编码，将它们转换成了二进制编码的形式，以便机器学习模型可以处理它们。最后，代码输出了训练数据和测试数据的特征数据形状，以便确认编码后的特征维度。执行后会输出以下结果。

```
Training Features shape:  (307511, 243)
Testing Features shape:  (48744, 239)
```

在数据预处理过程中，特别是应用独热编码时，需要确保训练数据和测试数据在特征列上保持一致。由于分类变量的类别在训练集和测试集中可能不完全相同,这会导致在训练集上构建的独热编码方案无法直接应用于测试集,因为测试集中可能包含训练集中未出现的类别。为了移除训练数据中不在测试数据中的列,我们需要对齐这两个数据框。首先,我们从训练数据中提取出目标列(因为这个列在测试数据中不存在,但我们需要保留这些信息)。在执行对齐操作时,必须确保设置 axis = 1,以便根据列进行数据框的对齐,而不是根据行。这样可以确保训练数据和测试数据具有相同的特征列。实现对齐处理的代码如下所示。

```
# 提取训练数据中的目标列
train_labels = app_train['TARGET']

# 对齐训练和测试数据,仅保留两个数据框中都存在的列
app_train, app_test = app_train.align(app_test, join='inner', axis=1)

# 将目标列重新添加到训练数据中
app_train['TARGET'] = train_labels

# 输出训练数据和测试数据的形状
print('Training Features shape: ', app_train.shape)
print('Testing Features shape: ', app_test.shape)
```

在上述代码中,首先从训练数据中提取了目标列,保存在名为train_labels的变量中。接下来,通过使用align方法对齐训练数据和测试数据,只保留两个数据框中都存在的列,参数join='inner'表示只保留共有的列,而axis=1表示对列进行对齐操作。最后,将目标列重新添加到训练数据中,确保两个数据框的列完全一致。通过这些操作,训练数据和测试数据现在具有相同的特征列,可以用于后续的机器学习建模。最后,输出训练数据和测试数据的形状,以确认它们已经对齐并准备好进一步处理。执行后会输出以下结果。

```
Training Features shape:    (307511, 240)
Testing Features shape:    (48744, 239)
```

7.3.4 数据分析

(1)在进行探索性数据分析时,始终要警惕数据中的异常值。这些异常值可能是由于输入错误的数字、测量设备的误差或有效但极端的测量而导致的。通过使用describe方法查看列的统计信息,我们可以定量地支持异常值。列DAYS_BIRTH中的数字是负数,因为它们是相对于当前贷款申请而记录的。为了以年为单位查看这些统计信息,我们可以将其乘以-1并除以一年的天数,具体实现代码如下所示。

```
(app_train['DAYS_BIRTH'] / -365).describe()
```

执行后会输出以下结果。

```
count    307511.000000
mean         43.936973
std          11.956133
min          20.517808
25%          34.008219
50%          43.150685
75%          53.923288
max          69.120548
Name: DAYS_BIRTH, dtype: float64
```

从上述输出结果可以看出这些年龄看起来是合理的，没有异常值，年龄的上限（年龄中的最大值）或下限（年龄中的最小值）都没有超过预期的范围。接下来检查一下工作天数是否正常，具体实现代码如下所示。

```
app_train['DAYS_EMPLOYED'].describe()
```

执行后会输出以下结果。

```
count    307511.000000
mean      63815.045904
std      141275.766519
min      -17912.000000
25%       -2760.000000
50%       -1213.000000
75%        -289.000000
max      365243.000000
Name: DAYS_EMPLOYED, dtype: float64
```

上述输出存在明显的错误，因为最大值约为1000年。通过下面的代码绘制直方图，展示数据集中一个名为"DAYS_EMPLOYED"的特征的分布情况。

```
app_train['DAYS_EMPLOYED'].plot.hist(title = 'Days Employment Histogram');
plt.xlabel('Days Employment');
```

对上述代码的具体说明如下。

app_train['DAYS_EMPLOYED']：从数据集中选择名为"DAYS_EMPLOYED"的特征列。

plot.hist(title = 'Days Employment Histogram')：这是用来创建直方图的命令。plot.hist() 是用于绘制直方图的函数，参数title将图表的标题设置为"Days Employment Histogram"。

plt.xlabel('Days Employment')：用于设置x轴标签，即x轴上的标尺标签，它被命名为"Days Employment"。

也就是说，上述代码的作用是绘制名为"DAYS_EMPLOYED"的特征的直方图，以可视化该特征在数据集中的分布情况，并且为图表添加标题和x轴标签。执行效果如图7-3所示。

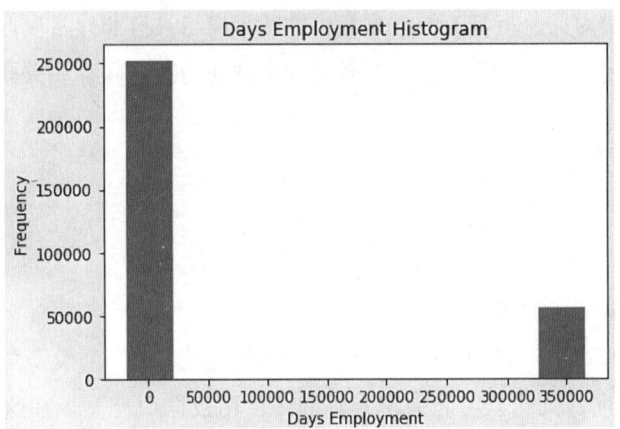

图7-3　特征直方图

（2）对异常客户进行子集分析，以了解与其余客户相比他们是否倾向于拥有更高或更低的违约贷款率。具体实现代码如下所示。

```
anom = app_train[app_train['DAYS_EMPLOYED'] == 365243]
non_anom = app_train[app_train['DAYS_EMPLOYED'] != 365243]
print('The non-anomalies default on %0.2f%% of loans' % (100 * non_anom['TARGET'].mean()))
print('The anomalies default on %0.2f%% of loans' % (100 * anom['TARGET'].mean()))
print('There are %d anomalous days of employment' % len(anom))
```

对上述代码的具体说明如下。

anom = app_train[app_train['DAYS_EMPLOYED'] == 365243]：创建了一个名为"anom"的数据子集，其中包含了那些"DAYS_EMPLOYED"等于365243的记录。在这个数据集中，365243被认为是异常值，表示雇佣天数为365243天。

non_anom = app_train[app_train['DAYS_EMPLOYED'] != 365243]：创建了一个名为"non_anom"的数据子集，其中包含了那些"DAYS_EMPLOYED"不等于365243的记录，即非异常记录。

print('The non-anomalies default on %0.2f%% of loans' % (100 * non_anom['TARGET'].mean()))：打印非异常雇佣天数客户的贷款违约率，以百分比形式表示。non_anom['TARGET'].mean() 计算这些客户的贷款违约率。

print('The anomalies default on %0.2f%% of loans' % (100 * anom['TARGET'].mean()))：打印异常客户的贷款违约率，以百分比形式表示。anom['TARGET'].mean() 计算这些客户的贷款违约率。

print('There are %d anomalous days of employment' % len(anom))：打印异常的雇佣天数的数量。

上述代码的目的是对比分析具有异常雇佣天数的客户与具有非异常雇佣天数的客户之间的贷款违约率差异，以确定异常雇佣天数是否与较高的贷款违约率之间存在关联。执行后会输出以下结果。

```
The non-anomalies default on 8.66% of loans
The anomalies default on 5.40% of loans
There are 55374 anomalous days of employment
```

由此可见，异常值的违约率较低。

（3）处理异常值取决于具体情况，没有固定的规则。其中一个最安全的方法是将异常值设置为缺失值，然后在进行机器学习之前填充它们（使用数据填充）。在这种情况下，由于所有异常值都是相同的，我们将它们填充为相同的值，以防止这些贷款出现共同的特点。由于异常值具有一定的重要性，因此我们希望告知机器学习模型是否确实填充了这些值。这里使用非数字（np.nan）填充异常值，然后创建一个新的布尔列，指示该值是不是异常值。

```
app_train['DAYS_EMPLOYED_ANOM'] = app_train["DAYS_EMPLOYED"] == 365243

app_train['DAYS_EMPLOYED'].replace({365243: np.nan}, inplace=True)

app_train['DAYS_EMPLOYED'].plot.hist(title='Days Employment Histogram');
plt.xlabel('Days Employment');
```

对上述代码的具体说明如下。

创建一个异常标志列（'DAYS_EMPLOYED_ANOM'），用于标记异常值。如果"DAYS_EMPLOYED"列中的值等于365243（异常值），则"DAYS_EMPLOYED_ANOM"列中对应位置的值为True，否则为False。

使用replace方法将"DAYS_EMPLOYED"列中的异常值（365243）替换为缺失值（NaN），以便后续进行数据填充和处理。

执行后绘制"DAYS_EMPLOYED"列的直方图，以可视化显示处理后的就业天数分布，如图7-4所示。这个直方图显示了不同就业天数范围的员工数量，有助于我们了解数据集中就业天数的分布情况。通过直方图，我们可以看到在哪些就业天数范围内有更多的员工，并且是否存在异常或离群值。

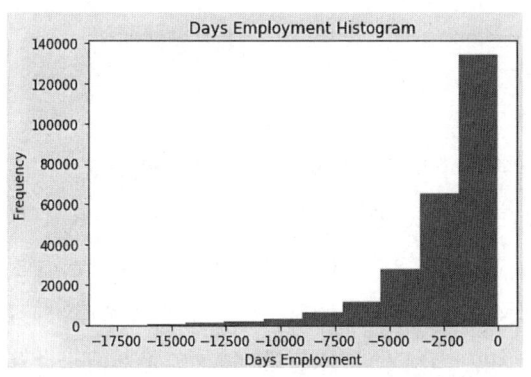

图7-4 就业天数的直方图

（4）处理测试数据中的就业天数列（"DAYS_EMPLOYED"），具体实现代码如下所示。

```
app_test['DAYS_EMPLOYED_ANOM'] = app_test["DAYS_EMPLOYED"] == 365243
app_test["DAYS_EMPLOYED"].replace({365243: np.nan}, inplace = True)

print('There are %d anomalies in the test data out of %d entries' % (app_test["DAYS_EMPLOYED_ANOM"].sum(), len(app_test)))
```

对上述代码的具体说明如下。

首先创建一个新的布尔列"DAYS_EMPLOYED_ANOM"，用于标识测试数据中的异常值。如果测试数据中某一行的"DAYS_EMPLOYED"值等于365243，那么"DAYS_EMPLOYED_ANOM"列中的对应位置将被设置为True，否则为False。

接下来，将测试数据中的异常值（365243）替换为NaN，这与我们在训练数据中执行的操作相同，目的是保持数据的一致性。

最后，输出测试数据中的异常值总数以及测试数据总共的行数，以便检查测试数据中的异常值情况。这有助于确保在测试数据中的异常值处理与训练数据保持一致。

执行后会输出以下结果。

```
There are 9274 anomalies in the test data out of 48744 entries
```

7.3.5 相关性分析

皮尔逊相关系数是一种统计指标，用于量化两个连续变量之间线性关系的强度和方向，其值介于-1到1之间。在这里，我们将关注特征与目标变量之间的相关性。代码通过计算每个变量与目标变量之间的相关系数，并将结果以绝对值的形式显示出来。根据相关系数的绝对值大小，可以粗略地判断它们之间的相关性程度，通常按以下范围进行解释。

0.00～0.19：非常弱。

0.20～0.39：较弱。

0.40～0.59：中等。

0.60～0.79：较强。

0.80～1.0：非常强。

（1）编写如下代码计算各个特征与目标变量之间的相关性，并将其显示出来，以便了解哪些特征与目标变量之间存在相关性。在这些特征中，"DAYS_BIRTH"特征与目标变量的相关性最高。需要注意的是，"DAYS_BIRTH"特征的值是负数，表示客户在贷款申请时的年龄，因此相关系数是正数，表示随着客户年龄增长，他们更不容易违约贷款（即目标变量等于0）。为了更好地理解，代码将使用"DAYS_BIRTH"特征的绝对值来计算相关性，以便得到负相关系数。

```
correlations = app_train.corr()['TARGET'].sort_values()
print('Most Positive Correlations:\n', correlations.tail(15))
print('\nMost Negative Correlations:\n', correlations.head(15))
```

执行后会输出以下结果。

```
Most Positive Correlations:
OCCUPATION_TYPE_Laborers                         0.043019
FLAG_DOCUMENT_3                                  0.044346
REG_CITY_NOT_LIVE_CITY                           0.044395
FLAG_EMP_PHONE                                   0.045982
NAME_EDUCATION_TYPE_Secondary / secondary special   0.049824
REG_CITY_NOT_WORK_CITY                           0.050994
DAYS_ID_PUBLISH                                  0.051457
CODE_GENDER_M                                    0.054713
DAYS_LAST_PHONE_CHANGE                           0.055218
NAME_INCOME_TYPE_Working                         0.057481
REGION_RATING_CLIENT                             0.058899
REGION_RATING_CLIENT_W_CITY                      0.060893
DAYS_EMPLOYED                                    0.074958
DAYS_BIRTH                                       0.078239
TARGET                                           1.000000
Name: TARGET, dtype: float64

Most Negative Correlations:
EXT_SOURCE_3                            -0.178919
EXT_SOURCE_2                            -0.160472
EXT_SOURCE_1                            -0.155317
NAME_EDUCATION_TYPE_Higher education    -0.056593
CODE_GENDER_F                           -0.054704
NAME_INCOME_TYPE_Pensioner              -0.046209
DAYS_EMPLOYED_ANOM                      -0.045987
```

```
ORGANIZATION_TYPE_XNA              -0.045987
FLOORSMAX_AVG                      -0.044003
FLOORSMAX_MEDI                     -0.043768
FLOORSMAX_MODE                     -0.043226
EMERGENCYSTATE_MODE_No             -0.042201
HOUSETYPE_MODE_block of flats      -0.040594
AMT_GOODS_PRICE                    -0.039645
REGION_POPULATION_RELATIVE         -0.037227
Name: TARGET, dtype: float64
```

通过查看这些相关性值，可以初步了解哪些特征对目标变量具有显著影响，以及它们的相关性方向（正相关或负相关），这有助于选择在建模过程中使用的特征。

（2）分析年龄对还款的影响，通过这一相关性分析，可以初步了解客户年龄与还款能力之间的趋势。具体实现代码如下所示。

```
# 通过这一相关性分析，可以初步了解客户年龄与还款能力之间的趋势。
app_train['DAYS_BIRTH'] = abs(app_train['DAYS_BIRTH'])
app_train['DAYS_BIRTH'].corr(app_train['TARGET'])
```

对上述代码的具体说明如下。

第1行代码：通过abs函数取客户年龄（DAYS_BIRTH列）的绝对值，以消除之前提到的相关性正负问题。客户年龄以负数表示，绝对值化后，年龄变为正数，使得相关性的解释更容易理解。

第2行代码：计算客户年龄与目标变量"TARGET"之间的相关性，使用了corr方法。这一步将返回一个相关性系数，该系数表示客户年龄与还款能力之间的关系。

执行后会输出以下结果。

```
-0.07823930830982694
```

通过上述输出可知，客户年龄与目标变量之间存在负线性关系。这意味着随着客户年龄的增长，他们更倾向于更加准时地还贷款。

（3）接下来查看客户年龄这个变量。首先，制作一个年龄的直方图，为了让图更容易理解，我们将x轴表示为年龄。具体实现代码如下所示。

```
plt.style.use('fivethirtyeight')

plt.hist(app_train['DAYS_BIRTH'] / 365, edgecolor = 'k', bins = 25)
plt.title('Age of Client'); plt.xlabel('Age (years)'); plt.ylabel('Count');
```

执行效果如图7-5所示，仅从年龄的分布来看我们无法获得太多信息。除了年龄都是合理的，没有异常值。

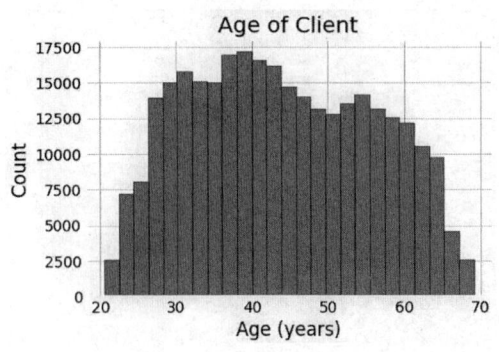

图7-5　年龄分布直方图

（4）为了可视化年龄对目标变量的影响，接下来制作一个以目标变量值为颜色的核密度估计图（Kernel Density Estimation，KDE）。核密度估计图显示了单个变量的分布，它类似于平滑的直方图。核密度估计图的创建方式是在每个数据点上计算一个核，通常是高斯核，然后对所有单独的核进行平均，最终形成单一的平滑曲线。我们将使用Seaborn的kdeplot制作这个图，具体实现代码如下所示。

```
plt.figure(figsize = (10, 8))
sns.kdeplot(app_train.loc[app_train['TARGET'] == 0, 'DAYS_BIRTH'] / 365, label = 'target == 0')
sns.kdeplot(app_train.loc[app_train['TARGET'] == 1, 'DAYS_BIRTH'] / 365, label = 'target == 1')
plt.xlabel('Age (years)'); plt.ylabel('Density'); plt.title('Distribution of Ages');
```

执行效果如图7-6所示，从图中可以看出，target == 1 曲线偏向年龄较年轻的区间。尽管这不是一个显著的相关性（相关系数为 -0.07），但这个变量很可能在机器学习模型中非常有用，因为它确实影响了目标变量。

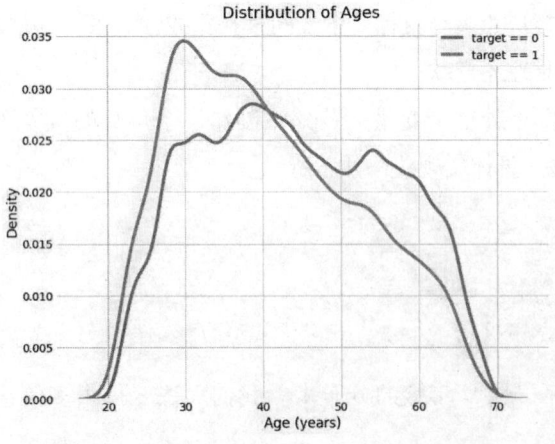

图7-6　年龄分布核密度估计图

（5）接下来按年龄段的平均违约贷款来查看这种关系。在制作图表分析时，首先，我们将年龄数据按每5年为一个区间进行分组。然后，针对每个年龄区间，我们计算目标变量的平均值，以了解每个年龄段人群在未偿还贷款比例上的分布情况。具体实现代码如下所示。

```
age_data = app_train[['TARGET', 'DAYS_BIRTH']]
age_data['YEARS_BIRTH'] = age_data['DAYS_BIRTH'] / 365

age_data['YEARS_BINNED'] = pd.cut(age_data['YEARS_BIRTH'], bins = np.linspace(20, 70, num = 11))
age_data.head(10)
```

执行后输出如下结果。

	TARGET	DAYS_BIRTH	YEARS_BIRTH	YEARS_BINNED
0	1	9461	25.920548	(25.0, 30.0]
1	0	16765	45.931507	(45.0, 50.0]
2	0	19046	52.180822	(50.0, 55.0]
3	0	19005	52.068493	(50.0, 55.0]
4	0	19932	54.608219	(50.0, 55.0]
5	0	16941	46.413699	(45.0, 50.0]
6	0	13778	37.747945	(35.0, 40.0]
7	0	18850	51.643836	(50.0, 55.0]
8	0	20099	55.065753	(55.0, 60.0]
9	0	14469	39.641096	(35.0, 40.0]

（6）按照年龄区间分组并计算平均值，在这个DataFrame中，我们可以看到不同年龄段的平均违约率。具体实现代码如下所示。

```
age_groups = age_data.groupby('YEARS_BINNED').mean()
age_groups
```

执行后会输出下面的内容，这可以帮助我们更好地理解年龄对还款能力的影响。

YEARS_BINNED	TARGET	DAYS_BIRTH	YEARS_BIRTH
(20.0, 25.0]	0.123036	8532.795625	23.377522
(25.0, 30.0]	0.111436	10155.219250	27.822518
(30.0, 35.0]	0.102814	11854.848377	32.479037
(35.0, 40.0]	0.089414	13707.908253	37.555913
(40.0, 45.0]	0.078491	15497.661233	42.459346
(45.0, 50.0]	0.074171	17323.900441	47.462741
(50.0, 55.0]	0.066968	19196.494791	52.593136
(55.0, 60.0]	0.055314	20984.262742	57.491131
(60.0, 65.0]	0.052737	22780.547460	62.412459
(65.0, 70.0]	0.037270	24292.614340	66.555108

（7）可视化展示不同年龄段的平均违约率，具体实现代码如下所示。

```
plt.figure(figsize = (8, 8))
plt.bar(age_groups.index.astype(str), 100 * age_groups['TARGET'])
plt.xticks(rotation = 75); plt.xlabel('Age Group (years)'); plt.ylabel('Failure to Repay (%)')
plt.title('Failure to Repay by Age Group');
```

执行效果如图7-7所示，执行结果展示了不同年龄段的平均违约率。可以明显看出，年龄较小的申请人更有可能不按时还款。年龄最小的三个组别的违约率超过了10%，而年龄最大的组别的违约率低于5%。这些信息对银行年龄较小的客户具有重要意义，因为银行据此可以为客户提供更多的指导或财务规划建议，并采取预防措施来帮助他们按时付款。

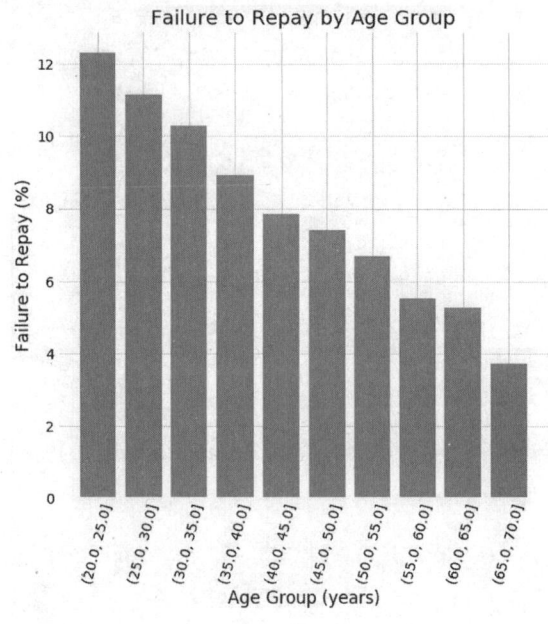

图7-7 不同年龄段的平均违约率

7.3.6 外部数据源

与目标变量呈现最强烈负相关的三个变量分别是 *EXT_SOURCE*_1、*EXT_SOURCE*_2和*EXT_SOURCE*_3。这些特征代表来自外部数据源的"标准化分数"，是使用多个数据源制作的累积型信用评级。在接下来的内容中，让我们来了解这些变量的用法。

（1）首先，展示*EXT_SOURCE*特征与目标变量以及它们彼此之间的相关性。

```
#提取EXT_SOURCE变量并显示相关性
ext_data = app_train[['TARGET', 'EXT_SOURCE_1', 'EXT_SOURCE_2', 'EXT_SOURCE_3', 'DAYS_BIRTH']]
```

```
ext_data_corrs = ext_data.corr()
ext_data_corrs
```

上述代码的功能是计算并显示目标变量TARGET与其他几个特定列（*EXT_SOURCE*_1、*EXT_SOURCE*_2、*EXT_SOURCE*_3和*DAYS_BIRTH*）之间的相关性，执行后会输出以下结果。

```
              TARGET    EXT_SOURCE_1  EXT_SOURCE_2  EXT_SOURCE_3  DAYS_BIRTH
TARGET        1.000000  -0.155317     -0.160472     -0.178919     -0.078239
EXT_SOURCE_1  -0.155317  1.000000      0.213982      0.186846      0.600610
EXT_SOURCE_2  -0.160472  0.213982      1.000000      0.109167      0.091996
EXT_SOURCE_3  -0.178919  0.186846      0.109167      1.000000      0.205478
DAYS_BIRTH    -0.078239  0.600610      0.091996      0.205478      1.000000
```

通过相关性矩阵我们可以展示这些变量之间的关系。

（2）绘制一个相关性矩阵热力图，以帮助我们更直观地理解各个变量之间的相关性、正相关或负相关的强度，以及它们与目标变量之间的关系。具体实现代码如下所示。

```
plt.figure(figsize = (8, 6))
sns.heatmap(ext_data_corrs, cmap = plt.cm.RdYlBu_r, vmin = -0.25, annot = True, vmax = 0.6)
plt.title('Correlation Heatmap');
```

执行效果如图7-8所示，由此可见，三个*EXT_SOURCE*特征与目标变量都具有负相关性，这表明随着*EXT_SOURCE*值的增加，客户更有可能偿还贷款。同时，还可以看到*DAYS_BIRTH*与*EXT_SOURCE*_1呈正相关，这可能表明这个分数中的一个因素是客户的年龄。

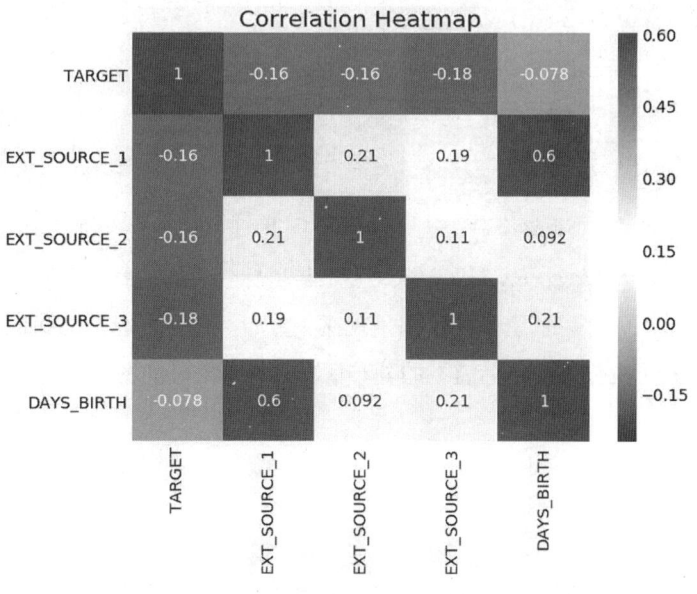

图7-8 相关性矩阵热力图

（3）接下来可以查看每个特征的分布，并根据目标变量的值进行着色，可视化展示这些变量对目标变量的影响。然后对这些特征进行可视化分析，以查看它们与目标变量之间的关系。通过将不同目标变量值的数据点用不同颜色表示，可以更清楚地看到这些特征对目标变量的影响。这种可视化分析有助于我们了解这些特征对目标变量的预测能力以及它们如何在不同情况下的变化趋势。

```python
# 设置图形大小为10×12
plt.figure(figsize=(10, 12))

# 遍历各个数据源
for i, source in enumerate(['EXT_SOURCE_1', 'EXT_SOURCE_2', 'EXT_SOURCE_3']):

    # 为每个数据源创建一个新的子图
    plt.subplot(3, 1, i + 1)
    # 绘制已偿还贷款的分布
    sns.kdeplot(app_train.loc[app_train['TARGET'] == 0, source], label='target == 0')
    # 绘制未偿还贷款的分布
    sns.kdeplot(app_train.loc[app_train['TARGET'] == 1, source], label='target == 1')

    # 为子图添加标题
    plt.title('%s按目标值的分布' % source)
    plt.xlabel('%s' % source)
    plt.ylabel('密度')

# 调整子图布局，增加垂直间距
plt.tight_layout(h_pad=2.5)
```

上述代码的功能是创建三个子图，每个子图用于可视化不同的外部数据源（*EXT_SOURCE*_1、*EXT_SOURCE*_2、*EXT_SOURCE*_3）与目标变量的关系。绘制每个数据源在目标变量为0和1时的分布情况，并以核密度估计图呈现这些分布。这样可以帮助我们了解每个数据源对目标变量的影响，并可视化不同目标值下的分布情况。执行效果如图7-9所示。

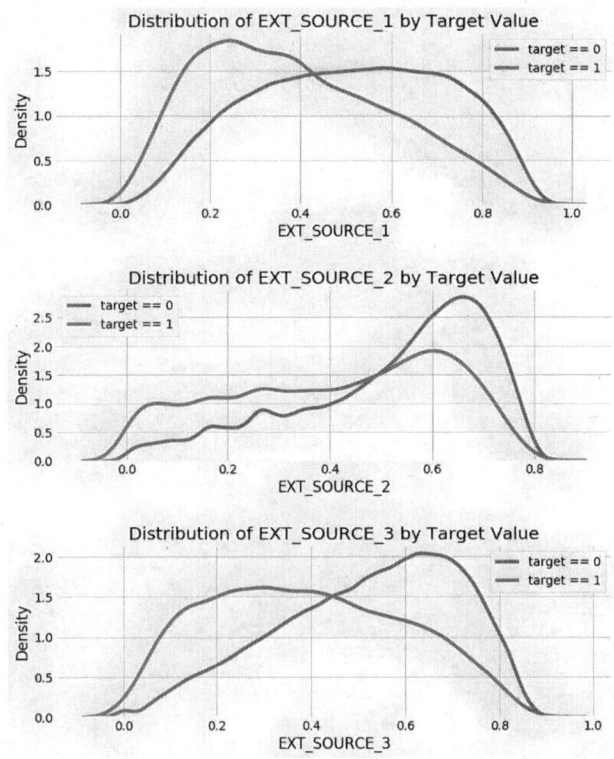

图7-9 不同的外部数据源与目标变量的关系

EXT_SOURCE_3展示了目标变量值之间的最大差异，可以清晰地看到这个特征与申请人按时偿还贷款的可能性存在某种关系。尽管这种关系不是非常强，但这些变量仍然对机器学习模型预测申请人是否按时偿还贷款非常有用。

7.3.7 绘制成对图

本小节将制作一个 *EXT_SOURCE* 变量和 *DAYS_BIRTH* 变量的成对图（Pairs Plot）。成对图是一个很好的可视化工具，因为它可以展示多个变量对之间的关系，以及单个变量的分布情况。在这里，使用了Python的Seaborn可视化库和PairGrid函数来创建一个成对图，其中上三角部分是散点图，对角线上是直方图，下三角部分是2D核密度图和相关系数。具体实现代码如下所示。

```
# 复制数据以供绘图使用
plot_data = ext_data.drop(columns=['DAYS_BIRTH']).copy()

# 添加客户的年龄（以年为单位）
plot_data['YEARS_BIRTH'] = age_data['YEARS_BIRTH']

# 删除缺失值并限制在前100000行
plot_data = plot_data.dropna().loc[:100000, :]
```

```python
# 定义计算两列之间相关系数的函数
def corr_func(x, y, **kwargs):
    r = np.corrcoef(x, y)[0][1]
    ax = plt.gca()
    ax.annotate("r = {:.2f}".format(r),
                xy=(.2, .8), xycoords=ax.transAxes,
                size=20)

# 创建PairGrid对象
grid = sns.PairGrid(data=plot_data, size=3, diag_sharey=False, hue='TARGET',
                    vars=[x for x in list(plot_data.columns) if x != 'TAR-
GET'])

# 上三角部分是散点图
grid.map_upper(plt.scatter, alpha=0.2)

# 对角线部分是直方图
grid.map_diag(sns.kdeplot)

# 下三角部分是密度图
grid.map_lower(sns.kdeplot, cmap=plt.cm.OrRd_r)

# 添加总标题
plt.suptitle('Ext Source and Age Features Pairs Plot', size=32, y=1.05);
```

上述代码的功能是创建一个成对图，该图可视化了 *EXT_SOURCE* 变量和 *YEARS_BIRTH* 变量之间的关系。成对图展示了多个变量对之间的散点图、单个变量的直方图以及下三角部分的2D核密度图和相关系数。具体实现流程如下所示。

首先，从ext_data中复制数据，并添加客户的年龄信息。

然后，删除缺失值并限制数据到前100000行。

定义一个用于计算两列之间相关系数的函数corr_func。

创建PairGrid对象，指定散点图、直方图和密度图的绘制方式。

最后，添加总标题以描述这个成对图的内容。

绘制的成对图效果如图7-10所示。

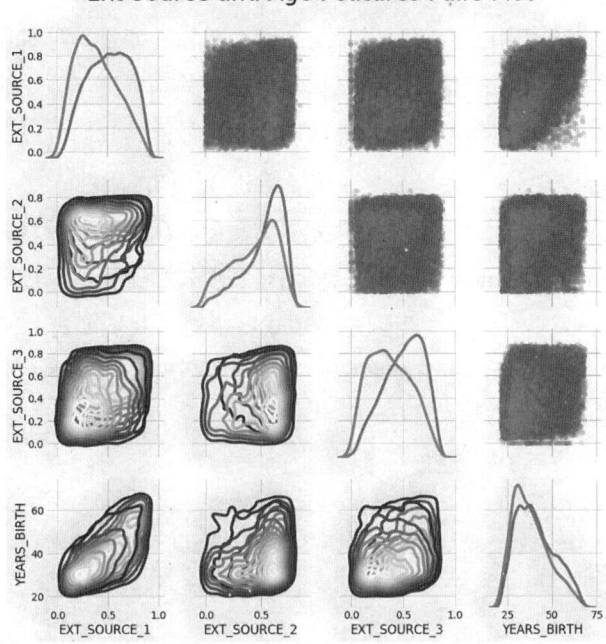

图7-10 成对图

在这个成对图中,我们可以看到数据内部的不同关系。EXT_SOURCE_1和$YEARS\_BIRTH$之间存在中等程度的正线性关系,这表明该特征可能考虑了客户的年龄。

7.3.8 特征工程

在人工智能领域,成功的大模型通常来自特征工程,因为后者能够从数据中提取出最有用的特征。这些优秀的模型,通常是结构化数据梯度提升的变种。这代表了机器学习中的一个模式:特征工程的回报率大于模型构建和超参数调整。虽然选择正确的模型和最佳设置很重要,但模型的学习效果在很大程度上取决于它所接收的数据。确保这些数据与任务尽可能相关是数据科学家的职责(也可能有一些自动化工具来帮助我们)。

特征工程包括特征构建(从现有数据中创建新特征)和特征选择(选择最重要的特征或使用降维方法减少特征的数量),可以使用许多技术来创建和选择特征。当我们开始使用其他数据源时,将进行大量的特征工程。但在本实例中,将使用两种简单的特征构建方法:多项式特征和领域知识特征。

1. 多项式特征

多项式特征是一种简单的特征构建方法。在这种方法中,我们创建的特征是现有特征的幂次以及现有特征之间的交互项。例如,我们可以创建变量$EXT\_SOURCE\_1{\hat{}}2$和$EXT\_SOURCE\_2{\hat{}}2$,以及变量$EXT\_SOURCE\_1 \times EXT\_SOURCE\_2$、$EXT\_SOURCE\_1 \times EXT\_SOURCE\_2{\hat{}}2$、$EXT\_$

$SOURCE\_1\^2 \times EXT\_SOURCE\_2\^2$等。这些由多个单独变量组合而成的特征被称为交互项,因为它们捕获了变量之间的相互作用。换句话说,虽然两个单独的变量本身对目标的影响可能不强,但将它们组合成一个单一的交互变量可能会显示与目标的关系。交互项在统计模型中常用于捕获多个变量的效应,但是它们在机器学习中并不常用。尽管如此,我们可以尝试引入一些交互项,看看它们是否有助于提升模型预测客户是否会按时偿还贷款的准确性。

(1)首先在下面的代码中,使用 *EXT_SOURCE* 变量和 *DAYS_BIRTH* 变量创建多项式特征。通过使用 Scikit-Learn 中的类 PolynomialFeatures 来创建多项式和交互项,还可以指定一个特定的阶数。这里我们使用阶数3来查看结果(当创建多项式特征时,我们要避免使用过高的阶数,因为随着阶数的增加,特征的数量会呈指数级增长,并且可能会出现过拟合的问题)。

```
# 创建新的多项式特征数据框
poly_features = app_train[['EXT_SOURCE_1', 'EXT_SOURCE_2', 'EXT_SOURCE_3', 'DAYS_BIRTH', 'TARGET']]
poly_features_test = app_test[['EXT_SOURCE_1', 'EXT_SOURCE_2', 'EXT_SOURCE_3', 'DAYS_BIRTH']]

# 导入用于处理缺失值的SimpleImputer
from sklearn.impute import SimpleImputer
imputer = SimpleImputer(strategy='median')

# 提取目标变量
poly_target = poly_features['TARGET']

# 删除目标变量列
poly_features = poly_features.drop(columns=['TARGET'])

# 需要填充缺失值
poly_features = imputer.fit_transform(poly_features)
poly_features_test = imputer.transform(poly_features_test)

# 导入PolynomialFeatures用于创建多项式特征
from sklearn.preprocessing import PolynomialFeatures

# 创建指定阶数的多项式对象
poly_transformer = PolynomialFeatures(degree=3)

# 训练多项式特征
poly_transformer.fit(poly_features)

# 转换特征
```

```
poly_features = poly_transformer.transform(poly_features)
poly_features_test = poly_transformer.transform(poly_features_test)

# 打印多项式特征的形状
print('多项式特征的形状:', poly_features.shape)
```

上述代码的功能是使用原始数据集中的一些变量(*EXT_SOURCE*_1、*EXT_SOURCE*_2、*EXT_SOURCE*_3、*DAYS_BIRTH*)创建多项式特征。首先,它从原始数据集中提取相关特征,并在测试数据集上进行相同操作。接下来,使用Imputer填充缺失值,然后导入PolynomialFeatures创建多项式特征。最后,打印多项式特征的形状,以检查新特征的维度。执行后会输出以下结果。

```
Polynomial Features shape:  (307511, 35)
```

(2)然后通过如下代码获取创建的大量新特征的名称。在这个过程中,它使用了polynomial_features对象的get_feature_names方法,并指定了输入特征的名称列表。

```
# 获取多项式特征的名称
poly_feature_names = poly_transformer.get_feature_names(input_features=['EXT_SOURCE_1', 'EXT_SOURCE_2', 'EXT_SOURCE_3', 'DAYS_BIRTH'])
# 打印前15个多项式特征的名称
print(poly_feature_names[:15])
```

在上述代码中,get_feature_names方法会返回一个包含所有新特征名称的列表,通过打印前15个名称,可以查看一部分新特征。这些新特征是原始特征的不同组合和幂次,以捕捉原始特征之间的复杂关系。执行后会输出以下结果。

```
['1',
 'EXT_SOURCE_1',
 'EXT_SOURCE_2',
 'EXT_SOURCE_3',
 'DAYS_BIRTH',
 'EXT_SOURCE_1^2',
 'EXT_SOURCE_1 EXT_SOURCE_2',
 'EXT_SOURCE_1 EXT_SOURCE_3',
 'EXT_SOURCE_1 DAYS_BIRTH',
 'EXT_SOURCE_2^2',
 'EXT_SOURCE_2 EXT_SOURCE_3',
 'EXT_SOURCE_2 DAYS_BIRTH',
 'EXT_SOURCE_3^2',
 'EXT_SOURCE_3 DAYS_BIRTH',
 'DAYS_BIRTH^2']
```

(3)现在已经创建了包含35个特征的数据框,其中包括每个特征的幂次和交互项。接下来,将检查这些新特征是否与目标变量相关,具体实现代码如下所示。

```python
# 创建包含多项式特征的数据框
poly_features = pd.DataFrame(poly_features,columns=poly_transformer.get_fea-
ture_names(['EXT_SOURCE_1', 'EXT_SOURCE_2','EXT_SOURCE_3', 'DAYS_BIRTH']))

# 添加目标变量
poly_features['TARGET'] = poly_target

# 计算特征与目标的相关性
poly_corrs = poly_features.corr()['TARGET'].sort_values()

# 显示与目标相关性最高的前10个和最低的5个特征
print(poly_corrs.head(10))
print(poly_corrs.tail(5))
```

上述代码的功能是创建一个包含多项式特征的数据框,并计算这些特征与目标变量之间的相关性。最后,打印与目标相关性最高的前10个和最低的5个特征。这可以帮助我们了解哪些新特征与目标变量之间存在强烈的相关性,这些特征可能对模型的性能产生积极影响。执行后会输出以下结果。

```
EXT_SOURCE_2 EXT_SOURCE_3                    -0.193939
EXT_SOURCE_1 EXT_SOURCE_2 EXT_SOURCE_3       -0.189605
EXT_SOURCE_2 EXT_SOURCE_3 DAYS_BIRTH         -0.181283
EXT_SOURCE_2^2 EXT_SOURCE_3                  -0.176428
EXT_SOURCE_2 EXT_SOURCE_3^2                  -0.172282
EXT_SOURCE_1 EXT_SOURCE_2                    -0.166625
EXT_SOURCE_1 EXT_SOURCE_3                    -0.164065
EXT_SOURCE_2                                 -0.160295
EXT_SOURCE_2 DAYS_BIRTH                      -0.156873
EXT_SOURCE_1 EXT_SOURCE_2^2                  -0.156867
Name: TARGET, dtype: float64
DAYS_BIRTH         -0.078239
DAYS_BIRTH^2       -0.076672
DAYS_BIRTH^3       -0.074273
TARGET              1.000000
1                        NaN
Name: TARGET, dtype: float64
```

(4)现在已经创建了多项式特征,并计算了它们与目标变量的相关性。接下来,将这些特征添加到训练数据和测试数据的副本中,并构建模型以比较使用这些特征和不使用这些特征的效果。具体实现代码如下所示。

```
# 将多项式特征添加到测试数据框中
poly_features_test = pd.DataFrame(poly_features_test,
```

```
                           columns=poly_transformer.get_feature_
names(['EXT_SOURCE_1', 'EXT_SOURCE_2','EXT_SOURCE_3', 'DAYS_BIRTH']))

# 将多项式特征合并到训练数据框中
poly_features['SK_ID_CURR'] = app_train['SK_ID_CURR']
app_train_poly = app_train.merge(poly_features, on='SK_ID_CURR', how='left')

# 将多项式特征合并到测试数据框中
poly_features_test['SK_ID_CURR'] = app_test['SK_ID_CURR']
app_test_poly = app_test.merge(poly_features_test, on='SK_ID_CURR',how='left')

# 对齐数据框
app_train_poly, app_test_poly = app_train_poly.align(app_test_poly,
join='inner', axis=1)

# 打印新数据框的形状
print('包含多项式特征的训练数据形状: ', app_train_poly.shape)
print('包含多项式特征的测试数据形状: ', app_test_poly.shape)
```

上述代码的功能是将多项式特征添加到训练数据和测试数据的副本中，然后对齐这两个数据框，以确保它们具有相同的特征。最后，打印出包含多项式特征的训练数据和测试数据的形状，以检查新特征是否已成功添加到数据中。执行后会输出以下结果。

```
包含多项式特征的训练数据形状:    (307511, 275)
包含多项式特征的测试数据形状:    (48744, 275)
```

2. 领域知识特征

（1）虽然将这些与贷款违约风险相关的特征称为"领域知识"可能不完全贴切，因为它们主要是根据有限的金融专业知识和经验构建的。这些特征旨在捕捉并量化影响客户贷款违约可能性的关键因素。具体实现代码如下所示。

```
# 复制训练和测试数据以进行领域特征工程
app_train_domain = app_train.copy()
app_test_domain = app_test.copy()

# 创建以下四个特征，灵感来自Aguiar的脚本
# CREDIT_INCOME_PERCENT: 贷款金额相对于客户收入的百分比
# ANNUITY_INCOME_PERCENT: 贷款年金相对于客户收入的百分比
# CREDIT_TERM: 还款期限（以月计算，因为年金是每月应还金额）
# DAYS_EMPLOYED_PERCENT: 工作天数相对于客户年龄的百分比
app_train_domain['CREDIT_INCOME_PERCENT'] = app_train_domain['AMT_CREDIT'] /
app_train_domain['AMT_INCOME_TOTAL']
```

```
app_train_domain['ANNUITY_INCOME_PERCENT'] = app_train_domain['AMT_ANNUITY'] 
/ app_train_domain['AMT_INCOME_TOTAL']
app_train_domain['CREDIT_TERM'] = app_train_domain['AMT_ANNUITY'] / app_
train_domain['AMT_CREDIT']
app_train_domain['DAYS_EMPLOYED_PERCENT'] = app_train_domain['DAYS_EM-
PLOYED'] / app_train_domain['DAYS_BIRTH']

app_test_domain['CREDIT_INCOME_PERCENT'] = app_test_domain['AMT_CREDIT'] / 
app_test_domain['AMT_INCOME_TOTAL']
app_test_domain['ANNUITY_INCOME_PERCENT'] = app_test_domain['AMT_ANNUITY'] / 
app_test_domain['AMT_INCOME_TOTAL']
app_test_domain['CREDIT_TERM'] = app_test_domain['AMT_ANNUITY'] / app_test_
domain['AMT_CREDIT']
app_test_domain['DAYS_EMPLOYED_PERCENT'] = app_test_domain['DAYS_EMPLOYED'] 
/ app_test_domain['DAYS_BIRTH']
```

上述代码的功能是根据一些假设的贷款违约因素，创建新的领域特征，如贷款金额相对于客户收入的百分比、贷款年金相对于客户收入的百分比、还款期限和工作天数相对于客户年龄的百分比。这些特征可以帮助模型更好地理解贷款违约的可能性。

（2）接下来可视化新领域知识变量，通过绘制KDE图，并根据目标变量的值进行颜色标记，以便观察这些变量的分布。具体实现代码如下所示。

```
import matplotlib.pyplot as plt
import seaborn as sns

# 创建一个图形，指定图形大小
plt.figure(figsize=(12, 20))

# 遍历新特征
for i, feature in enumerate(
        ['CREDIT_INCOME_PERCENT', 'ANNUITY_INCOME_PERCENT', 'CREDIT_TERM', 
'DAYS_EMPLOYED_PERCENT']):
    # 创建新的子图
    plt.subplot(4, 1, i + 1)

    # 绘制已偿还贷款的KDE图
    sns.kdeplot(app_train_domain.loc[app_train_domain['TARGET'] == 0, fea-
ture], label='target == 0')

    # 绘制未偿还贷款的KDE图
    sns.kdeplot(app_train_domain.loc[app_train_domain['TARGET'] == 1, fea-
ture], label='target == 1')
```

```
# 添加图标题和标签
plt.title('按目标值分布的%s' % feature)
plt.xlabel('%s' % feature)
plt.ylabel('密度')

# 调整子图布局
plt.tight_layout(h_pad=2.5)
```

上述代码的功能是创建一个包含四个子图的图形,每个子图表示一个领域知识变量(如贷款金额相对于客户收入的百分比、贷款年金相对于客户收入的百分比等),如图7-11所示。在每个子图中,通过KDE图可视化已偿还贷款(target == 0)和未偿还贷款(target == 1)的分布,以便观察这些变量在不同目标值下的分布情况。这可以帮助我们了解这些变量与目标变量之间的关系。

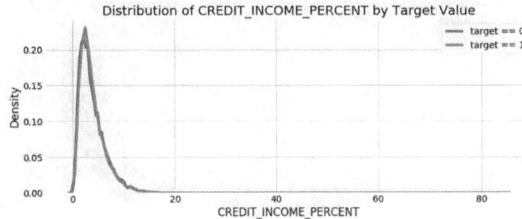
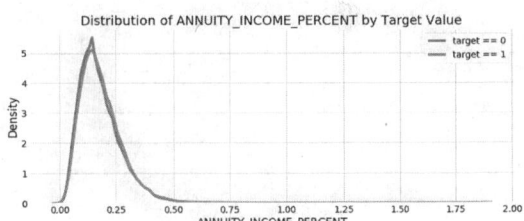
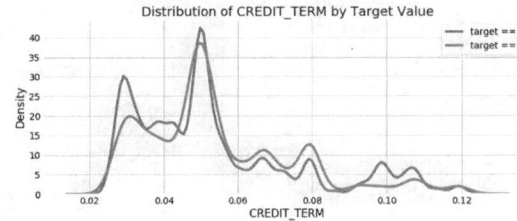
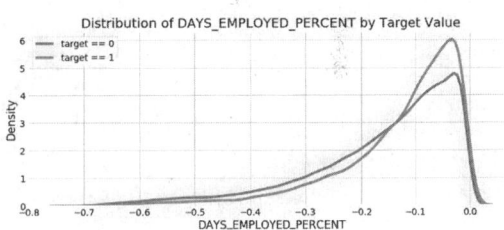

图7-11　领域知识KDE图

7.3.9　创建基线模型

基线模型(Baseline)是用于评估机器学习模型性能的一个起点模型。在本小节中,我们将使用逻辑回归作为基线模型。逻辑回归是一种用于分类任务的常见机器学习算法。

(1)首先编写如下代码进行数据的预处理,包括填充缺失值和特征缩放。

```
# 导入MinMaxScaler和Imputer
from sklearn.preprocessing import MinMaxScaler, Imputer

# 从训练数据中删除目标变量(如果存在)
```

```
if 'TARGET' in app_train:
    train = app_train.drop(columns=['TARGET'])
else:
    train = app_train.copy()

# 提取特征名称列表
features = list(train.columns)

# 复制测试数据
test = app_test.copy()

# 使用中值填充缺失值
imputer = Imputer(strategy='median')

# 将每个特征缩放到0~1的范围
scaler = MinMaxScaler(feature_range=(0, 1))

# 对训练数据进行中值填充和特征缩放
imputer.fit(train)
train = imputer.transform(train)
test = imputer.transform(app_test)

# 对训练数据和测试数据进行特征缩放
scaler.fit(train)
train = scaler.transform(train)
test = scaler.transform(test)

# 打印处理后的训练数据和测试数据的形状
print('Training data shape: ', train.shape)
print('Testing data shape: ', test.shape)
```

上述代码的功能是执行以下数据预处理步骤。

如果训练数据中存在目标变量 *TARGET*，则从训练数据中删除该变量，以便将其作为特征数据。

提取特征名称列表。

复制测试数据。

使用中值填充训练数据和测试数据中的缺失值。

将每个特征缩放到0~1，以确保不同特征具有相同的尺度。

打印处理后的训练数据和测试数据的形状，以确认预处理步骤已完成。

上述预处理步骤可确保数据准备好用于机器学习模型的训练和测试，执行后会输出以下结果。

```
Training data shape:    (307511, 240)
Testing data shape:     (48744, 240)
```

（2）使用Scikit-Learn中的逻辑回归模型建立第一个机器学习模型，这里我们降低了正则化参数C的值，该参数控制过拟合的程度（较低的值可以减少过拟合）。虽然这比默认的逻辑回归模型有所改进，但为未来的模型设定了一个低的标准。具体实现代码如下所示。

```
# 导入Scikit-Learn中的LogisticRegression
from sklearn.linear_model import LogisticRegression
# 创建具有指定正则化参数的模型
log_reg = LogisticRegression(C=0.0001)
# 在训练数据上训练模型
log_reg.fit(train, train_labels)
```

对上述代码的具体说明如下。

创建一个逻辑回归模型，并设置正则化参数C的值为0.0001。

使用训练数据(train)和对应的训练标签(train_labels)来训练模型。

模型训练完成后，我们就可以用它来进行预测了。

这里使用的是二分类逻辑回归模型，训练后的模型可以用于预测目标变量的概率值。执行后会输出以下结果。

```
LogisticRegression(C=0.0001, class_weight=None, dual=False,
        fit_intercept=True, intercept_scaling=1, max_iter=100,
        multi_class='ovr', n_jobs=None, penalty='l2', random_state=None,
        solver='liblinear', tol=0.0001, verbose=0, warm_start=False)
```

（3）接下来使用训练好的模型进行预测。我们希望预测贷款不偿还的概率，因此使用模型的predict_proba方法。这个方法返回一个m×2的数组，其中m是观测值的数量。第一列是目标变量为0的概率，第二列是目标变量为1的概率（所以对于单个行，这两列的值必须加起来等于1）。我们想要的是贷款不偿还的概率，因此会选择第二列。具体实现代码如下所示。

```
# 进行预测
# 确保只选择第二列
log_reg_pred = log_reg.predict_proba(test)[:, 1]
```

（4）预测结果必须符合示例提交文件（sample_submission.csv）中显示的格式，其中只包含两列：SK_ID_CURR和TARGET。我们将从测试集和预测中创建一个符合这种格式的数据框，命名为submit，具体实现代码如下所示。

```
# 创建提交数据框
submit = app_test[['SK_ID_CURR']]
submit['TARGET'] = log_reg_pred
```

```
# 显示前几行数据
submit.head()
```

上述代码的功能是从测试数据中提取SK_ID_CURR列,然后将模型的预测结果(log_reg_pred)添加为TARGET列,以生成符合要求的数据框。然后,通过submit.head()显示数据框的前几行,以进行初步检查。执行后会输出以下结果。

```
  SK_ID_CURR  TARGET
0   100001    0.087750
1   100005    0.163957
2   100013    0.110238
3   100028    0.076575
4   100038    0.154924
```

(5)将模型的预测结果保存到CSV文件中,预测结果代表了贷款不偿还的概率,处于0到1之间。如果我们要将这些预测用于分类申请人,可以设置一个概率阈值来确定贷款是否有风险。具体实现代码如下所示。

```
submit.to_csv('log_reg_baseline.csv', index = False)
```

在上述代码中,将submit数据框保存在名为"log_reg_baseline.csv"的CSV文件,同时确保不包含行索引。这个CSV文件可以用于提交竞赛结果。

7.3.10 优化模型

随机森林是一种非常强大的模型,特别是当我们使用的树达到数百棵时。

(1)使用100棵树来构建随机森林模型,具体实现代码如下所示。

```
# 导入RandomForestClassifier
from sklearn.ensemble import RandomForestClassifier

# 创建随机森林分类器
random_forest = RandomForestClassifier(n_estimators=100, random_state=50, verbose=1, n_jobs=-1)

# 在训练数据上训练模型
random_forest.fit(train, train_labels)

# 提取特征重要性
feature_importance_values = random_forest.feature_importances_
feature_importances = pd.DataFrame({'feature': features, 'importance': feature_importance_values})
```

```
# 对测试数据进行预测
predictions = random_forest.predict_proba(test)[:, 1]
```

上述代码的功能如下。

导入Scikit-Learn中的RandomForestClassifier模型。

创建一个随机森林分类器，设置树的数量为100，随机种子为50，启用详细日志输出，并使用所有可用的CPU核心进行训练。

使用训练数据(train)和对应的训练标签(train_labels)来训练随机森林模型。

提取模型的特征重要性，这些重要性值反映了每个特征对模型的预测的贡献程度。

使用随机森林模型对测试数据进行预测，并提取贷款不偿还的概率。

随机森林是一种强大的集成模型，通常在各种机器学习问题中表现良好。执行后会输出以下结果。

```
[Parallel(n_jobs=-1)]: Using backend ThreadingBackend with 4 concurrent workers.
[Parallel(n_jobs=-1)]: Done   42 tasks      | elapsed:   32.7s
[Parallel(n_jobs=-1)]: Done 100 out of 100 | elapsed:  1.2min finished
[Parallel(n_jobs=4)]: Using backend ThreadingBackend with 4 concurrent workers.
[Parallel(n_jobs=4)]: Done   42 tasks      | elapsed:    0.6s
[Parallel(n_jobs=4)]: Done 100 out of 100 | elapsed:    1.4s finished
```

（2）创建一个提交数据框提交模型，具体实现代码如下所示。

```
submit = app_test[['SK_ID_CURR']]
submit['TARGET'] = predictions
#保存提交数据框
submit.to_csv('random_forest_baseline.csv', index=False)
```

执行上述代码后会输出以下结果，这说明当提交此模型时，预计得分约为0.678。这是一个相对于基线模型有所改进的分数。随机森林通常在多种问题中都表现良好，因为它能够捕捉复杂的数据关系和特征重要性。

```
This model should score around 0.678 when submitted.
```

（3）要查看多项式特征和领域知识是否改善了模型，唯一的方法是使用这些特征来训练和测试一个模型。通过将提交性能与没有这些特征的模型性能进行比较，就可以评估特征工程的效果。具体实现代码如下所示。

```
# 获取多项式特征的列名
poly_features_names = list(app_train_poly.columns)
```

```python
# 填充多项式特征的缺失值
imputer = Imputer(strategy='median')
poly_features = imputer.fit_transform(app_train_poly)
poly_features_test = imputer.transform(app_test_poly)

# 缩放多项式特征
scaler = MinMaxScaler(feature_range=(0, 1))
poly_features = scaler.fit_transform(poly_features)
poly_features_test = scaler.transform(poly_features_test)

# 创建随机森林分类器
random_forest_poly = RandomForestClassifier(n_estimators=100, random_state=50, verbose=1, n_jobs=-1)

# 在训练数据上训练模型
random_forest_poly.fit(poly_features, train_labels)

# 对测试数据进行预测
predictions = random_forest_poly.predict_proba(poly_features_test)[:, 1]
```

对上述代码的具体说明如下。

获取多项式特征的列名。

使用中值策略填充多项式特征的缺失值。

缩放多项式特征，将其缩放到0到1内。

创建一个随机森林分类器，设置树的数量为100，随机种子为50，启用详细日志输出，并使用所有可用的CPU核心进行训练。

使用多项式特征在训练数据上训练随机森林模型。

使用训练好的模型对测试数据进行预测，并提取贷款不偿还的概率。

这将帮助我们评估多项式特征和领域知识特征对模型性能的影响，执行后会输出以下内容。

```
[Parallel(n_jobs=-1)]: Using backend ThreadingBackend with 4 concurrent workers.
[Parallel(n_jobs=-1)]: Done   42 tasks      | elapsed:   45.9s
[Parallel(n_jobs=-1)]: Done  100 out of 100 | elapsed:  1.7min finished
[Parallel(n_jobs=4)]: Using backend ThreadingBackend with 4 concurrent workers.
[Parallel(n_jobs=4)]: Done   42 tasks      | elapsed:    0.4s
[Parallel(n_jobs=4)]: Done  100 out of 100 | elapsed:    0.9s finished
```

（4）提交优化后的模型，具体实现代码如下所示。

```
#创建一个提交数据框
```

```
submit = app_test[['SK_ID_CURR']]
submit['TARGET'] = predictions
#保存提交数据框
submit.to_csv('random_forest_baseline_engineered.csv', index=False)
```

当将此模型提交到竞赛时，得分为0.678，与没有工程特征的模型得分完全相同。

（5）前面的结果说明我们的特征构建在这种情况下没有帮助。这意味着多项式特征和领域知识特征对模型性能的影响很小。在某些情况下，特征工程可能无法改善模型的性能，这取决于数据和问题的特点。接下来，我们可以测试手工创建的领域特征，具体实现代码如下所示。

```
# 删除目标列
app_train_domain = app_train_domain.drop(columns='TARGET')

# 获取领域特征的列名
domain_features_names = list(app_train_domain.columns)

# 填充领域特征的缺失值
imputer = Imputer(strategy='median')
domain_features = imputer.fit_transform(app_train_domain)
domain_features_test = imputer.transform(app_test_domain)

# 缩放领域特征
scaler = MinMaxScaler(feature_range=(0, 1))
domain_features = scaler.fit_transform(domain_features)
domain_features_test = scaler.transform(domain_features_test)

# 创建随机森林分类器
random_forest_domain = RandomForestClassifier(n_estimators=100, random_state=50, verbose=1, n_jobs=-1)

# 在训练数据上训练模型
random_forest_domain.fit(domain_features, train_labels)

# 提取特征重要性
feature_importance_values_domain = random_forest_domain.feature_importances_
feature_importances_domain = pd.DataFrame({'feature': domain_features_names, 'importance': feature_importance_values_domain})

# 对测试数据进行预测
predictions = random_forest_domain.predict_proba(domain_features_test)[:, 1]
```

对上述代码的具体说明如下。

删除训练数据中的目标列。

获取领域特征的列名。

使用中值策略填充领域特征的缺失值。

缩放领域特征,将其缩放到0到1内。

创建一个随机森林分类器,设置树的数量为100,随机种子为50,启用详细日志输出,并使用所有可用的CPU核心进行训练。

使用领域特征在训练数据上训练随机森林模型。

提取模型的特征重要性,这些重要性值反映了每个特征对模型的预测的贡献程度。

使用训练好的模型对测试数据进行预测,并提取贷款不偿还的概率。

上述代码将帮助我们评估手工创建的领域特征对模型性能的影响,执行后会输出以下结果。

```
[Parallel(n_jobs=-1)]: Using backend ThreadingBackend with 4 concurrent workers.
[Parallel(n_jobs=-1)]: Done  42 tasks       | elapsed:    34.0s
[Parallel(n_jobs=-1)]: Done 100 out of 100  | elapsed:  1.3min finished
[Parallel(n_jobs=4)]: Using backend ThreadingBackend with 4 concurrent workers.
[Parallel(n_jobs=4)]: Done  42 tasks        | elapsed:    0.6s
[Parallel(n_jobs=4)]: Done 100 out of 100   | elapsed:    1.4s finished
```

(6)再次提交模型,具体实现代码如下所示。

```
#创建一个提交数据框
submit = app_test[['SK_ID_CURR']]
submit['TARGET'] = predictions
#保存提交数据框
submit.to_csv('random_forest_baseline_domain.csv', index=False)
```

此时模型的得分会有所提升。

(7)定义函数plot_feature_importances(),该函数的功能是绘制特征重要性的水平条形图,并将特征按重要性排序。该函数接受一个包含特征名和对应重要性的数据框作为参数,并返回按重要性排序的特征重要性数据框。具体实现代码如下所示。

```
def plot_feature_importances(df):
    # 按照重要性对特征进行排序
    df = df.sort_values('importance', ascending=False).reset_index()

    # 归一化特征重要性,使其总和为1
    df['importance_normalized'] = df['importance'] / df['importance'].sum()

    # 绘制特征重要性的水平条形图
```

```
plt.figure(figsize=(10, 6))
ax = plt.subplot()

# 需要颠倒索引以绘制最重要的特征在顶部
ax.barh(list(reversed(list(df.index[:15]))),
        df['importance_normalized'].head(15),
        align='center', edgecolor='k')

# 设置yticks和标签
# 绘图标签
plt.xlabel('Normalized Importance');
plt.title('Feature Importances')
plt.show()

return df
```

（8）接下来，使用函数plot_feature_importances()显示随机森林模型中特征的重要性，具体实现代码如下所示。

```
# 显示默认特征的特征重要性
feature_importances_sorted = plot_feature_importances(feature_importances)
```

执行效果如图7-12所示。特征重要性用于衡量每个特征对模型预测的贡献程度，越重要的特征在图表中显示得越高。这个图显示了基于原始特征的特征重要性，以及模型认为哪些原始特征对于预测的重要性较高，可以帮助我们了解哪些特征对模型的预测最重要。

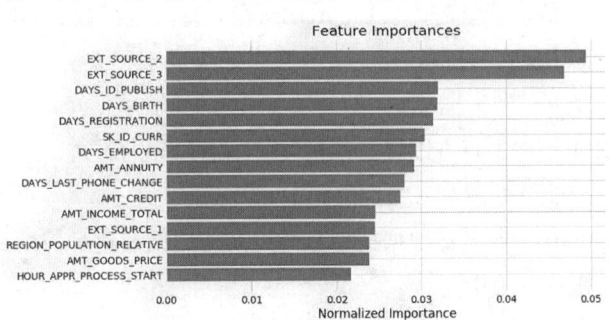

图7-12　原始特征的重要性图

正如预期的那样，最重要的特征是与EXT_SOURCE和DAYS_BIRTH有关的特征。从图7-12中，我们可以看到只有少数几个特征对模型具有显著的重要性，这表明可以在不降低性能的情况下删除许多特征（甚至可能会提高性能）。特征重要性并不是解释模型或进行降维的最复杂方法，但它可以让我们了解模型在进行预测时考虑了哪些因素。

（9）接下来，使用相同的方法来显示手工制作的领域特征的特征重要性。具体实现代码如下所示。

```
feature_importances_domain_sorted = plot_feature_importances(feature_impor-
tances_domain)
```

执行效果如图7-13所示，这个图显示了基于手工制作的领域特征的特征重要性。这些领域特征是根据贷款数据的领域知识创建的，用于尝试提高模型性能。同样，特征重要性图表可以帮助我们了解这些手工制作的特征对模型的预测的重要性。

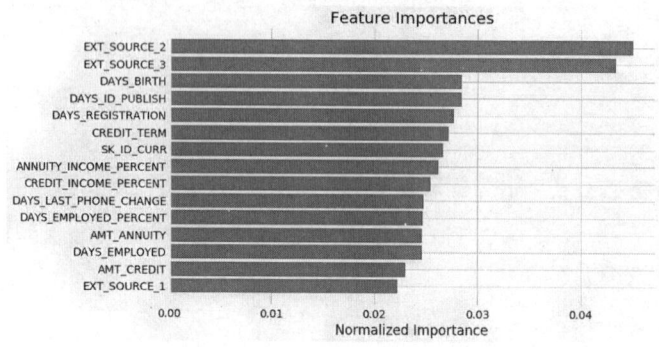

图7-13　领域特征重要性图

从图7-13中可以看出，我们手工制作的四个特征都进入了前15个最重要的特征之列，这说明领域特征部分的代码很成功。

7.3.11　制作LightGBM模型

轻量级梯度提升机（Light Gradient Boosting Machine，LightGBM）是一个基于梯度提升框架的高性能、分布式、开源的机器学习库。LightGBM在处理大规模数据集时表现出色，不仅速度快，还具有高效的内存利用率，通常被视为一种强大的集成学习方法。LightGBM的主要特点和优势如下。

高效性：LightGBM 使用了直方图算法和按叶子结点分裂的方式，这些技术使得它在处理大规模数据时非常高效。它能够处理百万级别的样本和特征。

低内存占用：LightGBM 通过将数据按列存储以及使用压缩技术，显著减小了内存占用，使得它可以运行在内存受限的环境中。

高准确性：LightGBM 在性能和准确性之间取得了很好的平衡，通常能够获得竞赛中的高排名。

支持分类和回归问题：LightGBM 可以用于分类问题和回归问题，并支持多类别分类。

并行和分布式计算：LightGBM 支持并行计算和分布式训练，可以充分利用多核CPU和分布式计算资源。

总之，LightGBM是一个强大的机器学习工具，适用于各种类型的数据科学和机器学习任务。在Kaggle等竞赛中，LightGBM经常被参赛者选作获取竞赛高分数的关键模型之一。接下来，我们开始制作LightGBM模型。

(1)编写函数model(),功能是使用LightGBM实现模型的训练、测试以及基本的交叉验证功能,函数model()的参数说明如下。

features:训练数据的特征集,必须包括TARGET列。

test_features:测试数据的特征集。

encoding:用于编码分类变量的方法,可以选择"one-hot encoding"("ohe")或"integer label encoding"("le")。

n_folds:交叉验证的折数,默认为5。

函数model()的具体实现代码如下所示。

```python
from sklearn.model_selection import KFold
from sklearn.metrics import roc_auc_score
import lightgbm as lgb
import gc
def model(features, test_features, encoding='ohe', n_folds=5):
    # 提取标识号
    train_ids = features['SK_ID_CURR']
    test_ids = test_features['SK_ID_CURR']
    
    # 提取训练标签
    labels = features['TARGET']
    
    # 移除标识号和目标列
    features = features.drop(columns=['SK_ID_CURR', 'TARGET'])
    test_features = test_features.drop(columns=['SK_ID_CURR'])
    
    # 独热编码
    if encoding == 'ohe':
        features = pd.get_dummies(features)
        test_features = pd.get_dummies(test_features)
        
        # 按列对齐数据框
        features, test_features = features.align(test_features, join='inner', axis=1)
        
        # 没有分类索引需要记录
        cat_indices = 'auto'
    
    # 整数标签编码
    elif encoding == 'le':
        # 创建标签编码器
        label_encoder = LabelEncoder()
```

```python
            # 用于存储分类变量索引的列表
            cat_indices = []

            # 遍历每一列
            for i, col in enumerate(features):
                if features[col].dtype == 'object':
                    # 将分类特征映射为整数
                    features[col] = label_encoder.fit_transform(np.array(features[col].astype(str)).reshape((-1,)))
                    test_features[col] = label_encoder.transform(np.array(test_features[col].astype(str)).reshape((-1,)))

                    # 记录分类变量的索引
                    cat_indices.append(i)

    # 捕获编码方案无效的错误
    else:
        raise ValueError("Encoding must be either 'ohe' or 'le'")

    print('Training Data Shape: ', features.shape)
    print('Testing Data Shape: ', test_features.shape)

    # 提取特征名称
    feature_names = list(features.columns)

    # 转换为 np 数组
    features = np.array(features)
    test_features = np.array(test_features)

    # 创建 KFold 对象
    k_fold = KFold(n_splits=n_folds, shuffle=True, random_state=50)

    # 特征重要性数组
    feature_importance_values = np.zeros(len(feature_names))

    # 测试数据预测结果数组
    test_predictions = np.zeros(test_features.shape[0])

    # 交叉验证外部验证预测结果数组
    out_of_fold = np.zeros(features.shape[0])
```

```python
    # 记录验证和训练分数的列表
    valid_scores = []
    train_scores = []

    # 遍历每个折叠
    for train_indices, valid_indices in k_fold.split(features):
        # 当前折叠的训练数据
        train_features, train_labels = features[train_indices], labels[train_indices]

        # 当前折叠的验证数据
        valid_features, valid_labels = features[valid_indices], labels[valid_indices]

        # 创建模型
        model = lgb.LGBMClassifier(n_estimators=10000, objective='binary',
                                   class_weight='balanced', learning_rate=0.05,
                                   reg_alpha=0.1, reg_lambda=0.1,
                                   subsample=0.8, n_jobs=-1, random_state=50)

        # 训练模型
        model.fit(train_features, train_labels, eval_metric='auc',
                  eval_set=[(valid_features, valid_labels), (train_features, train_labels)],
                  eval_names=['valid', 'train'], categorical_feature=cat_indices,
                  early_stopping_rounds=100, verbose=200)

        # 记录最佳迭代次数
        best_iteration = model.best_iteration_

        # 记录特征重要性
        feature_importance_values += model.feature_importances_ / k_fold.n_splits

        # 进行预测
        test_predictions += model.predict_proba(test_features, num_iteration=best_iteration)[:, 1] / k_fold.n_splits

        # 记录外部验证预测结果
```

```python
        out_of_fold[valid_indices] = model.predict_proba(valid_features,
num_iteration=best_iteration)[:, 1]

        # 记录最佳分数
        valid_score = model.best_score_['valid']['auc']
        train_score = model.best_score_['train']['auc']

        valid_scores.append(valid_score)
        train_scores.append(train_score)

        # 清理内存
        gc.enable()
        del model, train_features, valid_features
        gc.collect()

    # 创建提交数据框
    submission = pd.DataFrame({'SK_ID_CURR': test_ids, 'TARGET': test_predictions})

    # 创建特征重要性数据框
    feature_importances = pd.DataFrame({'feature': feature_names, 'importance': feature_importance_values})

    # 计算总体验证分数
    valid_auc = roc_auc_score(labels, out_of_fold)

    # 添加总体分数到指标数据框
    valid_scores.append(valid_auc)
    train_scores.append(np.mean(train_scores))

    # 用于创建验证分数的数据框所需的内容
    fold_names = list(range(n_folds))
    fold_names.append('overall')

    # 指标数据框
    metrics = pd.DataFrame({'fold': fold_names,
                            'train': train_scores,
                            'valid': valid_scores})

    return submission, feature_importances, metrics

# 使用函数进行模型训练和测试
```

```
submission, fi, metrics = model(app_train, app_test)
print('Baseline metrics')
print(metrics)
```

上述代码是一个使用LightGBM模型进行二元分类的示例，并使用交叉验证来评估模型性能的基本框架。在训练过程中，代码还记录了特征的重要性，以便后续进行分析和特征选择。函数model()的具体实现流程如下。

从特征集中提取SK_ID_CURR和TARGET列，然后移除这两列。

根据指定的编码方法对分类变量进行编码。

创建LightGBM模型，并使用交叉验证进行训练。训练过程中记录了每个折叠的验证和训练指标（ROC AUC）以及特征的重要性。

使用训练好的模型对测试数据进行预测，并计算出每个折叠的测试数据预测结果。

汇总所有折叠的测试结果，得到最终的提交数据。

返回提交数据、特征重要性和交叉验证指标。

此外，还输出了交叉验证的指标，包括每个折叠的训练和验证ROC AUC，以及总体的ROC AUC。

此时执行后会输出以下内容。

```
Training Data Shape: (307511, 239)
Testing Data Shape:  (48744, 239)
Training until validation scores don't improve for 100 rounds.
[200]  valid's auc: 0.754949      train's auc: 0.79887
Early stopping, best iteration is:
[208]  valid's auc: 0.755109      train's auc: 0.80025
Training until validation scores don't improve for 100 rounds.
[200]  valid's auc: 0.758539      train's auc: 0.798518
Early stopping, best iteration is:
[217]  valid's auc: 0.758619      train's auc: 0.801374
Training until validation scores don't improve for 100 rounds.
[200]  valid's auc: 0.762652      train's auc: 0.79774
[400]  valid's auc: 0.762202      train's auc: 0.827288
Early stopping, best iteration is:
[320]  valid's auc: 0.763103      train's auc: 0.81638
Training until validation scores don't improve for 100 rounds.
[200]  valid's auc: 0.757496      train's auc: 0.799107
Early stopping, best iteration is:
[183]  valid's auc: 0.75759       train's auc: 0.796125
Training until validation scores don't improve for 100 rounds.
[200]  valid's auc: 0.758099      train's auc: 0.798268
Early stopping, best iteration is:
```

```
[227] valid's auc: 0.758251        train's auc: 0.802746
Baseline metrics
       fold    train      valid
0      0       0.800250   0.755109
1      1       0.801374   0.758619
2      2       0.816380   0.763103
3      3       0.796125   0.757590
4      4       0.802746   0.758251
5      overall 0.803375   0.758537
```

（2）绘制特征重要性的可视化图，具体实现代码如下所示。

```
fi_sorted = plot_feature_importances(fi)
```

执行效果如图7-14所示。

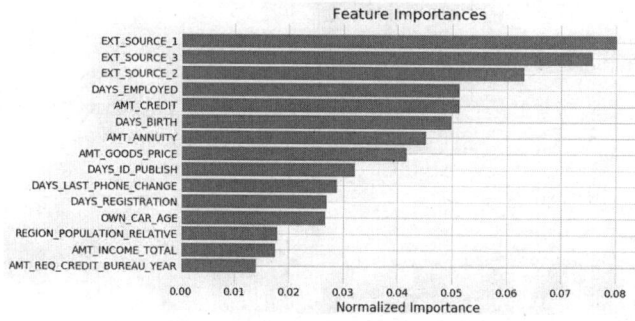

图7-14　特征重要性的可视化图

（3）保存提交结果到文件baseline_lgb.csv中，具体实现代码如下所示。

```
submission.to_csv('baseline_lgb.csv', index=False)
```

（4）测试这个包含领域知识特征的模型，并评估其性能。具体实现代码如下所示。

```
submission_domain, fi_domain, metrics_domain = model(app_train_domain, app_test_domain)
print('Baseline with domain knowledge features metrics')
print(metrics_domain)
```

对上述代码的具体说明如下。

model(app_train_domain, app_test_domain)：调用名为model的函数，将训练数据集app_train_domain和测试数据集app_test_domain作为参数传递给函数。这个函数用于训练一个机器学习模型并进行交叉验证。

submission_domain, fi_domain, metrics_domain：将函数model的返回值解包，将结果分别赋值给三个变量。其中，submission_domain包含了模型的预测结果，fi_domain包含了特征重要性的信息，metrics_domain包含了模型的性能指标。

print('Baseline with domain knowledge features metrics')：输出一条描述性的文本信息，提示接下来要展示包含领域知识特征的基线模型的性能指标。

print(metrics_domain)：输出包含领域知识特征的基线模型的性能指标，这些指标通常包括训练集和验证集的 ROC AUC 分数。

总之，这段代码的主要作用是训练一个包含领域知识特征的机器学习模型，并输出该模型在不同指标下的性能表现，这有助于评估领域知识特征对模型性能的影响。执行后会输出以下内容。

```
Training Data Shape:    (307511, 243)
Testing Data Shape:     (48744, 243)
Training until validation scores don't improve for 100 rounds.
[200]   valid's auc: 0.762577     train's auc: 0.804531
Early stopping, best iteration is:
[237]   valid's auc: 0.762858     train's auc: 0.810671
Training until validation scores don't improve for 100 rounds.
[200]   valid's auc: 0.765594     train's auc: 0.804304
Early stopping, best iteration is:
[227]   valid's auc: 0.765861     train's auc: 0.808665
Training until validation scores don't improve for 100 rounds.
[200]   valid's auc: 0.770139     train's auc: 0.803753
[400]   valid's auc: 0.770328     train's auc: 0.834338
Early stopping, best iteration is:
[302]   valid's auc: 0.770629     train's auc: 0.820401
Training until validation scores don't improve for 100 rounds.
[200]   valid's auc: 0.765653     train's auc: 0.804487
Early stopping, best iteration is:
[262]   valid's auc: 0.766318     train's auc: 0.815066
Training until validation scores don't improve for 100 rounds.
[200]   valid's auc: 0.764456     train's auc: 0.804527
Early stopping, best iteration is:
[235]   valid's auc: 0.764517     train's auc: 0.810422
Baseline with domain knowledge features metrics
      fold     train      valid
0        0  0.810671   0.762858
1        1  0.808665   0.765861
2        2  0.820401   0.770629
3        3  0.815066   0.766318
4        4  0.810422   0.764517
5  overall  0.813045   0.766050
```

（5）使用函数plot_feature_importances来可视化领域知识特征在模型中的重要性，并将结果存储在变量fi_sorted中。具体实现代码如下所示。

```
fi_sorted = plot_feature_importances(fi_domain)
```

总之，上述代码的作用是生成并存储一个按特征重要性排序的可视化图，如图7-15所示。在图7-15中，可以看出前面构建的一些特征再次出现在最重要的特征列表中，这样可以进一步分析和理解哪些领域知识特征对模型的性能有重要影响。

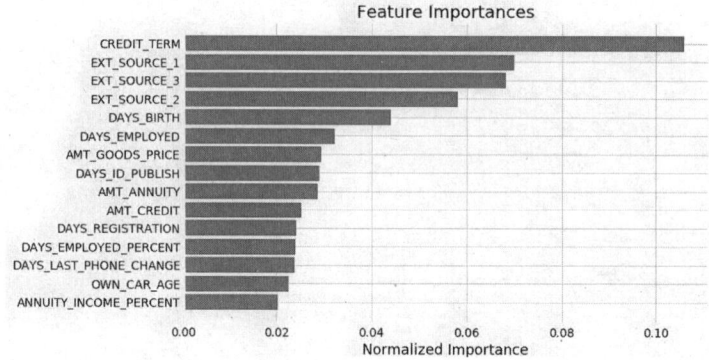

图7-15　按特征重要性排序的可视化图

第8章 资产定价与交易策略优化

本章导读

在金融实践中,资产定价和交易策略优化通常相互关联。投资者可以使用资产定价理论来确定投资组合的预期收益率和风险,然后基于这些信息设计交易策略。同时,交易策略的表现也会影响资产的实际定价。因此,综合考虑资产定价和交易策略优化是投资决策过程中的关键因素,可以帮助投资者更好地管理风险并获得更高的回报。本章将详细讲解资产定价与交易策略优化的知识,并通过具体实例来讲解各个知识点的用法。

8.1 资产定价模型概述

资产定价模型是金融领域中用于解释和预测不同资产(如股票、债券、房地产等)价格和预期回报的理论框架,旨在解释和预测不同资产的价格在市场中的波动性和回报率。

8.1.1 常见的资产定价模型

1. 资本资产定价模型

资本资产定价模型(Capital Asset Pricing Model,CMPM)是最经典的资产定价模型之一,CAPM认为资产的预期回报与其系统风险(市场风险)成正比,但并不与无风险利率成正比。CAPM模型用一个资产与市场整体风险的β系数来衡量其系统风险,公式如下。

$$R_i = R_f + \beta_i \left(R_m - R_f \right)$$

其中，R_i是资产i的预期回报率，R_f是无风险利率，β_i是资产i的β系数，R_m是市场整体的预期回报率。

2.套利定价理论

套利定价理论（Arbitrage Pricing Theory，APT）是由Stephen Ross于1976年提出的资产定价模型，它认为资产的预期回报与多个因子（如通货膨胀率、利率、产业周期等）相关。APT的核心思想是如果存在未被消除的套利机会，那么市场就不会达到均衡状态。投资者通过构建多因子模型来找到套利机会，不同的因子模型可以用于解释不同市场中的资产价格和回报。

3. Fama-French三因子模型

Fama-French三因子模型由Eugene Fama和Kenneth French于1992年提出，是一种常见的多因子模型。该模型认为资产的预期回报除了与市场风险（CAPM中的市场风险）相关外，还与市值因子（公司市值）和账面市值比（账面价值相对于市场价值）等因素相关。

Fama-French三因子模型的公式如下。

$$R_i = R_f + \beta_i \left(R_m - R_f \right) + s_i (\text{SMB}) + h_i (\text{HML})$$

其中，SMB代表小市值股票与大市值股票之间的差异，HML代表高账面市值比股票与低账面市值比股票之间的差异。

上述这些资产定价模型旨在帮助投资者理解不同资产的回报与风险和市场因素的关系，并为他们提供有关构建投资组合、评估资产的估值和制定投资策略的有用信息。需要注意的是，每个模型都有其假设和限制，投资者在使用它们时应谨慎考虑这些因素，并结合市场条件和投资目标进行分析。此外，还有其他更复杂的资产定价模型，用于处理更复杂的市场情况和因素。

请看下面的实例，其功能是使用CAPM模型计算资产的回报率。

实例8-1：使用CAPM模型计算贵州茅台股票的预期回报率（源码路径：daima/8/capm.py）

本实例使用Tushare数据获取所需的市场指数数据和资产数据，然后进行数据处理、回归分析以及CAPM参数的计算。实例文件capm.py的具体实现代码如下所示。

```
import Tushare as ts
import pandas as pd
import numpy as np
import statsmodels.api as sm

# 设置Tushare的token，需要提前在Tushare官网注册并获取token
token = ""
ts.set_token(token)
```

```python
# 初始化Tushare接口
pro = ts.pro_api()

# 获取市场指数数据（如上证指数）
index_data = pro.index_daily(ts_code="000001.SH", start_date="20080101", 
end_date="20230901")
index_data['trade_date'] = pd.to_datetime(index_data['trade_date'])
index_data = index_data.set_index('trade_date')

# 获取你感兴趣的资产数据（如某只股票的日收益率）
# 获取贵州茅台股票数据（股票代码为 "600519.SH"）
asset_data = pro.daily(ts_code="600519.SH", start_date="20080101", end_
date="20230901")

asset_data['trade_date'] = pd.to_datetime(asset_data['trade_date'])
asset_data = asset_data.set_index('trade_date')
asset_data['log_return'] = np.log(1 + asset_data['pct_chg'] / 100)

# 合并市场指数和资产数据
data = pd.merge(index_data, asset_data['log_return'], left_index=True, 
right_index=True, how='inner')

# 添加常数项以拟合CAPM模型
data['Intercept'] = 1

# 使用OLS（最小二乘法）估计CAPM模型
model = sm.OLS(data['log_return'], data[['Intercept', 'log_return']])

results = model.fit()

# 输出回归结果
print(results.summary())

# 提取回归系数
beta_asset = results.params['log_return']

# 假设无风险利率为3%
rf_rate = 0.03

# 使用CAPM模型计算资产的预期回报率
expected_return = rf_rate + beta_asset * (data['log_return'].mean() - rf_
rate)
```

```
print(f"资产的预期回报率为: {expected_return:.4f}")
```

在上述代码中，首先获取了上证指数（000001.SH）的历史数据作为市场指数数据，然后获取了贵州茅台股票的历史数据，计算了该股票的日对数收益率。接下来，通过将市场指数和贵州茅台股票的对数收益率数据合并，使用OLS回归估计了CAPM模型，以获取贵州茅台股票的β系数（beta_asset）。最后，使用CAPM模型计算了贵州茅台股票的预期回报率（expected_return）。请注意，这只是一个简化的示例，在实际中可能需要更多的数据处理和模型检验。执行后会输出以下内容。

```
                            OLS Regression Results
==============================================================================
Dep. Variable:             log_return   R-squared:                       1.000
Model:                            OLS   Adj. R-squared:                  1.000
Method:                 Least Squares   F-statistic:                 1.942e+34
Date:                Tue, 19 Sep 2023   Prob (F-statistic):               0.00
Time:                        13:34:16   Log-Likelihood:              1.4394e+05
No. Observations:                3804   AIC:                         -2.879e+05
Df Residuals:                    3802   BIC:                         -2.879e+05
Df Model:                           1
Covariance Type:            nonrobust
==============================================================================
                 coef    std err          t      P>|t|      [0.025      0.975]
------------------------------------------------------------------------------
Intercept     6.031e-19   1.45e-19      4.162      0.000    3.19e-19    8.87e-19
log_return       1.0000   7.18e-18   1.39e+17      0.000       1.000       1.000
==============================================================================
Omnibus:                      252.756   Durbin-Watson:                   1.978
Prob(Omnibus):                  0.000   Jarque-Bera (JB):             1174.840
Skew:                          -0.089   Prob(JB):                     7.70e-256
Kurtosis:                       5.717   Cond. No.
```

```
49.5
================================================================
Notes:
[1] Standard Errors assume that the covariance matrix of the errors is correctly specified.
资产的预期回报率为: 0.0007
```

上述输出结果显示，根据2008年1月1日到2023年9月1日的数据，贵州茅台股票资产的预期回报率为0.0007，百分比表示为0.07%。这个数字表示在考虑了市场风险和无风险利率后，模型预测的该资产在未来一年内的平均回报率。需要注意的是，0.07%这个数字是基于CAPM模型的假设和参数估计得出的，它假设资产的风险与市场风险有关，资产的回报率受到市场回报率和无风险利率的影响。然而，实际的市场和资产表现可能会受到多种因素的影响，因此预期回报率只是一个模型估计，实际结果可能会有所不同。

8.1.2 金融市场的非理性行为

金融市场的非理性行为指的是投资者在决策过程中表现出的那些不符合经典经济理论中完全理性假设的行为模式。这些非理性行为可能导致市场价格的波动和资产价格的偏离，从而影响市场效率。以下是一些常见的金融市场非理性行为的例子。

情绪驱动的交易：投资者的情绪和心理状态会影响他们的投资决策。例如，恐慌情绪可能导致抛售，而过度乐观可能导致泡沫。这种情绪驱动的交易可能导致市场价格的不稳定性。

过度自信：一些投资者可能过度自信，认为他们比其他人更能准确地预测市场走势。这可能导致他们高估自己的能力，采取高风险的交易策略，最终导致损失。

羊群行为：投资者往往会模仿其他投资者的行为，尤其是那些看起来获得成功的投资者。这种羊群行为会导致市场上的过度买入或卖出，从而使价格偏离其基本价值。

信息不对称：某些投资者可能拥有更多或更好的信息，而其他投资者则可能被剥夺了这些信息。这种信息不对称会导致市场价格不反映所有可用信息。

赌博心态：一些投资者可能将股市视为一种赌博，而不是一种投资。他们可能会采取高度冒险的交易策略，类似于赌徒的冒险行为。

超买和超卖：市场中的过度买入和超卖现象可能导致价格的剧烈波动。投资者可能过度反应好坏消息，导致价格偏离其基本价值。

上述非理性行为可能导致市场的波动和不稳定性，严重时甚至可能引发金融危机。理解这些非理性行为对于投资者、监管机构和市场参与者来说都至关重要，因为它们可以帮助预测市场的可能行为，制定风险管理策略，并改进市场监管和投资教育。此外，行为金融学是研究非理性行为的分支，它试图解释为什么投资者会表现出这些行为，并提供有关如何更好地管理和理解市场的见解。

8.2 基于人工智能的资产定价方法

基于人工智能的资产定价方法是一种使用机器学习和数据分析技术来识别、建模和预测资产价格的方法。与传统的资产定价模型不同，这些方法依赖于大量的数据和复杂的算法来捕捉市场中的非线性、非稳态和非理性行为。

8.2.1 传统资产定价模型的局限性

目前传统资产定价模型如CAPM和Fama-French三因子模型等在金融领域的应用广泛，但它们也存在一些局限性，这些局限性限制了它们在描述和解释市场中资产价格和回报行为时的准确性和适用性。以下是传统资产定价模型的一些主要局限性。

假设理性投资者：传统模型通常基于理性投资者的假设，即投资者在决策中始终做出最优选择。然而，实际市场中存在大量的非理性行为和情绪驱动，这些模型无法捕捉。

忽视信息不对称：传统模型通常假设所有投资者都具有相同的信息，但实际上市场中存在信息不对称，某些投资者可能拥有更多或更好的信息，从而能够获得优势。

不考虑交易成本：传统模型通常不考虑交易成本，但在实际投资过程中买卖交易会涉及手续费、滑点等成本，这些成本可能对投资组合的绩效产生重大影响。

市场不完全：传统模型通常基于市场完全有效的假设，即所有可获得的信息都会迅速反映在资产价格中。然而，在实际市场中存在各种限制和摩擦，使市场不完全有效。

不适用于非股票资产：传统模型主要是为股票市场设计的，不太适用于其他类型的资产，如债券、商品、房地产等。

单一风险因子：例如CAPM仅考虑了市场风险，而忽视了其他可能影响资产价格和回报的因素。Fama-French模型虽然引入了额外的因子，但仍然存在一定的局限性。

静态假设：传统模型通常基于静态的假设，即投资者的投资偏好和风险态度在一定时间内保持不变。然而，在实际市场中，投资者的偏好和风险态度可能随时间的推移而发生变化。

无法解释市场异常现象：传统模型往往难以解释市场中的一些异常现象，如泡沫、崩盘、超额波动等。

因此，为了更准确地理解和解释金融市场中的资产价格和回报行为，研究人员和投资者通常会将传统资产定价模型与其他方法结合使用，包括行为金融学、机器学习、宏观经济模型等，以更全面地考虑市场中的复杂性和非理性因素。

8.2.2 机器学习与资产定价

机器学习在资产定价领域中的应用越来越受到关注，它可以用来改进现有的资产定价模型，提高预测准确性，以及发现新的定价模型和市场规律。在金融领域中，机器学习在资产定价方面的常见应用如下。

预测资产价格：可以使用机器学习算法来分析大量历史市场数据，包括股票价格、交易量、宏观经济指标等，以建立资产价格的预测模型。例如，回归分析、时间序列分析、神经网络等方法可以用来预测股票或其他资产的未来价格趋势。

风险管理：通过分析大规模数据，机器学习可以识别潜在的风险因素和市场压力，从而更好地评估投资组合的风险，并采取相应的风险管理策略。

非线性关系的捕捉：传统资产定价模型通常基于线性假设，而机器学习模型能够捕捉更复杂的非线性关系，这对于描述市场中的非理性行为和非线性市场动态非常有用。

特征工程：机器学习可以帮助识别和选择最重要的特征（变量），从而提高模型的预测能力，这对于资产定价模型的构建和优化非常关键。

集成模型：集成学习方法如随机森林和梯度提升树可以用来将多个机器学习模型组合起来，以提高模型的稳健性和准确性。

情感分析和新闻文本挖掘：可以用机器学习分析新闻和社交媒体数据，以捕捉市场情绪和事件对资产价格的影响，帮助投资者更好地理解市场参与者的情感和预期。

强化学习的动态投资组合管理：可以用强化学习算法制定动态投资组合管理策略，根据市场变化来自动调整投资组合的权重。

> **注意**
>
> 机器学习模型在资产定价领域的应用虽前景广阔，但也面临诸多挑战。例如，需要大量的数据来训练机器学习模型，数据中的偏差和噪声可能会严重影响模型的性能。此外，金融市场本身的复杂性和不确定性也增加了机器学习应用的难度。因此，在将机器学习引入资产定价领域时，需要谨慎考虑数据质量、模型选择和评估，同时也需要与传统的金融理论和模型相结合，以充分利用机器学习的优势，构建稳健的资产定价框架。机器学习与资产定价的结合有望显著提升资产价格预测的准确性和投资决策的智能化水平。

请看下面的实例，功能是使用多层感知机（Multilayer Perceptron，MLP）模型对贵州茅台股票（600519.SH）的历史回报率数据进行回归分析，然后预测未来回报率。

实例8-2：基于MLP模型的贵州茅台股票回报率预测与趋势分析（源码路径：daima/8/pymao.py）

实例文件pymao.py的具体实现流程如下。获取贵州茅台股票的历史数据，包括日期和回报率。

将历史回报率数据准备成PyTorch张量，用于深度学习模型的训练。

创建一个更深层次的MLP模型，用于回归分析。

使用Adam优化器和均方误差损失函数进行模型训练。

划分训练集和测试集，并训练模型。

评估模型在测试集上的性能，计算测试集均方误差。

使用训练好的模型预测未来一个月的回报率。

绘制历史回报率趋势图，包括实际历史回报率和预测未来回报率。

绘制实际回报率与预测回报率的散点图，用于可视化模型的性能。

实例文件pymao.py的具体实现代码如下所示。

```python
import Tushare as ts
import pandas as pd
import numpy as np
import torch
import torch.nn as nn
import torch.optim as optim
import matplotlib.pyplot as plt
plt.rcParams["font.sans-serif"] = ["SimHei"]   # 设置字体
plt.rcParams["axes.unicode_minus"] = False   # 解决图像中的负号的乱码问题

# 设置Tushare的token，需要提前在Tushare官网注册并获取token
token = ""
ts.set_token(token)

# 初始化Tushare接口
pro = ts.pro_api()

# 获取贵州茅台股票数据（股票代码为 "600519.SH"）
asset_data = pro.daily(ts_code="600519.SH", start_date="20080101", end_date="20230901")

# 计算每日的回报率
asset_data['log_return'] = np.log(1 + asset_data['pct_chg'] / 100)

# 将数据准备成PyTorch张量
X = torch.tensor(asset_data['log_return'].values[:-1], dtype=torch.float32)
y = torch.tensor(asset_data['log_return'].values[1:], dtype=torch.float32)

# 获取日期列
dates = pd.to_datetime(asset_data['trade_date'].values[1:])

# 定义一个更深层次的MLP模型
class DeepMLP(nn.Module):
    def __init__(self, weight_decay=0.01):   # 添加weight_decay参数用于控制L2正
```

则化强度
        super(DeepMLP, self).__init__()
        self.fc1 = nn.Linear(1, 128)
        self.relu1 = nn.ReLU()
        self.fc2 = nn.Linear(128, 64)
        self.relu2 = nn.ReLU()
        self.fc3 = nn.Linear(64, 32)
        self.relu3 = nn.ReLU()
        self.fc4 = nn.Linear(32, 1)

        self.weight_decay = weight_decay

    def forward(self, x):
        x = self.fc1(x)
        x = self.relu1(x)
        x = self.fc2(x)
        x = self.relu2(x)
        x = self.fc3(x)
        x = self.relu3(x)
        x = self.fc4(x)
        return x

# 创建模型和优化器
model = DeepMLP()
optimizer = optim.Adam(model.parameters(), lr=0.001, weight_decay=model.weight_decay)   # 在优化器中添加weight_decay参数
criterion = nn.MSELoss()

# 划分训练集和测试集
split = int(0.8 * len(X))
X_train, X_test = X[:split], X[split:]
y_train, y_test = y[:split], y[split:]

# 训练模型
epochs = 1000
for epoch in range(epochs):
    optimizer.zero_grad()
    outputs = model(X_train.unsqueeze(1))
    loss = criterion(outputs, y_train.unsqueeze(1))
    loss.backward()
    optimizer.step()
```
```

```python
# 评估模型
model.eval()
with torch.no_grad():
    y_pred = model(X_test.unsqueeze(1))
    test_loss = criterion(y_pred, y_test.unsqueeze(1))
    print(f"测试集均方误差 (MSE): {test_loss:.4f}")

# 使用模型预测未来回报率
model.eval()
with torch.no_grad():
    future_return = model(X[-1].unsqueeze(0))
    print(f"未来回报率预测: {future_return.item():.4f}")

# 绘制历史回报率趋势
plt.figure(figsize=(12, 6))
plt.plot(dates, asset_data['log_return'][1:], label='历史回报率', color='blue')
plt.xlabel('日期')
plt.ylabel('回报率')
plt.title('历史回报率趋势')

# 添加未来回报率预测
last_date = dates[-1]  # 使用 [-1] 获取最后一个日期
future_dates = pd.date_range(start=last_date, periods=30)  # 假设预测未来一个月
future_dates = future_dates[1:]  # 去除第一个日期，因为它是重复的
future_returns = [asset_data['log_return'].values[-1]]  # 初始未来回报率等于最后一个历史回报率

for _ in range(len(future_dates) - 1):
    future_returns.append(future_returns[-1] + future_return.item())  # 使用模型预测的未来回报率更新

plt.plot(future_dates, future_returns, label='未来回报率预测', color='red', linestyle='--')
plt.legend()
plt.grid(True)

# 绘制实际回报率与预测回报率的散点图
plt.figure(figsize=(8, 6))
plt.scatter(y_test.numpy(), y_pred.numpy(), alpha=0.5)
plt.xlabel("实际回报率")
plt.ylabel("预测回报率")
```

```
plt.title("实际 vs. 预测回报率")
plt.grid(True)

plt.show()
```

执行后会输出以下结果，看起来模型的性能很好，测试集的均方误差很低，而且未来回报率的预测也接近0。这是一个积极的迹象，表明模型在预测方面表现良好。

```
测试集均方误差 (MSE): 0.0005
未来回报率预测: 0.0009
```

本实例执行后还会绘制历史回报率趋势图和实际回报率与预测回报率的散点图，如图8-1所示。

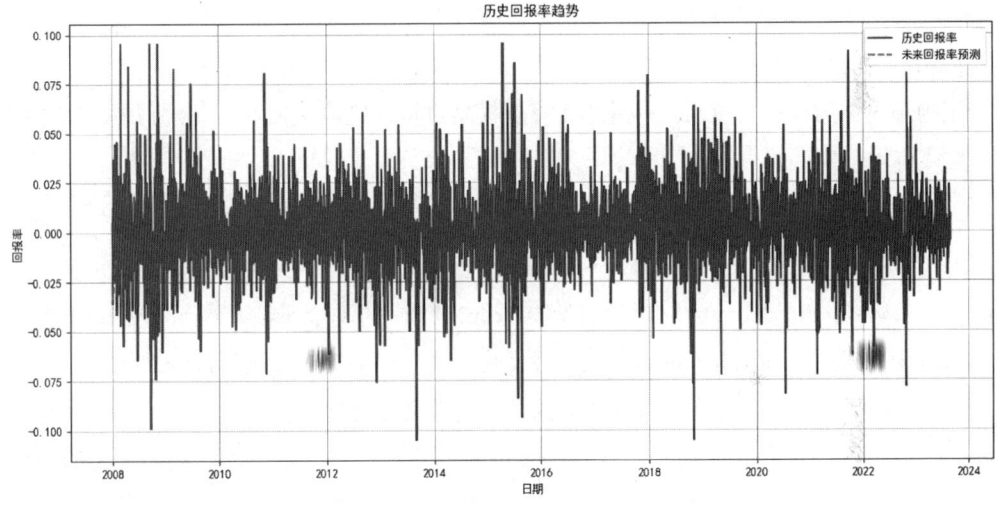

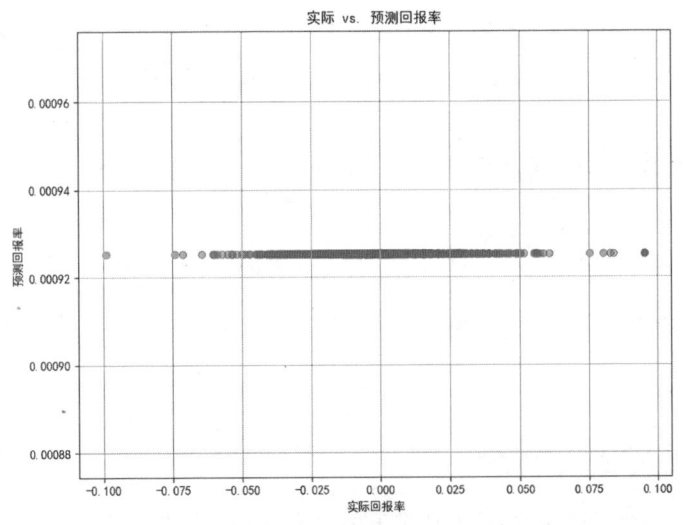

图8-1 可视化结果

在上述代码中使用了一个更深层次的MLP模型和L2正则化功能,具体说明如下。

(1)更深层次的MLP模型

在上述代码中定义了一个名为DeepMLP的深度神经网络模型,该模型包括多个隐藏层和非线性激活函数。具体来说,这个模型包括以下层。

一个输入层——nn.Linear(1, 128):接受一个特征输入,即回报率。这个层将输入的维度从1扩展到128。

三个隐藏层——nn.Linear(128, 64)、nn.Linear(64, 32)、nn.Linear(32, 1):每个隐藏层包括线性变换和ReLU激活函数。这些层逐渐减少了特征的维度。

每个隐藏层之间都有ReLU激活函数,用于引入非线性。

这种更深层次的模型允许网络学习更复杂的特征表示,以更好地捕获数据中的潜在模式和趋势。相较浅层模型,深层模型通常能够更好地适应数据和提升预测性能。

(2)L2正则化

L2正则化也称为权重衰减,是一种用于降低模型过拟合风险的技术。在代码中,L2正则化通过以下方式应用于模型。

```
optimizer = optim.Adam(model.parameters(), lr=0.001, weight_decay=model.weight_decay)
```

这里的参数weight_decay被设置为模型类DeepMLP中的一个属性,用于控制L2正则化的强度。在Adam优化器中,weight_decay参数告诉优化器要对模型的权重进行L2正则化,以减小权重的大小。这有助于防止模型过度拟合训练数据,提高模型的泛化能力。

因此,通过将L2正则化应用于优化器,可以有效控制模型的复杂度,提高模型的鲁棒性,使其在未见过的数据上表现更好。这对于金融时间序列数据等容易出现过拟合问题的领域尤其有用。

8.3 交易策略优化

交易策略优化是指为了在金融市场中实现最佳收益而设计和调整的一套规则和方法。交易策略可以包括买入、卖出、持有、组合或对冲特定的资产,以利用市场波动、价格差异或其他市场机会。

8.3.1 交易策略的基本概念

交易策略是在金融市场中执行买入和卖出决策的一套规则和方法。它们旨在根据市场数据、价格趋势、技术指标、基本分析和其他相关信息来实现投资目标。交易策略的概念涉及以下要素。

买入和卖出信号：交易策略根据特定的市场条件生成买入和卖出信号。买入信号表示应该购买某种资产，而卖出信号表示应该出售它。

市场参与者：交易策略通常考虑市场参与者的类型，如散户投资者、机构投资者、套利者等。不同的市场参与者可能有不同的交易行为和动机。

时间框架：交易策略可以根据不同的时间框架进行设计。短期交易策略通常涉及快速的买卖，而长期策略可能需要持有资产数月甚至数年。

风险管理：风险管理是交易策略的重要组成部分。它包括确定每个交易的风险和回报，并采取措施来保护投资资本。

市场订单类型：交易策略还涉及选择适当的市场订单类型。常见的市场订单包括市价订单、限价订单、止损订单和止盈订单。

交易成本：交易策略应该考虑交易成本，包括佣金、买卖价差和滑点。高交易成本可能会影响策略的盈利能力。

背景分析：一些交易策略可能需要基本分析，即考虑资产的基本面因素，如公司财务状况、行业前景和宏观经济因素。

技术指标：一些策略可能基于技术指标，如移动平均线、相对强弱指标和布林线指标等。

回测和优化：在实际应用之前，交易策略通常需要进行回测，以评估其在历史市场数据上的表现。优化策略可能涉及调整参数或规则。

多样化：为了降低风险，投资者通常会采用多样化的交易策略，涵盖不同的资产类别和市场条件。

心理因素：投资者的情感和心理状态也会影响交易策略的执行。纪律和情感管理对于成功的交易至关重要。

监管和法规：在执行交易策略的过程中，投资者必须严格遵守金融市场的监管要求和法律法规。这不仅关乎投资者的合法性和合规性，还直接影响其交易活动的安全性和稳定性。

总之，交易策略的设计和执行需要深入的市场理解、分析技能和风险管理能力。成功的交易策略可以帮助投资者实现盈利目标，但投资者同时也需要保持谨慎和不断地改进交易策略。

8.3.2 基于人工智能的交易策略优化

基于人工智能的交易策略优化是一种利用机器学习和深度学习等人工智能技术来改进和优化金融市场交易策略的方法。这种方法的目标是提高交易策略的性能，包括收益率、风险管理和资本利用率等。常见的基于人工智能的交易策略优化方法有数据预处理和特征工程、机器学习模型、训练和优化模型、风险管理、实时决策、回测和评估、部署和监控、迭代优化等。

实例8-3：基于强化学习的股票交易策略学习器（源码路径：daima/8/trade.py）

实例文件trade.py用于训练一个股票交易策略的强化学习模型，策略网络通过神经网络实现，并包含了 L2 正则化项以提高泛化性能。模型通过与交易环境互动学习，目标是最大化累积奖励。文件trade.py的具体实现流程如下所示。

（1）使用Tushare获取股票"浪潮信息"的股票价格数据，然后用于训练强化学习模型。具体实现代码如下所示。

```python
# 设置Tushare的token，需要提前在Tushare官网注册并获取token
token = ""
ts.set_token(token)

# 初始化Tushare接口
pro = ts.pro_api()

# 数据收集
def collect_data():
    # 使用Tushare Pro版获取股票数据
    df = pro.daily(ts_code="000977.SZ", start_date="2010-01-01", end_date="2020-01-01")
    prices = df["close"].values.astype(float)
    return prices
```

（2）编写OpenAI Gym 股票交易环境类TradingEnvironment，用于模拟股票交易。该环境包括了观察空间（observation space）、动作空间（action space）、重置方法（reset）和步进方法（step）等。其中，观察空间是一个包含两个元素的向量，分别表示余额和股票库存。动作空间是一个离散空间，包括三个动作，分别是买入、卖出和持有。具体实现代码如下所示。

```python
# 定义交易环境
class TradingEnvironment(gym.Env):
    def __init__(self, prices):
        super(TradingEnvironment, self).__init__()
        self.prices = prices
        self.current_step = 0
        self.balance = 10000  # 初始资金
        self.stock_inventory = 0
        self.max_steps = len(prices)
        self.action_space = gym.spaces.Discrete(3)  # 三个动作：买入、卖出、持有
        self.observation_space = gym.spaces.Box(low=0, high=np.inf, shape=(2,), dtype=np.float32)

    def reset(self):
```

```python
        self.current_step = 0
        self.balance = 10000
        self.stock_inventory = 0
        return np.array([self.balance, self.stock_inventory])

    def step(self, action):
        current_price = self.prices[self.current_step]
        if action == 0:  # 买入
            if self.balance >= current_price:
                num_to_buy = int(self.balance / current_price)
                self.balance -= num_to_buy * current_price
                self.stock_inventory += num_to_buy
        elif action == 1:  # 卖出
            if self.stock_inventory > 0:
                self.balance += self.stock_inventory * current_price
                self.stock_inventory = 0
        self.current_step += 1
        done = self.current_step >= self.max_steps
        reward = self.balance + self.stock_inventory * current_price - 10000  # 计算奖励
        return np.array([self.balance, self.stock_inventory]), reward, done, {}
```

（3）编写类PolicyNetwork，定义一个简单的深度神经网络策略。该网络的输入是观察空间，输出是对每个动作的概率分布。为了增加模型的泛化性，添加了 L2 正则化项，通过 calculate_l2_regularization 方法计算 L2 正则化损失，并将其添加到损失函数中。具体实现代码如下所示。

```python
# 定义一个简单的深度神经网络策略，并添加L2正则化
class PolicyNetwork(nn.Module):
    def __init__(self, input_dim, output_dim, l2_reg=0.01):
        super(PolicyNetwork, self).__init__()
        self.fc1 = nn.Linear(input_dim, 128)
        self.fc2 = nn.Linear(128, 64)
        self.fc3 = nn.Linear(64, output_dim)

        # 添加L2正则化到模型的所有线性层
        self.l2_reg = l2_reg
        self.l2_loss = nn.MSELoss(reduction='sum')

    def forward(self, x):
        x = torch.relu(self.fc1(x))
```

```python
        x = torch.relu(self.fc2(x))
        x = self.fc3(x)
        return x

    def calculate_l2_regularization(self):
        l2_loss = 0.0
        for param in self.parameters():
            l2_loss += self.l2_loss(param, target=torch.zeros_like(param))
        return l2_loss * self.l2_reg    # 缩放L2正则化项的权重
```

(4)编写函数 train_policy_network(),用于训练前面创建的网络模型,具体实现代码如下所示。

```
# 训练策略网络
def train_policy_network(prices, l2_reg=0.01):    # 添加L2正则化参数
    env = TradingEnvironment(prices)
    input_dim = env.observation_space.shape[0]
    output_dim = env.action_space.n
    policy_network = PolicyNetwork(input_dim, output_dim, l2_reg)    # 传递L2正则化参数
    optimizer = torch.optim.Adam(policy_network.parameters(), lr=0.001)

    num_episodes = 10000
    rewards = []

    for episode in range(num_episodes):
        state = env.reset()
        episode_reward = 0

        while True:
            state_tensor = torch.FloatTensor(state)
            action_logits = policy_network(state_tensor)
            action_prob = torch.softmax(action_logits, dim=-1)
            action = np.random.choice(output_dim, p=action_prob.detach().numpy())

            next_state, reward, done, _ = env.step(action)

            if done:
                break

            episode_reward += reward
            state = next_state
```

```
        # 计算L2正则化项并添加到损失中
        l2_loss = policy_network.calculate_l2_regularization()
        loss = -torch.tensor([episode_reward], dtype=torch.float32, requires_
grad=True) + l2_loss
        optimizer.zero_grad()
        loss.backward()
        optimizer.step()

        if (episode + 1) % 10 == 0:
            print(f"Episode {episode + 1}/{num_episodes}, Reward: {episode_
reward:.2f}")

    return policy_network, rewards
```

上述代码的实现流程如下。

首先，创建交易环境，并初始化策略网络和优化器。

接着，使用强化学习方法来训练策略网络。在每个训练周期中，策略网络与环境交互，选择动作，并计算奖励。

损失函数包括两部分：一部分是奖励，另一部分是L2正则化项。

使用优化器来最小化损失函数，以更新策略网络的权重。

训练过程重复多个训练周期，每个周期都输出奖励，并且在一定的训练周期后显示奖励曲线。

（5）编写主函数，在主函数中，首先收集了股票数据。然后，训练策略网络，并传递了L2正则化参数 l2_reg。最后，保存训练好的策略网络模型，并绘制奖励曲线。具体实现代码如下所示。

```
# 主函数
if __name__ == "__main__":
    # 收集数据
    prices = collect_data()

    # 训练策略网络，传递L2正则化参数
    policy_network, rewards = train_policy_network(prices, l2_reg=0.01)

    # 保存模型
    torch.save(policy_network.state_dict(), "policy_network.pth")

    # 绘制奖励曲线
    plt.plot(rewards)
```

```
plt.xlabel("Episode")
plt.ylabel("Reward")
plt.title("Training Reward Curve")
plt.show()
```

执行后会输出学习过程并绘制可视化图。

```
Episode 20/10000, Reward: 6673009.12
...
```

8.4 股票交易策略实战：制作股票交易策略模型

在下面的实例中，我们将利用Tushare库获取中国A股市场的股票数据。随后，我们将使用两种强化学习模型（DDPG和A2C）对股票交易策略进行训练。这些模型将在训练过程中学习如何根据市场情况动态调整交易策略，以最大化投资组合的长期价值。完成训练后，这些模型将被用于实际的股票交易，通过强化学习的方式来决定买入和卖出的时间以及具体的股票选择。为了提高开发效率，本实例将使用FinRL（Financial Reinforcement Learning）库来实现上述目标。FinRL是一个专为金融领域设计的强化学习库，它集成了多种强化学习算法，包括DQN、DDPG、PPO、SAC等，并提供了从数据处理、模型训练到策略评估的一整套工具和框架。使用FinRL，研究人员和开发者能够更加方便地利用强化学习技术来构建和优化金融交易策略。

实例8-4：制作股票交易策略模型（源码路径：daima/8/China_A_share_market.py）

8.4.1 准备环境

（1）使用如下所示的pip命令安装FinRL库。

```
!pip install git+https://github.com/AI4Finance-Foundation/FinRL.git
```

（2）使用如下命令在线加载FinRL-Meta的GitHub存储库。

```
%cd /!git clone https://github.com/AI4Finance-Foundation/FinRL-Meta
%cd /FinRL-Meta/
```

加载过程如下所示。

```
/Cloning into 'FinRL-Meta'...
remote: Enumerating objects: 7862, done.
remote: Counting objects: 100% (101/101), done.
remote: Compressing objects: 100% (66/66), done.
```

```
remote: Total 7862 (delta 48), reused 67 (delta 35), pack-reused 7761
Receiving objects: 100% (7862/7862), 170.60 MiB | 20.49 MiB/s, done.
Resolving deltas: 100% (4565/4565), done.
Updating files: 100% (423/423), done.
/FinRL-Meta
```

（3）准备一些指定的目录，如果这些指定的目录不存在的话，使用如下代码创建这些目录。

```
import os
'''
use check_and_make_directories() to replace the following

if not os.path.exists("./datasets"):
  os.makedirs("./datasets")
if not os.path.exists("./trained_models"):
  os.makedirs("./trained_models")
if not os.path.exists("./tensorboard_log"):
  os.makedirs("./tensorboard_log")
if not os.path.exists("./results"):
  os.makedirs("./results")
'''

check_and_make_directories([DATA_SAVE_DIR, TRAINED_MODEL_DIR, TENSORBOARD_LOG_DIR, RESULTS_DIR])
```

执行后会输出以下内容。

```
/
Cloning into 'FinRL-Meta'...
remote: Enumerating objects: 7862, done.
remote: Counting objects: 100% (101/101), done.
remote: Compressing objects: 100% (66/66), done.
remote: Total 7862 (delta 48), reused 67 (delta 35), pack-reused 7761
Receiving objects: 100% (7862/7862), 170.60 MiB | 20.49 MiB/s, done.
Resolving deltas: 100% (4565/4565), done.
Updating files: 100% (423/423), done.
/FinRL-Meta
```

8.4.2 准备数据

定义一个股票代码列表 ticker_list，其中包含了多个A股市场的股票代码，然后从Tushare获取这些股票的历史交易数据。具体实现代码如下所示。

```
ticker_list = ['600000.SH', '600009.SH', '600016.SH', '600028.SH', '600030.
SH', '600031.SH', '600036.SH', '600050.SH', '600104.SH', '600196.SH',
'600276.SH', '600309.SH', '600519.SH', '600547.SH', '600570.SH']

TRAIN_START_DATE = '2015-01-01'
TRAIN_END_DATE= '2019-08-01'
TRADE_START_DATE = '2019-08-01'
TRADE_END_DATE = '2020-01-03'

TIME_INTERVAL = "1d"
kwargs = {}
kwargs['token'] = ' '
p = DataProcessor(data_source='Tushare', start_date=TRAIN_START_DATE, end_
date=TRADE_END_DATE, time_interval=TIME_INTERVAL, **kwargs)
```

对上述代码的具体说明如下。

（1）设置训练和交易的时间范围。

TRAIN_START_DATE：表示训练数据的起始日期，设置为"2015-01-01"。

TRAIN_END_DATE：表示训练数据的结束日期，设置为"2019-08-01"。

TRADE_START_DATE：表示交易数据的起始日期，设置为"2019-08-01"。

TRADE_END_DATE：表示交易数据的结束日期，设置为"2020-01-03"。

（2）定义时间间隔 TIME_INTERVAL，设置为"1d"，表示每日数据。

（3）创建一个空字典 kwargs，然后向 kwargs 字典中添加一个键值对，键为"token"，值为自己的token值。

（4）创建一个名为 p 的 DataProcessor 对象，用于数据处理和下载。在创建 DataProcessor 对象时，传入了以下参数。

将data_source 设置为"Tushare"，表示使用 Tushare 数据源。

将start_date 设置为"TRAIN_START_DATE"，表示训练数据下载的起始日期。

将end_date 设置为"TRADE_END_DATE"，表示训练数据下载的结束日期。

将time_interval 设置为"TIME_INTERVAL"，表示数据的时间间隔。

**kwargs 表示将前面定义的 kwargs 字典作为额外的关键字参数传递给 DataProcessor。

上述代码的目的是为后续的数据下载和处理操作准备数据源和参数。

8.4.3 下载、清理和预处理股票数据

首先，调用 p.download_data(ticker_list=ticker_list) 方法从 Tushare下载指定股票代码列表的股票数据，其中 ticker_list 参数传入了之前定义的股票代码列表。然后调用 p.clean_data() 方法对下

载的数据进行清理和预处理，这个方法会处理数据中的缺失值、异常值等，以确保数据质量。最后调用 p.fillna() 方法填充数据中的缺失值，这一步骤通常是为了确保数据在后续的分析和建模过程中能够正常使用，因为很多机器学习算法不支持缺失值。具体实现代码如下所示。

```
p.download_data(ticker_list=ticker_list)
p.clean_data()
p.fillna()
```

执行后会输出以下内容。

```
100%|████████████████| 15/15 [00:07<00:00,  1.94it/s]
Download complete! Dataset saved to ./data/dataset.csv.
Shape of DataFrame: (17960, 8)
Shape of DataFrame:  (18315, 8)
```

8.4.4 添加技术指标

技术指标是根据股票价格、成交量等市场数据计算得出的衍生指标，用于分析股票的价格走势、波动和可能的买卖信号。这些指标可以帮助交易员和投资者更好地理解市场趋势和价格动态，以制定投资决策。编写如下所示的代码，在前面已下载并清理的股票数据上计算并添加一组技术指标，并确保数据的完整性。

```
p.add_technical_indicator(config.INDICATORS)
p.fillna()

#print(f"p.dataframe: {p.dataframe}")
```

对上述代码的具体说明如下。

调用 p.add_technical_indicator(config.INDICATORS) 方法，其中 config.INDICATORS 是一个包含一组技术指标的配置参数。这个方法的功能是根据配置参数计算并添加技术指标列到数据中。技术指标通常是根据股票价格和交易量等数据计算得出的衍生指标，用于分析股票的走势和价格动态。

执行后会输出以下内容。

```
tech_indicator_list: ['macd', 'boll_ub', 'boll_lb', 'rsi_30',
'cci_30','dx_30', 'close_30_sma', 'close_60_sma']
indicator: macd
indicator: boll_ub
indicator: boll_lb
indicator: rsi_30
indicator: cci_30
indicator: dx_30
```

```
indicator: close_30_sma
indicator: close_60_sma
Succesfully add technical indicators
Shape of DataFrame:  (18270, 17)
```

8.4.5 拆分数据集

拆分数据集的目的是在模型的开发和评估过程中进行有效的监控和验证，确保模型不仅在训练数据上表现良好，而且能够泛化到未见过的数据。通常，原始的训练数据集会被分成训练集、验证集和测试集，具体拆分比例可以根据具体的问题和数据集大小进行调整。

（1）将数据集 p.dataframe 按照给定的时间范围 TRAIN_START_DATE 和 TRAIN_END_DATE 进行划分，生成训练集 train。具体实现代码如下所示。

```
train = p.data_split(p.dataframe, TRAIN_START_DATE, TRAIN_END_DATE)
print(f"len(train.tic.unique()): {len(train.tic.unique())}")
```

对上述代码的具体说明如下。

p.data_split(p.dataframe, TRAIN_START_DATE, TRAIN_END_DATE)：这是一个数据处理的操作，它从整个数据集 p.dataframe 中选取了在指定时间范围 TRAIN_START_DATE 到 TRAIN_END_DATE 之间的数据。换句话说，它仅保留了在这个时间段内的数据点。

len(train.tic.unique())：这部分代码计算了训练集（train）中不同股票代码（tic）的数量，即计算了在训练集中有多少不同的股票。

上述代码的目的是检查训练集中涵盖了多少不同的股票，以便了解在训练模型时有多少不同的股票数据可用。这对于股票市场的预测建模任务非常重要，因为不同股票的行为可能会有所不同，了解覆盖的股票数量有助于评估模型的多样性和泛化能力。执行后会输出以下内容。

```
len(train.tic.unique()): 15
```

（2）打印训练集（train）中不同股票代码（tic）的列表，使用unique()方法来获取训练集中唯一的股票代码，然后使用 print 函数将这些唯一的股票代码打印出来。具体实现代码如下所示。

```
print(f"train.tic.unique(): {train.tic.unique()}")
```

这个操作有助于了解训练集中包含的股票及其数量。这对于后续的股票市场分析和建模非常重要，因为不同股票的行为和特征可能会有所不同，因此需要根据不同股票的数据进行个性化的建模和分析。执行后会输出以下内容。

```
train.tic.unique(): ['600000.SH' '600009.SH' '600016.SH' '600028.SH'
'600030.SH' '600031.SH''600036.SH' '600050.SH' '600104.SH' '600196.SH'
```

```
'600276.SH' '600309.SH'
'600519.SH' '600547.SH' '600570.SH']
```

（3）使用 train.head() 方法来获取数据集的前几行，然后使用 print 函数将这些行的数据打印出来。具体实现代码如下所示。

```
print(f"train.head(): {train.head()}")
```

执行后会输出以下内容。

```
train.head():
        tic       data       index  open   high   low    close  adjusted_close \
0   600000.SH  2015-01-08    45     15.87  15.88  15.20  15.25  15.25
0   600009.SH  2015-01-08    46     20.18  20.18  19.73  20.00  20.00
0   600016.SH  2015-01-08    47     10.61  10.66  10.09  10.20  10.20
0   600028.SH  2015-01-08    48      7.09   7.41   6.83   6.85   6.85
0   600030.SH  2015-01-08    49     36.40  36.70  34.68  35.25  35.25

        volume       macd      boll_ub    boll_lb     rsi_30     cci_30       \
0   3306271.72  -0.032571   16.617911  15.012089   6.058641  -125.593009
0    198117.45  -0.016008   20.663897  19.736103  12.828915   -90.842491
0   4851684.17  -0.018247   10.957604   9.997396  11.862558   -99.887006
0   8190902.35  -0.008227    7.342000   6.743000  27.409248    36.578171
0   6376268.69   0.032910   36.576444  33.808556  61.517448    47.947020

          dx_30   close_30_sma   close_60_sma
0     23.014040       15.8150        15.8150
0    100.000000       20.2000        20.2000
0    100.000000       10.4775        10.4775
0     64.934862        7.0425         7.0425
0    100.000000       35.1925        35.1925
```

（4）打印训练集（train）的形状（shape）。形状是一个元组，它包含了数据集的维度信息。具体实现代码如下所示。

```
print(f"train.shape: {train.shape}")
```

具体地说，train.shape 的输出是一个包含两个整数的元组，第一个整数表示数据集的行数（样本数量），第二个整数表示数据集的列数（特征数量）。执行后会输出以下内容。

```
train.shape: (16695, 17)
```

（5）计算股票维度（stock_dimension）和状态空间维度（state_space）的值，并将它们打印出来。具体实现代码如下所示。

```
stock_dimension = len(train.tic.unique())
state_space = stock_dimension * (len(config.INDICATORS) + 2) + 1

print(f"Stock Dimension: {stock_dimension}, State Space: {state_space}")
```

对上述代码的具体说明如下。

stock_dimension 表示训练数据中不同股票的数量，它是通过计算训练集中唯一股票代码的数量来确定的。每只股票都被视为一个独立的维度，因为在股票交易中，每只股票都有独立的价格和技术指标数据。

state_space 表示强化学习环境的状态空间维度。在强化学习中，状态空间定义了智能体（这里特指交易策略）可以观察到的所有可能状态的集合。在这里，状态空间的维度是根据股票维度和技术指标的数量计算的。len(config.INDICATORS) 给出了使用的技术指标的数量；"+ 2" 表示还考虑了现金持有量和股票仓位作为状态；最后的 "+ 1" 是为了包含一个额外的状态，通常用于表示时间步骤。

执行后会输出以下内容。

```
Stock Dimension: 15, State Space: 151
```

通过打印这些值，你可以了解在训练过程中将要处理的数据维度，这对于构建强化学习模型和环境非常重要。

8.4.6 准备训练模型环境

创建训练模型的环境，并初始化一些环境参数，具体实现代码如下所示。请注意，这个环境是用于训练强化学习模型的，它将模拟股票交易并生成奖励信号，供模型学习。

```
env_kwargs = { "stock_dim": stock_dimension, "hmax": 1000, "initial_amount":
1000000, "buy_cost_pct": 6.87e-5, "sell_cost_pct": 1.0687e-3, "reward_scal-
ing": 1e-4, "state_space": state_space, "action_space": stock_dimension,
"tech_indicator_list": config.INDICATORS, "print_verbosity": 1, "initial_
buy": True, "hundred_each_trade": True }

e_train_gym = StockTradingEnv(df=train, **env_kwargs)
env_train, _ = e_train_gym.get_sb_env()

print(f"print(type(env_train)): {print(type(env_train))}")
```

上述代码创建了一个名为"e_train_gym"的股票交易环境，该环境使用训练数据（train）和上述参数进行初始化。然后，通过函数e_train_gym.get_sb_env()获得适用于Stable Baselines3库的训练环境 env_train。最后，代码打印了 env_train 的数据类型，以确认环境已成功创建。各个环境参数的具体说明如下。

- stock_dim：股票维度，表示在环境中交易的不同股票数量。
- hmax：最大持仓数，表示在环境中最多可以同时持有的股票数量。
- initial_amount：初始资金，表示在训练开始时智能体的初始资金金额。
- buy_cost_pct：购买成本百分比，表示每次购买股票时的手续费占购买金额的百分比。
- sell_cost_pct：卖出成本百分比，表示每次卖出股票时的手续费占卖出金额的百分比。
- reward_scaling：奖励缩放因子，用于缩放奖励信号的大小。
- state_space：状态空间维度，表示智能体观察到的环境状态的维度。
- action_space：行动空间维度，表示智能体可以采取的不同行动的数量。
- tech_indicator_list：技术指标列表，包含了在状态中使用的技术指标的名称。
- print_verbosity：打印详细程度，控制环境在训练过程中的信息输出。
- initial_buy：是否允许在训练开始时进行初始买入操作。
- hundred_each_trade：是否在每次交易中购买100股。

8.4.7 训练DDPG模型

DDPG（Deep Deterministic Policy Gradient）是一种深度强化学习算法，通常用于解决连续动作空间的强化学习问题。DDPG结合了深度神经网络和确定性策略梯度方法，适用于处理需要连续动作控制的问题，如机器人控制、自动驾驶和股票交易等。这里我们使用DDPG算法训练智能体，使其学会在给定的环境中执行交易策略。具体实现代码如下所示。

```
agent = DRLAgent(env=env_train)
DDPG_PARAMS = { "batch_size": 256, "buffer_size": 50000, "learning_rate": 0.0005, "action_noise": "normal", }
POLICY_KWARGS = dict(net_arch=dict(pi=[64, 64], qf=[400, 300]))
model_ddpg = agent.get_model("ddpg", model_kwargs=DDPG_PARAMS, policy_kwargs=POLICY_KWARGS)

trained_ddpg = agent.train_model(model=model_ddpg, tb_log_name='ddpg', total_timesteps=10000)
```

对上述代码的具体说明如下。

agent = DRLAgent(env=env_train)：创建一个DRLAgent对象，并将该对象用于训练智能体。

DDPG_PARAMS：这是一个包含DDPG算法的超参数配置的字典。它指定了批处理大小（batch_size）、经验回放缓冲区大小（buffer_size）、学习率（learning_rate）和动作噪声类型（action_noise）。DDPG是一种带有经验回放和探索策略的算法，这些参数用于配置其训练方式。

POLICY_KWARGS：这是一个用于配置策略网络的关键字参数字典。在DDPG中，有两个网络，一个是用于生成动作的策略网络（pi），另一个是用于估计状态值的值函数网络（qf）。net_arch参数指定了这两个网络的结构，这里指定了它们的隐藏层结构。

model_ddpg = agent.get_model("ddpg", model_kwargs=DDPG_PARAMS, policy_kwargs=POLICY_KWARGS)：创建了一个DDPG模型对象，使用上述定义的超参数和策略网络配置。模型对象将用于训练智能体。

trained_ddpg = agent.train_model(model=model_ddpg, tb_log_name='ddpg', total_timesteps=10000)：这是训练DDPG模型的代码。train_model方法接受模型对象和其他参数，包括总训练时间步数（total_timesteps），以确定训练的时长。在这里，模型将训练10000个时间步数。

总之，上述代码用于训练一个DDPG强化学习模型，该模型将在给定的股票交易环境中学习如何执行动作以最大化累积奖励。通过调整超参数和策略网络配置，可以改变模型的行为和性能。执行后会输出以下内容。

```
DDPG_PARAMS={'batch_size': 256, 'buffer_size': 50000, 'learning_rate':
0.0005, 'action_noise': NormalActionNoise(mu=[0. 0. 0. 0. 0. 0. 0. 0. 0. 0.
0. 0. 0. 0. 0.], sigma=[0.1 0.1 0.1 0.1 0.1 0.1 0.1 0.1 0.1 0.1 0.1 0.1 0.1
0.1 0.1])}
Using cpu device
Logging to tensorboard_log/ddpg/ddpg_1
Episode: 2
day: 1112, episode: 2
begin_total_asset: 1000000.00
end_total_asset: 2109049.67
total_reward: 1109049.67
total_cost: 12151.48
total_trades: 16679
Sharpe: 0.726
==============================
Episode: 3
day: 1112, episode: 3
begin_total_asset: 1000000.00
end_total_asset: 1873632.31
total_reward: 873632.31
total_cost: 620.69
total_trades: 16680
Sharpe: 0.650
==============================
Episode: 4
```

```
day: 1112, episode: 4
begin_total_asset: 1000000.00
end_total_asset: 1480411.95
total_reward: 480411.95
total_cost: 488.05
total_trades: 16680
Sharpe: 0.471
=================================
Episode: 5
day: 1112, episode: 5
begin_total_asset: 1000000.00
end_total_asset: 1473792.94
total_reward: 473792.94
total_cost: 488.06
total_trades: 16680
Sharpe: 0.467
=================================
-----------------------------------
| time/              |           |
|    episodes        | 4         |
|    fps             | 26        |
|    time_elapsed    | 170       |
|    total_timesteps | 4452      |
| train/             |           |
|    actor_loss      | -670      |
|    critic_loss     | 1.54e+03  |
|    learning_rate   | 0.0005    |
|    n_updates       | 3339      |
|    reward          | -1.7532761|
-----------------------------------
Episode: 6
day: 1112, episode: 6
begin_total_asset: 1000000.00
end_total_asset: 1459229.94
total_reward: 459229.94
total_cost: 488.06
total_trades: 16680
Sharpe: 0.456
=================================
Episode: 7
day: 1112, episode: 7
begin_total_asset: 1000000.00
```

end_total_asset: 1479962.94
total_reward: 479962.94
total_cost: 488.06
total_trades: 16680
Sharpe: 0.471
=================================
Episode: 8
day: 1112, episode: 8
begin_total_asset: 1000000.00
end_total_asset: 1485250.97
total_reward: 485250.97
total_cost: 488.03
total_trades: 16680
Sharpe: 0.474
=================================
Episode: 9
day: 1112, episode: 9
begin_total_asset: 1000000.00
end_total_asset: 1493105.94
total_reward: 493105.94
total_cost: 488.06
total_trades: 16680
Sharpe: 0.480
=================================
----
time/	
episodes	8
fps	24
time_elapsed	369
total_timesteps	8904
train/	
actor_loss	-806
critic_loss	323
learning_rate	0.0005
n_updates	7791
reward	-1.8583821

Episode: 10
day: 1112, episode: 10
begin_total_asset: 1000000.00
end_total_asset: 1474497.96
total_reward: 474497.96

```
total_cost: 488.04
total_trades: 16680
Sharpe: 0.466
=================================
```

上面的输出是在DDPG算法训练过程中的日志和统计信息，下面是对一些关键信息的解释说明。

DDPG_PARAMS：是DDPG算法的超参数，它们在训练过程中保持不变。这些参数包括批处理大小、经验回放缓冲区大小、学习率和动作噪声类型。

Using cpu device：是指模型正在使用CPU设备进行训练。在这里，模型没有使用GPU加速。

Episode：每个Episode代表了一次完整的训练周期，也就是一次从开始到结束的模拟交易过程。

begin_total_asset和end_total_asset：表示每个Episode的初始总资产和结束总资产。这些数字反映了在训练过程中智能体的投资表现。

total_reward：每个Episode的累积奖励，表示在整个Episode中智能体获得的回报。奖励通常是智能体目标的度量，训练的目标是最大化奖励。

total_cost：每个Episode中交易产生的总成本，包括买入和卖出股票的交易费用。

total_trades：每个Episode中执行的总交易数量。

Sharpe：夏普比率，表示每个Episode的夏普比率，是衡量投资组合回报与风险之间权衡的一个指标。

time_elapsed：训练的时间经过了多少秒。

上述输出信息有助于观察和评估DDPG模型的训练进展和性能。在每个Episode之后，可以看到模型的投资表现、奖励和交易成本等指标的变化。训练的目标是通过不断调整模型的参数，使其在交易任务中展现出良好的表现。

8.4.8 训练A2C模型

A2C（Advantage Actor-Critic）是一种深度强化学习算法，它结合了AC框架和优势函数的概念，用于解决连续动作空间的强化学习问题。A2C是一种策略梯度方法，旨在训练一个模型来学习在与环境的交互中获得最大奖励的策略。请看下面的代码，功能是使用FinRL库中的类DRLAgent训练一个A2C模型。

```
agent = DRLAgent(env=env_train)
model_a2c = agent.get_model("a2c")
trained_a2c = agent.train_model(model=model_a2c, tb_log_name='a2c', total_
timesteps=50000)
```

对上述代码的具体说明如下。

第1行代码创建了一个DRLAgent对象，将训练环境env_train作为参数传递给该对象。DRLAgent是FinRL库中用于管理和训练强化学习模型的类。

第2行代码通过DRLAgent对象的get_model方法，获取A2C模型。A2C是一种基于AC框架的强化学习算法，用于学习策略（Actor）和值函数（Critic）。

第3行代码使用训练数据和A2C模型来进行模型训练。total_timesteps参数指定了训练的总步数，这里是50000步。在训练过程中，模型将与环境交互，学习最优的策略。在训练完成后，训练好的模型将被存储在trained_a2c中。

总之，上述代码使用A2C算法对给定的训练环境进行训练，并将训练好的模型保存在trained_a2c中，以供后续使用。这个模型可以用于执行股票交易策略。执行后会输出以下内容。

```
{'n_steps': 5, 'ent_coef': 0.01, 'learning_rate': 0.0007}
Using cpu device
Logging to tensorboard_log/a2c/a2c_1
------------------------------------
| time/               |          |
|    fps              | 251      |
|    iterations       | 100      |
|    time_elapsed     | 1        |
|    total_timesteps  | 500      |
| train/              |          |
|    entropy_loss     | -21.3    |
|    explained_variance | -0.0322 |
|    learning_rate    | 0.0007   |
|    n_updates        | 99       |
|    policy_loss      | -2.66    |
|    reward           | -0.5146969 |
|    std              | 1        |
|    value_loss       | 2.24     |
------------------------------------
------------------------------------
| time/               |          |
|    fps              | 248      |
|    iterations       | 200      |
###省略部分结果
------------------------------------
------------------------------------
| time/               |          |
|    fps              | 241      |
|    iterations       | 10000    |
```

```
|    time_elapsed          | 206        |
|    total_timesteps       | 50000      |
| train/                   |            |
|    entropy_loss          | -22.3      |
|    explained_variance    | 0.056      |
|    learning_rate         | 0.0007     |
|    n_updates             | 9999       |
|    policy_loss           | 25.9       |
|    reward                | -12.614292 |
|    std                   | 1.07       |
|    value_loss            | 4.95       |
---------------------------------------
```

8.4.9 测试模型

创建一个用于模拟股票交易的测试环境（e_trade_gym），以便在该环境中测试之前训练的交易策略模型。具体实现代码如下所示。

```
trade = p.data_split(p.dataframe, TRADE_START_DATE, TRADE_END_DATE)
env_kwargs = { "stock_dim": stock_dimension, "hmax": 1000, "initial_amount":
1000000, "buy_cost_pct": 6.87e-5, "sell_cost_pct": 1.0687e-3, "reward_scal-
ing": 1e-4, "state_space": state_space, "action_space": stock_dimension,
"tech_indicator_list": config.INDICATORS, "print_verbosity": 1, "initial_
buy": False, "hundred_each_trade": True }
e_trade_gym = StockTradingEnv(df=trade, **env_kwargs)
df_account_value, df_actions = DRLAgent.DRL_prediction(model=trained_ddpg,
environment=e_trade_gym)
```

对上述代码的具体说明如下。

（1）trade = p.data_split(p.dataframe, TRADE_START_DATE, TRADE_END_DATE)：从之前下载、清理和特征工程处理过的数据中，选择指定日期范围内的数据，用于模拟交易。这个数据集将在测试环境中使用。

（2）env_kwargs：这是一个包含测试环境参数的字典，包括以下参数。

stock_dim：股票维度，即股票数量。

hmax：最大交易持仓周期，这里设置为1000。

initial_amount：初始资金，这里设置为1000000（100万美元）。

buy_cost_pct和sell_cost_pct：买入和卖出交易成本的百分比，用于计算交易手续费。

reward_scaling：奖励缩放因子，用于缩放奖励信号。

state_space和action_space：状态空间和动作空间的维度，根据之前的计算得到。

tech_indicator_list：技术指标列表，包含了一些常见的技术指标，用于表示股票的特征。

print_verbosity：打印详细程度，这里设置为1。

initial_buy：是否初始时购买股票，这里设置为False，表示初始时不购买。

hundred_each_trade：是否每次交易购买或卖出100股股票。

（3）e_trade_gym = StockTradingEnv(df=trade, **env_kwargs)：使用上述参数创建股票交易环境。该环境将使用测试数据集trade，并应用上述参数配置。这个测试环境将用于在实际市场上模拟执行交易策略，并评估其性能。

（4）DRL_prediction(model=trained_ddpg, environment=e_trade_gym)：使用训练好的DDPG模型（trained_ddpg）和测试环境（e_trade_gym），执行交易策略的预测和模拟交易。

预测：模型根据当前的市场状态（包括技术指标等）进行预测，并生成交易决策。这些决策可能包括买入、卖出或持有某只股票。

模拟交易：根据模型的交易决策，在模拟环境中执行相应的买入和卖出操作，并根据模拟交易的结果更新投资组合价值。这里的df_account_value存储了模拟交易期间的投资组合价值随时间的变化，而df_actions存储了模型在每个交易日的决策。

总之，上述代码用于配置和创建一个用于测试交易策略的股票交易环境，然后将训练好的DDPG模型应用于测试环境中，模拟在真实市场上执行交易策略的过程，并记录投资组合价值和交易决策，以便后续进行回测和性能评估。执行后会输出以下内容。

```
Episode: 2
day: 103, episode: 2
begin_total_asset: 1000000.00
end_total_asset: 952511.32
total_reward: -47488.68
total_cost: 68.68
total_trades: 608
Sharpe: -0.366
==============================
hit end!
```

8.4.10 保存交易决策数据

编写如下所示的代码，使用df_actions.to_csv("action.csv", index=False)将模型在测试期间生成的交易决策数据保存到名为action.csv的CSV文件中，同时不包括行索引。使用代码print(f"df_actions: {df_actions}")打印输出模型在每个交易日生成的交易决策数据，这些决策数据包括了股票买入、卖出或持有，以及交易数量等信息。

```
df_actions.to_csv("action.csv", index=False)
print(f"df_actions: {df_actions}")
```

通过将这些数据保存到CSV文件并打印输出,我们可以进一步分析模型的交易决策,以便进行回测和性能评估。执行后会输出以下内容。

```
df_actions:
           600000.SH  600009.SH  600016.SH  600028.SH  600030.SH  600031.SH  \
date
2019-08-01         0          0       1000       1000          0       1000
2019-08-02         0          0       1000       1000          0       1000
2019-08-05         0          0       1000       1000          0       1000
2019-08-06         0          0       1000       1000          0       1000
2019-08-07         0          0       1000       1000          0       1000
...              ...        ...        ...        ...        ...        ...
2019-12-25         0          0          0          0          0          0
2019-12-26         0          0          0          0          0          0
2019-12-27         0          0          0          0          0          0
2019-12-30         0          0          0          0          0          0
2019-12-31         0          0          0          0          0          0

           600036.SH  600050.SH  600104.SH  600196.SH  600276.SH  600309.SH  \
date
2019-08-01      1000          0          0          0          0          0
2019-08-02      1000          0          0          0          0          0
2019-08-05      1000          0          0          0          0          0
2019-08-06      1000          0          0          0          0          0
2019-08-07      1000          0          0          0          0          0
...              ...        ...        ...        ...        ...        ...
2019-12-25         0          0          0          0          0          0
2019-12-26         0          0          0          0          0          0
2019-12-27         0          0          0          0          0          0
2019-12-30         0          0          0          0          0          0
2019-12-31         0          0          0          0          0          0

           600519.SH  600547.SH  600570.SH
date
2019-08-01         0       1000          0
2019-08-02         0       1000          0
2019-08-05         0       1000          0
2019-08-06         0       1000          0
2019-08-07         0       1000          0
...              ...        ...        ...
2019-12-25         0          0          0
```

```
2019-12-26                  0            0            0
2019-12-27                  0            0            0
2019-12-30                  0            0            0
2019-12-31                  0            0            0

[103 rows x 15 columns]
```

上述输出结果显示了一个DataFrame，其中包含模型在不同日期的交易决策数据。DataFrame的列对应不同的股票，而行对应不同的日期。每一列中的值表示在相应日期是否进行了买入、卖出或持有操作，以及买入或卖出的股票数量。

8.4.11　对交易策略进行模拟测试

编写如下代码进行策略性能分析，比较两个不同策略的表现，一个是深度学习强化策略（DRL Strategy），另一个是基准策略（Baseline Strategy，通常是市场指数）。

```
baseline_df = plotter.get_baseline("399300")
daily_return = plotter.get_return(df_account_value)
daily_return_base = plotter.get_return(baseline_df, value_col_name="close")

perf_func = timeseries.perf_stats
perf_stats_all = perf_func(returns=daily_return, factor_returns=daily_return_base, positions=None, transactions=None, turnover_denom="AGB")
print("==============DRL Strategy Stats===========")
print(f"perf_stats_all: {perf_stats_all}")
daily_return = plotter.get_return(df_account_value)
daily_return_base = plotter.get_return(baseline_df, value_col_name="close")

perf_func = timeseries.perf_stats
perf_stats_all = perf_func(returns=daily_return_base, factor_returns=daily_return_base, positions=None, transactions=None, turnover_denom="AGB")

print("==============Baseline Strategy Stats===========")

print(f"perf_stats_all: {perf_stats_all}")
```

对上述代码的具体说明如下。

baseline_df = plotter.get_baseline("399300")：获取基准策略的数据，这里的基准策略使用了上证综合指数（399300）作为参考指数。

daily_return = plotter.get_return(df_account_value)：计算交易策略的每日收益率，df_account_value 包含了交易策略的账户价值数据。

daily_return_base = plotter.get_return(baseline_df, value_col_name="close")：计算基准策略的每日收益率，基准策略的数据来自基准策略的DataFrame baseline_df，并且使用了"close"列作为收益率的计算依据。

perf_func = timeseries.perf_stats：设置性能统计函数，这里使用了 PyFolio 库提供的性能统计函数。

perf_stats_all = perf_func(returns=daily_return, factor_returns=daily_return_base, positions=None, transactions=None, turnover_denom="AGB")：计算交易策略的性能统计数据，包括夏普比率、年化收益率、最大回撤等，并将结果存储在 perf_stats_all 中。

print(f"perf_stats_all: {perf_stats_all}")：将交易策略的性能统计数据打印到控制台，包括各种性能指标的数值。

第9章 金融市场情绪分析

本章导读

金融市场情绪分析是一种通过研究和评估市场参与者的情感和情绪,以预测或解释金融市场行为的方法。市场情绪可以对股票、债券、外汇、商品和其他金融资产的价格和波动产生重要影响,影响金融市场的走势。本章将详细讲解使用深度学习技术实现金融市场情绪分析的知识,并通过具体实例来讲解各个知识点的用法。

9.1 情绪分析的概念与方法

情绪分析的目标是确定文本或语音中的情感是积极、消极还是中性,并可以进一步细化为更多的情感类别。

9.1.1 情绪分析的基本概念

情绪分析,也被称为情感分析,是一种自然语言处理(NLP)技术,用于识别、理解和评估文本或语音数据中蕴含的情感色彩、情绪状态和情感倾向性。以下是情绪分析概念涉及的要素。

(1)情感分类:情感分析的主要任务之一是将文本或语音数据中的情感分为不同的类别。最常见的情感分类包括以下三类。

积极情感(Positive Emotion):包括喜悦、满足、兴奋等积极的情感状态。

消极情感(Negative Emotion):包括愤怒、沮丧、焦虑等消极的情感状态。

中性情感(Neutral Emotion):表示文本或语音数据中没有明显的情感表达。

(2)情感极性:除了将情感分类为积极、消极和中性外,情感分析还可以测量情感的强度或极性。例如,积极情感可以是高兴和兴奋,消极情感可以是悲伤和愤怒,它们可以有不同的强度。

（3）情感词汇：情感分析依赖于情感词汇，这些词汇是与情感相关的词或短语。情感词汇通常被用于确定文本中的情感表达。

（4）语境理解：情感分析不仅要考虑情感词汇，还要考虑它们在文本中的上下文。同样的词汇在不同的上下文中可能具有不同的情感含义。

（5）机器学习和深度学习：情感分析通常使用机器学习和深度学习技术来自动识别和分类情感。这包括使用已标记的训练数据来训练情感分类模型。

（6）应用领域：情感分析在各种领域中都有广泛的应用，包括社交媒体监测、产品评论分析、市场研究、情感智能助手、客户服务反馈分析等。

（7）情感分析工具和API：有许多情感分析工具和API可供使用，它们可以帮助分析文本或语音的情感。这些工具通常使用预训练的模型和情感词汇库来进行情感分析。

情感分析的应用场景广泛，它不仅可以帮助组织深入理解用户或客户的情感反馈，还能据此作出更加精准和明智的决策，从而不断优化产品和服务。此外，情感分析也在舆情监测、社交媒体分析和自然语言处理领域发挥着关键作用。

9.1.2 金融市场情绪的重要性

金融市场情绪能够对市场行为和资产价格波动产生深远的影响，以下几个方面展示了金融市场情绪的重要性。

价格波动：市场情绪可以导致资产价格的剧烈波动。积极情绪可能会推高资产价格，而消极情绪可能会导致价格下跌。这种价格波动可能对投资者和交易者产生巨大的风险和机会。

投资者行为：金融市场情绪对投资者的决策和行为有着深远的影响。情绪可以影响投资者的风险偏好，决定他们是买入还是卖出资产。例如，恐慌情绪可能导致抛售，而乐观情绪可能推高市场。

泡沫和崩盘：市场情绪可以导致资产价格的泡沫，即价格远高于其内在价值。当情绪逆转时，泡沫可能会破裂，导致市场崩溃。这种情况下，情绪的失衡可能导致系统性风险。

市场动态：情绪可以在短期内推动市场，远离基本面的价值。这意味着投资者需要密切关注市场情绪，以及它是否与基本面相一致，以更好地管理风险。

舆情影响：社交媒体和舆论可以迅速传播情绪。市场参与者可能会受到新闻报道、社交媒体评论和专家观点的影响，从而改变他们的投资决策。

政策和法规：政府和监管机构也受到市场情绪的影响。情绪可能会推动政策和法规的变化，影响金融市场的运作和稳定性。

投资策略：一些投资策略和交易策略以市场情绪为基础。例如，一些投资者会使用情感分析工具来识别市场情绪的变化，以辅助他们的交易决策。

因此，理解金融市场情绪对投资者、交易者、机构和政策制定者都至关重要。市场情绪不仅是市场行为的重要驱动因素，还可以提供关于市场走向和潜在风险的有用见解。然而，情绪分析应谨慎进行，因为它可能受到噪声和误导信息的影响，而且市场情绪本身也容易波动。因此，它应与其他分析方法和基本面分析相结合，以制定更全面和明智的投资决策。

9.1.3 情绪分析的方法

以下是一些常用的情绪分析方法。

1. 基于规则的方法

情感词汇词典：构建包含情感词汇的词汇表，每个词汇都分配了一个情感极性（如积极、消极或中性）。在分析文本时，计算文本中包含的情感词汇的数量和情感极性，以确定文本的情感。

规则引擎：制订一组规则和模式，以检测情感表达方式，如否定语、程度副词等，然后根据这些规则来评估文本的情感。

2. 机器学习方法

有监督学习：使用带有情感标签的训练数据来训练情感分类模型，如朴素贝叶斯、支持向量机、随机森林等。这些模型学习文本中的模式并在新数据上进行情感分类。

无监督学习：使用无标签的数据，如情感词汇或词向量，通过聚类或降维技术来识别文本中的情感模式。主题建模方法如隐含狄利克雷分布（Latent Dirichlet Allocation，LDA）也可用于情感分析。

3. 深度学习方法

循环神经网络（RNN）：使用RNN或其变种，如长短时记忆网络（LSTM）或门控循环单元（GRU），可以用来处理文本数据的时序信息，以捕获文本中的情感信息。

卷积神经网络（CNN）：使用CNN可以用来捕获文本中的局部模式，尤其是在文本分类任务中。此外，CNN在情感分析中也有应用。

预训练模型：使用大规模的文本数据对预训练的深度学习模型（如BERT、GPT等）进行微调，以执行情感分析任务。

4. 混合方法

混合方法是指将基于规则的方法和机器学习或深度学习方法结合使用，以提高情感分析的准确性和稳定性。例如，可以使用规则引擎来处理一些明显的情感信号，然后使用机器学习模型进一步分析文本。

5. 情感词汇库

情感词汇库利用包含带有情感标签的词汇来识别文本中的情感。情感得分可以通过计算文本中情感词汇的权重和数量来生成。

6. 特征工程

在机器学习方法中，可以使用各种特征提取技术，如词袋模型（Bag of Words）、TF-IDF（Term Frequency-Inverse Document Frequency）和词嵌入（Word Embeddings）等来表示文本数据以供模型使用。

请看下面的实例，功能是使用TextBlob（情感分析库）分析同花顺新闻快讯的舆情是否积极、消极或中性。TextBlob是一个Python库，用于自然语言处理（NLP）任务，包括文本情感分析、文本分类、词性标注、命名实体识别、翻译等。TextBlob构建在NLTK（自然语言工具包）和Pattern库的基础上，提供了一个更简单和更高级的API，使NLP任务更容易实现。

实例9-1：获取同花顺新闻快讯的舆情信息（源码路径：daima/9/zhuacsv.py和new01.py）

（1）实例文件zhuacsv.py的功能是获取Tushare中指定日期范围内的、来自同花顺的新闻快讯信息，然后将获取的新闻信息保存到CSV文件中。具体实现代码如下所示。

```python
import pandas as pd
import Tushare as ts
import re   # 导入正则表达式模块

def save_news_to_csv(start_date, end_date):
    pro = ts.pro_api()
    df = pro.news(src='10jqka', start_date=start_date, end_date=end_date)

    if df.empty:
        print("没有找到新闻信息.")
        return

    # 使用正则表达式替换不允许的字符
    valid_start_date = re.sub(r'[^\w]', '_', start_date)
    valid_end_date = re.sub(r'[^\w]', '_', end_date)

    # 指定保存的文件名
    file_name = f"news_{valid_start_date}_{valid_end_date}.csv"

    # 保存为 CSV 文件
    df.to_csv(file_name, index=False, encoding='utf-8')
    print(f"新闻信息已保存到 {file_name}")

# 指定时间范围
start_date = '2023-01-11 09:00:00'
end_date = '2023-08-22 10:10:00'
```

```
# 调用函数保存新闻信息到 CSV 文件
save_news_to_csv(start_date, end_date)
```

因为在Windows系统中，文件名中不能包含\ / : * ? " < > |，所以上述代码使用正则表达式对文件名进行了处理。为了便于后面的编程处理，执行后将得到的CSV文件重新命名为news_10jqka.csv，里面的内容如下所示。

```
datetime,content,title
2023-08-22 10:09:00,天眼查App最新显示,百度在线网络技术（北京）有限公司近期积极申请注册多个商标,包括"灵境造极""灵境奇点""灵境矩阵""灵境回声",这些商标涵盖了网站服务和科学仪器两大国际分类,当前商标均处于申请中状态。百度申请灵境系列商标
2023-08-22 10:08:00,在全球利率普遍上行的背景下,日本10年期政府债券收益率于8月22日周二攀升至0.66%,这一水平为2014年以来的新高。此变动增加了市场对于日本央行可能采取计划外购债操作以稳定债券市场的预期。日本10年期国债收益率创九年来新高
2023-08-22 10:07:00,在全球利率普遍上行的背景下,日本10年期政府债券收益率于8月22日周二攀升至0.66%,这一水平为2014年以来的新高。日本10年期国债收益率创九年来新高
2023-08-22 10:07:00,光伏概念震荡走低,隆基股份跌超5%,精工科技、阿特斯、固德威、晶澳科技等纷纷跟跌。光伏概念震荡走低 隆基股份跌超5%
2023-08-22 10:02:00,据工信部网站,8月21日,第29次亚太经合组织（APEC）中小企业部长会议在美国西雅图举行。会议主题是"为所有人创造有韧性和可持续的未来"。工业和信息化部副部长徐晓兰率团出席会议并围绕"通过数字化工具和技术为全球市场中的中小微企业赋能"...工信部副部长徐晓兰率团出席第29次APEC中小企业部长会议
2023-08-22 09:59:00,传媒板块出现异动拉升,中国科传涨停,中原传媒、中国出版、南方传媒、浙数文化等纷纷跟涨。传媒板块异动拉升中国科传涨停
2023-08-22 09:58:00,企查查App显示,北京永辉超市有限公司及其关联公司近日新增一则被执行人信息,执行标的金额高达1028万余元,执行法院为北京市石景山区人民法院。企查查信息显示,北京永辉超市有限公司成立于2008年10月,注册资本6亿元,法定代表人为彭...北京永辉超市被强执1028万元
2023-08-22 09:57:00,据沈阳晚报,2023年沈阳铁西区（经开区、中德园）房交会于近日启动,在房交会期间,购买参展企业新建商品住房且完成登记备案的市民,都能享受契税补贴、金融、教育、优惠、"拼房团购"多重优惠政策:商品住房契税补贴50%,享有优质的教育资源及入学...沈阳铁西区房交会:契税可享补贴50%,团购5套以上再享9.5...
2023-08-22 09:56:00,据国家统计局网站消息,为动态监测我国经济发展新动能变动情况,国家统计局统计科学研究所基于《新产业新业态新商业模式统计监测制度》和经济发展新动能统计指标体系,采用定基指数方法测算了2022年我国经济发展新动能指数,并修订了历史指数数据...国家统计局:2022年我国经济发展新动能指数比上年增长28.4%
2023-08-22 09:56:00,根据CINNO Research统计数据显示,2023年1月至6月中国半导体项目投资金额约8553亿元,同比下滑22.7%,这一数据反映出全球半导体产业仍处于去库存阶段。机构:上半年中国半导体产业投资金额同比下滑22.7%
2023-08-22 09:53:00,中国建设银行发布关于调整银行承兑汇票承兑手续费收费标准的公告。自2023年9月1日起,将调整银行承兑汇票承兑手续费收费标准为按银行承兑汇票票面金额的0.05%收取。此前的原收费标准:期限3个月（含）以内,按票面金额的0.05%收取;期限3~6个月...建行下调银行
```

承兑汇票承兑手续费
2023-08-22 09:52:00,A股三大指数集体翻绿，两市超3000只个股下跌。A股三大指数集体翻绿
2023-08-22 09:51:00,据央视新闻报道，记者从中国国家铁路集团有限公司获悉，全国铁路暑运客流持续保持高位运行，7月1日至8月21日，已累计发送旅客7.01亿人次，其中，8月19日发送旅客1568.6万人次，再次刷新暑运单日旅客发送量历史新高。全国铁路日均开行旅客列车达10444列...全国铁路暑运发送旅客已突破七亿人次
2023-08-22 09:50:00,国防军工板块异动拉升，捷强装备涨超12%，观想科技涨超10%，恒宇信通、纵横股份、中航沈飞等跟涨。
####省略后面的内容

（2）编写实例文件new01.py，功能是对文件news_10jqka.csv中的前10条数据的标题进行情感分析，并输出每个标题的情感（积极、消极或中性）。具体实现代码如下所示。

```python
import pandas as pd
from textblob import TextBlob
import Tushare as ts

# 使用Tushare获取特定股票的新闻标题
def get_stock_news(stock_code, start_date, end_date):
    pro = ts.pro_api()
    # 设置数据源为同时获取sina、同花顺和东方财富的新闻
    df_sina = pro.news(src='Sina', start_date=start_date, end_date=end_date, codes=stock_code)
    df_ths = pro.news(src='ths', start_date=start_date, end_date=end_date, codes=stock_code)
    df_eastmoney = pro.news(src='eastmoney', start_date=start_date, end_date=end_date, codes=stock_code)

    # 合并不同数据源的新闻标题
    news_headlines = pd.concat([df_sina['title'], df_ths['title'], df_eastmoney['title']], ignore_index=True)

    return news_headlines

# 使用TextBlob进行情感分析
def analyze_sentiment(text):
    analysis = TextBlob(text)
    if analysis.sentiment.polarity > 0:
        return "积极"
    elif analysis.sentiment.polarity < 0:
        return "消极"
    else:
        return "中性"
```

```python
# 主函数
def main():
    # 指定宁德时代的股票代码和日期范围
    stock_code = "300750"  # 宁德时代的股票代码
    start_date = "2023-01-01"
    end_date = "2023-09-30"

    # 获取股票新闻标题
    news_headlines = get_stock_news(stock_code, start_date, end_date)

    # 进行情感分析并将结果添加到DataFrame中
    sentiment_results = []
    for headline in news_headlines:
        sentiment = analyze_sentiment(headline)
        sentiment_results.append(sentiment)

    # 创建DataFrame来存储新闻标题和情感分析结果
    df = pd.DataFrame({"Headline": news_headlines, "Sentiment": sentiment_results})

    # 输出情感分析结果
    print(df.head(10))   # 输出前10个新闻标题的情感分析结果

if __name__ == "__main__":
    main()
```

执行后会输出以下内容。

```
标题：百度申请灵境系列商标
情感：中性

标题：日本10年期国债收益率创九年来新高
情感：中性

标题：日本10年期国债收益率创九年来新高
情感：中性

标题：光伏概念震荡走低 隆基股份跌超5%
情感：中性

标题：工信部副部长徐晓兰率团出席第29次APEC中小企业部长会议
情感：中性
```

标题：传媒板块异动拉升中国科传涨停
情感：中性

标题：北京永辉超市被强执1028万元
情感：中性

标题：沈阳铁西区房交会：契税可享补贴50%，团购5套以上再享9.5...
情感：中性

标题：国家统计局：2022年我国经济发展新动能指数比上年增长28.4%
情感：中性

标题：机构：上半年中国半导体产业投资金额同比下滑22.7%
情感：中性

情感分析的结果可能受到多个因素的影响，包括文本数据的质量、模型的训练数据以及情感分析算法本身。例如，在本实例中，对新闻标题进行情感分析后得到的结果都是中性，这是因为 TextBlob 是一个基于规则和情感词典的简单情感分析工具，它可能对一些特定的文本有限制，因此在处理金融领域的文本时，可能无法准确捕捉文本的情感。通常，金融领域的情感分析需要更复杂的模型，因为需要考虑上下文和特定领域的词汇。

为了改进情感分析的结果，可以考虑以下措施。

使用更大规模的数据集：更多的数据可能有助于提高模型的性能，尤其是在特定领域或行业中。

自定义情感词汇库：你可以构建或扩展情感词汇库，以更好地匹配特定行业或领域的情感表达方式。

调整模型架构和参数：尝试不同的情感分析模型、算法或参数，以找到最适合宁德时代新闻标题的模型。

使用金融领域的模型：金融领域的情感分析模型更具有针对性，分析结果更加准确。

情感分析在各种应用领域中都有广泛的用途，包括社交媒体监测、产品评论分析、市场研究、舆情分析、客户服务反馈分析等。选择适当的方法取决于数据的性质、任务的复杂性以及可用的计算资源。通常，使用大规模的、有标签的训练数据可以提高情感分析模型的性能，这一点将在本章后面的内容中进行讲解。

9.2 基于人工智能的金融市场情绪分析

基于人工智能的金融市场情绪分析模型使用机器学习和自然语言处理技术，旨在从大量文本数据中自动识别和分析市场参与者的情绪。

9.2.1 传统情绪分析方法的局限性

传统情绪分析方法在处理文本数据中的情感时存在以下局限性。

单一的情感分类：传统情绪分析方法通常将情感分类为积极、消极和中性三个类别，或者更少的几个类别。这种粗粒度的分类不能捕捉到情感的复杂性和多样性。例如，无法分辨愤怒和焦虑之间的差异。

上下文考虑不足：传统情绪分析方法通常基于词汇的情感极性来判断情感，而没有充分考虑上下文。同样的词汇在不同上下文中可能具有不同的情感含义，这可能导致情绪分析的不准确性。

情感表达多样性：人们在表达情感时使用多种方式，包括隐喻、比喻、幽默和反讽等。传统情绪分析方法难以处理这种多样性，因为它们通常依赖于情感词汇的匹配。

领域差异：情绪分析模型通常需要在特定领域或语境中进行训练。这意味着在不同领域或行业中，情绪分析的性能可能会下降，因为模型无法捕捉到领域特定的情感表达方式。

情感标注数据的稀缺性：构建情绪分析模型需要大量的标注数据，特别是对于深度学习方法。然而，获取高质量的标注数据是昂贵且耗时的，因此在某些领域和语言中可能缺乏足够的训练数据。

情感混合：有时在文本中会包含多种情感，而传统情绪分析方法难以有效处理这种情况。例如，一篇评论可能同时包含积极和消极的情感，传统情绪分析方法可能只选择其中一个情感类别。

语言变化和流行度：情感词汇和表达方式随着时间的推移和文化的变化而变化，传统情绪分析方法可能无法跟上这种变化，特别是在快速演变的社交媒体环境中。

为了克服传统情绪分析方法的这些局限性，市场研究人员和开发工程师开始采用深度学习方法，如循环神经网络（RNN）、卷积神经网络（CNN）和预训练的语言模型（如BERT）。这些方法可以更好地捕捉文本中的情感信息，提高情绪分析的准确性和效率。此外，研究者还在探索多模态情绪分析，将文本与图像、音频等其他模态的数据结合起来，以更全面地理解情感。

9.2.2 机器学习与情绪分析

机器学习是一种用于情绪分析的强大工具，它可以自动识别、理解和分类文本或语音中包含的情感倾向。机器学习在情绪分析中的应用主要包括以下几个方面。

情感分类：机器学习可以用于情感分类任务，将文本或语音分为积极、消极、中性等情感类别。这些模型使用已标记的训练数据来学习情感模式，并在新数据上进行情感分类。

情感极性分析：机器学习可以帮助分析文本或语音中的情感极性，即情感的强度和方向。例如，确定文本中的情感是强烈的积极情感还是轻微的消极情感。

特征工程：在情感分析中，机器学习可以用于提取文本或语音数据的相关特征，如词频、TF-IDF、词嵌入等。这些特征可以用于训练情感分类模型。

模型选择：机器学习提供了多种可用于情感分析的模型，包括朴素贝叶斯、支持向量机、决策树、随机森林、深度神经网络等。选择合适的模型取决于任务的复杂性和数据的性质。

训练和调优：机器学习模型需要在带有情感标签的训练数据上进行训练，然后使用交叉验证等技术进行性能评估和超参数调优，以提高模型的准确性和泛化能力。

多语言支持：机器学习可以用于多语言情感分析，使其适用于不同语言的文本和语音数据。

实时情感分析：机器学习可以部署为实时情感分析系统，从而实时监测社交媒体、新闻流、客户服务反馈等数据源中的情感信息。

自动情感标签生成：机器学习可以用于生成情感标签，如使用情感词汇库和上下文信息来标记文本中的情感。

> **注意**
>
> 虽然机器学习在情绪分析中表现出色，但它仍然面临一些挑战。例如，需要大量的标签数据来训练模型，标签数据的质量可能会影响模型性能。此外，机器学习模型通常需要大量的计算资源和时间来进行训练和调优。近年来，预训练的语言模型（如BERT、GPT）已经在情绪分析中取得了显著的突破，提高了情绪分析的准确性和效率。

9.3 预训练模型：BERT

预训练模型是通过在大规模、无标注的文本数据上进行自监督学习训练的深度学习模型。这些模型旨在学习语言的通用表示，从而能够捕获丰富的语义和上下文信息。由于它们在大规模数据集上进行了广泛的训练，因此能够在各种自然语言处理任务中展现出色的性能。在市场中有很多和金融情绪预测相关的预训练模型，如BERT和FinBERT等。

9.3.1　BERT模型介绍

BERT是一种预训练的Transformer模型，它通过在大规模、无标注的文本数据上进行自监督学习来学习通用的语言表示。BERT可以理解文本中的上下文信息，并生成文本的上下文相关表示。在使用BERT进行情感分析任务时，通常会将其用作特征提取器，然后在提取的特征输入分类器中进行情感分类。BERT需要进一步微调以适应特定的情感分析任务。BERT的基本使用流程如下。

（1）选择深度学习框架：首先，需要选择一个深度学习框架，如TensorFlow或PyTorch，作为实际加载和使用BERT模型的工具。这些框架提供了用于加载和操作预训练模型的API。

（2）下载预训练模型权重：BERT的预训练权重通常可以从Hugging Face Transformers库或官方发布的源获取。你可以选择下载适合你任务的特定版本的BERT模型权重。

（3）加载模型权重：使用所选的深度学习框架，加载下载的BERT模型权重。在TensorFlow中，你可以使用TensorFlow Hub或TensorFlow的Keras模型加载BERT。在PyTorch中，你可以使用Hugging Face Transformers库加载BERT。

（4）使用模型：一旦加载了BERT模型权重，你就可以使用它来进行文本编码、特征提取或执行各种NLP任务，如情感分析、文本分类等。

请看下面的实例，功能是使用预训练的BERT模型对同花顺中的新闻快讯标题进行情感分析。在使用预训练的BERT模型之前，需要先登录官方网站下载模型权重，本实例使用的是chinese_wwm_ext_pytorch简约版。下载成功后将其保存到"path"目录。

实例9-2：使用BERT获取同花顺新闻快讯的舆情信息（源码路径：daima/9/new02.py）

实例文件new02.py的具体实现代码如下所示。

```
import torch
from transformers import BertTokenizer, BertForSequenceClassification
import pandas as pd

# 定义模型和tokenizer的文件路径
model_path = "path"  # 替换为你的模型路径
tokenizer_path = "path"  # 替换为你的tokenizer路径

# 加载BERT tokenizer和模型
tokenizer = BertTokenizer.from_pretrained(tokenizer_path)
model = BertForSequenceClassification.from_pretrained(model_path)

# 读取CSV文件
df = pd.read_csv("news_10jqka.csv")

# 取前10条数据
```

```python
df = df.head(10)

# 遍历每条数据的"title"列进行情感分析
for index, row in df.iterrows():
    text = row["title"]

    # 使用tokenizer将文本编码成模型可接受的格式
    input_ids = tokenizer.encode(text, add_special_tokens=True, max_length=128, padding="max_length", truncation=True,return_tensors="pt")

    # 使用模型进行情感分析
    with torch.no_grad():
        outputs = model(input_ids)
        logits = outputs.logits

    # 获取情感分析的结果
    predicted_class = torch.argmax(logits, dim=1).item()
    sentiment = "积极" if predicted_class == 1 else "消极" if predicted_class == 0 else "中性"

    # 打印情感分析结果
    print(f"标题: {text}")
    print(f"情感: {sentiment}")
```

在上述代码中,首先读取CSV文件的内容,然后遍历里面前10条数据的标题。接下来使用BERT模型进行情感分析,并将结果存储在sentiment列表中。最后,将情感分析结果添加到原始DataFrame中,并打印出来。执行后会输出以下内容。

```
标题: 百度申请灵境系列商标
情感: 积极
标题: 日本10年期国债收益率创九年来新高
情感: 积极
标题: 日本10年期国债收益率创九年来新高
情感: 积极
标题: 光伏概念震荡走低 隆基股份跌超5%
情感: 积极
标题: 工信部副部长徐晓兰率团出席第29次APEC中小企业部长会议
情感: 积极
标题: 传媒板块异动拉升中国科传涨停
情感: 积极
标题: 北京永辉超市被强执1028万元
情感: 积极
标题: 沈阳铁西区房交会:契税可享补贴50%,团购5套以上再享9.5...
```

情感：积极
标题：国家统计局：2022年我国经济发展新动能指数比上年增长28.4%
情感：积极
标题：机构：上半年中国半导体产业投资金额同比下滑22.7%
情感：积极

9.3.2 情感关键字

在前面的实例9-2的输出结果中，所有的标题都被分类为"积极"情感，这可能是因为使用的预训练模型在情感分析任务上并没有很好地适应你的数据，或者你的数据集中的标题文本在情感上确实偏向积极。接下来，我们需要进行一些改进。例如，根据标题中包含的特定关键字来进行情感分类，将包含negative_keywords = ["利空", "下跌", "跌幅", "亏损", "超跌", "下滑", "强执", "跌超"]的标题分类为消极情感，将包含positive_keywords = ["利好", "增长", "涨幅", "上涨", "涨停"]的标题分类为积极情感，下面的实例演示了这一功能。

实例9-3：添加情感关键字（源码路径：daima/9/new03.py）

实例文件new03.py的具体实现代码如下所示。

```
import torch
from transformers import BertTokenizer, BertForSequenceClassification
import pandas as pd

# 加载预训练的BERT模型和tokenizer
model_path = "path"  # 替换为你的预训练模型路径
tokenizer_path = "path"  # 替换为你的预训练tokenizer路径
tokenizer = BertTokenizer.from_pretrained(tokenizer_path)
model = BertForSequenceClassification.from_pretrained(model_path)

# 读取新闻数据
df = pd.read_csv("news_10jqka.csv")
titles = df["title"][:10]  # 选择前10条标题进行情感分析

# 定义情感关键字
positive_keywords = ["利好", "增长", "涨幅", "上涨", "涨停"]
negative_keywords = ["利空", "下跌", "跌幅", "亏损", "超跌", "下滑", "强执", "跌超"]

# 遍历标题并进行情感分析
for title in titles:
    # 使用tokenizer将文本编码成模型可接受的格式
    input_ids = tokenizer.encode(title, add_special_tokens=True, max_
```

```
length=128, padding="max_length", truncation=True,return_tensors="pt")

    # 检查标题是否包含消极关键字，如果包含则将情感类别设置为消极
    contains_negative_keyword = any(keyword in title for keyword in nega-
tive_keywords)

    # 检查标题是否包含积极关键字，如果包含则将情感类别设置为积极
    contains_positive_keyword = any(keyword in title for keyword in posi-
tive_keywords)

    # 使用模型进行情感分析
    with torch.no_grad():
        outputs = model(input_ids)
        logits = outputs.logits

    # 获取情感分析的结果
    predicted_class = torch.argmax(logits, dim=1).item()

    if contains_negative_keyword:
        sentiment = "消极"
    elif contains_positive_keyword:
        sentiment = "积极"
    else:
        if predicted_class == 1:
            sentiment = "积极"
        elif predicted_class == 0:
            sentiment = "消极"
        else:
            sentiment = "中性"

    # 打印情感分析结果
    print(f"标题: {title}")
    print(f"情感: {sentiment}")
    print()
```

上述代码的实现流程如下。

（1）导入必要的库，包括PyTorch、Hugging Face Transformers库和Pandas。

（2）定义预训练模型和tokenizer的文件路径，将其替换为实际的路径。这些路径指向已经下载的BERT模型和tokenizer。

（3）加载BERT模型和tokenizer。从预训练文件夹中加载预训练的BERT模型和tokenizer。

（4）定义情感关键字，包括negative_keywords和positive_keywords。

（5）读取包含新闻标题的CSV文件（假设文件名为"news_10jqka.csv"），并将其存储在DataFrame中。

（6）对前10条数据进行情感分析，遍历DataFrame的前10行数据。对每个新闻标题进行情感分析的主要步骤如下。

使用tokenizer将文本编码成模型可接受的格式。

使用模型进行情感分析，并获取模型的输出。

根据输出的结果，判断标题的情感是积极、消极还是中性。

检查标题中是否包含情感关键字，进行后处理以更改情感标签。

（7）打印每个标题的情感分析结果，包括标题文本和情感标签。

执行后会输出以下结果。

```
标题：百度申请灵境系列商标
情感：积极

标题：日本10年期国债收益率创九年来新高
情感：积极

标题：日本10年期国债收益率创九年来新高
情感：积极

标题：光伏概念震荡走低 隆基股份跌超5%
情感：消极

标题：工信部副部长徐晓兰率团出席第29次APEC中小企业部长会议
情感：积极

标题：传媒板块异动拉升 中国科传涨停
情感：积极

标题：北京永辉超市被强执1028万元
情感：消极

标题：沈阳铁西区房交会：契税可享补贴50%，团购5套以上再享9.5...
情感：积极

标题：国家统计局：2022年我国经济发展新动能指数比上年增长28.4%
情感：积极

标题：机构：上半年中国半导体产业投资金额同比下滑22.7%
情感：消极
```

预训练模型（如BERT）本身并不包含关于具体情感词汇的信息，它是根据大规模文本数据进行预训练的，可以理解为它具备一定的语言理解能力，但不具备特定情感的识别能力。因此，为了对特定情感进行分类，我们需要自行定义这些情感关键字，并根据它们在文本中的情感倾向来进行分类。

在上述代码中，negative_keywords和positive_keywords用于识别标题中是否包含特定情感相关的关键字，以决定将标题分类为消极情感还是积极情感。这些关键字是你自己定义的，不是预训练模型的一部分。

9.3.3 模型微调

模型微调是深度学习中一种常见的训练策略，它指的是在预训练模型的基础上，通过在特定任务的数据集上进行额外的训练来适应特定任务。微调的核心思想是利用已经在大规模数据上预训练好的模型的知识，然后通过在任务相关的数据上进行有监督的训练，进一步优化模型的性能。

例如，在前面实例中，情感关键字negative_keywords和positive_keywords通常不会直接添加到预训练模型中，因为预训练模型的参数是通过大规模文本数据进行学习的，而不是通过手动添加特定的关键字。这些关键字可以在微调阶段或应用阶段的代码中使用，以帮助模型对特定情感或主题进行分类。

在情感分析任务中，通常的做法是将情感关键字用于后续的数据预处理或后处理步骤。

数据预处理：在训练数据中，根据情感关键字标记文本样本的标签，使模型在训练过程中了解这些情感关键字与标签之间的关系。

后处理：在模型输出的预测结果中，根据情感关键字对预测结果进行调整，以提高情感分析的准确性。例如，如果输出结果包含"利好"或"增长"等关键字，你可以将其分类为积极情感。

实例9-4：为预训练模型添加情感关键字（源码路径：daima/9/wei.py）

实例文件wei.py的具体实现代码如下所示。

```
import torch
import torch.nn as nn
from transformers import BertTokenizer, BertForSequenceClassification
from torch.utils.data import DataLoader, TensorDataset
import pandas as pd

# 加载预训练的BERT模型和tokenizer
model_path = "path"  # 替换为你的预训练模型路径
tokenizer_path = "path"  # 替换为你的tokenizer路径
```

```python
tokenizer = BertTokenizer.from_pretrained(tokenizer_path)
model = BertForSequenceClassification.from_pretrained(model_path, num_labels=3)  # 假设有3个情感类别

# 读取带有情感标签的CSV文件
df = pd.read_csv("news_with_sentiment.csv")
texts = df["title"]
label_mapping = {"消极": 0, "积极": 1, "中性": 2}  # 情感标签到数值的映射
label_values = df["qinggan"].map(label_mapping)  # 将字符串标签映射为数值标签

# 数据预处理
tokenized_texts = tokenizer(texts.tolist(), padding=True, truncation=True, return_tensors="pt")
input_ids = tokenized_texts["input_ids"]
attention_mask = tokenized_texts["attention_mask"]

# 创建数据加载器
dataset = TensorDataset(input_ids, attention_mask, torch.tensor(label_values))  # 修改此处为 torch.tensor(label_values)
batch_size = 2
dataloader = DataLoader(dataset, batch_size=batch_size, shuffle=True)

# 定义损失函数和优化器
criterion = nn.CrossEntropyLoss()
optimizer = torch.optim.AdamW(model.parameters(), lr=1e-5)

# 微调模型
num_epochs = 3
for epoch in range(num_epochs):
    for batch in dataloader:
        input_ids, attention_mask, labels = batch
        outputs = model(input_ids, attention_mask=attention_mask, labels=labels)
        loss = outputs.loss
        optimizer.zero_grad()
        loss.backward()
        optimizer.step()

# 保存微调后的模型
model.save_pretrained("fine_tuned_model")
```

上述代码的实现流程如下。

（1）加载预训练的BERT模型和tokenizer

model_path 和 tokenizer_path 分别是预训练模型和tokenizer的路径。

BertTokenizer.from_pretrained(tokenizer_path) 用于加载BERT模型的tokenizer。

BertForSequenceClassification.from_pretrained(model_path, num_labels=3) 用于加载BERT模型，num_labels 设置为3表示假设有3个情感类别。

（2）读取带有情感标签的CSV文件

使用 pd.read_csv("news_with_sentiment.csv") 读取包含标题和情感标签的CSV文件。

变量 texts 包含CSV文件中的标题数据。

label_mapping 是从情感标签到数值的映射。例如，"消极"映射为0，"积极"映射为1，"中性"映射为2。

label_values 通过将字符串标签映射为数值标签，创建一个新的标签列。

（3）数据预处理

使用tokenizer将文本数据编码为模型可接受的格式，包括标记化（tokenization）、填充（padding）和截断（truncation）等操作。

创建 input_ids 和 attention_mask 以准备输入到模型中。

（4）创建数据加载器

TensorDataset 用于将输入数据、注意力掩码和标签封装成PyTorch数据集。

batch_size 指定了每个训练批次的大小。

DataLoader 用于生成批次数据以供模型训练。

（5）定义损失函数和优化器

使用 nn.CrossEntropyLoss() 定义交叉熵损失函数，用于多类别分类任务。

使用 torch.optim.AdamW 定义AdamW优化器。

（6）微调模型

使用嵌套的循环进行微调，外层循环控制训练的轮数，内层循环用于逐批次处理训练数据。

在每个批次中，将输入数据和标签传递给模型，并计算损失。

然后通过反向传播和优化器来更新模型的权重。

这个过程会在多个轮次中重复，以提高模型性能。

（7）保存微调后的模型

使用 model.save_pretrained("fine_tuned_model") 保存微调后的模型，以便后续用于推断任务。

9.4 预训练模型：FinBERT

FinBERT是基于BERT的模型，但它经过了针对金融领域的预训练和微调，因此在金融文本分类和情感分析等任务中表现出色。

9.4.1 FinBERT模型介绍

在网络结构上，FinBERT采用了与Google发布的原生BERT相同的架构，包含FinBERT-Base和FinBERT-Large两个版本。其中，前者采用12层Transformer结构，后者采用24层Transformer结构。FinBERT采用了两大类预训练任务，分别是字词级别的预训练和任务级别的预训练。其中，在任务级别的预训练上，为了让模型更好地学习语义层的金融领域知识和金融领域词句的特征分布，我们同时引入了两类有监督学习任务，分别是研报行业分类和财经新闻的金融实体识别任务，具体说明如下。

（1）研报行业分类

公司点评和行业点评类的研报因其天然的行业属性，被用作自动生成带有明确行业标签的语料库。基于这些语料，我们构建了文档级别的有监督行业分类任务。各行业的语料量为5000~20000，总计形成了约40万条文档级语料，用于训练模型以更好地学习金融领域的行业分类特征。

（2）财经新闻的金融实体识别

与研报行业分类任务类似，我们利用已有的企业工商信息库和公开可查的上市公司董事、监事及高级管理人员信息，以财经新闻为基础，构建了大规模的命名实体识别任务语料库。该语料库共包含约50万条的有监督语料。

9.4.2 基于FinBERT模型的市场情感分析系统

以下实例将展示如何使用预训练的深度学习模型FinBERT进行金融情感分类任务，包括数据处理、模型微调、性能评估和预测。这有助于对金融新闻标题等文本数据进行情感分析和情感预测。

实例9-5：金融市场情感分析（源码路径：daima/9/financial-classification.ipynb）

本实例实现了以下功能。

加载预训练的金融情感分类模型（FinBERT）。

对金融新闻标题进行数据预处理，包括分词、编码、数据拆分等。

使用训练数据对模型进行微调以适应金融情感分类任务。

通过训练和验证过程，检测模型性能并选择最佳模型。

加载最佳模型，并使用其进行情感分类预测。

计算并打印模型在验证集上的准确率和每个情感类别的准确率。

提供了一种在金融领域进行情感分类任务的示例，可以用于预测金融新闻标题的情感倾向。

本实例的具体实现流程如下所示。

（1）函数show_headline_distribution(sequence_lengths, figsize)用于分析新闻标题长度的分布情况，通过可视化直方图展示新闻标题长度的分布，以便了解标题长度的数据分布特征。它还计算了长度大于512的新闻标题所占的百分比，提供了对极长标题的信息。具体实现代码如下所示。

```
# 显示新闻标题长度的分布
def show_headline_distribution(sequence_lengths, figsize=(15, 8)):
    # 获取长度大于512的新闻标题所占的百分比
    len_512_plus = [rev_len for rev_len in sequence_lengths if rev_len > 512]
    percent = (len(len_512_plus) / len(sequence_lengths)) * 100

    print("最大序列长度为 {}".format(max(sequence_lengths)))

    # 配置图表大小
    plt.figure(figsize=figsize)

    sns.set(style='darkgrid')

    # 增加图表上的信息
    sns.set(font_scale=1.3)

    # 绘制结果
    sns.distplot(sequence_lengths, kde=False, rug=False)
    plt.title('新闻标题长度分布')

    plt.xlabel('新闻标题长度')
    plt.ylabel('新闻标题数量')
```

（2）函数show_random_headlines(total_number, df)用于随机选择指定数量的新闻标题，并打印它们的情感标签和标题文本。这有助于查看数据集中的随机样本，以了解情感标签和标题之间的关系。具体实现代码如下所示。

```
# 显示随机新闻标题
def show_random_headlines(total_number, df):
    # 随机抽取一定数量的新闻标题
```

```python
n_reviews = df.sample(total_number)

# 打印每个新闻标题
for val in list(n_reviews.index):
    print("新闻 #{}".format(val))
    print(" - 情感: {}".format(df.iloc[val]["sentiment"]))
    print(" - 新闻标题: {}".format(df.iloc[val]["NewsHeadline"]))
    print("")
```

（3）函数get_headlines_len(df)的主要目的是计算每个新闻标题的长度，并返回一个包含所有标题长度的列表。它通过对新闻标题进行编码来实现，以便后续的情感分析任务可以使用这些编码后的数据。具体实现代码如下所示。

```python
# 获取新闻标题的长度
def get_headlines_len(df):
    headlines_sequence_lengths = []
    print("编码中...")
    for headline in tqdm(df.NewsHeadline):
        encoded_headline = finbert_tokenizer.encode(headline, add_special_tokens=True)

        # 记录编码后的新闻标题长度
        headlines_sequence_lengths.append(len(encoded_headline))
    print("任务结束.")

    return headlines_sequence_lengths
```

（4）函数encode_sentiments_values(df)用于将情感标签（如"positive""negative"）编码为数字，以便在深度学习模型中进行处理。它创建一个情感标签到数字编码的映射，并将数据集中的情感标签替换为相应的数字。具体实现代码如下所示。

```python
# 编码情感值
def encode_sentiments_values(df):
    possible_sentiments = df.sentiment.unique()
    sentiment_dict = {}

    for index, possible_sentiment in enumerate(possible_sentiments):
        sentiment_dict[possible_sentiment] = index

    # 编码所有情感值
    df['label'] = df.sentiment.replace(sentiment_dict)

    return df, sentiment_dict
```

（5）函数f1_score_func(preds, labels)的功能是计算F1分数，用于评估模型在情感分类任务中的性能。它通过比较模型的预测结果和真实标签来计算F1分数，考虑了精确度和召回率。具体实现代码如下所示。

```python
# F1分数函数
def f1_score_func(preds, labels):
    preds_flat = np.argmax(preds, axis=1).flatten()
    labels_flat = labels.flatten()
    return f1_score(labels_flat, preds_flat, average='weighted')
```

（6）函数accuracy_per_class(preds, labels)用于计算每个情感类别的分类准确度。它将模型的预测结果与真实标签进行比较，并为每个情感类别计算准确度，以评估模型在不同情感类别上的性能。具体实现代码如下所示。

```python
# 每个类别的准确度
def accuracy_per_class(preds, labels):
    label_dict_inverse = {v: k for k, v in sentiment_dict.items()}

    preds_flat = np.argmax(preds, axis=1).flatten()
    labels_flat = labels.flatten()

    for label in np.unique(labels_flat):
        y_preds = preds_flat[labels_flat==label]
        y_true = labels_flat[labels_flat==label]
        print(f'类别: {label_dict_inverse[label]}')
        print(f'准确度: {len(y_preds[y_preds==label])}/{len(y_true)}\n')
```

（7）函数evaluate(dataloader_val)用于评估模型的性能，包括计算验证集上的损失和生成预测结果。它在模型训练过程中用于监测模型的性能，并返回损失值、预测结果和真实标签，以便进一步进行分析和评估。具体实现代码如下所示。

```python
# 评估函数
def evaluate(dataloader_val):
    model.eval()

    loss_val_total = 0
    predictions, true_vals = [], []

    for batch in dataloader_val:
        batch = tuple(b.to(device) for b in batch)

        inputs = {'input_ids':      batch[0],
                  'attention_mask': batch[1],
```

```
                'labels':          batch[2],
            }

    with torch.no_grad():
        outputs = model(**inputs)

    loss = outputs[0]
    logits = outputs[1]
    loss_val_total += loss.item()

    logits = logits.detach().cpu().numpy()
    label_ids = inputs['labels'].cpu().numpy()
    predictions.append(logits)
    true_vals.append(label_ids)

loss_val_avg = loss_val_total/len(dataloader_val)

predictions = np.concatenate(predictions, axis=0)
true_vals = np.concatenate(true_vals, axis=0)
return loss_val_avg, predictions, true_vals
```

（8）使用Pandas库从指定路径加载CSV文件，并将其存储在名为financial_data的DataFrame中。具体实现代码如下所示。

```
path_to_file = "../input/financialnewsheadline/FinancialNewsHeadline.csv"
financial_data = pd.read_csv(path_to_file, encoding='latin-1', names=['senti-
ment', 'NewsHeadline'])

financial_data.head()
```

在文件FinancialNewsHeadline.csv中包含了多个新闻标题，每个新闻标题都附带一个情感标签，标记了新闻标题的情感极性，包括中性、负面和正面。这些数据可以用于情感分析或其他自然语言处理任务的训练和分析。执行后会输出以下内容。

```
    sentiment    NewsHeadline
0   neutral      According to Gran , the company has no plans...
1   neutral      Technopolis plans to develop in stages an area...
2   negative     The international electronic industry company...
3   positive     With the new production plant the company...
4   positive     According to the company 's updated strategy...
```

（9）打印数据集的一些基本信息，包括数据的形状和情感标签的分布。具体实现代码如下所示。

```
print("Data shape: {}".format(financial_data.shape))
print("\nSentiment distribution: {}".format(financial_data.sentiment.value_
counts()))
```

对上述代码的具体说明如下。

print("Data shape: {}".format(financial_data.shape))：打印数据集的形状，即行数和列数。这将显示数据集中有多少行和多少列。

print("\nSentiment distribution: {}".format(financial_data.sentiment.value_counts()))：打印情感标签的分布情况。value_counts()函数用于计算每个不同情感标签的出现次数，以便了解数据集中每个情感标签的样本数量。这行代码首先通过\n在输出中添加了一个换行符，确保如果之前有其他输出，这里的输出会从新的一行开始。

执行后会输出以下内容。

```
Data shape: (4846, 2)

Sentiment distribution: neutral     2879
positive    1363
negative     604
Name: sentiment, dtype: int64
```

（10）绘制情感标签的分布情况图表，以可视化展示数据集中每个情感标签的样本数量。具体实现代码如下所示。

```
plt.figure(figsize = (15,8))

sns.set(style='darkgrid')

sns.set(font_scale=1.3)
sns.countplot(x='sentiment', data = financial_data)
plt.title('News Sentiment Distribution')
plt.xlabel('News Polarity')
plt.ylabel('Number of News')
```

执行后会生成一个柱状图，如图9-1所示。这样直观地展示了每个情感标签在数据集中的分布情况，有助于了解数据集中不同情感标签的相对频率。这对于数据的初步探索性分析非常有用。

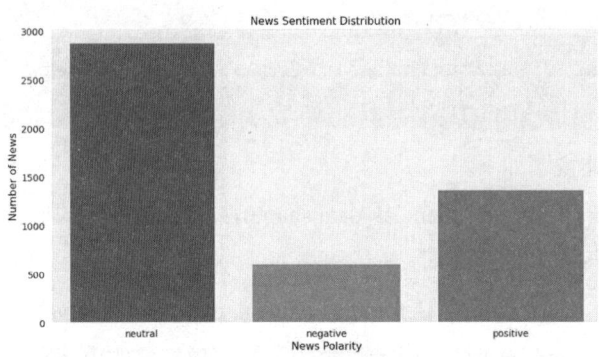

图9-1 每个情感标签在数据集中的分布情况

（11）调用之前定义的show_random_headlines函数，以显示随机选择的5个新闻标题以及它们的情感标签。具体实现代码如下所示。

```
show_random_headlines(5, financial_data)
```

执行后将随机选择5个样本，并打印每个样本的情感标签和新闻标题文本，以便查看这些数据的样本内容和情感标签。

（12）调用前面定义的encode_sentiments_values函数，将其返回的结果存储在名为financial_data的DataFrame中，并获得情感标签到数字编码的映射sentiment_dict。具体实现代码如下所示。

```
financial_data, sentiment_dict = encode_sentiments_values(financial_data)
financial_data.head()
```

执行后显示经编码后的数据集的前几行，以便查看情感标签已经以数字形式表示的数据。这有助于后续的建模和分析工作，因为模型通常需要处理数字形式的标签而不是文本标签。

（13）使用函数train_test_split从数据集中划分训练集（X_train和y_train）和验证集（X_val和y_val）。这些数据集可以用于模型的训练和验证，以评估模型的性能。具体实现代码如下所示。

```
X_train, X_val, y_train, y_val = train_test_split(financial_data.index.values,
                                                  financial_data.label.values,
                                                  test_size = 0.15,
                                                  random_state = 2022,
                                                  stratify = financial_data.label.values)
```

（14）在financial_data DataFrame中为训练集（X_train）和验证集（X_val）的样本添加一个名为data_type的新列，并设置其值为'train'或'val'，以表示每个样本属于训练集或验证集。然后，计算每个情感标签在不同数据类型（训练集或验证集）中的出现次数。具体实现代码如下所示。

```
financial_data.loc[X_train, 'data_type'] = 'train'
financial_data.loc[X_val, 'data_type'] = 'val'
financial_data.groupby(['sentiment', 'label', 'data_type']).count()
```

执行后会输出以下内容。

```
                           NewsHeadline
sentiment  label  data_type
negative   1      train    513
                  val      91
neutral    0      train    2447
                  val      432
positive   2      train    1159
                  val      204
```

通过执行上述代码，可以查看不同情感标签在训练集和验证集中的分布情况，以确保数据在不同数据类型之间的分布是合理的。这有助于了解数据集的分层情况，以便进行合理的模型训练和验证。

（15）开始查看新闻标题长度的分布，以确定在进行数据编码时需要设定的最大长度。使用库Hugging Face Transformers中的BertTokenizer类，从预训练模型"ProsusAI/finbert"中加载一个金融领域的文本分词器。具体实现代码如下所示。

```
finbert_tokenizer = BertTokenizer.from_pretrained("ProsusAI/finbert", do_lower_case=True)
```

执行后会输出以下内容。

```
Downloading: 100%|████████████████|226k/226k [00:00<00:00, 807kB/s]
Downloading: 100%|████████████████|112/112 [00:00<00:00, 4.33kB/s]
Downloading: 100%|████████████████|252/252 [00:00<00:00, 10.1kB/s]
Downloading: 100%|████████████████|758/758 [00:00<00:00, 11.3kB/s]
```

（16）调用函数get_headlines_len计算数据集中每个新闻标题的长度，并将结果存储在名为headlines_sequence_lengths的列表中。具体实现代码如下所示。

```
headlines_sequence_lengths = get_headlines_len(financial_data)
```

执行后会输出以下内容。

```
Encoding in progress...
100%|████████████| 4846/4846 [00:04<00:00, 1136.56it/s]
End of Task.
```

headlines_sequence_lengths列表可以用于分析新闻标题长度的分布情况，也可以用于确定在进行文本编码时需要设置的最大序列长度，以便在模型训练中进行适当的填充或截断操作。

(17)调用之前定义的show_headline_distribution函数,用于显示新闻标题长度的分布情况。具体实现代码如下所示。

```
show_headline_distribution(headlines_sequence_lengths)
```

执行后的效果如图9-2所示,这个直方图有助于可视化新闻标题长度的分布,从而更好地了解新闻标题的长度范围和分布情况。

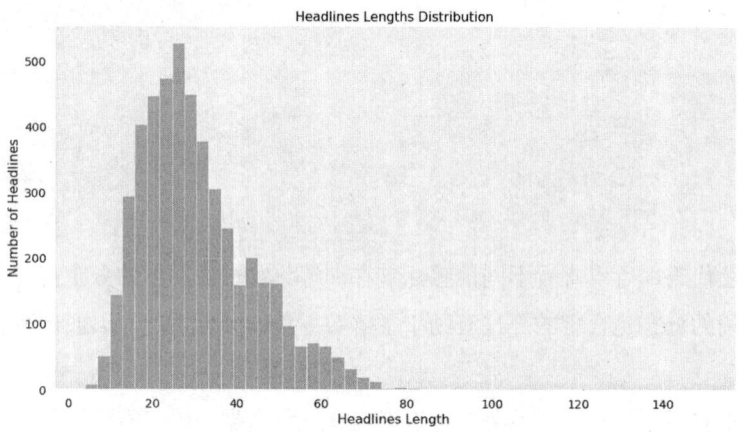

图9-2 新闻标题长度的分布情况

(18)对训练集和验证集的新闻标题数据进行编码和处理,以准备用于金融情感分类模型的训练和验证,以便进行后续的模型训练和评估。具体实现代码如下所示。

```
encoded_data_train = finbert_tokenizer.batch_encode_plus(
    financial_data[financial_data.data_type=='train'].NewsHeadline.values,
    return_tensors='pt',
    add_special_tokens=True,
    return_attention_mask=True,
    pad_to_max_length=True,
    max_length=150 # the maximum lenght observed in the headlines
)

encoded_data_val = finbert_tokenizer.batch_encode_plus(
    financial_data[financial_data.data_type=='val'].NewsHeadline.values,
    return_tensors='pt',
    add_special_tokens=True,
    return_attention_mask=True,
    pad_to_max_length=True,
    max_length=150 # the maximum lenght observed in the headlines
)
```

```
input_ids_train = encoded_data_train['input_ids']
attention_masks_train = encoded_data_train['attention_mask']
labels_train = torch.tensor(financial_data[financial_data.data_type=='train'].
label.values)

input_ids_val = encoded_data_val['input_ids']
attention_masks_val = encoded_data_val['attention_mask']
sentiments_val = torch.tensor(financial_data[financial_data.data_type=='val'].
label.values)

dataset_train = TensorDataset(input_ids_train, attention_masks_train, la-
bels_train)
dataset_val = TensorDataset(input_ids_val, attention_masks_val, sentiments_
val)

len(sentiment_dict)
```

执行后会输出以下内容。

```
Truncation was not explicitly activated but 'max_length' is provided a spe-
cific value, please use 'truncation=True' to explicitly truncate examples to
max length. Defaulting to 'longest_first' truncation strategy. If you en-
code pairs of sequences (GLUE-style) with the tokenizer you can select this
strategy more precisely by providing a specific strategy to 'truncation'.

3
```

（19）使用库Hugging Face Transformers中的类AutoModelForSequenceClassification，从预训练模型"ProsusAI/finbert"中加载一个用于序列分类（Sequence Classification）任务的模型。具体实现代码如下所示。

```
model = AutoModelForSequenceClassification.from_pretrained("ProsusAI/finbert",
                                                            num_la-
bels=len(sentiment_dict),
                                                            output_atten-
tions=False,
                                                            output_hidden_
states=False)
```

执行后会输出以下内容。

```
Downloading: 100%|████████████████|418M/418M [00:19<00:00, 23.5MB/s]
```

通过加载这个模型，可以将其应用于金融情感分类任务。模型已经包含了预训练的权重和结构，只需要进行微调就可以适应特定的任务。模型的输出将包括情感分类的预测结果。

（20）创建训练集和验证集的数据加载器（DataLoader），以便在模型训练和验证过程中批量加载数据，并在模型训练和验证过程中加载数据批次以进行前向传播和反向传播。具体实现代码如下所示。

```
batch_size = 5
dataloader_train = DataLoader(dataset_train,
                              sampler=RandomSampler(dataset_train),
                              batch_size=batch_size)

dataloader_validation = DataLoader(dataset_val,
                                   sampler=SequentialSampler(dataset_val),
                                   batch_size=batch_size)
```

（21）设置优化器和学习率调度器，以及指定训练的总周期数（epochs）。通过这些设置，可以在训练模型时使用AdamW优化器，并在每个训练周期结束后，根据学习率调度器动态调整学习率。具体实现代码如下所示。

```
optimizer = AdamW(model.parameters(),
                  lr=1e-5,
                  eps=1e-8)
epochs = 2
scheduler = get_linear_schedule_with_warmup(optimizer,
                                            num_warmup_steps=0,
                                            num_training_steps=len(dataloader_train)*epochs)
```

（22）开始训练金融情感分类模型，整个训练过程包括多个训练周期。在每个训练周期内，模型在训练数据上进行前向传播、损失计算和反向传播，然后更新模型参数。同时，计算并打印训练损失、验证损失和F1分数，以检测模型的性能。模型的参数在每个训练周期结束后保存，以便后续的使用。具体实现代码如下所示。

```
seed_val = 2022
random.seed(seed_val)
np.random.seed(seed_val)
torch.manual_seed(seed_val)
torch.cuda.manual_seed_all(seed_val)

device = torch.device('cuda' if torch.cuda.is_available() else 'cpu')
model.to(device)

for epoch in tqdm(range(1, epochs+1)):
```

```python
    model.train()
    loss_train_total = 0
    progress_bar = tqdm(dataloader_train, desc='Epoch {:1d}'.format(epoch), leave=False, disable=False)
    for batch in progress_bar:
        model.zero_grad()
        batch = tuple(b.to(device) for b in batch)
        inputs = {'input_ids':      batch[0],
                  'attention_mask': batch[1],
                  'labels':         batch[2],
                 }

        outputs = model(**inputs)
        loss = outputs[0]
        loss_train_total += loss.item()
        loss.backward()
        torch.nn.utils.clip_grad_norm_(model.parameters(), 1.0)
        optimizer.step()
        scheduler.step()
        progress_bar.set_postfix({'training_loss': '{:.3f}'.format(loss.item()/len(batch))})
    torch.save(model.state_dict(), f'finetuned_finBERT_epoch_{epoch}.model')
    tqdm.write(f'\nEpoch {epoch}')

    loss_train_avg = loss_train_total/len(dataloader_train)
    tqdm.write(f'Training loss: {loss_train_avg}')
    val_loss, predictions, true_vals = evaluate(dataloader_validation)
    val_f1 = f1_score_func(predictions, true_vals)
    tqdm.write(f'Validation loss: {val_loss}')
    tqdm.write(f'F1 Score (Weighted): {val_f1}')
```

执行后输出显示训练过程。

```
  0%|          | 0/2 [00:00<?, ?it/s]
Epoch 1:   0%|          | 0/824 [00:00<?, ?it/s]
Epoch 1:   0%|          | 0/824 [00:01<?, ?it/s, training_loss=1.028]
Epoch 1:   0%|          | 1/824 [00:01<13:58,  1.02s/it, training_loss=1.028]
Epoch 1:   0%|          | 1/824 [00:01<13:58,  1.02s/it, training_loss=0.840]
Epoch 1:   0%|          | 2/824 [00:01<06:44,  2.03it/s, training_loss=0.840]
Epoch 1:   0%|          | 2/824 [00:01<06:44,  2.03it/s, training_ 
```

```
loss=0.459]
Epoch 1:   0%|             | 3/824 [00:01<04:24,  3.10it/s, training_
loss=0.459]
Epoch 1:   0%|             | 3/824 [00:01<04:24,  3.10it/s, training_
loss=0.382]
Epoch 1:   0%|             | 4/824 [00:01<03:18,  4.13it/s, training_
loss=0.382]
Epoch 1:   0%|             | 4/824 [00:01<03:18,  4.13it/s, training_
loss=0.300]
######省略部分过程
Epoch 1: 100%|████████████| 824/824 [01:39<00:00,  8.74it/s, training_
loss=0.006]
  0%|             | 0/2 [01:40<?, ?it/s]
Epoch 1
Training loss: 0.4581567718019004
######省略部分过程
 50%|██████       | 1/2 [01:44<01:44, 104.72s/it]
Validation loss: 0.3778555450533606
F1 Score (Weighted): 0.8753212258177056
Epoch 2:   0%|             | 0/824 [00:00<?, ?it/s]
Epoch 2:   0%|             | 0/824 [00:00<?, ?it/s, training_loss=0.004]
Epoch 2:   0%|             | 1/824 [00:00<01:32,  8.87it/s, training_
loss=0.004]
Epoch 2:   0%|             | 1/824 [00:00<01:32,  8.87it/s, training_
loss=0.005]
######省略部分过程
Epoch 2: 100%|████████████| 821/824 [01:38<00:00,  8.36it/s, training_
loss=0.299]
Epoch 2: 100%|████████████| 821/824 [01:38<00:00,  8.36it/s, training_
loss=0.003]
Epoch 2: 100%|████████████| 822/824 [01:38<00:00,  8.41it/s, training_
loss=0.003]
Epoch 2: 100%|████████████| 822/824 [01:38<00:00,  8.41it/s, training_
loss=0.002]
Epoch 2: 100%|████████████| 823/824 [01:38<00:00,  8.51it/s, training_
loss=0.002]
Epoch 2: 100%|████████████| 823/824 [01:38<00:00,  8.51it/s, training_
loss=0.003]
Epoch 2: 100%|████████████| 824/824 [01:38<00:00,  8.74it/s, training_
loss=0.003]
 50%|██████       | 1/2 [03:24<01:44, 104.72s/it]
Epoch 2
```

```
Training loss: 0.2466177608593462
100%|████████████████████| 2/2 [03:28<00:00, 104.14s/it]
Validation loss: 0.43929754253413067
F1 Score (Weighted): 0.8823813944083021

Epoch 1
Training loss: 0.4581567718019004
Validation loss: 0.3778555450533606
F1 Score (Weighted): 0.8753212258177056

Epoch 2
Training loss: 0.2466177608593462
Validation loss: 0.43929754253413067
F1 Score (Weighted): 0.8823813944083021
```

在上述输出结果中,在第一个训练周期后,训练损失持续减少,而验证损失持续增加。这表明模型从第二个周期开始出现过拟合问题,因此在这种情况下,正确的做法是在第一个周期后停止训练。

过拟合是指模型在训练数据上表现良好,但在未见过的验证数据上表现较差的情况。因为模型在第一个周期已经开始出现过拟合迹象,继续训练可能会导致模型在验证集上的性能下降。停止训练以防止过拟合是一个重要的策略,旨在保持模型在未见过的验证数据上的泛化能力。此外,可以通过其他技术如早停止(early stopping)来进一步优化模型的训练,以在适当的时机停止训练并保存性能最佳的模型。

(23)根据前面的输出结果可知,最佳模型是在第一个训练周期(Epoch 1)结束时的模型。要加载这个最佳模型以进行预测,可以执行以下操作。

```
model = AutoModelForSequenceClassification.from_pretrained("ProsusAI/finbert",
                                        num_labels=len(sentiment_dict),
                                        output_attentions=False,
                                        output_hidden_states=False)

model.to(device)
model.load_state_dict(torch.load('./finetuned_finBERT_epoch_1.model', map_location=torch.device('cpu')))
_, predictions, true_vals = evaluate(dataloader_validation)

accuracy_per_class(predictions, true_vals)
```

上述代码加载了之前保存的第一个周期的最佳模型,并对验证集进行情感分类预测。然后,计算并打印了每个情感类别的准确率。执行后会输出以下内容。

```
Class: neutral
Accuracy: 385/432

Class: negative
Accuracy: 81/91

Class: positive
Accuracy: 170/204
```

通过执行这段代码，我们可以获取模型在不同情感类别上的准确率，从而评估模型的性能和分类能力。这有助于我们了解模型在各个类别上的表现。

第10章 银行应用大模型开发实战

本章导读

"银行应用大模型"是指在银行业领域内广泛应用的大型机器学习或深度学习技术构建的复杂模型,这些模型通过处理海量的训练数据,旨在识别潜在的趋势、模式和关联性,从而帮助银行深入理解其业务运营、客户行为及市场动态。本章将深入剖析资产定价与交易策略优化的核心知识,通过具体实例来讲解各个知识点的用法。

10.1 银行应用大模型基础

银行应用大模型通常需要大规模的数据集和强大的计算能力来训练和部署,能够处理结构化和非结构化数据,包括客户信息、交易记录、市场数据等。

10.1.1 银行应用大模型概述

银行应用大模型建立在数据科学、机器学习和深度学习等技术上。以下是银行应用大模型涉及的要点。

数据收集与存储:银行需要收集大量的数据,包括客户信息、交易记录、市场数据等。这些数据通常以结构化和非结构化形式存在,需要进行有效的收集、存储和管理。

特征工程:特征工程是数据预处理的一部分,它涉及从原始数据中提取有用的特征,以供模型训练使用。这包括数据清洗、特征选择、特征提取等操作。

模型选择:银行需要选择合适的机器学习或深度学习模型来解决特定的业务问题。这可能涉及监督学习、无监督学习、强化学习等不同类型的模型。

数据预处理:数据预处理是准备数据以供模型训练的过程。这包括缺失值处理、异常值检测、数据标准化等操作，以确保数据的质量和一致性。

模型训练：银行需要使用历史数据来训练模型。这通常需要大量的计算资源和时间，以确保模型能够学习数据中的模式和趋势。

模型评估：训练好的模型需要进行评估，以确定其性能和准确性。评估指标包括准确度、精确度、召回率、F1分数等。

模型部署：一旦模型训练和评估完成，银行需要将其部署到实际业务环境中，以供实时预测和决策支持。

持续监测和更新：银行应用大模型需要定期监测和更新，以适应新的数据和变化的市场条件以确保模型的持续有效性。

法规合规性：银行业因其特殊性，必须严格遵守法规与合规要求。在探索、建立以及应用大模型的过程中，银行需高度重视并充分考虑合规性，确保所有操作符合监管标准，同时，加强隐私保护措施，以保障客户数据的安全与隐私权益。

银行业大模型的建立和应用可以帮助银行更好地理解客户、管理风险、提高效率和提供更好的服务。它们在信用风险评估、市场预测、客户服务等方面都具有广泛的应用，是现代银行业不可或缺的工具。

10.1.2　大模型在银行业的重要性

大模型在银行业的重要性体现在以下几个方面。

风险管理：银行面临各种风险，包括信用风险、市场风险、操作风险等。大模型可以用来建立风险模型，帮助银行更好地评估和管理这些风险。例如，信用风险模型可以预测客户违约的可能性，从而帮助银行决定是否批准贷款申请。

客户关系管理：大模型可以分析客户的行为和需求，帮助银行更好地了解客户，进一步制定个性化的营销方案、提高客户满意度和维护客户忠诚度。通过了解客户，银行还可以更好地满足其需求，提供更好的产品和服务。

市场预测：银行需要根据市场条件和经济趋势做出决策，如投资组合管理和利率设定。大模型可以分析市场数据、预测未来的市场动向，帮助银行做出更明智的决策。

欺诈检测：银行需要识别和预防欺诈活动，以保护客户和自身资产的安全。大模型可以用于欺诈检测，通过分析交易和客户行为来识别潜在的欺诈行为。

效率提高：大模型可以自动化和优化银行的业务流程，减少人工干预的需要，提高效率。例如，自动化的贷款批准系统可以更快速地处理贷款申请，减少处理时间。

合规性：银行业面临严格的法规和合规要求，大模型可以用于监测和报告合规性，确保银行业务的合法性和透明性。

综上所述，大模型在银行业的重要性体现在风险管理、客户关系管理、市场预测、欺诈检测、效率提高和合规性方面。它可以帮助银行更好地理解和应对各种挑战，提供更好的金融产品和服务，同时确保业务的可持续性和合规性。因此，大模型在现代银行业中扮演着关键的角色。

10.2 贷款预测模型

贷款预测模型是一种先进的机器学习应用，旨在精准评估个人或机构是否有资格获得贷款，并辅助决策过程，包括确定贷款额度、利率等关键条件。这种模型在银行业和金融机构中广泛应用，有助于加速贷款审批流程、提高效率、减少风险和改善客户体验。在本节内容中，将详细讲解如何为某银行信贷部门开发一个贷款预测模型。

10.2.1 项目背景

假设某银行信贷部门需要基于客户在线申请表格中提供的信息，实现贷款资格审查程序的实时自动化。为此，银行期望开发人员能够构建并部署一个高效的机器学习模型，以预测贷款申请是否应被批准，从而加速贷款决策流程，并即时确定申请人是否有获得贷款的资格。

10.2.2 数据集介绍

本项目的数据集是CSV文件，整个数据集包含13个样本变量：8个分类变量、4个连续变量以及1个变量用于存储贷款ID。数据集中各个样本变量的具体说明如下。

Loan_ID：贷款编号（唯一ID），如LP001002、LP001003。

Gender：申请人性别（男性或女性）。

Married：申请人婚姻状况（已婚或未婚）。

Dependents：家庭成员数量，如1、2、3。

Education：申请人教育状况（毕业或未毕业）。

Self_Employed：申请人是否自雇（是/否）。

ApplicantIncome：申请人的收入，如5849元、4583元。

CoapplicantIncome：共同申请人的收入，如1508元、2358元。

LoanAmount：贷款金额，如128万元、66万元、2900万元。

Loan_Amount_Term：贷款期限（以天为单位），如360天、720天。

Credit_History：先前信用历史的记录（0：不良的信用历史。1：良好的信用历史），如0、1。

Property_Area：不同地区属性，如农村、半城市、城市。

Loan_Status：贷款状态（Y：已接受。N：未接受）。

10.2.3 数据探索

数据探索是用来了解数据、发现潜在关系、识别异常值和数据分布等的过程，在数据探索阶段通常会执行以下操作。

计算描述性统计，如均值、中位数、标准差等，以了解数据的基本特性。

绘制直方图、箱线图、散点图等可视化图表，以可视化数据的分布和关系。

检查缺失值、异常值和重复数据，并决定如何处理它们。

探索不同特征之间的关系，如特征之间的相关性。

数据探索的目标是帮助我们更好地理解数据，为数据预处理和建模过程提供指导。一旦你对数据有了更深入的了解，就可以采取适当的预处理步骤，以确保数据质量和适用性，然后继续建立和训练模型。注意，数据探索通常是数据预处理的一部分，但并不等同于数据预处理。

1. 分类变量分析

分类变量（Categorical Variable）是指在统计学和数据分析中，用于表示不同类别或离散取值的变量。这些类别是有限的、固定的，通常代表某种特定属性或特征，不像连续数值那样变化。例如，性别（男、女）、教育程度（高中、本科、硕士）、婚姻状况（已婚、未婚）等都属于分类变量的示例。这些变量通常不能进行数学上的常规运算，而是用于描述和分类数据。

在数据分析中，对分类变量的处理通常包括创建虚拟变量（或称为独热编码），以便在机器学习模型中使用。这些虚拟变量将每个类别分成不同的二进制特征，使得机器学习算法能够处理它们。

（1）读取数据集文件train_u6lujuX_CVtuZ9i (1).csv，并将其加载到一个名为df的Pandas DataFrame中。接下来，通过调用df.head()来显示DataFrame的前几行数据，以便查看数据的样本。具体实现代码如下所示。

```
df = pd.read_csv("../input/loan-predication/train_u6lujuX_CVtuZ9i (1).csv")
df.head()
```

执行后会输出前5行信息。

```
Loan_ID         Gender      Married     Dependents      Education       Self_Em-
ployed          ApplicantIncome         CoapplicantIncome       LoanAmount      Loan_
Amount_Term     Credit_History          Property_Area           Loan_Status
0       LP001002        Male    No      0       Graduate        No      5849    0.0     NaN
360.0   1.0     Urban   Y
1       LP001003        Male    Yes     1       Graduate        No      4583    1508.0
128.0   360.0   1.0     Rural   N
2       LP001005        Male    Yes     0       Graduate        Yes     3000    0.0
66.0    360.0   1.0     Urban   Y
3       LP001006        Male    Yes     0       Not Graduate    No      2583    2358.0
```

```
120.0 360.0  1.0       Urban     Y
4     LP001008    Male    No     0    Graduate    No    6000    0.0
141.0 360.0  1.0       Urban     Y
```

（2）打印DataFrame中df的形状，即行数和列数。具体实现代码如下所示。

```
print(df.shape)
```

执行后会输出以下内容。

```
(614, 13)
```

（3）统计数据框 df 中Loan_ID列中每个唯一值的出现次数。value_counts() 函数用于计算分类或离散变量的直方图，这里是用于Loan_ID列。具体实现代码如下所示。

```
df.Loan_ID.value_counts(dropna=False)
```

执行后会输出以下内容。

```
LP001002    1
LP002328    1
LP002305    1
LP002308    1
LP002314    1
           ..
LP001692    1
LP001693    1
LP001698    1
LP001699    1
LP002990    1
Name: Loan_ID, Length: 614, dtype: int64
```

由此可以看到，在数据集中有614个唯一的ID。

（4）统计数据集中性别（Gender）这一列的不同取值的数量，使用value_counts()函数来完成这个任务。具体实现代码如下所示。

```
df.Gender.value_counts(dropna=False)
```

执行后会输出以下内容。

```
Male      489
Female    112
NaN        13
Name: Gender, dtype: int64
```

结果显示，在数据集中男性（Male）有489人，女性（Female）有112人，同时还有13个缺失数据（NaN）。这可以帮助我们了解性别数据的分布情况。

(5)使用Seaborn库创建一个柱状图,用于可视化性别(Gender)列在数据集中的分布情况。具体实现代码如下所示。

```
sns.countplot(x="Gender", data=df, palette="hls")
plt.show()
```

执行效果如图10-1所示,该柱状图以性别为横坐标,纵坐标表示每个性别的数量。

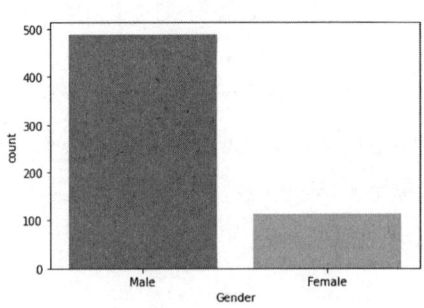

图10-1 性别分布情况柱状图

(6)计算性别(Gender)列中不同性别的数量以及缺失值的百分比,并将计算结果打印出来。具体实现代码如下所示。

```
countMale = len(df[df.Gender == 'Male'])
countFemale = len(df[df.Gender == 'Female'])
countNull = len(df[df.Gender.isnull()])

print("Percentage of Male applicant: {:.2f}%".format((countMale / (len(df.Gender))*100)))
print("Percentage of Female applicant: {:.2f}%".format((countFemale / (len(df.Gender))*100)))
print("Missing values percentage: {:.2f}%".format((countNull / (len(df.Gender))*100)))
```

执行后会输出以下内容。

```
Percentage of Male applicant: 79.64%
Percentage of Female applicant: 18.24%
Missing values percentage: 2.12%
```

(7)计算数据框(DataFrame)中Married列的不同取值的数量,包括缺失值(NaN)。这个列的含义是申请人的婚姻状况。通过value_counts方法,可以得到每个不同取值的计数。具体实现代码如下所示。

```
df.Married.value_counts(dropna=False)
```

执行后会输出以下内容。

```
Yes    398
No     213
NaN      3
Name: Married, dtype: int64
```

（8）使用Seaborn库创建一个柱状图来可视化婚姻状况（Married列）的数据分布。具体实现代码如下所示。

```
sns.countplot(x="Married", data=df, palette="Paired")
plt.show()
```

执行效果如图10-2所示，x轴显示了婚姻状况的两个可能取值："已婚"和"未婚"。通过这个图表，可以直观地看到数据中已婚和未婚申请人的数量分布情况。

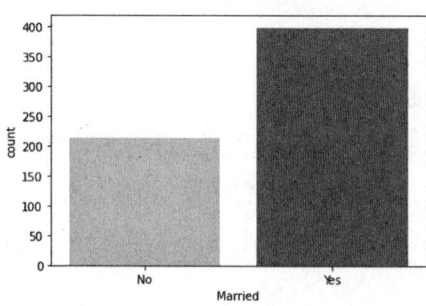

图10-2　婚姻状况柱状图

（9）计算婚姻状况（Married）列的不同类别数量以及缺失值的百分比，通过除以总样本数来计算每个类别的百分比，并使用.format格式化字符串来打印这些百分比值。具体实现代码如下所示。

```
countMarried = len(df[df.Married == 'Yes'])
countNotMarried = len(df[df.Married == 'No'])
countNull = len(df[df.Married.isnull()])

print("Percentage of married: {:.2f}%".format((countMarried / (len(df.Married))*100)))
print("Percentage of Not married applicant: {:.2f}%".format((countNotMarried / (len(df.Married))*100)))
print("Missing values percentage: {:.2f}%".format((countNull / (len(df.Married))*100)))
```

执行后会输出以下内容。

```
Percentage of married: 64.82%
Percentage of Not married applicant: 34.69%
Missing values percentage: 0.49%
```

通过分析数据集中已婚和未婚申请人的比例以及婚姻状况缺失值的百分比，可以让我们理解数据的分布和质量。

（10）计算教育水平（Education）列的不同类别数量以及缺失值的百分比，通过除以总样本数来计算每个类别的百分比，并使用.format格式化字符串来打印这些百分比值。具体实现代码如下所示。

```
df.Education.value_counts(dropna=False)
```

执行后会输出以下内容。

```
Graduate        480
Not Graduate    134
Name: Education, dtype: int64
```

通过分析数据集中受过高等教育和未受过高等教育的申请人比例以及教育水平缺失值的百分比，可以让我们理解数据的分布和质量。

（11）使用Seaborn库中的countplot函数生成一个柱状图，用于可视化教育水平（Education列）的不同类别在数据集中的分布情况。具体实现代码如下所示。

```
sns.countplot(x="Education", data=df, palette="rocket")
plt.show()
```

执行效果如图10-3所示，这个图形可以帮助我们更好地理解受过高等教育和未受过高等教育的申请人在数据集中的分布情况。

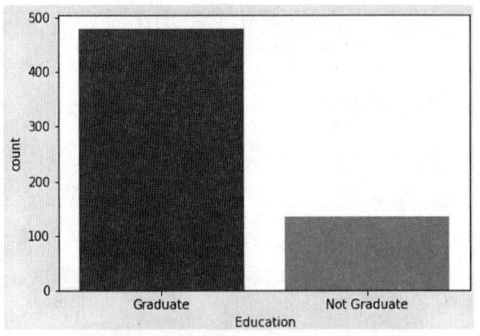

图10-3　教育水平的分布情况柱状图

（12）计算数据集中教育水平（Education）列不同类别的数量，并计算缺失值的百分比。具体实现代码如下所示。

```
countGraduate = len(df[df.Education == 'Graduate'])
countNotGraduate = len(df[df.Education == 'Not Graduate'])
countNull = len(df[df.Education.isnull()])
```

```
print("Percentage of graduate applicant: {:.2f}%".format((countGraduate /
(len(df.Education))*100)))
print("Percentage of Not graduate applicant: {:.2f}%".format((countNotGradu-
ate / (len(df.Education))*100)))
print("Missing values percentage: {:.2f}%".format((countNull / (len(df.Edu-
cation))*100)))
```

执行后会输出以下内容。

```
Percentage of graduate applicant: 78.18%
Percentage of Not graduate applicant: 21.82%
Missing values percentage: 0.00%
```

（13）计算数据集中申请人是否自雇（Self_Employed）列的不同类别的数量。具体实现代码如下所示。

```
df.Self_Employed.value_counts(dropna=False)
```

执行后会输出以下内容。

```
No     500
Yes     82
NaN     32
Name: Self_Employed, dtype: int64
```

（14）使用Seaborn库的countplot函数创建一个关于"Self_Employed"列的柱状图，其中x轴表示"Self_Employed"的不同类别（Yes和No），y轴表示每个类别出现的次数。颜色使用Seaborn的"crest"调色板。具体实现代码如下所示。

```
sns.countplot(x="Self_Employed", data=df, palette="crest")
plt.show()
```

执行效果如图10-4所示。

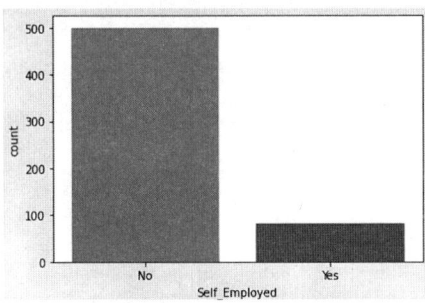

图10-4　Self_Employed列的柱状图

（15）计算数据集中申请人是否自雇（Self_Employed）列的一些统计信息，并将其打印出来。具体实现代码如下所示。

```
countNo = len(df[df.Self_Employed == 'No'])
countYes = len(df[df.Self_Employed == 'Yes'])
countNull = len(df[df.Self_Employed.isnull()])

print("Percentage of Not self employed: {:.2f}%".format((countNo / (len(df.Self_Employed))*100)))
print("Percentage of self employed: {:.2f}%".format((countYes / (len(df.Self_Employed))*100)))
print("Missing values percentage: {:.2f}%".format((countNull / (len(df.Self_Employed))*100)))
```

执行后会输出以下内容。

```
Percentage of Not self employed: 81.43%
Percentage of self employed: 13.36%
Missing values percentage: 5.21%
```

（16）计算信用历史（Credit_History）列中不同取值的数量，包括缺失值（NaN）。具体实现代码如下所示。

```
df.Credit_History.value_counts(dropna=False)
```

执行后会输出以下内容。

```
1.0    475
0.0     89
NaN     50
Name: Credit_History, dtype: int64
```

（17）使用Seaborn库创建一个柱状图，用于可视化Credit_History列中不同取值的分布情况。具体实现代码如下所示。

```
sns.countplot(x="Credit_History", data=df, palette="viridis")
plt.show()
```

执行效果如图10-5所示。这个柱状图可以帮助你直观地了解Credit_History列中各个取值（0和1）的数量分布情况。这里，0表示不良的信用历史，1表示良好的信用历史。

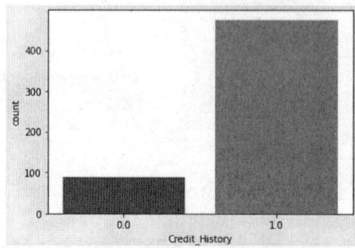

图10-5　信用历史柱状图

(18）计算信用历史（Credit_History）列中不同取值的数量和缺失值的百分比，通过百分比的方式显示良好的信用历史、不良的信用历史和缺失值的比例。这有助于了解数据中信用历史的分布情况以及数据的完整性。具体实现代码如下所示。

```
count1 = len(df[df.Credit_History == 1])
count0 = len(df[df.Credit_History == 0])
countNull = len(df[df.Credit_History.isnull()])

print("Percentage of Good credit history: {:.2f}%".format((count1 / (len(df.Credit_History))*100)))
print("Percentage of Bad credit history: {:.2f}%".format((count0 / (len(df.Credit_History))*100)))
print("Missing values percentage: {:.2f}%".format((countNull / (len(df.Credit_History))*100)))
```

执行后会输出以下内容。

```
Percentage of Good credit history: 77.36%
Percentage of Bad credit history: 14.50%
Missing values percentage: 8.14%
```

（19）计算不同地区属性（Property_Area）列中不同取值的数量，包括缺失值的百分比。这段代码的目的是了解不同地区属性在数据集中的分布情况，以便后续的数据分析和建模工作。具体实现代码如下所示。

```
df.Property_Area.value_counts(dropna=False)
```

执行后会输出以下内容。

```
Semi-Urban    233
Urban         202
Rural         179
Name: Property_Area, dtype: int64
```

（20）使用Seaborn库创建一个柱状图，展示不同地区属性(Property_Area)在数据集中的分布情况。具体实现代码如下所示。

```
sns.countplot(x="Property_Area", data=df, palette="cubehelix")
plt.show()
```

执行效果如图10-6所示，其中横坐标为不同地区属性("Property_Area")，纵坐标为每个属性值在数据集中的计数。通过这个图形，可以清晰地看到每个地区属性的数量分布情况。

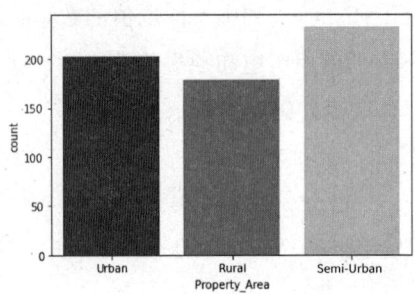

图10-6　不同地区属性的柱状图

（21）计算不同地区属性(Property_Area)在数据集中的数量分布情况，并输出各地区属性及缺失值的百分比。具体实现代码如下所示。

```
countUrban = len(df[df.Property_Area == 'Urban'])
countRural = len(df[df.Property_Area == 'Rural'])
countSemiurban = len(df[df.Property_Area == 'Semi-Urban'])
countNull = len(df[df.Property_Area.isnull()])

print("Percentage of Urban: {:.2f}%".format((countUrban / (len(df.Property_Area))*100)))
print("Percentage of Rural: {:.2f}%".format((countRural / (len(df.Property_Area))*100)))
print("Percentage of Semi-Urban: {:.2f}%".format((countSemiurban / (len(df.Property_Area))*100)))
print("Missing values percentage: {:.2f}%".format((countNull / (len(df.Property_Area))*100)))
```

执行后会输出以下内容。

```
Percentage of Urban: 32.90%
Percentage of Rural: 29.15%
Percentage of Semi-Urban: 37.95%
Missing values percentage: 0.00%
```

（22）计算贷款状态(Loan_Status)在数据集中的数量分布情况，并输出贷款状态及缺失值的百分比。具体实现代码如下所示。

```
df.Loan_Status.value_counts(dropna=False)
```

执行后会输出以下内容。

```
Y    422
N    192
Name: Loan_Status, dtype: int64
```

(23）使用Seaborn库的countplot函数创建一个柱状图，用于可视化贷款状态(Loan_Status)的分布情况。具体实现代码如下所示。

```
sns.countplot(x="Loan_Status", data=df, palette="YlOrBr")
plt.show()
```

执行效果如图10-7所示。通过这个图形可以更清晰地了解贷款状态的分布情况，包括接受贷款(Y)和未接受贷款(N)的数量。

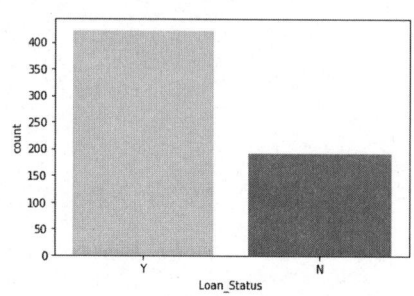

图10-7　贷款状态柱状图

（24）计算贷款状态(Loan_Status)的统计信息，包括已批准的贷款数量、被拒绝的贷款数量以及缺失值的百分比。countY 统计了贷款状态为"Y"（已批准）的数量，countN 统计了贷款状态为"N"（被拒绝）的数量，countNull 统计了贷款状态中缺失值的数量。具体实现代码如下所示。

```
countY = len(df[df.Loan_Status == 'Y'])
countN = len(df[df.Loan_Status == 'N'])
countNull = len(df[df.Loan_Status.isnull()])

print("Percentage of Approved: {:.2f}%".format((countY / (len(df.Loan_Status))*100)))
print("Percentage of Rejected: {:.2f}%".format((countN / (len(df.Loan_Status))*100)))
print("Missing values percentage: {:.2f}%".format((countNull / (len(df.Loan_Status))*100)))
```

执行后会输出以下内容。

```
Percentage of Approved: 68.73%
Percentage of Rejected: 31.27%
Missing values percentage: 0.00%
```

（25）计算贷款期限(Loan_Amount_Term)的统计信息，包括不同期限的贷款数量以及缺失值的百分比。具体实现代码如下所示。

```
df.Loan_Amount_Term.value_counts(dropna=False)
```

执行后会输出以下内容。

```
360.0    512
180.0     44
480.0     15
NaN       14
300.0     13
240.0      4
84.0       4
120.0      3
60.0       2
36.0       2
12.0       1
Name: Loan_Amount_Term, dtype: int64
```

（26）使用Seaborn库创建一个柱状图，用于可视化贷款期限(Loan_Amount_Term)的分布情况。具体实现代码如下所示。

```
sns.countplot(x="Loan_Amount_Term", data=df, palette="rocket")
plt.show()
```

执行效果如图10-8所示。通过这个图形，可以清晰地看到不同期限的贷款在数据中的分布情况，以进一步进行数据分析。

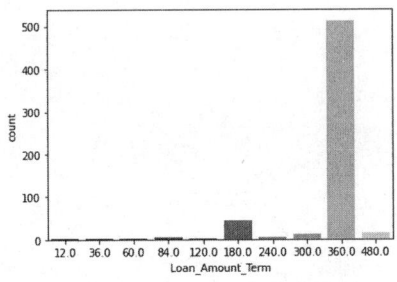

图10-8　贷款期限柱状图

（27）计算贷款期限(Loan_Amount_Term)的不同取值在数据集中的出现次数，并计算每个期限值以及缺失值的百分比。具体实现代码如下所示。

```
count12 = len(df[df.Loan_Amount_Term == 12.0])
count36 = len(df[df.Loan_Amount_Term == 36.0])
count60 = len(df[df.Loan_Amount_Term == 60.0])
count84 = len(df[df.Loan_Amount_Term == 84.0])
count120 = len(df[df.Loan_Amount_Term == 120.0])
count180 = len(df[df.Loan_Amount_Term == 180.0])
count240 = len(df[df.Loan_Amount_Term == 240.0])
count300 = len(df[df.Loan_Amount_Term == 300.0])
```

```
count360 = len(df[df.Loan_Amount_Term == 360.0])
count480 = len(df[df.Loan_Amount_Term == 480.0])
countNull = len(df[df.Loan_Amount_Term.isnull()])

print("Percentage of 12: {:.2f}%".format((count12 / (len(df.Loan_Amount_Term))*100)))
print("Percentage of 36: {:.2f}%".format((count36 / (len(df.Loan_Amount_Term))*100)))
print("Percentage of 60: {:.2f}%".format((count60 / (len(df.Loan_Amount_Term))*100)))
print("Percentage of 84: {:.2f}%".format((count84 / (len(df.Loan_Amount_Term))*100)))
print("Percentage of 120: {:.2f}%".format((count120 / (len(df.Loan_Amount_Term))*100)))
print("Percentage of 180: {:.2f}%".format((count180 / (len(df.Loan_Amount_Term))*100)))
print("Percentage of 240: {:.2f}%".format((count240 / (len(df.Loan_Amount_Term))*100)))
print("Percentage of 300: {:.2f}%".format((count300 / (len(df.Loan_Amount_Term))*100)))
print("Percentage of 360: {:.2f}%".format((count360 / (len(df.Loan_Amount_Term))*100)))
print("Percentage of 480: {:.2f}%".format((count480 / (len(df.Loan_Amount_Term))*100)))
print("Missing values percentage: {:.2f}%".format((countNull / (len(df.Loan_Amount_Term))*100)))
```

执行后会输出以下内容。

```
Percentage of 12: 0.16%
Percentage of 36: 0.33%
Percentage of 60: 0.33%
Percentage of 84: 0.65%
Percentage of 120: 0.49%
Percentage of 180: 7.17%
Percentage of 240: 0.65%
Percentage of 300: 2.12%
Percentage of 360: 83.39%
Percentage of 480: 2.44%
Missing values percentage: 2.28%
```

这些百分比信息有助于了解贷款期限的分布情况，包括主要期限值的占比以及数据中的缺失值情况。

2. 数值变量分析

数值变量（Numerical Variable）是指在统计学和数据分析中，用于表示具有数值或数量意义的变量。这些变量通常代表度量或计数，可以进行数学上的各种运算，包括加法、减法、平均值计算等。数值变量可以是连续的，如温度、身高、体重等，也可以是离散的，如数量、计数等。

数值变量通常用于度量和描述数据的各种特性，它们提供了数据的数量信息，这使得在统计分析和建模中能够进行更多的数学运算和分析。与分类变量不同，数值变量的值是可排序的，并且可以用于建立数学模型，如回归模型、聚类分析、假设检验等。

（1）展示数据集中的三个数值变量：*ApplicantIncome*（申请人收入）、*CoapplicantIncome*（共同申请人收入）和*LoanAmount*（贷款金额）。具体实现代码如下所示。

```
df[['ApplicantIncome','CoapplicantIncome','LoanAmount']].describe()
```

函数describe()将为每个数值变量生成以下统计摘要信息。

count：每个变量的非缺失值数量。

mean：每个变量的平均值。

std：每个变量的标准差，表示数据的分散程度。

min：每个变量的最小值。

25%、50%（中位数）、75%：每个变量的百分位数，它们表示数据的分布情况。中位数是数据的中间值，25%和75%分位数分别表示数据的下四分位数和上四分位数。

max：每个变量的最大值。

执行后会输出以下内容。

```
       ApplicantIncome    CoapplicantIncome    LoanAmount
count  614.000000         614.000000           592.000000
mean   5403.459283        1621.245798          146.412162
std    6109.041673        2926.248369          85.587325
min    150.000000         0.000000             9.000000
25%    2877.500000        0.000000             100.000000
50%    3812.500000        1188.500000          128.000000
75%    5795.000000        2297.250000          168.000000
max    81000.000000       41667.000000         700.000000
```

这些统计信息有助于我们深入了解数值变量的分布特性、中心趋势和离散程度，可以帮助数据分析人员更好地理解数据的特点，为后续的数据探索和建模提供重要的参考。

（2）使用Seaborn库创建3个直方图，以可视化数据集中的数值变量（*ApplicantIncome*、*CoapplicantIncome*和*LoanAmount*）的分布情况。具体实现代码如下所示。

```
sns.set(style="darkgrid")
fig, axs = plt.subplots(2, 2, figsize=(10, 8))
```

```
sns.histplot(data=df, x="ApplicantIncome", kde=True, ax=axs[0, 0], col-
or='green')
sns.histplot(data=df, x="CoapplicantIncome", kde=True, ax=axs[0, 1], col-
or='skyblue')
sns.histplot(data=df, x="LoanAmount", kde=True, ax=axs[1, 0], color='or-
ange');
```

执行效果如图10-9所示，这些直方图有助于理解数值变量的分布特性，包括其集中趋势和分散程度，以及是否存在异常值或离群点。

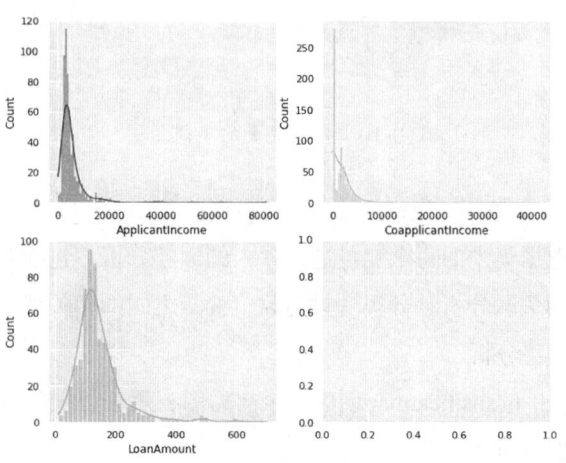

图10-9　数值变量的直方图

（3）使用Seaborn库创建3个小提琴图，以可视化数据集中的数值变量（*ApplicantIncome*、*CoapplicantIncome*和*LoanAmount*）的分布情况。具体实现代码如下所示。

```
sns.set(style="darkgrid")
fig, axs1 = plt.subplots(2, 2, figsize=(10, 10))

sns.violinplot(data=df, y="ApplicantIncome", ax=axs1[0, 0], color='green')
sns.violinplot(data=df, y="CoapplicantIncome", ax=axs1[0, 1], color='sky-
blue')
sns.violinplot(data=df, y="LoanAmount", ax=axs1[1, 0], color='orange');
```

执行效果如图10-10所示，这些小提琴图不仅展示了数值变量的分布，还可以同时显示出分布的密度和可能存在的峰值，这有助于更全面地理解数值变量的性质。

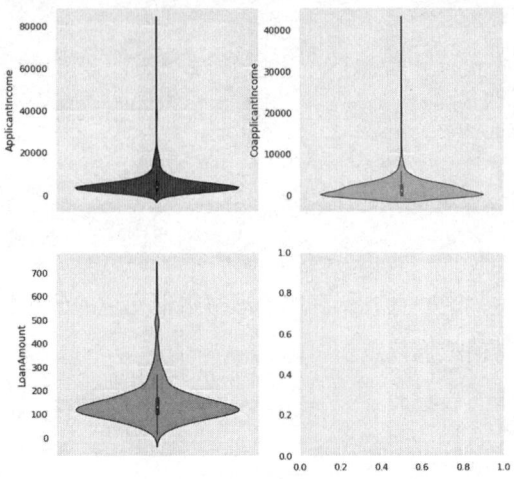

图10-10　数值变量的小提琴图

3. 其他变量分析

接下来，我们将对数据集中的每个变量进行深入的额外分析，包括双变量分析，具体涵盖分类变量与分类变量之间的关联分析、分类变量与数值变量之间的相关性分析，以及数值变量与数值变量之间的相关性和趋势分析。

（1）使用Seaborn库中的sns.heatmap创建一个热力图，用于可视化数据集中数值变量之间的相关性。具体实现代码如下所示。

```
plt.figure(figsize=(10,7))
sns.heatmap(df.corr(), annot=True, cmap='inferno');
```

执行效果如图10-11所示，以可视化方式表示了数据集中数值变量之间的相关性，带有注释的数值用于指示相关性的强度和方向。

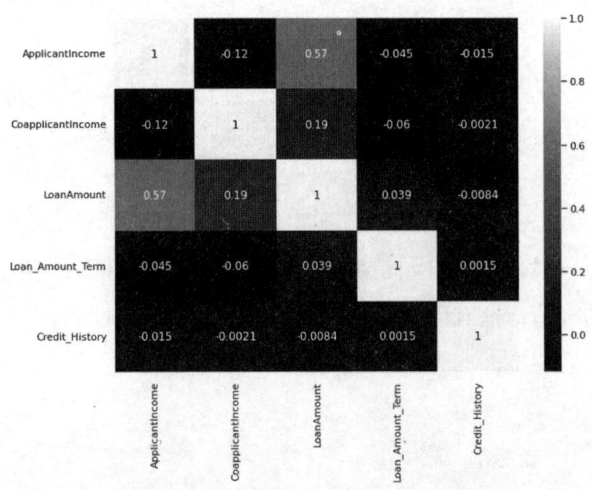

图10-11　数据集中数值变量的热力图

（2）创建一个堆叠条形图，用于可视化性别（Gender）与婚姻状况（Married）之间的关系。具体实现代码如下所示。

```
pd.crosstab(df.Gender,df.Married).plot(kind="bar", stacked=True, figsize=(5,5), color=['#f64f59','#12c2e9'])
plt.title('Gender vs Married')
plt.xlabel('Gender')
plt.ylabel('Frequency')
plt.xticks(rotation=0)
plt.show()
```

执行效果如图10-12所示，这个图可用于观察性别与婚姻状况之间的关系，以及每个组的频率分布。

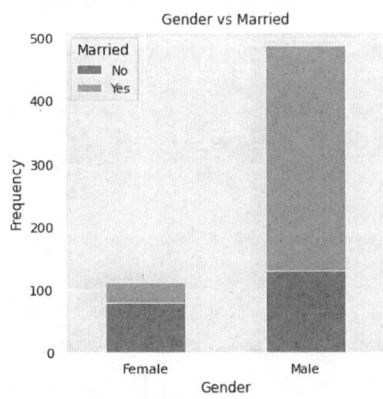

图10-12　性别与婚姻状况堆叠条形图

（3）创建一个堆叠条形图，用于可视化自雇（Self_Employed）与信用历史（Credit_History）之间的关系。具体实现代码如下所示。

```
pd.crosstab(df.Self_Employed,df.Credit_History).plot(kind="bar", stacked=True, figsize=(5,5), color=['#544a7d','#ffd452'])
plt.title('Self_Employed vs Credit_History')
plt.xlabel('Self_Employed')
plt.ylabel('Frequency')
plt.legend(["Bad Credit", "Good Credit"])
plt.xticks(rotation=0)
plt.show()
```

执行效果如图10-13所示。

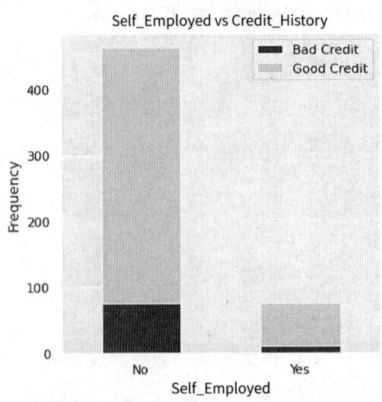

图10-13　自雇与信用历史堆叠条形图

（4）创建一个堆叠条形图，用于可视化展示不同地区属性（Property_Area）与贷款状态（Loan_Status）之间的关系。具体实现代码如下所示。

```
pd.crosstab(df.Property_Area,df.Loan_Status).plot(kind="bar", stacked=True,
figsize=(5,5), color=['#333333','#dd1818'])
plt.title('Property_Area vs Loan_Status')
plt.xlabel('Property_Area')
plt.ylabel('Frequency')
plt.xticks(rotation=0)
plt.show()
```

执行效果如图10-14所示，这个图可用于观察不同地区属性与贷款状态之间的关系，以及每个组的频率分布。这里，"Property_Area"表示不同的财产地区，"Loan_Status"表示贷款状态（已批准或未批准）。

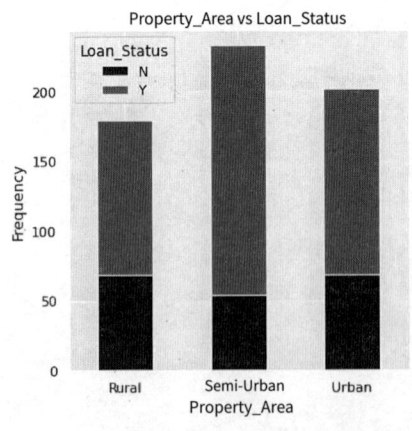

图10-14　不同地区属性与贷款状态堆叠条形图

（5）创建一个箱线图，用于比较贷款状态（Loan_Status）与申请人的收入（ApplicantIncome）之间的关系。具体实现代码如下所示。

```
sns.boxplot(x="Loan_Status", y="ApplicantIncome", data=df, palette="mako");
```

执行效果如图10-15所示，图中有两个箱子，分别对应Loan_Status为"Y"（已批准）和"N"（未批准）的两个类别。箱子的上边界表示上四分位数，下边界表示下四分位数，箱子内部的线表示中位数。图中的"Y"和"N"表示贷款状态，可以看出不同状态下申请人的收入的分布情况。

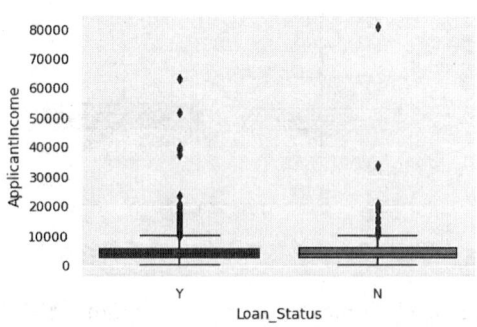

图10-15　贷款状态与申请人的收入箱线图

这个箱线图有助于比较不同贷款状态下申请人的收入的分布情况，包括中位数、四分位数等统计信息，有助于了解贷款状态与申请人的收入之间的关系。

（6）创建了一个箱线图，用于比较贷款状态（Loan_Status）与共同申请人的收入（CoapplicantIncome）之间的关系。具体实现代码如下所示。

```
sns.boxplot(x="CoapplicantIncome", y="Loan_Status", data=df, palette="rocket");
```

执行效果如图10-16所示，这个箱线图有助于比较不同贷款状态下共同申请人的收入的分布情况，包括中位数、四分位数等统计信息。

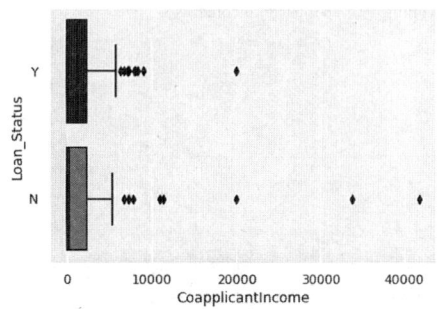

图10-16　贷款状态与共同申请人的收入箱线图

（7）创建一个箱线图，用于比较贷款状态（Loan_Status）与贷款金额（LoanAmount）之间的关系。具体实现代码如下所示。

```
sns.boxplot(x="Loan_Status", y="LoanAmount", data=df, palette="YlOrBr");
```

执行效果如图10-17所示，这个箱线图有助于比较不同贷款状态下贷款金额的分布情况，包括中位数、四分位数等统计信息，有助于了解贷款状态与贷款金额之间的关系。

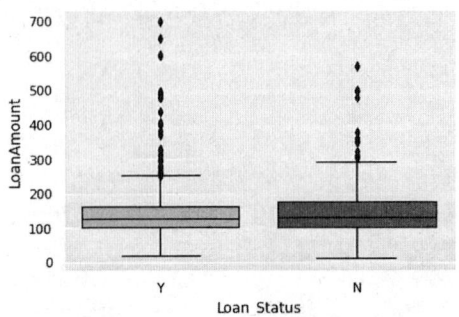

图10-17　贷款状态与贷款金额箱线图

（8）可视化与分析ApplicantIncome和CoapplicantIncome列之间的关系，包括散点图的绘制、相关性的计算以及t检验的执行。具体实现代码如下所示。

```
df.plot(x='ApplicantIncome', y='CoapplicantIncome', style='o')
plt.title('ApplicantIncome - CoapplicantIncome')
plt.xlabel('ApplicantIncome')
plt.ylabel('CoapplicantIncome')
plt.show()
print('Pearson correlation:', df['ApplicantIncome'].corr(df['CoapplicantIn-
come']))
print('T Test and P value: \n', stats.ttest_ind(df['ApplicantIncome'],
df['CoapplicantIncome']))
```

执行效果如图10-18所示。

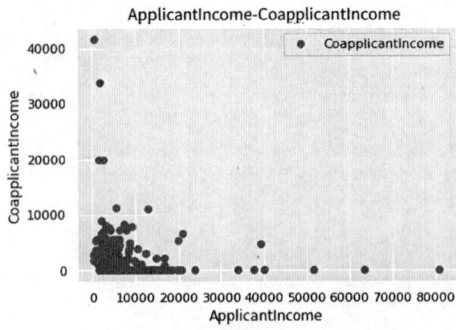

```
Pearson correlation: -0.11660458122889966
T Test and P value:
 Ttest_indResult(statistic=13.835753259915661, pvalue=1.4609839484240346e-40)
```

图10-18　申请人的收入列和共同申请人的收入列的散点图

4. 空值处理

（1）计算DataFrame df 中每一列的空值数量，它会返回一个与DataFrame列长度相同的Series，其中包含每列的缺失值数量。具体实现代码如下所示。

```
df.isnull().sum()
```

执行后会输出以下内容。

```
Loan_ID              0
Gender              13
Married              3
Dependents          15
Education            0
Self_Employed       32
ApplicantIncome      0
CoapplicantIncome    0
LoanAmount          22
Loan_Amount_Term    14
Credit_History      50
Property_Area        0
Loan_Status          0
dtype: int64
```

通常，数据分析师会使用这些信息来了解数据集中哪些列包含缺失值，以便进一步处理这些缺失值，如填充它们或者删除包含缺失值的行或列。

（2）创建一个水平的条形图，用于可视化数据框df 中每一列的缺失值数量。具体实现代码如下所示。

```
plt.figure(figsize = (24, 5))
axz = plt.subplot(1,2,2)
mso.bar(df, ax = axz, fontsize = 12);
```

其中，plt.figure(figsize=(24, 5)) 用于设置图的大小；axz = plt.subplot(1,2,2) 创建了一个子图对象及其位置；mso.bar(df, ax=axz, fontsize=12) 用于绘制缺失值的条形图，其中 df 是数据框，ax=axz 是子图对象，fontsize=12 设置字体大小。执行效果如图10-19所示，这个图有助于可视化哪些列有缺失值，并且可以用于进一步分析数据中的缺失值情况。

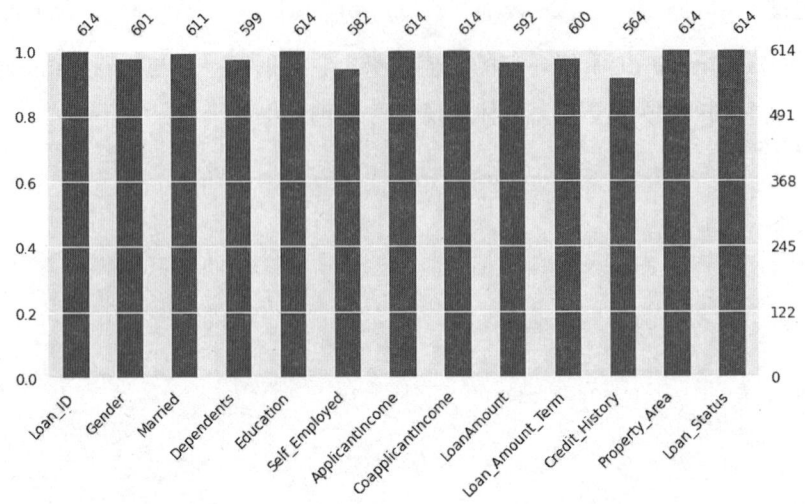

图10-19 缺失值条形图

10.2.4 数据预处理

数据预处理是数据分析和机器学习中的一个重要步骤，旨在清洗、转换和整理原始数据以供分析或训练模型使用。

（1）从数据框 df 中删除名为"Loan_ID"的列，其中"axis=1"表示删除列，而不是行。删除"Loan_ID"列后，数据框 df 将不再包含这一列的信息。具体实现代码如下所示。

```
df = df.drop(['Loan_ID'], axis = 1)
```

在数据预处理过程中，通常可以删除不需要用于建模或分析的列，以简化数据集并提高计算效率。

（2）填充数据框 df 中特定列的缺失值，将数据框中的缺失值替换为相应列的众数，以确保数据在建模前没有缺失值。其中，参数"inplace=True"表示在原始数据框上进行修改，而不是创建一个新的数据框。具体实现代码如下所示。

```
df['Gender'].fillna(df['Gender'].mode()[0],inplace=True)
df['Married'].fillna(df['Married'].mode()[0],inplace=True)
df['Dependents'].fillna(df['Dependents'].mode()[0],inplace=True)
df['Self_Employed'].fillna(df['Self_Employed'].mode()[0],inplace=True)
df['Credit_History'].fillna(df['Credit_History'].mode()[0],inplace=True)
df['Loan_Amount_Term'].fillna(df['Loan_Amount_Term'].mode()[0],inplace=True)
```

（3）填充数据框 df 中"LoanAmount"列的缺失值。具体来说，它使用"LoanAmount"列的均值来填充缺失值。这样做的目的是用该列的均值来代替缺失值，以保持数据的完整性。具体实现代码如下所示。

```
df['LoanAmount'].fillna(df['LoanAmount'].mean(),inplace=True)
```

其中，参数"inplace=True"表示在原始数据框上进行修改，而不是创建一个新的数据框。这有助于确保在建模前不会有缺失值。

（4）将数据准备成适用于机器学习模型的形式，其中分类变量已被转换为数值形式，不需要的列已被删除，并且列名已被更新，以便进行进一步的分析和建模。具体实现代码如下所示。

```
df = pd.get_dummies(df)

# 删除列
df = df.drop(['Gender_Female', 'Married_No', 'Education_Not Graduate',
              'Self_Employed_No', 'Loan_Status_N'], axis = 1)

# 列重命名
new = {'Gender_Male': 'Gender', 'Married_Yes': 'Married',
       'Education_Graduate': 'Education', 'Self_Employed_Yes': 'Self_Employed','Loan_Status_Y': 'Loan_Status'}

df.rename(columns=new, inplace=True)
```

对上述代码的具体说明如下。

使用 pd.get_dummies(df) 将数据框 df 中的分类变量转换为哑变量。这意味着原始的分类变量将被拆分成多个二元变量，以表示每个可能的类别。这通常用于处理机器学习模型只能处理数值数据的情况。

使用 df.drop(...) 删除不需要的哑变量列。具体来说，删除了Gender_Female、Married_No、Education_Not Graduate、Self_Employed_No、Loan_Status_N这些列。

使用 df.rename(...) 重命名列名，以便它们更具可读性和一致性。例如，"Gender_Male"列被重命名为"Gender"，"Married_Yes"列被重命名为"Married"，依次类推。

（5）进行数据清洗工作，目的是删除数据中的异常值，以确保模型的稳健性和准确性。具体实现代码如下所示。

```
Q1 = df.quantile(0.25)
Q3 = df.quantile(0.75)
IQR = Q3 - Q1

df = df[~((df < (Q1 - 1.5 * IQR)) |(df > (Q3 + 1.5 * IQR))).any(axis=1)]
```

对上述代码的具体说明如下。

使用 df.quantile(0.25) 和 df.quantile(0.75) 分别计算了数据框 df 中数值变量的第一个四分位数（Q1）和第三个四分位数（Q3）。这些分位数用于计算箱线图的上下限。

使用Q3-Q1计算四分位数范围的IQR（四分位数间距），它是箱线图的一个关键参数。

使用((df < (Q1-1.5 * IQR)) |(df > (Q3 + 1.5 * IQR)))这个条件来识别数据框df中的离群值。这意味着任何小于Q1减去1.5倍IQR或大于Q3加上1.5倍IQR的数据点都将被视为离群值。

df[~((df < (Q1-1.5 * IQR)) |(df > (Q3 + 1.5 * IQR))).any(axis=1)] 这一行代码通过 any(axis=1) 来选择不包含任何离群值的行，并将结果重新分配给数据框df，以删除这些离群值。

（6）对数据框 df 中的三个变量进行平方根变换，这种变换可以有助于改善数据的分布，使其更符合线性模型的假设，从而提高模型的性能。通常，当数据呈现偏斜分布时，对其进行对数、平方根或其他数学变换是一种常见的数据预处理方法。具体实现代码如下所示。

```
df.ApplicantIncome = np.sqrt(df.ApplicantIncome)
df.CoapplicantIncome = np.sqrt(df.CoapplicantIncome)
df.LoanAmount = np.sqrt(df.LoanAmount)
```

（7）创建一个包含3个子图的图表，用两行两列进行展示，每个子图包含一种不同的数据分布信息。

第一个子图 (axs[0, 0]) 显示了 *ApplicantIncome* 变量的直方图，并添加了KDE曲线。直方图表示该变量的分布情况，KDE曲线则提供了更平滑的分布估计。

第二个子图 (axs[0, 1]) 显示了 *CoapplicantIncome* 变量的直方图和KDE曲线。

第三个子图 (axs[1, 0]) 显示了 *LoanAmount* 变量的直方图和KDE曲线。

具体实现代码如下所示。

```
sns.set(style="darkgrid")
fig, axs = plt.subplots(2, 2, figsize=(10, 8))

sns.histplot(data=df, x="ApplicantIncome", kde=True, ax=axs[0, 0], color='green')
sns.histplot(data=df, x="CoapplicantIncome", kde=True, ax=axs[0, 1], color='skyblue')
sns.histplot(data=df, x="LoanAmount", kde=True, ax=axs[1, 0], color='orange');
```

执行效果如图10-20所示，这些图有助于了解每个变量的数据分布情况，包括它们的中心趋势、离散性和偏斜程度。直方图显示了数据的分布形状，而KDE曲线则提供了更平滑的分布估计。这些信息对于进一步的数据分析和建模非常有用。

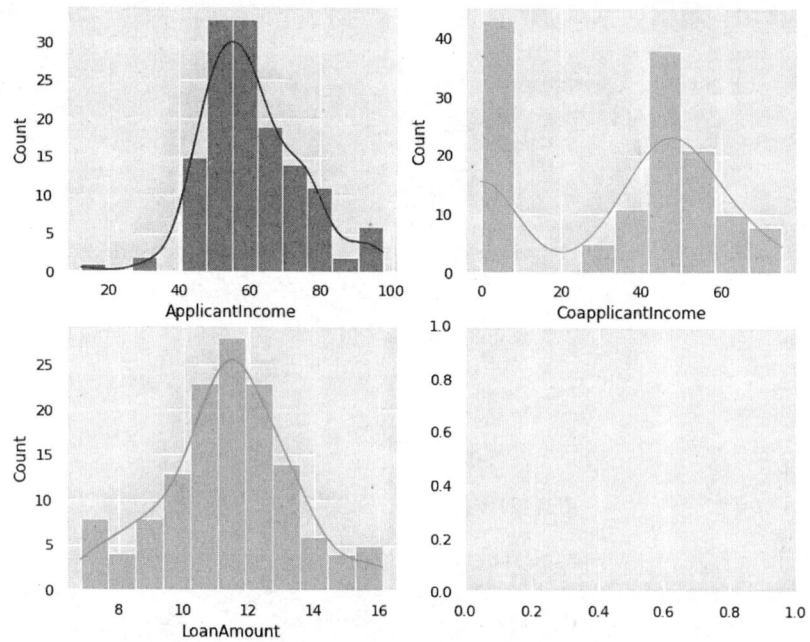

图10-20 每个变量的数据分布情况

（8）编写如下代码创建两个变量，目的是将数据集分为特征集和目标集，以便用于后面的机器学习模型的训练和评估工作。

X：是一个包含所有特征（自变量）的数据集，通过从 df 中删除"Loan_Status"列而获得。在机器学习中，通常将特征存储在 X 中，用于训练模型。

y：是目标变量（或因变量），包含要预测或分类的值，这里是"Loan_Status"列的数据。在监督学习中，通常将目标变量存储在 y 中，用于训练模型，并将模型的预测结果与 y 进行比较以评估模型的性能。

```
X = df.drop(["Loan_Status"], axis=1)
y = df["Loan_Status"]
```

（9）在训练机器学习模型时，为了确保不同类别的样本数量保持相对平衡，以提高模型的性能和稳定性。我们使用过采样技术（SMOTE），生成合成的数据样本来增加少数类别的样本数量，以达到平衡的效果。然后，使用sns.countplot可视化展示类别的分布情况。具体实现代码如下所示。

```
X, y = SMOTE().fit_resample(X, y)
sns.set_theme(style="darkgrid")
sns.countplot(y=y, data=df, palette="coolwarm")
plt.ylabel('Loan_Status')
plt.xlabel('Total')
plt.show()
```

执行效果如图10-21所示。

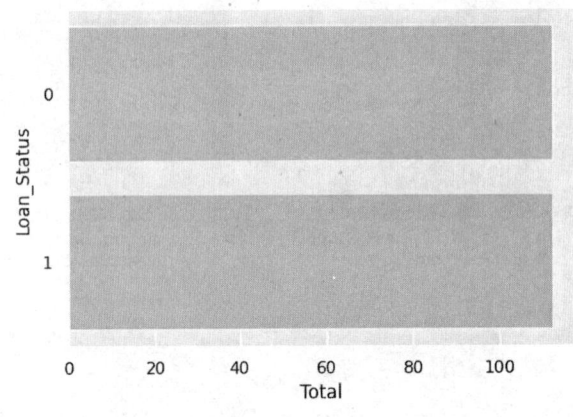

图10-21 样本类别的分布情况

（10）制作用于训练和评估机器学习模型的数据集，具体实现代码如下所示。

```
X = MinMaxScaler().fit_transform(X)
X_train, X_test, y_train, y_test = train_test_split(X, y, test_size = 0.2, random_state = 0)
```

对上述代码的具体说明如下。

使用 MinMaxScaler 进行特征缩放：MinMaxScaler 是一种特征缩放方法，它将特征缩放到指定的最小值和最大值之间，通常是 [0, 1] 区间。这有助于确保不同特征具有相似的尺度，以提高机器学习模型的性能。

使用 fit_transform 方法将特征矩阵 X 标准化。这意味着每个特征都会被线性缩放，使其范围在 [0, 1] 区间内。

使用函数train_test_split将数据集分为训练集和测试集。test_size 参数指定了测试集的比例，这里是 20%。random_state 参数用于设置随机数种子，以确保每次运行代码时都得到相同的随机划分，以便结果可复现。

最终，将得到如下所示的4个变量。

X_train：训练集特征矩阵，已经进行了特征缩放。

X_test：测试集特征矩阵，已经进行了特征缩放。

y_train：训练集的目标变量。

y_test：测试集的目标变量。

这些数据集将用于训练和评估机器学习模型。

10.2.5 制作模型

（1）逻辑回归模型

训练逻辑回归模型，并评估其性能。在模型的性能报告中包括准确率以及其他分类指标，以帮助我们了解模型在测试数据上的表现。具体实现代码如下所示。

```
LRclassifier = LogisticRegression(solver='saga', max_iter=500, random_state=1)
LRclassifier.fit(X_train, y_train)

y_pred = LRclassifier.predict(X_test)

print(classification_report(y_test, y_pred))
print(confusion_matrix(y_test, y_pred))

from sklearn.metrics import accuracy_score
LRAcc = accuracy_score(y_pred,y_test)
print('LR accuracy: {:.2f}%'.format(LRAcc*100))
```

对上述代码的具体说明如下。

创建分类器 LRclassifier，使用 LogisticRegression 函数创建一个逻辑回归分类器。将solver 参数设置为"saga"，这是逻辑回归的优化算法之一。将max_iter 参数设置为"500"，表示算法运行的最大迭代次数。将random_state 参数设置为"1"，以确保结果的可重现性。

使用训练集 (X_train 和 y_train) 对 LRclassifier 进行训练：fit 方法用于训练模型，其中 X_train 是训练集的特征矩阵，y_train 是训练集的目标变量。

使用训练好的模型 LRclassifier 对测试集 (X_test) 进行预测：predict 方法用于生成对测试集的分类预测，结果存储在 y_pred 中。

使用classification_report 函数生成分类报告，其中包括精确度、召回率、F1 分数等指标。这个报告基于测试集的真实标签 (y_test) 和模型的预测 (y_pred)。

使用confusion_matrix 生成混淆矩阵，展示模型的真正例、假正例、真反例和假反例数量。

使用 accuracy_score 函数计算模型的准确率，即正确分类的样本数量占总样本数量的比例。

最后，以百分比形式打印这个模型的准确率。

执行后会输出以下内容。

	Precision	Recall	F1-Score	Support
0	0.83	0.87	0.85	23
1	0.86	0.82	0.84	22
accuracy			0.84	45

```
    macro avg       0.85        0.84        0.84          45
weighted avg        0.84        0.84        0.84          45

[[20  3]
 [ 4 18]]
LR accuracy: 84.44%
```

（2）K-近邻算法模型

通过K-近邻算法（K-Nearest Neighbor，KNN）分类器，针对不同的 K 值，评估模型的准确率。具体实现代码如下所示。

```
scoreListknn = []
for i in range(1,21):
    KNclassifier = KNeighborsClassifier(n_neighbors = i)
    KNclassifier.fit(X_train, y_train)
    scoreListknn.append(KNclassifier.score(X_test, y_test))

plt.plot(range(1,21),scoreListknn)
plt.xticks(np.arange(1,21,1))
plt.xlabel("K value")
plt.ylabel("Score")
plt.show()
KNAcc = max(scoreListknn)
print("KNN best accuracy: {:.2f}%".format(KNAcc*100))
```

执行后会输出以下内容。

```
KNN best accuracy: 91.11%
```

（3）支持向量机模型

使用支持向量机（Support Vector Machine，SVM）分类器，采用径向基函数（Radial Basis Function，RBF）来训练模型，并对测试数据进行预测。具体实现代码如下所示。

```
SVCclassifier = SVC(kernel='rbf', max_iter=500)
SVCclassifier.fit(X_train, y_train)

y_pred = SVCclassifier.predict(X_test)

print(classification_report(y_test, y_pred))
print(confusion_matrix(y_test, y_pred))

from sklearn.metrics import accuracy_score
SVCAcc = accuracy_score(y_pred,y_test)
print('SVC accuracy: {:.2f}%'.format(SVCAcc*100))
```

执行后会输出以下内容。

```
              Precision    Recall    F1-Score    Support

           0      0.87       0.87       0.87         23
           1      0.86       0.86       0.86         22

    accuracy                            0.87         45
   macro avg      0.87       0.87       0.87         45
weighted avg      0.87       0.87       0.87         45

[[20  3]
 [ 3 19]]
SVC accuracy: 86.67%
```

（4）贝叶斯模型

首先，创建一个名为 NBclassifier1 的分类朴素贝叶斯 (Categorical Naive Bayes，CategoricalNB) 分类器，使用该分类器来训练模型，并对测试数据进行预测。具体实现代码如下所示。

```
NBclassifier1 = CategoricalNB()
NBclassifier1.fit(X_train, y_train)

y_pred = NBclassifier1.predict(X_test)

print(classification_report(y_test, y_pred))
print(confusion_matrix(y_test, y_pred))

from sklearn.metrics import accuracy_score
NBAcc1 = accuracy_score(y_pred,y_test)
print('Categorical Naive Bayes accuracy: {:.2f}%'.format(NBAcc1*100))
```

执行后会输出以下内容。

```
              Precision    Recall    F1-Score    Support

           0      0.81       0.74       0.77         23
           1      0.75       0.82       0.78         22

    accuracy                            0.78         45
   macro avg      0.78       0.78       0.78         45
weighted avg      0.78       0.78       0.78         45

[[17  6]
 [ 4 18]]
Categorical Naive Bayes accuracy: 77.78%
```

然后,创建一个名为 NBclassifier2 的高斯朴素贝叶斯 (Gaussian Naive Bayes,GaussianNB)分类器,使用该分类器来训练模型,并对测试数据进行预测。具体实现代码如下所示。

```
NBclassifier2 = GaussianNB()
NBclassifier2.fit(X_train, y_train)

y_pred = NBclassifier2.predict(X_test)

print(classification_report(y_test, y_pred))
print(confusion_matrix(y_test, y_pred))

from sklearn.metrics import accuracy_score
NBAcc2 = accuracy_score(y_pred,y_test)
print('Gaussian Naive Bayes accuracy: {:.2f}%'.format(NBAcc2*100))
```

这段代码用于构建和评估使用高斯朴素贝叶斯分类器的模型,并提供了模型的性能指标。与之前的分类朴素贝叶斯分类器不同,高斯朴素贝叶斯分类器假设特征变量是连续分布的,而不是离散的。执行后会输出以下内容。

```
              Precision    Recall   F1-Score   Support

           0       0.77      0.87      0.82        23
           1       0.84      0.73      0.78        22

    accuracy                           0.80        45
   macro avg       0.81      0.80      0.80        45
weighted avg       0.80      0.80      0.80        45

[[20  3]
 [ 6 16]]
Gaussian Naive Bayes accuracy: 80.00%
```

(5)决策树模型

使用决策树分类器 (Decision Tree Classifier) 进行模型训练和评估,通过调整决策树的叶子节点数量来寻找最佳模型配置,并显示不同配置下的模型准确率,这有助于确定决策树模型的最佳超参数设置。具体实现代码如下所示。

```
scoreListDT = []
for i in range(2,21):
    DTclassifier = DecisionTreeClassifier(max_leaf_nodes=i)
    DTclassifier.fit(X_train, y_train)
    scoreListDT.append(DTclassifier.score(X_test, y_test))
```

```
plt.plot(range(2,21), scoreListDT)
plt.xticks(np.arange(2,21,1))
plt.xlabel("Leaf")
plt.ylabel("Score")
plt.show()
DTAcc = max(scoreListDT)
print("Decision Tree Accuracy: {:.2f}%".format(DTAcc*100))
```

执行后会输出以下内容。

```
Decision Tree Accuracy: 86.67%
```

（6）随机森林模型

使用随机森林分类器（Random Forest Classifier）进行模型训练和评估，同时尝试不同的最大叶子节点数量来寻找最佳模型配置。具体实现代码如下所示。

```
scoreListRF = []
for i in range(2,25):
    RFclassifier = RandomForestClassifier(n_estimators = 1000, random_state = 1, max_leaf_nodes=i)
    RFclassifier.fit(X_train, y_train)
    scoreListRF.append(RFclassifier.score(X_test, y_test))

plt.plot(range(2,25), scoreListRF)
plt.xticks(np.arange(2,25,1))
plt.xlabel("RF Value")
plt.ylabel("Score")
plt.show()
RFAcc = max(scoreListRF)
print("Random Forest Accuracy:  {:.2f}%".format(RFAcc*100))
```

执行后会输出以下内容。

```
Random Forest Accuracy:   93.33%
```

（7）梯度提升模型

首先使用随机搜索交叉验证（RandomizedSearchCV）方法，在给定的超参数空间中搜索最佳的梯度提升分类器（Gradient Boosting Classifier）的超参数组合，以达到模型性能的最优化。具体实现代码如下所示。

```
paramsGB={'n_estimators':[100,200,300,400,500],
     'max_depth':[1,2,3,4,5],
     'subsample':[0.5,1],
     'max_leaf_nodes':[2,5,10,20,30,40,50]}
```

```
GB = RandomizedSearchCV(GradientBoostingClassifier(), paramsGB, cv=20)
GB.fit(X_train, y_train)
```

执行后会输出以下内容。

```
RandomizedSearchCV(cv=20, estimator=GradientBoostingClassifier(),
                   param_distributions={'max_depth': [1, 2, 3, 4, 5],
                                        'max_leaf_nodes': [2, 5, 10, 20, 30,
40,50],
                                        'n_estimators': [100, 200, 300, 400,
                                                         500],
                                        'subsample': [0.5, 1]})
```

在随机搜索交叉验证过程完成后,你将获得关于最佳模型以及超参数配置的相关信息。这些信息包括在随机搜索交叉验证过程中达到的最高性能分数,以及与之关联的超参数的值。这些信息对于进一步优化和调整模型非常有用。具体实现代码如下所示。

```
print(GB.best_estimator_)
print(GB.best_score_)
print(GB.best_params_)
print(GB.best_index_)
```

执行后会输出以下内容。

```
GradientBoostingClassifier(max_depth=5, max_leaf_nodes=50, n_estimators=500,
                           subsample=1)
0.8270833333333332
{'subsample': 1, 'n_estimators': 500, 'max_leaf_nodes': 50, 'max_depth': 5}
9
```

接下来,训练一个梯度提升分类器并对测试数据进行预测。最后打印分类报告(classification_report)和混淆矩阵(confusion_matrix),以评估模型的性能,并计算模型的准确性。具体实现代码如下所示。

```
GBclassifier = GradientBoostingClassifier(subsample=0.5, n_estimators=500,
max_depth=5, max_leaf_nodes=10)
GBclassifier.fit(X_train, y_train)

y_pred = GBclassifier.predict(X_test)

print(classification_report(y_test, y_pred))
print(confusion_matrix(y_test, y_pred))
from sklearn.metrics import accuracy_score
GBAcc = accuracy_score(y_pred,y_test)
print('Gradient Boosting accuracy: {:.2f}%'.format(GBAcc*100))
```

执行后会输出以下内容。

```
              Precision    Recall    F1-Score    Support

           0    0.77        0.87      0.82         23
           1    0.84        0.73      0.78         22

    accuracy                          0.80         45
   macro avg    0.81        0.80      0.80         45
weighted avg    0.80        0.80      0.80         45

[[20  3]
 [ 6 16]]
Gradient Boosting accuracy: 80.00%
```

10.2.6 比较模型

创建一个比较不同机器学习模型准确性的 DataFrame，并按准确性降序排列这些模型。具体实现代码如下所示。

```
compare = pd.DataFrame({'Model': ['Logistic Regression', 'K-Nearest Neighbor',
                                  'SVM', 'Categorical NB',
                                  'Gaussian NB', 'Decision Tree',
                                  'Random Forest', 'Gradient Boost'],
                        'Accuracy': [LRAcc*100, KNAcc*100, SVCAcc*100,
                                     NBAcc1*100, NBAcc2*100, DTAcc*100,
                                     RFAcc*100, GBAcc*100]})
compare.sort_values(by='Accuracy', ascending=False)
```

执行后会输出以下内容。

```
         Model              Accuracy
1   Random Forest           93.333333
2   K-Nearest Neighbor      91.111111
3   SVM                     86.666667
4   Decision Tree           86.666667
5   Logistic Regression     84.444444
6   Gaussian NB             80.000000
7   Gradient Boost          80.000000
8   Categorical NB          77.777778
```

从上述结果可以看出，Random Forest 模型在这个问题上表现最佳，具有最高的准确性。这些结果可以帮助银行选择最适合的机器学习模型。

10.3 银行消费者投诉处理模型

银行消费者投诉处理模型是金融行业（包括银行、证券、基金、保险等）中不可或缺的关键工具，旨在高效处理和妥善应对消费者投诉。此模型的核心目标在于确保迅速满足客户需求、有效解决客户问题，并借此机会提升客户满意度，从而巩固并促进银行与客户之间建立长期、健康的关系。此外，该模型还有助于确保业务操作的合规性，符合监管要求；推动服务质量的持续优化，通过反馈循环不断改进服务体验。本节将通过一个具体实例讲解如何开发一个银行消费者投诉处理模型。

10.3.1 背景介绍

消费者反馈是日常金融业务运营中至关重要的一环，它直接反映了客户对金融产品和服务的真实看法，包括积极的评价和宝贵的改进建议。

作为金融行业的服务提供者，特别是银行的客户经理，必须高度重视并主动收集这些来自多方面的反馈，如网络渠道、权威部门等，因为它们蕴含着客户希望银行解决的问题和期望的服务改进方向。在努力满足客户需求、确保品牌满意度和忠诚度时，了解客户对服务的具体看法是不可或缺的一环。如果我们不积极地去倾听和理解客户的声音，就无法精确把握他们的需求和期望，从而难以提供超出他们预期的客户体验。客户对品牌的看法是有价值的信息，你可以利用这些信息来更准确地调整业务以满足他们的需求。例如，下面是银行消费者提出的两条投诉建议。

（1）产品：信用报告 | 问题：信用报告上的错误信息

在查看信用报告后，我发现了一个与我无关的收款账户。我无法在线或通过电话对这些信息提出异议，这让我感到无法忍受。这个错误的信息正在毁坏我的信用。他们需要立即删除这些信息，并进行适当的调查，因为这些信息与我无关。

（2）产品：信用卡 | 问题：信用额度增加/减少

我收到了××银行关于我的××××信用卡的一封电子邮件。这是一封要求申请信用额度提高的信息，并明确说明不会进行信用查询。我点击了电子邮件中的链接并输入了要求的信息。几天后，我收到了信用局监控服务的警报，显示进行了一次信用查询。这与××银行的电子邮件所述完全相反。××银行未经我的同意进行硬查询，对我的信用评分产生了负面影响，而且查询记录将在我的信用报告上保留2年。

在阅读上面的长篇投诉后，我们不难发现手动评估每个消费者的问题需要花费很长时间并且非常低效。为了能够及时和有效地回应消费者，相关问题必须被迅速转交给具有处理这类问题经验的专家。

在本实例中，我们将利用机器学习来创建一个或多个模型，以便对投诉的类型进行分类（如按产品和问题分类）。这样的模型对于银行来说非常有用，它能够帮助银行快速识别投诉的类型，进而指派相应的金融专家来解决这些问题。

在本实例中，将包括不同的模型，这些模型将负责对不同子集的数据进行分类。

M1将根据客户的输入投诉（文本）来分类产品（如信用报告）。

M2将负责对投诉所属的特定问题进行分类（文本）。

10.3.2 数据集预处理

在本项目中，我们将使用美国消费者金融保护局（CFPB）的用户投诉数据集，在被投诉部门做出回应后，会在消费者投诉数据库中发布这些数据。

（1）加载投诉数据集main.csv，然后删除名为"Unnamed: 0"的列。具体实现代码如下所示。

```
df = pd.read_csv('/kaggle/input/complaintsfull/main.csv',low_memory=False)
df = df.drop(['Unnamed: 0'],axis=1)
```

执行后会输出以下内容。

```
CPU times: user 22.3 s, sys: 3.15 s, total: 25.5 s
Wall time: 36.9 s
```

快速浏览这个数据集，可以发现以下对我们解决这个自然语言处理问题有用的特征：产品（金融产品类型）、子产品（产品的更详细子集）、问题（问题是什么）、子问题（问题的更详细子集）。

（2）使用missingno库中的函数matrix来可视化数据框 df 中的缺失数据情况，具体实现代码如下所示。

```
import missingno as ms
ms.matrix(df)
```

执行效果如图10-22所示，这种可视化矩阵可以帮助我们快速识别数据集中的缺失值。

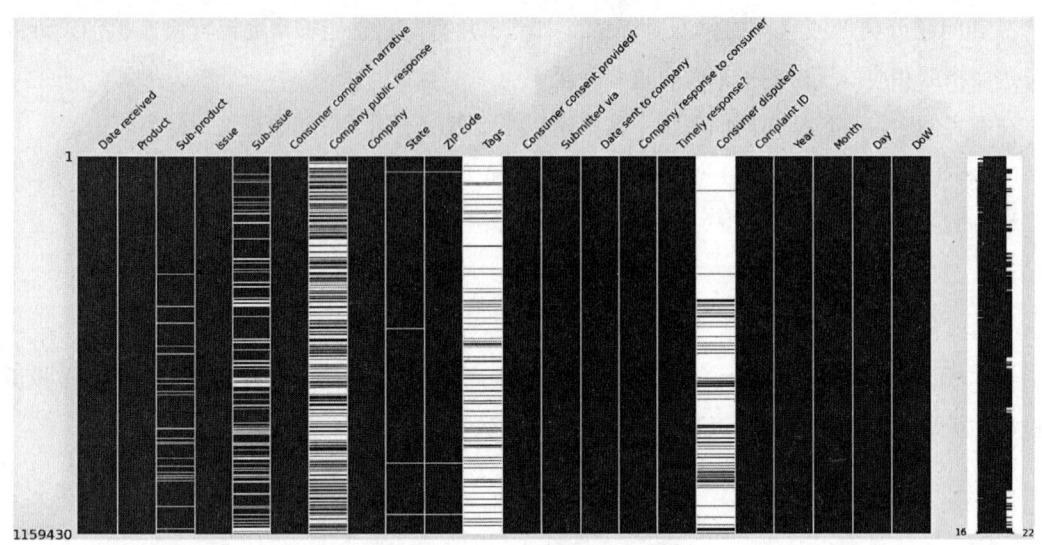

图10-22　数据集中的缺失值可视化效果

（3）打印数据集中的特征（列名），以便查看数据集的列标题。具体实现代码如下所示。

```
print('Dataset Features')
df.columns
```

通过运行这段代码，可以查看数据集中包含的各个特征或列的名称，这有助于你了解数据的结构和内容。执行后会输出以下内容。

```
Index(['Date received', 'Product', 'Sub-product', 'Issue', 'Sub-issue',
       'Consumer complaint narrative', 'Company public response', 'Company',
       'State', 'ZIP code', 'Tags', 'Consumer consent provided?',
       'Submitted via', 'Date sent to company', 'Company response to consum-
er',  'Timely response?', 'Consumer disputed?', 'Complaint ID', 'Year',
       'Month', 'Day', 'DoW'],
       dtype='object')
```

> **注意**
>
> df.columns 会返回一个包含数据集列名的 pandas Series 对象，你可以根据需要对其进行进一步处理或显示。

（4）首先定义一个名为"object_to_datetime_features"的函数，该函数将数据框中的一个列从对象类型转换为 datetime64[ns] 类型，并创建了一些新的日期相关特征列，包括年份、月份、日期和星期。然后将该函数应用于数据框 df 中名为"Date received"的列，以便将该列的数据类型从对象类型转换为日期时间类型，并创建新的日期相关特征列。最后，打印数据框的列名，以查看是否成功添加了新的特征列。具体实现代码如下所示。

```
def object_to_datetime_features(df,column):

    df[column] = df[column].astype('datetime64[ns]')
    df['Year'] = df[column].dt.year
    df['Month'] = df[column].dt.month
    df['Day'] = df[column].dt.day
    df['DoW'] = df[column].dt.dayofweek
    df['DoW'] = df['DoW'].replace({0:'Monday',1:'Tuesday',2:'Wednesday',
                                    3:'Thursday',4:'Friday',5:'Saturday',
6:'Sunday'})
    return df

df = object_to_datetime_features(df,'Date received')
df.columns
```

执行后会输出以下内容。

```
Index(['Date received', 'Product', 'Sub-product', 'Issue', 'Sub-issue',
       'Consumer complaint narrative', 'Company public response', 'Company',
       'State', 'ZIP code', 'Tags', 'Consumer consent provided?',
       'Submitted via', 'Date sent to company', 'Company response to consumer',     'Timely response?', 'Consumer disputed?', 'Complaint ID', 'Year',
       'Month', 'Day', 'DoW'],
      dtype='object')
```

（5）定义函数normalise_column_names，用于将数据框中的列名（特征名）规范化为小写字母形式。具体来说，它将列名的每个字符都转换为小写，并将结果分配回数据框的列名。然后，将该函数应用于数据框 df 中，以便将所有列名都规范化为小写字母形式。具体实现代码如下所示。

```
def normalise_column_names(df):

    normalised_features = [i.lower() for i in list(df.columns)]
    df.columns = normalised_features
    return df
df = normalise_column_names(df)
```

这种规范化通常有助于减少数据处理中的不一致性，并使列名更易于使用和引用。

（6）定义函数show_subset_names，功能是返回指定列中唯一子集的名称。该函数接收数据框 df 和列名 column 作为参数，使用 .value_counts().index获取该列中唯一值的索引，这些唯一值代表子集的名称。然后，将该函数应用于数据框 df 中的"product"列，以查看该列中不同产品的唯一名称。这对于了解数据集中存在哪些产品类别非常有用。具体实现代码如下所示。

```python
def show_subset_names(df,column):
    return df[column].value_counts().index

show_subset_names(df,'product')
```

执行后会输出以下内容。

```
Index(['Credit reporting, credit repair services, or other personal consumer reports',
       'Debt collection', 'Mortgage', 'Credit card or prepaid card',
       'Checking or savings account', 'Student loan', 'Credit reporting',
       'Money transfer, virtual currency, or money service',
       'Vehicle loan or lease', 'Credit card', 'Bank account or service',
       'Payday loan, title loan, or personal loan', 'Consumer Loan',
       'Payday loan', 'Money transfers', 'Prepaid card',
       'Other financial service', 'Virtual currency'],
      dtype='object')
```

（7）定义函数normalise_subset_names，功能是规范化指定列中唯一子集的名称。然后，将该函数应用于数据框 df 中的"product"列，以规范化该列中的产品名称，并使用 show_subset_names 函数查看规范化后的产品名称。具体实现代码如下所示。

```python
def normalise_subset_names(df,column):
    subset_names = list(df[column].value_counts().index)
    norm_subset_names = [i.lower() for i in subset_names]
    dict_replace = dict(zip(subset_names,norm_subset_names))
    df[column] = df[column].replace(dict_replace)
    return df

df = normalise_subset_names(df,'product')
show_subset_names(df,'product')
```

执行后会输出以下内容。

```
Index(['credit reporting, credit repair services, or other personal consumer reports',
       'debt collection', 'mortgage', 'credit card or prepaid card',
       'checking or savings account', 'student loan', 'credit reporting',
       'money transfer, virtual currency, or money service',
       'vehicle loan or lease', 'credit card', 'bank account or service',
       'payday loan, title loan, or personal loan', 'consumer loan',
       'payday loan', 'money transfers', 'prepaid card',
       'other financial service','virtual currency'],dtype='object')
```

（8）使用函数keep_subset根据指定的产品子集名称列表 lst_keep 来保留数据框 df 中的特定

产品类别,然后使用value_counts()方法来获取保留后的数据框中每个产品类别的计数。具体实现代码如下所示。

```
lst_keep = ['credit reporting', 'debt collection', 'mortgage', 'credit card',
            'bank account or service', 'consumer Loan', 'student loan',
            'payday loan', 'prepaid card', 'money transfers',
            'other financial service', 'virtual currency']

df = keep_subset(df,'product',lst_keep)
# sdf = remove_subset(df,'product',lst_remove)
df['product'].value_counts()
```

执行后会输出以下内容。

```
debt collection             195373
mortgage                     99141
student loan                 33606
credit reporting             31587
credit card                  18838
bank account or service      14885
payday loan                   1746
money transfers               1497
prepaid card                  1450
other financial service        292
virtual currency                16
Name: product, dtype: int64
```

(9)查看数据框 df 中 "year" 列中每个年份的计数,如果 "year" 列包含表示年份的数据,可以使用value_counts() 方法来获取每个年份的计数。具体实现代码如下所示。

```
df['year'].value_counts()
```

执行后会输出以下内容。

```
2016    73146
2017    59087
2015    51779
2021    50757
2022    42867
2018    41708
2020    40801
2019    38286
Name: year, dtype: int64
```

（10）首先，对数据框df按"product"列进行分组，然后计算每个产品类别"day"列的计数。接着，将结果转换为一个DataFrame，并按"day"列的值进行降序排序。最后，使用style.bar()方法来创建带有条形图的样式。具体实现代码如下所示。

```
ldf = df.groupby('product').count()['day'].to_frame().sort_values(ascending=False,by='day')
ldf.style.bar(align='mid',
        color=['#d65f5f','#F1A424'])
```

执行效果如图10-23所示。

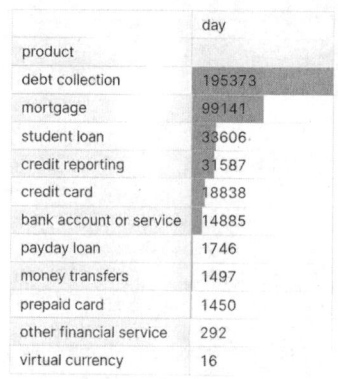

图10-23　排序结果效果

（11）从数据框df中筛选出"year"列包含在列表[2015, 2016, 2017]中的行，然后打印最终筛选后数据框的形状（行数和列数）。具体实现代码如下所示。

```
df = df[df['year'].isin([2015,2016,2017])]
print(f'final shape: {df.shape}')
```

执行后会输出以下内容。

```
final shape: (184012, 22)
```

10.3.3　目标特征的分布

在本实例中将创建两个模型来研究两个目标变量的分布情况：产品价值分布（M1的目标变量）和消费者投诉摘要（问题是什么，用几个词描述）（M2的目标变量）。

（1）使用Plotly Express创建一个柱状图，该图显示了不同产品子集的分布情况。具体实现代码如下所示。

```
fig = px.bar((df['product'].value_counts(ascending=False).to_frame()),
        x='product',
        template='plotly_white',
```

```
            title='Product Subset Distribution')
fig.update_traces(marker_line_color='#F1A424',
                  marker_line_width=0.1,
                  marker={'color':'#F1A424'},width=0.5)

fig.show("png")
```

对上述代码的具体说明如下。

使用 df['product'].value_counts(ascending=False).to_frame() 计算每个产品子集的计数，并将结果转换为 DataFrame。

使用 Plotly Express 的 px.bar() 函数创建柱状图，指定 x 轴为 "product" 列，模板为 "plotly_white"，并设置图表标题为 "Product Subset Distribution"。

使用 fig.update_traces() 来自定义柱状图的样式，包括条形颜色、线条颜色和线条宽度。

最后，使用 fig.show("png") 显示生成的柱状图。

执行效果如图10-24所示，这个柱状图可以可视化不同产品子集的分布情况，从而有助于我们进一步进行数据分析和理解。

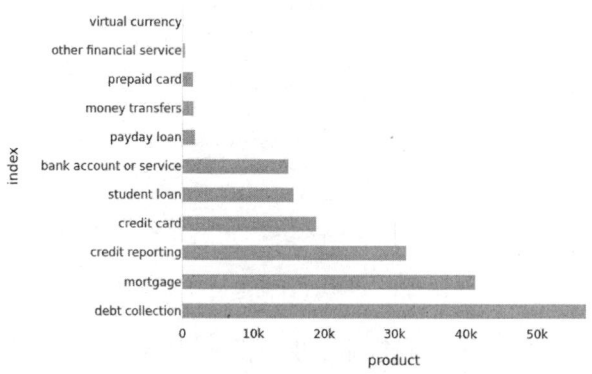

图10-24　不同产品子集的分布柱状图

（2）使用Plotly Express创建一个柱状图，该图显示了不同投诉问题的分布情况。具体来说，它绘制了 "issue" 列中不同问题的计数。具体实现代码如下所示。

```
ldf = df['issue'].value_counts(ascending=True).to_frame()
fig = px.bar(ldf,x='issue',
             template='plotly_white',
             title='Issue of Complaint',
             text_auto=True)
```

```
fig.update_layout(height=1500)
fig.update_traces(marker_line_color='#F1A424',marker_line_width=0.1,
                  marker={'color':'#F1A424'},width=0.5)

fig.show("png")
```

执行效果如图10-25所示。

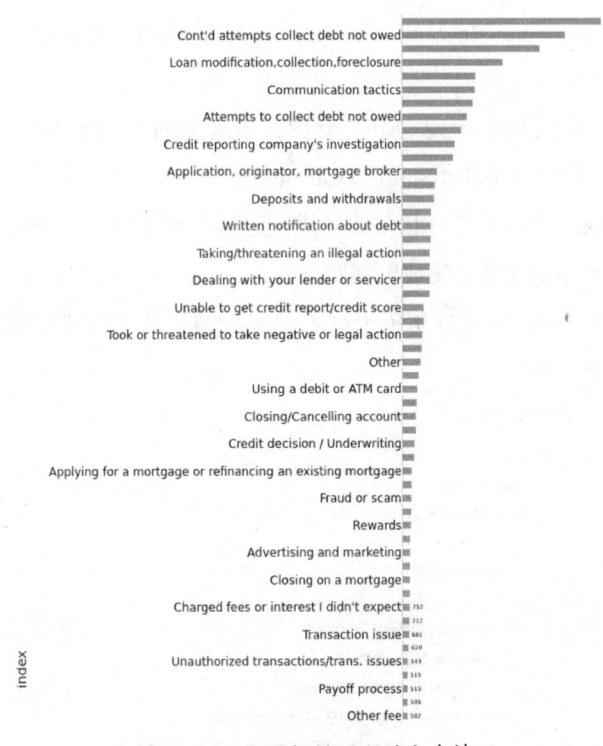

图10-25　不同投诉问题的分布情况

从图10-24和图10-25中可以看出在产品子集和投诉问题特征中，存在目标类别不平衡的问题。接下来让我们进行分层抽样，以确保每个类别在两个数据集中都有代表数据。

10.3.4　探索性数据分析

探索性数据分析是在进行推断性统计建模之前，对数据的分布、变量之间的关系等特性用汇总统计、作图等方法进行探索。

数据集中包含许多分类数据，我们可以进行如下分组和分析：消费者投诉方式、消费者向哪家银行投诉、消费者投诉时间线、消费者投诉时间线的趋势、银行对消费者投诉的响应、消费者对银行响应的反映。

在接下来的内容中，将对这些分类数据进行分组和分析，以了解数据集中的趋势和模式。

（1）使用value_counts(ascending=True)查看"submitted via"列中不同提交方式的计数，按升序排列。这将返回一个包含每种提交方式计数的 Series 对象，计数从最低到最高排列。具体实现代码如下所示。

```
df['submitted via'].value_counts(ascending=True)
```

执行后会输出以下内容。

```
Web         184012
Name: submitted via, dtype: int64
```

（2）定义一个名为"plot_subset_counts"的函数，并利用该函数绘制数据框中某一列的子集计数。然后调用函数 plot_subset_counts绘制一个垂直条形图，图中显示了前 10 个银行的计数。这有助于可视化数据集中不同银行的出现频率。具体实现代码如下所示。

```
def plot_subset_counts(df,column,orient='h',top=None):
    ldf = df[column].value_counts(ascending=False).to_frame()
    ldf.columns = ['values']
    if(top):
        ldf = ldf[:top]
    if(orient is 'h'):
        fig = px.bar(data_frame=ldf,
                    x = ldf.index,
                    y = 'values',
                    template='plotly_white',
                    title='Subset Value-Counts')
    elif('v'):
        
        fig = px.bar(data_frame=ldf,
                    y = ldf.index,
                    x = 'values',
                    template='plotly_white',
                    title='Subset Value-Counts')
    
    fig.update_layout(height=400)
    fig.update_traces(marker_line_color='white',
                    marker_line_width=0.5,
                    marker={'color':'#F1A424'},
                    width=0.75)
    
    fig.show("png")
plot_subset_counts(df,'company',orient='v',top=10)
```

执行效果如图10-26所示。

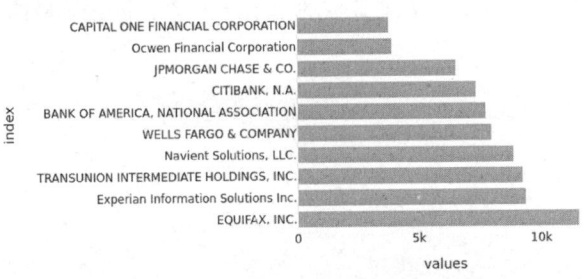

图10-26　前10个银行的数量统计图

（3）计算了company public response列中不同银行公共响应的计数，并将结果转换为 DataFrame。然后，使用style.bar() 方法为该 DataFrame 创建一个样式，包括设置条形图的样式、颜色和对齐方式。具体实现代码如下所示。

```
ldf = df['company public response'].value_counts(ascending=False).to_frame()
ldf.style\
    .bar(align='mid',
         color=['#3b3745','#F1A424'])
```

执行效果如图10-27所示，这个操作可用于可视化不同银行公共响应的计数，并使用不同的颜色来区分条形。

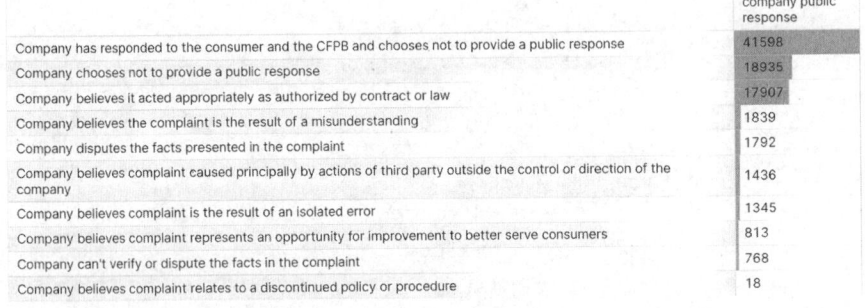

图10-27　不同银行公共响应的计数

（4）可视化每周的投诉趋势，具体实现流程如下所示。

首先，创建一个名为 complaints 的数据框，它是原始数据 df 的一个副本。

然后，根据 "date received" 列对数据进行分组，计算每天的投诉数量，将结果存储在 complaints_daily 数据框中。

接下来，对 complaints_daily 数据重新设置索引，并使用 .resample('W', on='date received').sum() 将数据汇总成每周的投诉数量，将结果存储在 complaints_weekly 数据框中。

最后，使用 Plotly Express 创建一条线图，显示每周的投诉数量，图表的标题为"Weekly Complaints"，并将图表以 PNG 格式显示出来。

具体实现代码如下所示。

```
complaints = df.copy()
complaints_daily = complaints.groupby(['date received']).agg("count")
[["product"]] # daily addresses

# Sample weekly
complaints_weekly = complaints_daily.reset_index()
complaints_weekly = complaints_weekly.resample('W', on='date received').
sum() # weekly addresses

fig = px.line(complaints_weekly,complaints_weekly.index,y="product",
              template="plotly_white",title="Weekly Complaints",height=400)
fig.update_traces(line_color='#F1A424')
fig.show("png")
```

执行效果如图10-28所示，这有助于理解投诉的季节性变化或趋势。

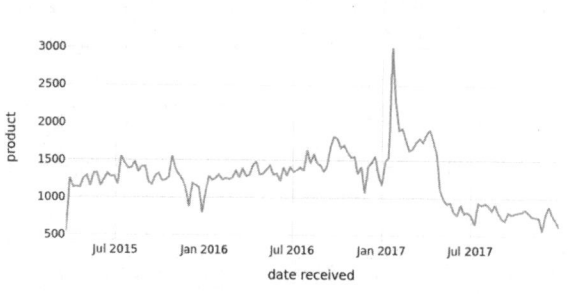

图10-28　执行效果

（5）使用 Plotly Express 创建一个柱状图，显示每天的投诉数量。具体实现代码如下所示。

```
fig = px.bar(df['day'].value_counts(ascending=True).to_frame(),y='day',
             template='plotly_white',height=300,
             title='Day of the Month Complaint Trends')
fig.update_xaxes(tickvals = [i for i in range(0,32,1)])
fig.update_traces(marker_line_color='#F1A424',marker_line_width=0.1,
                  marker={'color':'#F1A424'},width=0.5)
fig.update_traces(textfont_size=12, textangle=0,
                  textposition="outside", cliponaxis=False)
fig.show("png")
```

执行后使用 fig.show("png") 显示生成的柱状图，效果如图10-29所示，可用于可视化每天的投诉趋势。

图10-29 每天的投诉数量

（6）使用Plotly Express创建一个柱状图，显示每个月的投诉数量。具体实现代码如下所示。

```
fig = px.bar(df['month'].value_counts(ascending=False).to_frame(),y='month',
        template='plotly_white',height=300,
        title='Month of the Year Complaint Trends')
fig.update_xaxes(tickvals = [i for i in range(0,13,1)])
fig.update_traces(marker_line_color='#F1A424',marker_line_width=0.1,
        marker={'color':'#F1A424'},width=0.5)
fig.show("png")
```

执行效果如图10-30所示，可用于可视化每个月的投诉趋势。

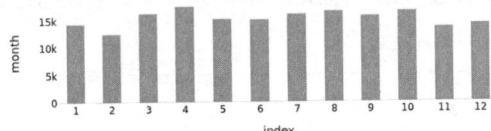

图10-30 每个月的投诉数量

（7）使用Plotly Express创建一个柱状图，显示每周不同天的投诉数量。具体实现代码如下所示。

```
fig = px.bar(df['dow'].value_counts(ascending=False).to_frame(),y='dow',
        template='plotly_white',height=300,
        title='Day of the Week Complaint Trends')
fig.update_traces(marker_line_color='#F1A424',marker_line_width=0.1,
        marker={'color':'#F1A424'},width=0.5)
fig.update_traces(textfont_size=12, textangle=0, textposition="outside", cli-
ponaxis=False)
fig.show("png")
```

执行效果如图10-31所示。

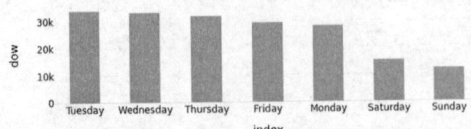

图10-31 每周不同天的投诉数量

(8)使用 Plotly Express 创建一个柱状图,显示了每个州的投诉数量,这里只显示了投诉数量较多的前 50 个州。具体实现代码如下所示。

```
ldf = df['state'].value_counts(ascending=True).to_frame()[50:]
fig = px.bar(ldf,x='state',template='plotly_white',
        title='State of Complaint',height=400)
fig.update_traces(marker_line_color='#F1A424',marker_line_width=1,
                marker={'color':'#F1A424'},width=0.4)
fig.show("png")
```

执行效果如图10-32所示。

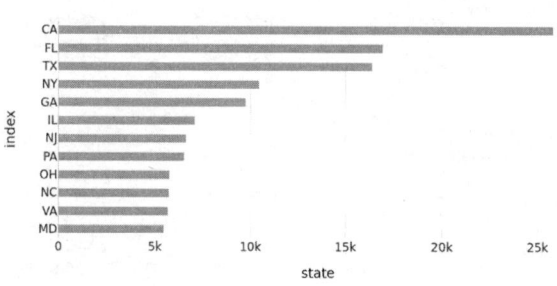

图10-32　每个州的投诉数量

(9)创建一个直方图,用于可视化产品类别、消费者是否提出争议以及月份之间的关系。具体实现代码如下所示。

```
disputed = df[['product','consumer disputed?','month']]
fig = px.histogram(disputed, y='product',
                color='consumer disputed?',
                template='plotly_white',
                height = 700,
                barmode='group',
                color_discrete_sequence=['#F1A424','#3b3745'],
                facet_col_wrap=3,
                facet_col='month')

fig.update_layout(showlegend=False)
fig.update_layout(barmode="overlay")
fig.update_traces(opacity=0.5)
fig.show("png")
```

执行效果如图10-33所示。

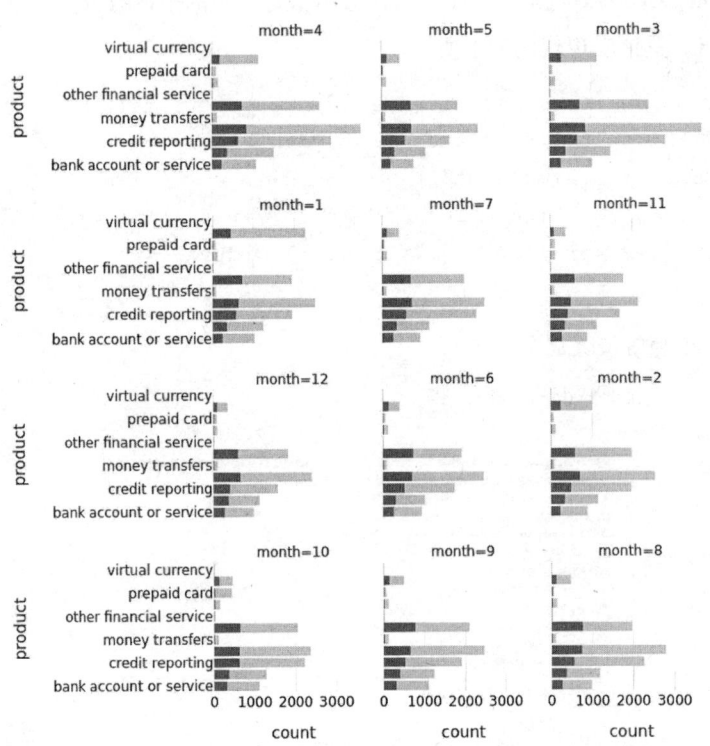

图10-33 产品类别、消费者是否提出争议以及月份之间的关系直方图

（10）计算"product"列中不同产品类别的计数，并将结果转换为 DataFrame，然后使用 sum() 方法计算这些计数的总和。这样，可以用来确定总共有多少投诉记录在"product"列中。具体实现代码如下所示。

```
df['product'].value_counts(ascending=False).to_frame().sum()
```
执行后会输出：
```
product    184012
dtype: int64
```

（11）计算"product"列中不同产品类别的计数，并将结果转换为 DataFrame，然后使用 tail(3) 方法查看计数最少的三个产品类别。具体实现代码如下所示。

```
df['product'].value_counts(ascending=False).to_frame().tail(3)
```

执行后会输出以下内容。

```
product
prepaid card              1450
other financial service    292
virtual currency            16
```

（12）从数据框中选择"virtual currency"产品类别的投诉记录，并将它们存储在名为"vc"

的数据框中。然后，通过 iloc[[0]] 选择第一条投诉记录，并提取该记录的"consumer complaint narrative"字段的值，用于打印投诉的内容。具体实现代码如下所示。

```
print('Sample from virtual currency:')
vc = dict(tuple(df.groupby(by='product')))['virtual currency']
vc.iloc[[0]]['consumer complaint narrative'].values[0]
```

执行后会输出以下内容。

```
Sample from virtual currency:
'Signedup XXXX family members for referrals on Coinbase.com. Coinbase at
that time offered {$75.00} for each person referred to their service. I
referred all XXXX and they met the terms Coinbase intially offered. Sig-
nup took a while do to money transfer timeframes setup by Coinbase. In that
time, Coinbase changed their promotion and terms to {$10.00} for referrals.
When asked why, they said they could change terms at anytime ( even if sig-
nup up for {$75.00} referral bonus ) and that family members did not meet
the terms either. Felt like they just change terms to disclude giving out
referral bonuses.'
```

（13）定义函数remove_subset，功能是移除数据框中指定的子集数据。具体实现代码如下所示。

```
# 定义函数 remove_subset，用于移除数据框中指定的子集数据
def remove_subset(df, feature, lst_groups):
    # 创建数据框的副本以进行操作
    ndf = df.copy()

    # 将数据框按照特征分组，并将分组后的结果转换为字典
    group = dict(tuple(ndf.groupby(by=feature)))

    # 获取所有子组的特征值
    subset_group = list(group.keys())

    # 检查要移除的子集是否在特征值的子组中
    if set(lst_groups).issubset(subset_group):
        # 遍历要移除的子集列表
        for k in lst_groups:
            # 从字典中移除特定的子组（如果存在）
            group.pop(k, None)

        # 使用 pd.concat 函数重新组合剩余的子组数据
        df = pd.concat(list(group.values()))
        # 重新设置索引，并删除旧的索引
```

```
        df.reset_index(inplace=True, drop=True)

    # 返回经过处理的新数据框 df
    return df
```

(14)定义函数downsample_subset,其主要功能是对数据框中指定的子集进行下采样。下采样是一种减少数据量的方法,通常用于处理不均衡的数据集,以确保不同类别的样本数量接近。具体实现代码如下所示。

```
# 下采样选定的子集
def downsample_subset(df, feature, lst_groups, samples=4000):
    # 创建数据框的副本以进行操作
    ndf = df.copy()

    # 让我们对所有频数超过 4000 的类别进行下采样
    group = dict(tuple(ndf.groupby(by=feature)))
    subset_group = list(group.keys())

    # 检查要下采样的子集是否在特征值的子组中
    if set(lst_groups).issubset(subset_group):
        dict_downsamples = {}

        # 针对每个要下采样的子集
        for feature in lst_groups:
            # 从该子集中随机抽样指定数量的样本
            dict_downsamples[feature] = group[feature].sample(samples)

        # 移除旧数据
        for k in lst_groups:
            group.pop(k, None)

        # 将下采样后的数据添加回原数据中
        group.update(dict_downsamples)
        df = pd.concat(list(group.values()))
        df.reset_index(inplace=True, drop=True)
        return df
    else:
        print('数据框中未找到指定的特征')
```

上述函数的主要用途是帮助处理不均衡的数据集,确保不同类别的样本数量较为均衡,以提高模型的性能和准确性。如果某些子集的数据量较大,可以使用该函数将其减少到指定的数量。

(15)选择并下采样数据框中样本数量超过 4000 个的特定子集特征,保留这些子集特征,并将每个子集的样本数量下采样到 4000 个,以确保数据集的平衡性。这对于处理不均衡的数据集以及提高模型性能很有帮助。具体实现代码如下所示。

```
subset_list = list(df['product'].value_counts()[df['product'].value_
counts().values > 4000].index)
df = downsample_subset(df,'product',subset_list,samples=4000)
```

（16）统计数据框 df 中每个子集特征（这里是product特征）的样本数量，并按降序排列，以便了解每个子集的样本分布情况。具体实现代码如下所示。

```
df['product'].value_counts()
```

通过运行这行代码，可以查看每个子集类别的样本数量分布，以便更好地理解数据集的特性。执行后会输出以下内容。

```
debt collection          4000
mortgage                 4000
credit reporting         4000
credit card              4000
student loan             4000
bank account or service  4000
payday loan              1746
money transfers          1497
prepaid card             1450
other financial service   292
virtual currency           16
Name: product, dtype: int64
```

（17）从原始数据框 df 中选择两列数据，并将它们重新命名为text和label，然后显示前几行数据。具体实现代码如下所示。

```
df_data = df[['consumer complaint narrative','product']]
df_data.columns = ['text','label']
df_data.head()
```

执行后可以创建一个包含文本数据和标签的数据框，以便用于文本分类任务。这通常是构建自然语言处理模型的第一步。执行后会输出以下内容。

```
text                                                          label
0    I made a wire transfer through Citibank to XXX...    money transfers
1    I purchased a money order on ××/××/2016 to c...      money transfers
2    I have complained of false online transfer num...    money transfers
3    I paid by bank wire transfer on ××××/××××/××××...    money
transfers
4    I found a ×××× Bulldog for sale on ×××× after ...    money
transfers
```

10.3.5 制作模型

（1）使用Scikit-Learn中的函数train_test_split将数据划分为训练集和测试集，并输出数据集的相关信息。具体实现代码如下所示。

```
from sklearn.model_selection import train_test_split as tts
train_files,test_files, train_labels, test_labels = tts(df_data['text'],df_data['label'],test_size=0.1,random_state=32,stratify=df_data['label'])

train_files = pd.DataFrame(train_files)
test_files = pd.DataFrame(test_files)
train_files['label'] = train_labels
test_files['label'] = test_labels

print(type(train_files))
print('Training Data',train_files.shape)
print('Validation Data',test_files.shape)
```

执行后会输出以下内容。

```
<class 'pandas.core.frame.DataFrame'>
Training Data (26100, 2)
Validation Data (2901, 2)
```

（2）使用Plotly Express库创建一个柱状图，用于可视化训练集和测试集中不同标签的样本分布情况。具体实现代码如下所示。

```
import plotly.express as px

train_values = train_files['label'].value_counts()
test_values = test_files['label'].value_counts()
visual = pd.concat([train_values,test_values],axis=1)
visual = visual.T
visual.index = ['train','test']

fig = px.bar(visual,template='plotly_white',
       barmode='group',text_auto=True,height=300,
       title='Train/Test Split Distribution')

fig.show("png")
```

上述代码的目的是可视化训练集和测试集中各个标签的样本分布情况，以帮助我们了解数据集的类别分布是否均衡。如果某些类别之间的样本数量差异很大，可能需要采取一些措施来处理类别不平衡的问题。执行效果如图10-34所示。

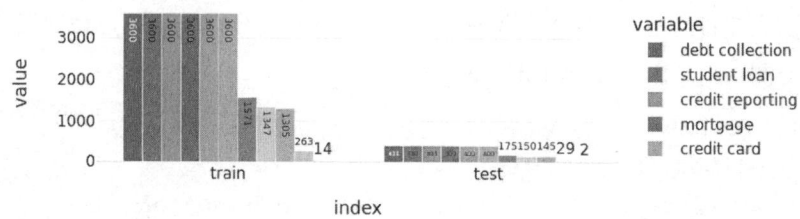

图10-34 训练集和测试集中各个标签的样本分布情况

（3）查看数据框train_files的内容，以显示训练集的样本数据和标签。具体实现代码如下所示。

```
train_files
```

执行后会输出以下内容。

```
         text                                              label
8290   I paid off all of my bills and should not have...   debt collection
1520   Several checks were issued from ×××× for possi...   other financial
service
23071  In ××××, we my husband and myself took out a...    student loan
4123   I use an Amex Serve card ( a prepaid debit...      prepaid card
16470  Despite YEARS of stellar credit reports and...     credit reporting
...    ...                                                ...
21733  I know that I am victim of student loan scam...    student loan
27578  On ××/××/×××× I made a payment of {$380.00} to...  bank ac-
count or service
26297  ×××× ×××× ×××× ×××× ××××, AZ ×××× : ( ×××× ) ×...  
bank account or service
17867  After nearly a decade of business with Bank of...  credit card
144    On XX XX, 2015, I made a purchase on EBay...       money transfers
```

（4）使用Hugging Face的transformers库和datasets库来加载和处理文本数据集，具体实现代码如下所示。

```
import transformers
transformers.logging.set_verbosity_error()
import warnings; warnings.filterwarnings('ignore')
import os; os.environ['WANDB_DISABLED'] = 'true'
from datasets import Dataset,Features,Value,ClassLabel, DatasetDict

traindts = Dataset.from_pandas(train_files)
traindts = traindts.class_encode_column("label")
testdts = Dataset.from_pandas(test_files)
testdts = testdts.class_encode_column("label")
```

上述代码的主要目的是准备文本数据集以供文本分类模型使用，包括加载数据集、处理标签和准备训练集与测试集。执行后会输出以下内容。

```
Casting to class labels: 100%27/27 [00:00<00:00, 80.11ba/s]
Casting the dataset: 100%3/3 [00:00<00:00, 13.46ba/s]
Casting to class labels: 100%3/3 [00:00<00:00, 44.10ba/s]
Casting the dataset: 100%1/1 [00:00<00:00, 19.15ba/s]
```

（5）创建一个名为"corpus"的 DatasetDict 对象，其中包含两个子集，分别为"train"和"validation"。每个子集都对应一个 Hugging Face Datasets 中的 Dataset 对象，其中包含了训练数据和验证数据。具体实现代码如下所示。

```
corpus = DatasetDict({"train" : traindts ,
                      "validation" : testdts })
corpus['train']
```

执行后会输出以下内容。

```
Dataset({
    features: ['text', 'label', '__index_level_0__'],
    num_rows: 26100
})
```

（6）使用Hugging Face Transformers库中的 AutoTokenizer 加载一个预训练的分词器（tokenizer），并使用该分词器对文本数据集进行标记化。具体实现代码如下所示。

```
from transformers import AutoTokenizer

model_ckpt = "distilbert-base-uncased"
tokenizer = AutoTokenizer.from_pretrained(model_ckpt)

def tokenise(batch):
    return tokenizer(batch["text"],
                     padding=True,
                     truncation=True)

corpus_tokenised = corpus.map(tokenise,
                              batched=True,
                              batch_size=None)

print(corpus_tokenised["train"].column_names)
```

上述代码的主要目的是将文本数据集进行分词，以便将其传递给预训练的语言模型进行训练或推理。

（7）使用Hugging Face Transformers库中的 AutoModel 加载一个预训练的模型，并将模型移动到可用的计算设备（GPU 或 CPU），以便后续进行文本分类等任务。具体实现代码如下所示。

```python
from transformers import AutoModel
import torch

model_ckpt = "distilbert-base-uncased"
device = torch.device("cuda" if torch.cuda.is_available() else "cpu")
print(device)
model = AutoModel.from_pretrained(model_ckpt).to(device)
```

执行后会输出以下内容。

```
Downloading: 100%28.0/28.0 [00:00<00:00, 568B/s]
Downloading: 100%483/483 [00:00<00:00, 7.12kB/s]
Downloading: 100%226k/226k [00:00<00:00, 3.04MB/s]
Downloading: 100%455k/455k [00:00<00:00, 4.63MB/s]
100%
1/1 [00:27<00:00, 27.89s/ba]
100%
1/1 [00:03<00:00, 3.85s/ba]
['text', 'label', '__index_level_0__', 'input_ids', 'attention_mask']
```

（8）编写函数extract_hidden_states(batch)将文本数据输入模型中，获取模型的隐藏状态表示，以便后续用于文本分类等任务。具体实现代码如下所示。

```python
# 提取隐藏状态
def extract_hidden_states(batch):

    # 将模型输入放在GPU上
    inputs = {k:v.to(device) for k,v in batch.items()
            if k in tokenizer.model_input_names}

    # 提取最后的隐藏状态
    with torch.no_grad():
        last_hidden_state = model(**inputs).last_hidden_state

    # 返回[CLS]标记的向量
    return {"hidden_state": last_hidden_state[:,0].cpu().numpy()}
```

执行后会输出以下内容。

```
cuda
huggingface/tokenizers: The current process just got forked, after parallel-
ism has already been used. Disabling parallelism to avoid deadlocks...
```

```
To disable this warning, you can either:
    - Avoid using 'tokenizers' before the fork if possible
    - Explicitly set the environment variable TOKENIZERS_PARALLELISM=(true
| false)
huggingface/tokenizers: The current process just got forked, after parallel-
ism has already been used. Disabling parallelism to avoid deadlocks...
To disable this warning, you can either:
    - Avoid using 'tokenizers' before the fork if possible
    - Explicitly set the environment variable TOKENIZERS_PARALLELISM=(true
| false)
huggingface/tokenizers: The current process just got forked, after parallel-
ism has already been used. Disabling parallelism to avoid deadlocks...
To disable this warning, you can either:
    - Avoid using 'tokenizers' before the fork if possible
    - Explicitly set the environment variable TOKENIZERS_PARALLELISM=(true
| false)
Downloading: 100%
256M/256M [00:07<00:00, 34.2MB/s]
```

（9）将数据集 corpus_tokenised 中的特征格式转换为 PyTorch 张量格式，以便在 PyTorch 中进行进一步的处理和训练。具体实现代码如下所示。

```
corpus_tokenised.set_format("torch",
                    columns=["input_ids", "attention_mask", "label"])
corpus_tokenised
```

执行后会输出以下内容。

```
DatasetDict({
    train: Dataset({
        features: ['text', 'label', '__index_level_0__', 'input_ids', 'at-
tention_mask'],
        num_rows: 26100
    })
    validation: Dataset({
        features: ['text', 'label', '__index_level_0__', 'input_ids', 'at-
tention_mask'],
        num_rows: 2901
    })
})
```

（10）使用之前定义的 extract_hidden_states 函数从模型中提取数据集的隐藏状态，主要目的是使用 GPU 加速，从模型中提取数据集的隐藏状态，并将其添加到数据集中以供后续使用。具体实现代码如下所示。

```
corpus_hidden = corpus_tokenised.map(extract_hidden_states,
                                     batched=True,
                                     batch_size=32)
corpus_hidden["train"].column_names
```

执行后会输出以下内容。

```
100%
816/816 [03:56<00:00, 3.65ba/s]
100%91/91 [00:26<00:00, 3.83ba/s]
['text',
 'label',
 '__index_level_0__',
 'input_ids',
 'attention_mask',
 'hidden_state']
```

（11）清空 GPU 缓存，保存处理后的数据，并列出当前工作目录下的文件。具体实现代码如下所示。

```
# 清空 GPU 缓存
torch.cuda.empty_cache()

# 保存数据
corpus_hidden.set_format(type="pandas")

# 将标签数据添加到数据框中
def label_int2str(row):
    return corpus["train"].features["label"].int2str(row)

# 从训练数据集中提取数据并添加标签名称列，然后保存为 pickle 文件
ldf = corpus_hidden["train"][:]
ldf["label_name"] = ldf["label"].apply(label_int2str)
ldf.to_pickle('training.df')

# 从验证数据集中提取数据并添加标签名称列，然后保存为 pickle 文件
ldf = corpus_hidden["validation"][:]
ldf["label_name"] = ldf["label"].apply(label_int2str)
ldf.to_pickle('validation.df')

# 列出当前工作目录下的文件
!ls /kaggle/working/
```

对上述代码的具体说明如下。

torch.cuda.empty_cache()：这行代码用于清空 GPU 缓存，以释放显存资源。这在处理大型深度学习模型时很有用，可以避免显存不足的问题。

corpus_hidden.set_format(type="pandas")：这行代码将数据集的格式设置为 pandas 格式，以便后续操作。

label_int2str(row) 函数：这是一个自定义函数，用于将整数形式的标签转换为字符串形式的标签名称。

提取并保存训练数据和验证数据：使用 corpus_hidden 数据集中的"train"和"validation"部分，提取数据并添加标签名称列，然后将数据保存为 pickle 文件（training.df和validation.df）。

!ls /kaggle/working/：这行代码用于列出当前工作目录下的文件，以检查保存的pickle文件是否成功。

执行后会输出以下内容。

```
huggingface/tokenizers: The current process just got forked, after parallel-
ism has already been used. Disabling parallelism to avoid deadlocks...
To disable this warning, you can either:
    - Avoid using 'tokenizers' before the fork if possible
    - Explicitly set the environment variable TOKENIZERS_PARALLELISM=(true
| false)
__notebook__.ipynb  training.df  validation.df
```

（12）加载隐藏状态数据，提取标签和标签名称，然后将唯一标签的名称存储在列表中。具体实现代码如下所示。

```
import pandas as pd
import pickle

# 加载隐藏状态数据
# training = pd.read_pickle('/kaggle/input/hiddenstatedata/training.df')
# validation = pd.read_pickle('/kaggle/input/hiddenstatedata/validation.df')
training = pd.read_pickle('training.df')
validation = pd.read_pickle('validation.df')
training.head()

# 提取标签和标签名称
labels = training[['label','label_name']]

label = []
for i in labels.label.unique():
    label.append(labels[labels['label'] == i].iloc[[0]]['label_name'].val-
ues[0])
```

```
label
```

对上述代码的具体说明如下。

pd.read_pickle('training.df') 和 pd.read_pickle('validation.df')：这两行代码用于从 pickle 文件中加载训练和验证数据的隐藏状态。数据从之前保存的 pickle 文件中加载到 Pandas 数据帧中。

labels 数据帧：这一行代码从训练数据中提取了包含"label"和"label_name"列的数据帧。

循环提取唯一标签的名称：在循环中，代码提取了训练数据中唯一标签的名称，并将这些名称存储在名为"label"的列表中。

执行后会输出以下内容。

```
['debt collection',
 'other financial service',
 'student loan',
 'prepaid card',
 'credit reporting',
 'mortgage',
 'payday loan',
 'credit card',
 'bank account or service',
 'money transfers',
 'virtual currency']
```

（13）准备机器学习模型所需的训练和验证数据，包括隐藏状态特征和标签。具体实现代码如下所示。

```python
import numpy as np

# 将训练数据集中的隐藏状态转换为 NumPy 数组
X_train = np.stack(training['hidden_state'])

# 将验证数据集中的隐藏状态转换为 NumPy 数组
X_valid = np.stack(validation["hidden_state"])

# 将训练数据集中的标签转换为 NumPy 数组
y_train = np.array(training["label"])

# 将验证数据集中的标签转换为 NumPy 数组
y_valid = np.array(validation["label"])

# 打印训练数据集和验证数据集的形状
print(f'Training Dataset: {X_train.shape}')
print(f'Validation Dataset {X_valid.shape}')
```

执行后会输出以下内容。

```
Training Dataset: (26100, 768)
Validation Dataset (2901, 768)
```

（14）使用Scikit-Learn库中的逻辑回归模型来训练一个文本分类模型。具体实现代码如下所示。

```
from sklearn.linear_model import LogisticRegression as LR

# 创建逻辑回归分类器，设置最大迭代次数（max_iter）为2000以确保模型收敛
lr_clf = LR(max_iter=2000)

# 使用训练数据集（X_train和y_train）训练逻辑回归模型
lr_clf.fit(X_train, y_train)
```

执行后会输出以下内容。

```
CPU times: user 8min 59s, sys: 39.2s, total: 9min 38s
Wall time: 5min 5s
LogisticRegression(max_iter=2000)
```

（15）评估逻辑回归模型在训练数据集和验证数据集上的分类准确度，以了解模型的性能。具体实现代码如下所示。

```
y_preds_train = lr_clf.predict(X_train)
y_preds_valid = lr_clf.predict(X_valid)
print('LogisticRegression:')
print(f'training accuracy: {round(lr_clf.score(X_train, y_train),3)}')
print(f'validation accuracy: {round(lr_clf.score(X_valid, y_valid),3)}')
```

执行后会输出以下内容。

```
LogisticRegression:
training accuracy: 0.807
validation accuracy: 0.772
```

（16）保存训练好的逻辑回归模型，然后可视化验证数据集上的混淆矩阵。具体实现代码如下所示。

```
import joblib
# 保存训练好的逻辑回归模型到文件
filename = 'classifier.joblib.pkl'
_ = joblib.dump(lr_clf, filename, compress=9)

# 加载 sklearn 模型
```

```python
# lr_clf = joblib.load('/kaggle/input/hiddenstatedata/' + filename)
# lr_clf

import matplotlib.pyplot as plt
from sklearn.metrics import ConfusionMatrixDisplay, confusion_matrix

# 定义函数用于绘制混淆矩阵
def plot_confusion_matrix(y_model, y_true, labels):
    cm = confusion_matrix(y_true, y_model, normalize='true')  # 计算混淆矩阵并进行标准化
    fig, ax = plt.subplots(figsize=(8, 8))
    disp = ConfusionMatrixDisplay(confusion_matrix=cm.round(2).copy(), display_labels=labels)
    disp.plot(ax=ax, colorbar=False)  # 绘制混淆矩阵图
    plt.title("Confusion matrix")
    plt.xticks(rotation=90)  # 旋转X轴标签以更好地显示
    plt.tight_layout()
    plt.show()

labels = list(training.label_name.value_counts().index)  # 获取标签类别

# 绘制验证数据集上的混淆矩阵
plot_confusion_matrix(y_preds_valid, y_valid, labels)
```

在上述代码中，首先将训练好的逻辑回归模型保存到名为"classifier.joblib.pkl"的文件中，使用了压缩等级9来减小文件大小。然后调用自定义的函数plot_confusion_matrix来绘制验证数据集上的混淆矩阵。混淆矩阵用于可视化模型在不同类别上的分类性能，帮助了解模型的性能。执行效果如图10-35所示。

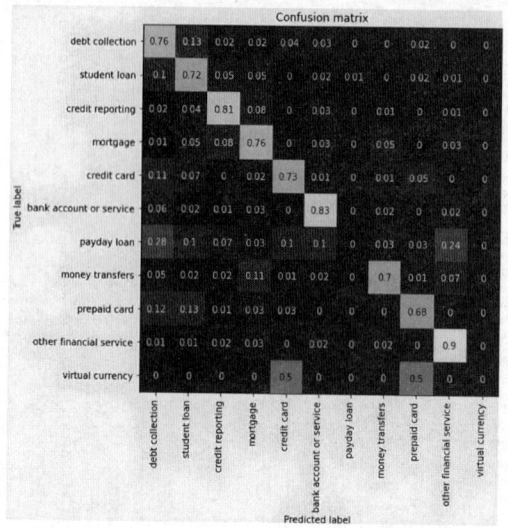

图10-35　模型在不同类别上的分类性能

（17）清空PyTorch的GPU缓存，并将数据格式更改为PyTorch张量。具体实现代码如下所示。

```
# 清空GPU缓存
torch.cuda.empty_cache()

# 将数据格式更改为PyTorch张量
corpus_tokenised.set_format("torch",
                    columns=["input_ids", "attention_mask", "label"])
corpus_tokenised
```

执行后会输出以下内容。

```
DatasetDict({
    train: Dataset({
        features: ['text', 'label', '__index_level_0__', 'input_ids', 'at-
tention_mask'],
        num_rows: 26100
    })
    validation: Dataset({
        features: ['text', 'label', '__index_level_0__', 'input_ids', 'at-
tention_mask'],
        num_rows: 2901
    })
})
```

（18）导入Hugging Face Transformers库中的相关模块，并初始化一个预训练的文本分类模型。具体实现代码如下所示。

```python
from transformers import AutoModelForSequenceClassification
import torch
device = torch.device("cuda" if torch.cuda.is_available() else "cpu")
model_ckpt = "distilbert-base-uncased"

model = (AutoModelForSequenceClassification
        .from_pretrained(model_ckpt,
                        num_labels=len(labels))
        .to(device))

from sklearn.metrics import accuracy_score, f1_score

def compute_metrics(pred):
    labels = pred.label_ids
    preds = pred.predictions.argmax(-1)
    f1 = f1_score(labels, preds, average="weighted")
    acc = accuracy_score(labels, preds)
    return {"accuracy": acc, "f1": f1}
```

(19)使用Hugging Face Transformers库中的Trainer和TrainingArguments模块进行模型训练。具体实现代码如下所示。

```python
from transformers import Trainer, TrainingArguments

# 定义批次大小
bs = 16

# 定义模型名称
model_name = f"{model_ckpt}-finetuned-financial"

# 获取标签列表
labels = corpus_tokenised["train"].features["label"].names

# 训练参数配置
training_args = TrainingArguments(output_dir=model_name,                  # 输出目录,用于保存模型和训练日志
                                num_train_epochs=3,                       # 训练的轮数
                                learning_rate=2e-5,                       # 模型的学习率
                                per_device_train_batch_size=bs,           # 训练时的批次大小
                                per_device_eval_batch_size=bs,            # 验证时的批次大小
                                weight_decay=0.01,                        # 权重衰减
```

```
                                    evaluation_strategy="epoch",      # 评估策略,
每个epoch进行一次评估
                                    disable_tqdm=False,                # 是否禁用
进度条
                                    report_to="none",                  # 报告结果
的方式，这里设置为不报告
                                    push_to_hub=False,                 # 是否上传
到模型Hub
                                    log_level="error")                 # 日志级别,
这里设置为错误级别

from transformers import Trainer

# 初始化Trainer，用于训练和评估模型
trainer = Trainer(model=model,                                         # 模型
                  args=training_args,                                  # 训练参数（上
面定义的）
                  compute_metrics=compute_metrics,                     # 计算指标的函数
                  train_dataset=corpus_tokenised["train"],             # 训练数据集
                  eval_dataset=corpus_tokenised["validation"],         # 验证数据集
                  tokenizer=tokenizer)                                 # 分词器

# 开始训练
trainer.train()

# 保存训练后的模型
trainer.save_model()
```

执行后会输出以下内容。

```
[4896/4896 37:20, Epoch 3/3]
Epoch  Training Loss  Validation Loss   Accuracy    F1
1      0.535000       0.528666          0.842468    0.839433
2      0.410300       0.483131          0.858669    0.855979
3      0.312500       0.477747          0.866942    0.864213

CPU times: user 36min 55s, sys: 16.5 s, total: 37min 12s
Wall time: 37min 21s
```

（20）在验证数据集上进行模型预测，具体实现代码如下所示。

```
pred_output = trainer.predict(corpus_tokenised["validation"])
pred_output
```

执行后会输出以下内容。

```
[182/182 00:26]
PredictionOutput(predictions=array([[ 0.4898075 , -1.1539025 , -2.4000468 ,
...,  2.664791  ,
        -1.7696137 , -1.85924   ],
       [ 5.524978  ,  1.4433606 , -1.2144918 , ..., -2.0602236 ,
        -2.2785227 , -3.1501598 ],
       [-0.99464035,  1.410322  ,  5.1908035 , ..., -2.1883903 ,
        -1.5084958 , -3.9436107 ],
       ...,
       [ 0.8029568 ,  2.751484  , -1.0246688 , ..., -2.6813054 ,
         0.32632264, -3.8141603 ],
       [ 0.27522528, -1.2025931 , -0.14139701, ..., -2.684458  ,
        -1.0188793 , -3.16859   ],
       [-0.17902231, -1.83018   , -0.8901656 , ..., -3.2526188 ,
         0.6185259 , -3.5121055 ]], dtype=float32), label_ids=array([4, 1,
2, ..., 0, 5, 5]), metrics={'test_loss': 0.47774738073349, 'test_accuracy':
0.8669424336435712, 'test_f1': 0.8642125632561599, 'test_runtime': 26.9558,
'test_samples_per_second': 107.621, 'test_steps_per_second': 6.752})
```

（21）打印输出模型的预测输出和相应的形状，具体实现代码如下所示。

```
print(f'Output Prediction: {pred_output.predictions.shape}')
print(pred_output.predictions)
```

执行后会输出以下内容。

```
Output Prediction: (2901, 11)
[[ 0.4898075  -1.1539025  -2.4000468  ...  2.664791   -1.7696137
  -1.85924   ]
 [ 5.524978    1.4433606  -1.2144918  ... -2.0602236  -2.2785227
  -3.1501598 ]
 [-0.99464035  1.410322    5.1908035  ... -2.1883903  -1.5084958
  -3.9436107 ]
 ...
 [ 0.8029568   2.751484   -1.0246688  ... -2.6813054   0.32632264
  -3.8141603 ]
 [ 0.27522528 -1.2025931  -0.14139701 ... -2.684458   -1.0188793
  -3.16859   ]
 [-0.17902231 -1.83018    -0.8901656  ... -3.2526188   0.6185259
  -3.5121055 ]]
```

（22）解码模型的预测结果并打印出来，即打印模型对验证数据集中每个样本的最终预测类别。具体实现代码如下所示。

```
import numpy as np

# Decode the predictions greedily using argmax (highest value of all class-
es)
y_preds = np.argmax(pred_output.predictions,axis=1)
print(f'Output Prediction:{y_preds.shape}')
print(f'Predictions: {y_preds}')
```

执行后会输出以下内容。

```
Output Prediction:(2901,)
Predictions: [4 0 2 ... 1 5 5]
```

（23）绘制混淆矩阵的函数调用，展示模型的预测结果与真实标签之间的对比。具体实现代码如下所示。

```
plot_confusion_matrix(y_preds,y_valid,labels)
```

执行后会根据 y_preds 和 y_valid 的值绘制混淆矩阵，用来显示模型的性能表现，特别是在不同类别上的表现情况。执行效果如图10-36所示。

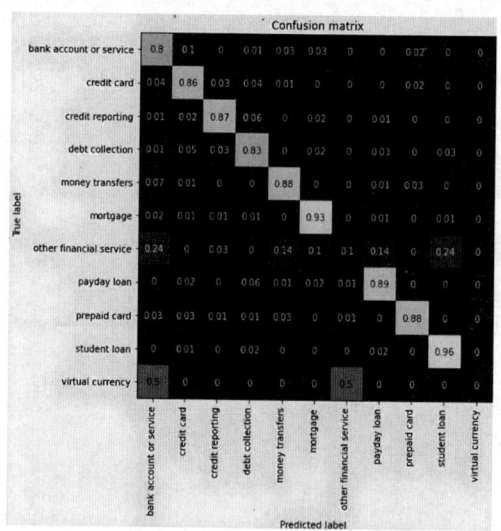

图10-36　模型的性能表现混淆矩阵

第11章
区块链与金融科技创新

> **本章导读**
>
> 区块链技术与金融科技创新之间存在深刻的关联,它们相互促进,共同推动着金融行业的变革。区块链技术和人工智能是两个具有革命性的领域,它们可以相互结合,产生协同效应,带来许多创新和改进。本章将详细讲解区块链与金融科技创新的知识,以及人工智能大模型在区块链方面的应用。

11.1 区块链技术的概念与原理

区块链技术是一种分布式数据库技术,其核心在于通过一系列技术手段实现数据的安全、透明和不可篡改。它的核心原理包括分布式账本、加密技术和共识算法。

11.1.1 区块链产生的背景

区块链作为一种革命性的技术,彻底颠覆了传统的中心化交易和数据管理模式,带来了诸多重要的优势和解决方案。区块链产生的背景主要可以归纳为以下几点。

比特币(BTC)的诞生:区块链技术最早是为比特币这一加密数字货币而设计并实现的。比特币由中本聪(Satoshi Nakamoto)于2008年提出概念,并在2009年正式诞生。比特币的核心理念是创建一个去中心化的数字货币系统,旨在消除传统银行和政府作为中介角色的必要性。

金融危机的影响:2008年全球金融危机的爆发深刻动摇了人们对现有金融体系的信任,进而激发了人们对替代性金融体系的探索。在这一背景下,区块链技术的出现恰逢其时,它提供了一种去中心化、高度透明且不易篡改的交易记录方式,为金融体系的革新提供了新的思路和可能性。

11.1.2 区块链的基本概念

区块链是一种分布式数据库技术，它以链式方式连接并记录一系列数据块。以下是区块链的概念涉及的要点。

分布式账本：区块链是一种分布式账本，也就是说交易数据不存储在单一的中心化数据库中，而是分散存储在网络上的多个计算机节点中。每个节点都包含整个账本的副本。

区块：区块是区块链的基本单位。它包含一定数量的交易数据和元数据，如时间戳和前一个区块的引用。交易数据被打包成区块，然后添加到区块链的末尾。

链：区块链是由一系列区块构成的链式结构，每个区块都包含了前一个区块的哈希值（hash）。这样的链接创建了一个不断增长的数据链，确保了交易的时间顺序和完整性。

加密技术：区块链使用密码学技术来确保数据的安全性和隐私性。交易数据和区块的内容通常是加密的，只有具有相应私钥的用户才能解密和访问这些数据。这种加密技术保护了区块链中的交易免受未经授权的访问和篡改。

去中心化：区块链是去中心化的，没有单一的中央控制机构。数据存储和验证由网络上的多个节点执行，而不是依赖于中心化中介机构。这提高了系统的透明性、抗攻击性和可用性。

共识算法：区块链网络的节点需要达成一致，以确定哪个区块将被添加到链的末尾。共识算法是用于解决这个问题的关键部分。不同的区块链可以使用不同的共识算法，如工作量证明（Proof of Work，PoW）和权益证明（Proof of Stake，PoS）。这些算法通过要求节点执行计算任务或抵押代币来确保网络的安全性和一致性。

不可篡改性：一旦数据被添加到区块链上，通常情况下几乎不可能被修改或删除。这是因为每个区块都包含了前一个区块的哈希值，改变一个区块的内容将需要改变其后续区块的内容，这几乎是不可能的任务，因为它需要占据网络的大多数算力或代币。这个特性确保了数据的完整性和安全性。

智能合同：区块链可以支持智能合同，这是一种自动化执行的合同。智能合同基于事先定义的规则自动执行，通常使用智能合同平台（如以太坊）编写和部署。

区块链技术被广泛应用于多个领域，包括金融、供应链管理、不动产、医疗保健、投票系统等。它的核心概念包括分布式账本、去中心化和不可篡改性。这些特性使得区块链成为一种革命性技术，进而给许多行业带来改变。

11.2 人工智能与区块链的结合应用

人工智能与区块链技术的结合可以在多个领域产生创新应用。这种结合利用了AI的智能分析和区块链的去中心化、安全性以及不可篡改性。

11.2.1 人工智能与区块链的融合

在区块链应用中结合人工智能技术可以提供更高的安全性、可信度和智能性，同时带来许多新的商业机会。具体来说，人工智能与区块链的结合有以下典型的应用场景。

智能合同和自动执行：区块链可以用于创建智能合同，这些合同基于事先定义的规则自动执行，无须中介。结合AI，智能合同可以根据大量的数据和条件，在金融合同、保险索赔、供应链管理和不动产交易中进行自动化决策。

身份验证和KYC（了解你的客户）：区块链可以用于安全地存储和管理个人身份信息，同时保护隐私。AI可以用于检测异常活动，帮助识别潜在的身份盗窃和欺诈。

供应链管理：区块链和AI结合可以优化供应链管理。AI可以分析大量的供应链数据，提供实时的预测和建议，帮助提高供应链的效率和可见性。区块链则可以确保供应链数据的透明性和不可篡改性。

医疗保健：区块链和AI结合可以改善数据管理和患者隐私保护。具体而言，患者的医疗记录可以安全地存储在区块链上，同时AI可以用于分析这些记录以提供个性化的医疗建议和疾病风险评估。

金融预测和交易：AI可以分析市场数据以进行金融预测，而区块链可以记录和验证交易。这两者的结合可以帮助投资者更好地理解市场趋势，并提供更可靠的交易平台。

知识产权和版权保护：区块链可以用于建立知识产权的不可篡改证明，而AI可以用于监测互联网上的内容，以识别侵犯版权的行为，并记录相关证据。

能源管理：区块链和AI结合可用于智能电网管理。AI可以分析能源消耗数据，帮助优化能源分配，而区块链可以记录能源生产和消耗的信息，以提高能源信息的透明度和安全性。

投票系统：区块链和AI结合可以创建安全的、不可篡改的在线投票系统。AI可以用于识别潜在的投票欺诈和异常行为，而区块链可以记录每一张选票并加密。

物联网安全：区块链可以增强物联网设备的安全性，确保设备之间的信任和身份验证。AI可以监测设备行为，检测异常活动。

11.2.2 区块链和大模型

虽然区块链和大模型（如深度学习神经网络）是两个不同领域的技术，但是它们可以在某些方面相互关联或相互影响。在区块链应用中使用大模型技术的常见场景如下。

数据隐私和保护：大模型需要大量的数据进行训练，这可能涉及个人隐私信息。区块链可以提供一种去中心化的、安全的数据存储方式，用于存储和共享这些敏感数据，从而提高数据的隐私和安全性。

分布式AI计算：区块链可以用于管理和分发大模型的计算任务。通过将任务分解成小块，不同节点可以共同完成模型训练或推理任务，从而提高计算效率和速度。

数据市场和交易：区块链可以支持数据市场，使数据拥有者能够以安全和可控的方式出售其数据，而大模型的训练者可以使用这些数据来提高模型的性能。

验证和信任：区块链的不可篡改性和透明性可以用于验证大模型的训练过程和结果。这可以增加对模型的信任，尤其是在敏感领域如医疗保健和金融中。

共识算法：区块链的共识算法可以用于解决大模型训练过程中的一致性问题。不同节点之间可以达成共识，确保模型的参数在分布式环境中得到正确更新。

去中心化应用（DApps）：基于区块链的去中心化应用可以集成大模型，以提供各种智能服务，如自然语言处理、计算机视觉和自动化决策。这些应用可以在去中心化的环境中运行，不依赖于单一的中心化服务器。

总之，区块链和大模型的结合可以在一些应用中提供独特的优势，但它们的有效融合需要综合考虑多个技术和业务因素。随着两者的不断发展，更多有趣的交叉应用也将出现。

> **注意**
>
> 区块链和大模型之间存在一些潜在的互补性，但也确实需要面对和解决一系列技术和性能挑战。例如，大模型通常需要大量的计算资源，而区块链的计算能力有限，因此需要仔细规划和优化。此外，数据隐私、安全性、可扩展性和合规性等问题也需要仔细考虑。

11.3 检测以太坊区块链中的非法账户

以太坊（Ethereum）是一种基于区块链技术的开源平台，并发行了同名的加密货币。该平台由维塔利克·布特林（Vitalik Buterin）受比特币启发后提出，并迅速成为比特币之后最受欢迎的加密货币平台之一。以太坊不仅支持加密货币交易，还为开发者和企业提供了构建去中心化应用程序的强大工具集。

在本节内容中，我们将实现一个完整的机器学习模型项目，该项目旨在智能地检测出以太坊区块链中的非法账户。从问题定义开始，我们将逐步建立模型、进行模型评估，最终进行总结和建议。本实例突出了处理类别不平衡问题的重要性，并展示了如何使用多种机器学习算法来解决实际问题。此外，通过数据可视化和性能指标的使用，使得结果更具可解释性和可操作性。

11.3.1 数据集介绍

本项目所使用的数据集主要用于以太坊区块链上的欺诈检测研究。这个数据集包含了已知的欺诈交易和有效交易的记录，可以用于数据分析、机器学习和欺诈检测算法的开发和测试。以下是对该数据集的概要说明。

数据来源：该数据集的来源是以太坊区块链，其中包含了一系列与以太坊账户和交易相关的信息。

目的：数据集的主要目的是为研究人员和数据科学家提供一个用于欺诈检测的样本数据集。研究人员可以使用这些数据来训练机器学习模型，以识别潜在的欺诈性交易。

数据列：数据集中包含多个列，如FLAG、账户地址、交易类型、交易时间间隔、交易数量、以太币价值等。其中FLAG列用于指示交易是否为欺诈。

用途：这个数据集可以用于开展欺诈检测、数据挖掘、特征工程等与以太坊区块链上的交易行为相关的分析和研究。

11.3.2　数据预处理

（1）读取名为"transaction_dataset.csv"的数据文件，并显示数据集的前几行内容以便进行初步了解。具体实现代码如下所示。

```
dataset=pd.read_csv("../input/ethereum-frauddetection-dataset/transaction_dataset.csv")
dataset.head()
```

执行后会输出以下内容。

```
   Unnamed: 0  Index  Address                                      FLAG  Avg min between sent tnx  Avg min between received tnx  Time Diff between first and last (Mins)  Sent tnx  Received Tnx  Number of Created Contracts  ...  ERC20 min val sent  ERC20 max val sent  ERC20 avg val sent  ERC20 min val sent contract  ERC20 max val sent contract  ERC20 avg val sent contract  ERC20 uniq sent token name  ERC20 uniq rec token name  ERC20 most sent token type  ERC20 most_rec_token_type
0       0       1   0x00009277775ac7d0d59eaad8fee3d10ac6c805e8   0       844.26                    1093.71                       704785.63                                721       89            0                            ...  0.000000           1.683100e+07        271779.9200000      0.0                          0.0                          0.0                          39.0                        57.0                       Cofoundit                   Numeraire
1       1       2   0x0002b44ddb1476db43c868bd494422ee4c136fed   0       12709.07                  2958.44                       1218216.73                               94        8             0                            ...  2.260809           2.260809e+00        2.260809            0.0                          0.0                          0.0                          1.0                         7.0                        Livepeer Token              Livepeer Token
2       2       3   0x0002bda54cb772d040f779e88eb453cac0daa244   0       246194.54                 2434.02                       516729.30                                2         10            0                            ...  0.000000           0.000000e+00        0.000000            0.0                          0.0                          0.0                          0.0                         8.0                        None                        XENON
3       3       4   0x00038e6ba2fd5c09aedb96697c8d7b8fa6632e5e   0       10219.60                  15785.09                      397555.90                                25        9             0                            ...  100.000000         9.029231e+03        3804.076893         0.0                          0.0                          0.0                          1.0                         11.0                       Raiden                      XENON
```

```
   4        4        5    0x00062d1dd1afb6fb02540ddad9cdebfe568e0d89            0
36.61    10707.77       382472.42    4598    20    1    ...    0.000000
4.500000e+04 13726.659220  0.0      0.0     0.0    6.0    27.0   StatusNetwork EOS
```

（2）获取数据集维度（行数和列数）。如果执行 dataset.shape，它将返回一个包含两个值的元组，第一个值表示数据集的行数，第二个值表示数据集的列数。例如，如果返回的元组是 (1000, 20)，那么意味着数据集有1000行和20列。具体实现代码如下所示。

```
dataset.shape
```

执行后会输出以下内容。

```
(9841, 51)
```

（3）获取数据集的详细信息，这个命令对于快速了解数据集的结构和数据类型非常有用。然后检查是否存在缺失值。具体实现代码如下所示。

```
dataset.info()
```

执行这行代码后，将会输出有关数据集的以下信息。

数据集中每列的名称（列名）。

每列非缺失值的数量。

每列的数据类型（如整数、浮点数、对象等）。

数据集中的总行数。

执行后会输出以下内容。

```
<class 'pandas.core.frame.DataFrame'>
RangeIndex: 9841 entries, 0 to 9840
Data columns (total 51 columns):
 #   Column                                    Non-Null Count   Dtype
---  ------                                    --------------   -----
 0   Unnamed: 0                                9841 non-null    int64
 1   Index                                     9841 non-null    int64
 2   Address                                   9841 non-null    object
 3   FLAG                                      9841 non-null    int64
 4   Avg min between sent tnx                  9841 non-nul
########省略部分内容
 46  ERC20 avg val sent contract               9012 non-null
```

```
                                                                   float64
 47   ERC20 uniq sent token name                              9012 non-null
float64
 48   ERC20 uniq rec token name                               9012 non-null
float64
 49   ERC20 most sent token type                              9000 non-null
object
 50   ERC20_most_rec_token_type                               8990 non-null
object
dtypes: float64(39), int64(9), object(3)
memory usage: 3.8+ MB
```

（4）检查数据集中的重复行并删除它们，然后删除一个名为Unnamed: 0的列，因为它不需要用于进一步的分析。最后，输出处理后的数据集的维度。具体实现代码如下所示。

```
# 检查并删除重复行
dataset.drop_duplicates(subset=None, inplace=True)

# 删除 "Unnamed: 0" 列（因为它不需要用于进一步的分析）
dataset.drop(['Unnamed: 0'], axis=1, inplace=True)

# 获取处理后的数据集的维度
数据集维度 = dataset.shape
```

执行后会输出以下内容。

```
(9841, 50)
```

（5）生成数据集的描述性统计信息，包括数据集中数值列的统计汇总，如均值、标准差、最小值、25%分位数、中位数（50%分位数）、75%分位数和最大值。这些统计信息对于初步了解数据的分布和特征非常有用。具体实现代码如下所示。

```
dataset.describe()
```

执行后会输出以下内容。

```
       Index  FLAG   Avg min between sent tnx   Avg min between received tnx
Time Diff between first and last (Mins) Sent tnx    Received Tnx  Number of
Created Contracts  Unique Received From Addresses   Unique Sent To Address-
es     ...   ERC20 max val rec    ERC20 avg val rec     ERC20 min val sent
ERC20 max val sent  ERC20 avg val sent   ERC20 min val sent contract
ERC20 max val sent contract     ERC20 avg val sent contract       ERC20 uniq
sent token name      ERC20 uniq rec token name
count 9841.000000   9841.000000     9841.000000     9841.000000   9.841000e+03
9841.000000    9841.000000     9841.000000     9841.000000     9841.000000    ...
```

```
      9.012000e+03 9.012000e+03  9.012000e+03  9.012000e+03  9.012000e+03   9012.0
9012.0           9012.0  9012.000000   9012.000000
mean  1815.049893      0.221421      5086.878721    8004.851184    2.183333e+05
115.931714    163.700945       3.729702         30.360939      25.840159          ...
1.252524e+08 4.346203e+06  1.174126e+04  1.303594e+07  6.318389e+06  0.0       0.0
0.0    1.384931         4.826676
std   1222.621830      0.415224      21486.549974   23081.714801  3.229379e+05
757.226361    940.836550      141.445583       298.621112     263.820410          ...
1.053741e+10 2.141192e+08  1.053567e+06  1.179905e+09  5.914764e+08  0.0       0.0
0.0    6.735121         16.678607
min      1.000000      0.000000          0.000000       0.000000    0.000000e+00
0.000000      0.000000          0.000000         0.000000       0.000000          ...
0.000000e+00 0.000000e+00  0.000000e+00  0.000000e+00  0.000000e+00  0.0       0.0
0.0    0.000000         0.000000
25%    821.000000      0.000000          0.000000       0.000000    3.169300e+02
1.000000      1.000000          0.000000         1.000000       1.000000          ...
0.000000e+00 0.000000e+00  0.000000e+00  0.000000e+00  0.000000e+00  0.0       0.0
0.0    0.000000         0.000000
50%   1641.000000      0.000000         17.340000     509.770000    4.663703e+04
3.000000      4.000000          0.000000         2.000000       2.000000          ...
0.000000e+00 0.000000e+00  0.000000e+00  0.000000e+00  0.000000e+00  0.0       0.0
0.0    0.000000         1.000000
75%   2601.000000      0.000000        565.470000    5480.390000   3.040710e+05
11.000000     27.000000          0.000000         5.000000       3.000000          ...
9.900000e+01 2.946467e+01  0.000000e+00  0.000000e+00  0.000000e+00  0.0       0.0
0.0    0.000000         2.000000
max   4729.000000      1.000000     430287.670000  482175.490000  1.954861e+06
10000.000000 10000.000000    9995.000000      9999.000000    9287.000000          ...
1.000000e+12 1.724181e+10  1.000000e+08  1.120000e+11  5.614756e+10  0.0       0.0
0.0  213.000000       737.000000
```

（6）获取数据集中的列名。获取列名是为了更好地了解数据集的结构和标识不同的特征或属性。具体实现代码如下所示。

```
# 获取数据集中的列名
column=dataset.columns
column
```

执行后会输出以下内容。

```
Index(['Index', 'Address', 'FLAG', 'Avg min between sent tnx',
       'Avg min between received tnx',
       'Time Diff between first and last (Mins)', 'Sent tnx', 'Received Tnx',
       'Number of Created Contracts', 'Unique Received From Addresses',
```

```
       'Unique Sent To Addresses', 'min value received', 'max value received ',
       'avg val received', 'min val sent', 'max val sent', 'avg val sent',
       'min value sent to contract', 'max val sent to contract',
       'avg value sent to contract',
       'total transactions (including tnx to create contract',
       'total Ether sent', 'total ether received',
       'total ether sent contracts', 'total ether balance',
       ' Total ERC20 tnxs', ' ERC20 total Ether received',
       ' ERC20 total ether sent', ' ERC20 total Ether sent contract',
       ' ERC20 uniq sent addr', ' ERC20 uniq rec addr',
       ' ERC20 uniq sent addr.1', ' ERC20 uniq rec contract addr',
       ' ERC20 avg time between sent tnx', ' ERC20 avg time between rec
tnx',
       ' ERC20 avg time between rec 2 tnx',
       ' ERC20 avg time between contract tnx', ' ERC20 min val rec',
       ' ERC20 max val rec', ' ERC20 avg val rec', ' ERC20 min val sent',
       ' ERC20 max val sent', ' ERC20 avg val sent',
       ' ERC20 min val sent contract', ' ERC20 max val sent contract',
       ' ERC20 avg val sent contract', ' ERC20 uniq sent token name',
       ' ERC20 uniq rec token name', ' ERC20 most sent token type',
       ' ERC20_most_rec_token_type'],
      dtype='object')
```

（7）检查数据集中的缺失值，并计算每列中的缺失值数量。具体实现代码如下所示。

```
dataset.isnull().sum()
```

执行后会输出以下内容。

```
Index                                          0
Address                                        0
FLAG                                           0
Avg min between sent tnx                       0
Avg min between received tnx                   0
Time Diff between first and last (Mins)        0
#####省略部分输出
 ERC20 avg val sent contract                 829
 ERC20 uniq sent token name                  829
 ERC20 uniq rec token name                   829
 ERC20 most sent token type                  841
 ERC20_most_rec_token_type                   851
dtype: int64
```

（8）再次显示数据集的前几行，以便初步了解数据集的内容和结构。具体实现代码如下所示。

```
dataset.head()
```

执行后会输出以下内容。

```
    Index  Address    FLAG  Avg min between sent tnx  Avg min between 
received tnx  Time Diff between first and last (Mins)  Sent tnx   Received 
Tnx  Number of Created Contracts    Unique Received From Addresses 
...  ERC20 min val sent   ERC20 max val sent   ERC20 avg val sent   ERC20 min 
val sent contract   ERC20 max val sent contract     ERC20 avg val sent con-
tract ERC20 uniq sent token name ERC20 uniq rec token name  ERC20 most sent 
token type  ERC20_most_rec_token_type
0      1      0x00009277775ac7d0d59eaad8fee3d10ac6c805e8    0       844.26    
1093.71        704785.63      721    89    0    40    ...   0.000000 
1.683100e+07 271779.920000 0.0    0.0    0.0    39.0   57.0   Cofoundit    Nu-
meraire
1      2      0x0002b44ddb1476db43c868bd494422ee4c136fed    0       12709.07   
2958.44        1218216.73     94     8     0    5     ...   2.260809 
2.260809e+00 2.260809      0.0    0.0    0.0    1.0    7.0    Livepeer Token  
Livepeer Token
2      3      0x0002bda54cb772d040f779e88eb453cac0daa244    0       246194.54  
2434.02        516729.30      2      10    0    10    ...   0.000000 
0.000000e+00 0.000000      0.0    0.0    0.0    0.0    8.0    None     XENON
3      4      0x00038e6ba2fd5c09aedb96697c8d7b8fa6632e5e    0       10219.60   
15785.09       397555.90      25     9     0    7     ...   100.000000 
9.029231e+03 3804.076893   0.0    0.0    0.0    1.0    11.0   Raiden   XENON
4      5      0x00062d1dd1afb6fb02540ddad9cdebfe568e0d89    0       36.61      
10707.77       382472.42      4598   20    1    7     ...   0.000000 
4.500000e+04 13726.659220  0.0    0.0    0.0    6.0    27.0   StatusNetwork EOS
```

（9）首先获取数据集的列名，然后计算名为"ERC20 most sent token type"的列中各个值的数量。这对于了解特定列中不同值的分布情况非常有用。具体实现代码如下所示。

```
column=dataset.columns
column

dataset[' ERC20 most sent token type'].value_counts()
```

执行后会输出以下内容。

```
0                4399
None             1856
                 1191
EOS              138
OmiseGO          137
                 ...
```

```
Arcona Distribution Contract                                        1
HeroCoin                                                            1
Cindicator                                                          1
UnlimitedIP Token                                                   1
eosDAC Community Owned EOS Block Producer ERC20 Tokens              1
Name: ERC20 most sent token type, Length: 305, dtype: int64
```

（10）遍历数据集的每一列，然后计算每列中不同值的数量。具体实现代码如下所示。

```
# 遍历数据集的每一列并计算各个值的数量
for col in column:
    print(dataset[col].value_counts())
```

上述代码有助于了解每个特征或属性的分布情况，执行后会输出以下内容。

```
1          3
1458       3
1452       3
1453       3
1454       3
          ..
3527       1
3526       1
3525       1
3524       1
4729       1
Name: Index, Length: 4729, dtype: int64
0x4cd526aa2db72eb1fd557b37c6b0394acd35b212            2
0x4cd3bb2110eda1805dc63abc1959a5ee2d386e9f            2
0x4c1da8781f6ca312bc11217b3f61e5dfdf428de1            2
0x4c24af967901ec87a6644eb1ef42b680f58e67f5            2
0x4c268c7b1d51b369153d6f1f28c61b15f0e17746            2
                                                     ..
0x57b417366e5681ad493a03492d9b61ecd0d3d247            1
0x57bb2d6426fed243c633d0b16d4297d12bc20638            1
0x57c0cf70020f0af5073c24cb272e93e7529c6a40            1
0x57ccf2b7ffe5e4497a7e04ac174646f5f16e24ce            1
0xd624d046edbdef805c5e4140dce5fb5ec1b39a3c            1
Name: Address, Length: 9816, dtype: int64
0     7662
1     2179
Name: FLAG, dtype: int64
0.00       3522
2.11         14
```

```
##########省略部分输出结果
Blockwell say NOTSAFU      779
DATAcoin                   358
Livepeer Token             207
                           ...
BCDN                         1
Egretia                      1
UG Coin                      1
Yun Planet                   1
INS Promo1                   1
Name: ERC20_most_rec_token_type, Length: 467, dtype: int64
```

11.3.3 数据分析

（1）检查目标列（FLAG）的分布，其中0表示非欺诈交易，1表示欺诈交易。计算并显示每个类别的数量，以帮助了解数据中欺诈和非欺诈交易的分布情况。具体实现代码如下所示。

```
dataset['FLAG'].value_counts()
```

执行后会输出以下内容。

```
0    7662
1    2179
Name: FLAG, dtype: int64
```

（2）创建一个饼图，显示欺诈和非欺诈交易的分布情况。饼图中的百分比表示每个类别的相对比例。具体实现代码如下所示。

```
round(100*dataset['FLAG'].value_counts(normalize=True),2).plot(-
kind='pie',explode=[0.02]*2, figsize=(6, 6), autopct='%1.2f%%')
plt.title("Fraudulent and Non-Fraudulent Distribution")
plt.legend(["Non-Fraud", "Fraud"])
plt.show()
```

执行后会绘制欺诈和非欺诈交易的分布情况饼图，如图11-1所示。

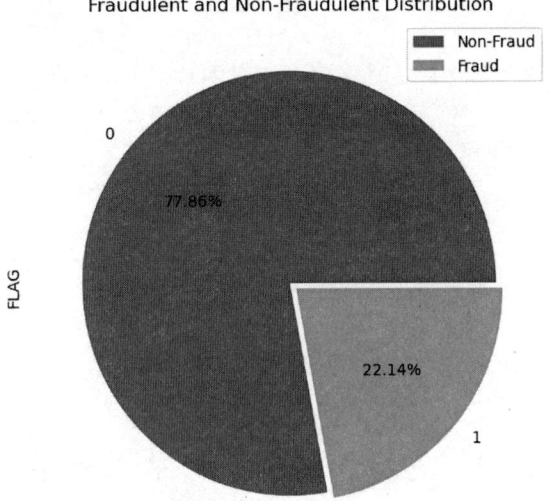

图11-1 欺诈和非欺诈交易的分布情况

（3）计算数据集中每列中的非空值（不缺失值）的数量。结果将显示每列中非空值的计数，以便了解哪些列具有缺失数据。具体实现代码如下所示。

```
# 检查每列中的非空值的数量
dataset.isnull().sum()
```

执行后会输出以下内容。

```
Index                                           0
Address                                         0
FLAG                                            0
Avg min between sent tnx                        0
Avg min between received tnx                    0
Time Diff between first and last (Mins)         0
Sent tnx                                        0
Received Tnx                                    0
Number of Created Contracts                     0
#####省略部分输出结果
 ERC20 uniq rec token name                    829
 ERC20 most sent token type                   841
 ERC20_most_rec_token_type                    851
dtype: int64
```

（4）实现数据的预处理，首先使用中位数替换数值变量中的缺失值。然后清理分类特征中的0值，将它们更改为null值，因为0在分类特征中通常没有实际意义。最后计算每列中缺失值的百分比，以帮助了解数据集中缺失数据的情况。具体实现代码如下所示。

```
# 使用中位数替换数值变量中的缺失值
```

```
dataset.fillna(dataset.median(), inplace=True)

# 清理分类特征 - 将0值更改为null，因为在分类特征中0值没有实际意义
dataset[' ERC20_most_rec_token_type'].replace({'0': np.NaN}, inplace=True)
dataset[' ERC20 most sent token type'].replace({'0': np.NaN}, inplace=True)

# 计算每列中缺失值的百分比
round((dataset.isnull().sum() / len(dataset.index)) * 100, 2)
```

执行后会输出以下内容。

```
Index                                            0.00
Address                                          0.00
FLAG                                             0.00
Avg min between sent tnx                         0.00
Avg min between received tnx                     0.00
Time Diff between first and last (Mins)          0.00
Sent tnx                                         0.00
####省略部分输出结果
 ERC20 uniq rec token name                       0.00
 ERC20 most sent token type                     53.25
 ERC20_most_rec_token_type                      53.35
dtype: float64
```

（5）识别数据集中具有对象类型（通常是文本或字符串）值的列，并将这些列的名称存储在变量 object_columns 中。具体实现代码如下所示。

```
# 获取具有对象类型值的列
object_columns = (dataset.select_dtypes(include=['object'])).columns
object_columns
```

执行后会输出以下内容。

```
Index(['Address', ' ERC20 most sent token type', ' ERC20_most_rec_token_type'], dtype='object')
```

（6）计算"ERC20_most_rec_token_type"列中各个值的数量，这对于了解这一列中不同代币类型的分布情况非常有用。具体实现代码如下所示。

```
# 计算'ERC20_most_rec_token_type' 列中各个值的数量
dataset[' ERC20_most_rec_token_type'].value_counts()
```

执行后会输出以下内容。

```
OmiseGO                     873
Blockwell say NOTSAFU       779
```

```
DATAcoin                    358
Livepeer Token              207
EOS                         161
                            ...
BCDN                          1
Egretia                       1
UG Coin                       1
Yun Planet                    1
INS Promo1                    1
Name: ERC20_most_rec_token_type, Length: 466, dtype: int64
```

（7）计算"ERC20 most sent token type"列中各个值的数量，具体实现代码如下所示。

```
# 计算'ERC20 most sent token type' 列中各个值的数量
dataset[' ERC20 most sent token type'].value_counts()
```

执行后会输出以下内容。

```
None                                                        1856
                                                            1191
EOS                                                          138
OmiseGO                                                      137
Golem                                                        130
                                                             ...
BlockchainPoland                                               1
Covalent Token                                                 1
Nebula AI Token                                                1
Blocktix                                                       1
eosDAC Community Owned EOS Block Producer ERC20 Tokens         1
Name: ERC20 most sent token type, Length: 304, dtype: int64
```

（8）进行数据清理工作并计算相关性矩阵。首先，删除具有大量null、0或None值的列，包括Index、ERC20_most_rec_token_type和ERC20 most sent token type。然后，删除没有实际值的列。最后，计算数据集的相关性矩阵，以分析不同列之间的相关性。具体实现代码如下所示。

```
# 删除具有许多null、0或None值的列
dataset.drop(['Index', ' ERC20_most_rec_token_type', ' ERC20 most sent token type'], axis=1, inplace=True)
# 删除没有实际值的列
dataset.drop([' ERC20 avg time between sent tnx', ' ERC20 avg time between rec tnx', ' ERC20 avg time between rec 2 tnx', ' ERC20 avg time between contract tnx', ' ERC20 min val sent contract', ' ERC20 max val sent contract', ' ERC20 avg val sent contract'], axis=1, inplace=True)
# 计算相关性矩阵
```

```
corr = dataset.corr()
corr
```

执行后会输出以下内容。

```
        FLAG   Avg min between sent tnx   Avg min between received tnx       Time
Diff between first and last (Mins)        Sent tnx        Received Tnx Number of
Created Contracts   Unique Received From Addresses    Unique Sent To Addresses
min value received ...      ERC20 uniq sent addr.1     ERC20 uniq rec contract
addr  ERC20 min val rec     ERC20 max val rec     ERC20 avg val rec    ERC20 min
val sent     ERC20 max val sent    ERC20 avg val sent    ERC20 uniq sent token
name  ERC20 uniq rec token name
FLAG   1.000000      -0.029754       -0.118533       -0.269354      -0.078006
-0.079316     -0.013711       -0.031941       -0.045584      -0.021641     ...
-0.011148     -0.052473       0.004434        -0.005510       0.003132       0.019023
0.018770      0.018835        -0.026290       -0.052603
Avg min between sent tnx  -0.029754     1.000000       0.060979       0.214722
-0.032289     -0.035735       -0.006186       -0.015912      -0.017688     -0.014886
...   -0.011862      0.047946        0.004998        -0.002260      -0.002829
-0.001511     -0.001841       -0.001792       0.003310       0.049548
Avg min between received tnx    -0.118533      0.060979      1.000000
0.303897      -0.040419      -0.053478       -0.008378      -0.029571      -0.025747
-0.045753    ...   -0.013750    -0.011693       -0.007794      -0.003326
-0.005241     -0.003545       -0.003568       -0.003521      -0.016831      -0.011684
###########省略部分输出结果
ERC20 uniq sent token name     -0.026290      0.003310       -0.016831
0.269025      0.082239       0.045475        0.006475       0.042108       0.086414
-0.026315    ...    -0.005837     0.787943        -0.002288      0.017746
0.013764      -0.000440       0.001276        -0.000332      1.000000       0.789220
ERC20 uniq rec token name   -0.052603       0.049548      -0.011684      0.329237
0.222945      0.205219        0.030527        0.150158       0.238798      -0.000335
...    0.032573        0.999643        -0.006013      0.028497       0.022273
-0.002144     -0.000625       -0.001906       0.789220       1.000000
```

（9）提取相关性矩阵的上三角部分，这部分包含了相关性系数的唯一值，而下三角部分包含了对称的冗余信息。具体实现代码如下所示。

```
# 计算相关性矩阵的上三角部分
upper = corr.where(np.triu(np.ones(corr.shape), k=1).astype(np.bool))
upper.head()
```

上述提取操作通常用于减少冗余信息并更清晰地可视化相关性，执行后会输出以下内容。

```
        FLAG   Avg min between sent tnx   Avg min between received tnx       Time
Diff between first and last (Mins)        Sent tnx        Received Tnx Number of
```

```
Created Contracts  Unique Received From Addresses   Unique Sent To Address-
es    min value received   ...     ERC20 uniq sent addr.1    ERC20 uniq rec
contract addr       ERC20 min val rec      ERC20 max val rec      ERC20 avg val rec
ERC20 min val sent  ERC20 max val sent     ERC20 avg val sent     ERC20 uniq sent
token name     ERC20 uniq rec token name
FLAG   NaN     -0.029754      -0.118533       -0.269354       -0.078006       -0.079316
-0.013711   -0.031941      -0.045584       -0.021641       ...      -0.011148
-0.052473    0.004434      -0.005510        0.003132        0.019023        0.018770
 0.018835   -0.026290      -0.052603
Avg min between sent tnx   NaN      NaN      0.060979        0.214722       -0.032289
-0.035735   -0.006186      -0.015912       -0.017688       -0.014886       ...
-0.011862    0.047946       0.004998       -0.002260       -0.002829       -0.001511
-0.001841   -0.001792       0.003310        0.049548
Avg min between received tnx     NaN      NaN      NaN       0.303897       -0.040419
-0.053478   -0.008378      -0.029571       -0.025747       -0.045753       ...
-0.013750   -0.011693      -0.007794       -0.003326       -0.005241       -0.003545
-0.003568   -0.003521      -0.016831       -0.011684
Time Diff between first and last (Mins)   NaN   NaN     NaN     NaN      0.154480
 0.148376   -0.003881       0.037043        0.071140       -0.084996       ...
 0.022216    0.324088      -0.008921        0.046278        0.049160       -0.006174
-0.005606   -0.006148       0.269025        0.329237
Sent tnx    NaN     NaN     NaN     NaN     NaN      0.198455        0.320603
 0.130064    0.670014       0.024015       ...      -0.007671        0.221971
-0.003480    0.004445       0.009104       -0.001407       -0.000870       -0.001271
 0.082239    0.222945
```

（10）绘制多个散点图，用不同颜色的点表示不同类别（欺诈和非欺诈），以比较不同属性之间的关系。每个散点图比较了数据集中的两个属性，并根据目标标志列FLAG进行着色，以帮助可视化数据的分布和关联性。具体实现代码如下所示。

```
# 创建散点图，比较不同属性之间的关系
plt.subplots(figsize=(8, 6))
sns.set(style='darkgrid')
sns.scatterplot(data=dataset, x='Unique Received From Addresses', y='Re-
ceived Tnx', hue='FLAG')
plt.show()


plt.subplots(figsize=(8, 6))
sns.set(style='whitegrid')
sns.scatterplot(data=dataset, x='Unique Sent To Addresses', y='Sent tnx',
hue='FLAG')
plt.show()
```

```
plt.subplots(figsize=(8, 6))
sns.scatterplot(data=dataset, x='ERC20 uniq sent addr', y='Total ERC20 
tnxs', hue='FLAG')
plt.show()

plt.subplots(figsize=(8, 6))
sns.scatterplot(data=dataset, x='Unique Received From Addresses', y='Re-
ceived Tnx', hue='FLAG')
plt.show()

plt.subplots(figsize=(8, 6))
sns.scatterplot(data=dataset, x='Sent tnx', y='Unique Sent To Addresses', 
hue='FLAG')
plt.show()

plt.subplots(figsize=(8, 6))
sns.scatterplot(data=dataset, x='ERC20 uniq rec addr', y='Total ERC20 tnxs', 
hue='FLAG')
plt.show()

plt.subplots(figsize=(8, 6))
sns.scatterplot(data=dataset, x='total transactions (including tnx to create 
contract', y='Received Tnx', hue='FLAG')
plt.show()
```

上述代码绘制了如下所示的7个散点图。

第一个图比较Unique Received From Addresses和Received Tnx的关系。

第二个图比较Unique Sent To Addresses和Sent tnx的关系。

第三个图比较ERC20 uniq sent addr和Total ERC20 tnxs的关系。

第四个图再次比较Unique Received From Addresses和Received Tnx的关系（与第一个图相同）。

第五个图比较Sent tnx和Unique Sent To Addresses的关系。

第六个图比较ERC20 uniq rec addr和Total ERC20 tnxs的关系。

第七个图比较total transactions (including tnx to create contract和Received Tnx的关系。

这7个图用不同颜色的点表示不同类别（欺诈和非欺诈），以帮助可视化数据之间的关联性。其中第一个图Unique Received From Addresses和Received Tnx关系的散点效果如图11-2所示。

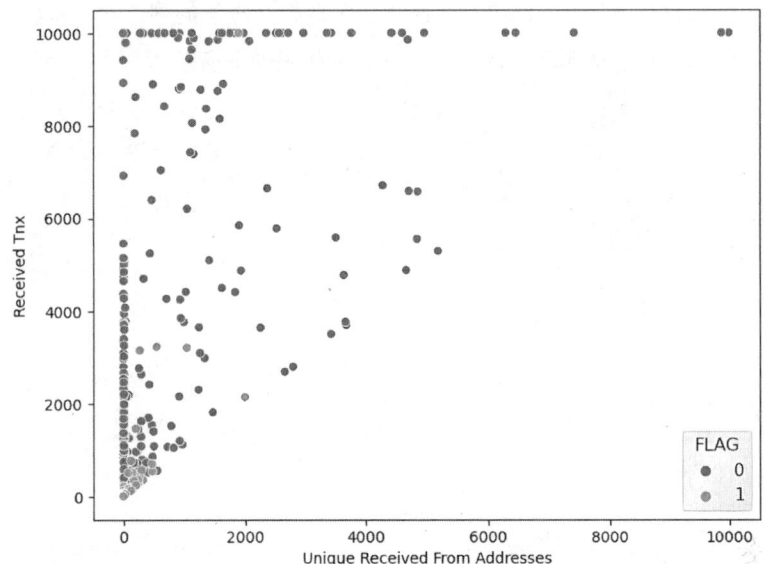

图11-2 Unique Received From Addresses和Received Tnx的关系图

(11)再次获取数据集的列名,具体实现代码如下所示。

```
dataset.columns
```

执行后将返回下列包含数据集所有列名的列表。

```
Index(['Address', 'FLAG', 'Avg min between sent tnx',
       'Avg min between received tnx',
       'Time Diff between first and last (Mins)', 'Sent tnx', 'Received Tnx',
       'Number of Created Contracts', 'Unique Received From Addresses',
       'Unique Sent To Addresses', 'min value received', 'max value received ',
       'avg val received', 'min val sent', 'max val sent', 'avg val sent',
       'min value sent to contract', 'max val sent to contract',
       'avg value sent to contract',
       'total transactions (including tnx to create contract',
       'total Ether sent', 'total ether received',
       'total ether sent contracts', 'total ether balance',
       ' Total ERC20 tnxs', ' ERC20 total Ether received',
       ' ERC20 total ether sent', ' ERC20 total Ether sent contract',
       ' ERC20 uniq sent addr', ' ERC20 uniq rec addr',
       ' ERC20 uniq sent addr.1', ' ERC20 uniq rec contract addr',
       ' ERC20 min val rec', ' ERC20 max val rec', ' ERC20 avg val rec',
       ' ERC20 min val sent', ' ERC20 max val sent', ' ERC20 avg val sent',
       ' ERC20 uniq sent token name', ' ERC20 uniq rec token name'],
      dtype='object')
```

（12）根据指定的相关性阈值（0.7），选择相关性超过阈值的列，并将这些列的名称存储在 to_drop 列表中。最后，打印要删除的列数。具体实现代码如下所示。

```
# 阈值设置为0.7
threshold = 0.7

# 选择相关性超过阈值的列
to_drop = [column for column in upper.columns if (any(upper[column] >
threshold) or any(upper[column] < -(threshold)))]

# 打印要删除的列数
print('有 %d 列需要删除。' % (len(to_drop)))
```

执行后会输出以下结果。

```
There are 13 columns to remove.
```

（13）列表 to_drop 包含了根据相关性阈值需要删除的列的名称，可以通过输出 to_drop 列表来查看这些列的名称。具体实现代码如下所示。

```
to_drop
```

执行后将输出显示以下需要删除的列的名称。

```
['avg value sent to contract',
 'total transactions (including tnx to create contract',
 'total ether received',
 'total ether sent contracts',
 ' ERC20 uniq sent addr',
 ' ERC20 uniq rec addr',
 ' ERC20 max val rec',
 ' ERC20 avg val rec',
 ' ERC20 min val sent',
 ' ERC20 max val sent',
 ' ERC20 avg val sent',
 ' ERC20 uniq sent token name',
 ' ERC20 uniq rec token name']
```

（14）创建数值的热图，以可视化数据集中各个数值列之间的相关性。热图使用不同的颜色表示相关性的强度，正相关和负相关分别以不同的颜色显示，并在热图上标注相关性系数的数值。具体实现代码如下所示。

```
# 创建数值的热图
# 创建一个与相关性矩阵相同大小的全零矩阵，并把上三角部分设置为True，以遮盖下三角部分
mask = np.zeros_like(corr)
```

```
mask[np.triu_indices_from(mask)] = True

# 使用白色背景风格创建图形
with sns.axes_style('white'):
    # 创建图形和轴对象
    fig, ax = plt.subplots(figsize=(30, 20))
    # 生成热图，显示相关性矩阵，使用RdYlGn颜色图，以0为中心，方形显示，标注数值
    sns.heatmap(corr, mask=mask, annot=True, cmap='RdYlGn', center=0,
square=True, fmt='.2g')
```

执行后会绘制相关性矩阵的热图，如图11-3所示。这种图以矩阵的形式展示各个数值列之间的相关性，使用不同颜色表示相关性的强度，正相关和负相关分别以不同的颜色显示。这种图表有助于可视化数据集中各个数值属性之间的关系，特别是相关性的强弱和方向。通过热图，我们可以快速识别出具有强相关性的属性，从而为进一步的数据分析和建模工作提供支持。

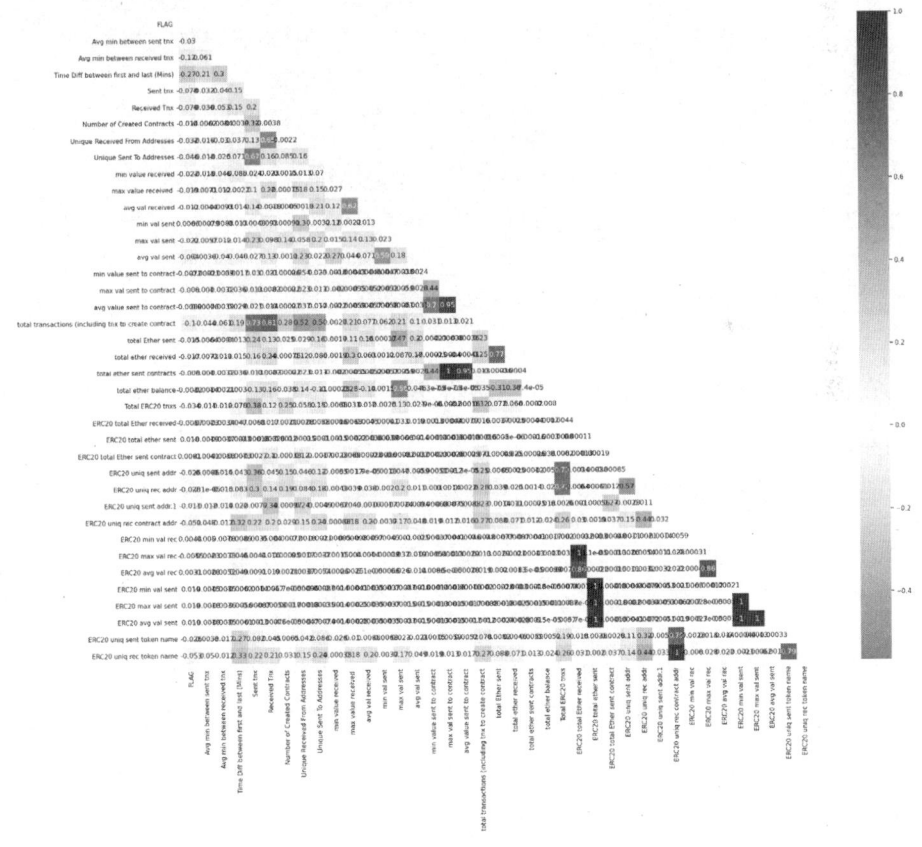

图11-3　相关性矩阵的热图

（15）根据 to_drop 列表删除指定的列，并通过输出 dataset.columns 来显示删除列后的列名，被删除的列将不再包含在数据集中。具体实现代码如下所示。

```python
# 要删除的列
drop = ['total transactions (including tnx to create contract','max val sent
to contract',' ERC20 avg val rec',' ERC20 max val rec', ' ERC20 avg val
sent', ' ERC20 min val sent', ' ERC20 max val sent',' ERC20 uniq sent token
name',' ERC20 uniq sent token name',' ERC20 uniq rec token name','max val
sent to contract','avg value sent to contract']
# 删除指定的列
dataset.drop(to_drop, axis=1, inplace=True)
# 显示删除列后的列名
dataset.columns
```

执行后会输出以下结果。

```
Index(['Address', 'FLAG', 'Avg min between sent tnx',
       'Avg min between received tnx',
       'Time Diff between first and last (Mins)', 'Sent tnx', 'Received Tnx',
       'Number of Created Contracts', 'Unique Received From Addresses',
       'Unique Sent To Addresses', 'min value received', 'max value received ',
       'avg val received', 'min val sent', 'max val sent', 'avg val sent',
       'min value sent to contract', 'max val sent to contract',
       'total Ether sent', 'total ether balance', ' Total ERC20 tnxs',
       ' ERC20 total Ether received', ' ERC20 total ether sent',
       ' ERC20 total Ether sent contract', ' ERC20 uniq sent addr.1',
       ' ERC20 uniq rec contract addr', ' ERC20 min val rec'],
      dtype='object')
```

（16）在删除指定的列后，数据集中的列数将发生变化，接下来可以使用以下代码来获取删除列后的列数。

```python
len(dataset.columns)
```

执行后会输出以下结果。

```
27
```

（17）绘制相关性矩阵的热图，用不同颜色表示不同属性之间的相关性强度。正相关和负相关分别以不同颜色显示，而且相关系数的数值也被标注在热图上，以帮助更好地理解数据属性之间的关系。具体实现代码如下所示。

```python
# 计算数值列之间的相关性矩阵
corr = dataset.corr()

# 创建一个与相关性矩阵相同大小的全零矩阵，并把上三角部分设置为True，以遮盖下三角部分
mask = np.zeros_like(corr)
mask[np.triu_indices_from(mask)] = True
```

```
# 使用白色背景风格创建图形
with sns.axes_style('white'):
    # 创建图形和轴对象
    fig, ax = plt.subplots(figsize=(30, 20))
    # 生成热图，显示相关性矩阵，使用RdYlGn颜色图，以0为中心，方形显示，标注数值
    sns.heatmap(corr, mask=mask, annot=True, cmap='RdYlGn', center=0, square=True, fmt='.2g')
```

执行代码后会绘制数值属性相关性热图，如图11-4所示。

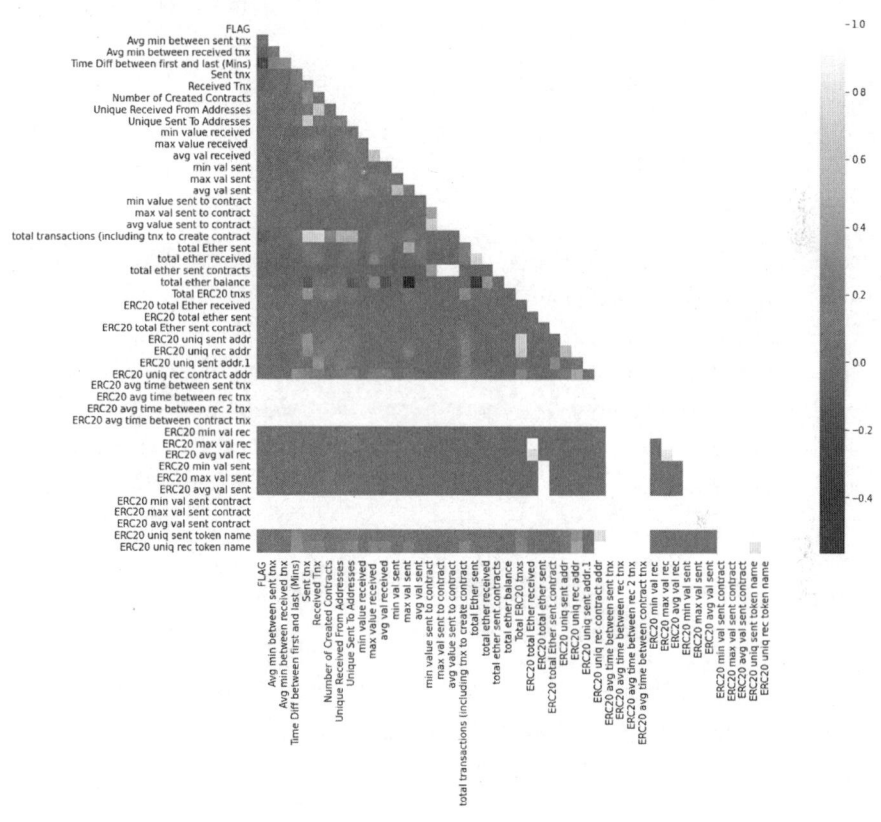

图11-4　数值属性相关性热图

（18）绘制箱线图，可以分别绘制变量的箱线图以及带有 FLAG 对比的变量的箱线图。函数中的参数 variable 是箱线图的变量名称。此外，通过 columns 变量获取了数据集的列名。最后，获取数据集中从第三列开始（索引为2）的所有列名。具体实现代码如下所示。

```
# 绘制变量的箱线图
def box_plot(variable):
    plt.figure(figsize=(6,4))
    sns.boxplot(y=dataset[variable])
    plt.title("Boxplot for {}".format(variable))
```

```
    plt.show()

# 绘制带有 FLAG 对比的变量的箱线图
def box_plot_y(variable):
    plt.figure(figsize=(6,4))
    sns.boxplot(y=dataset[variable], x=dataset['FLAG'])
    plt.title("Boxplot for {} wrt Flag".format(variable))
    plt.show()

# 获取数据集的列名
columns = dataset.columns
columns

columns[2:]
```

执行后会输出以下结果。

```
Index(['Address', 'FLAG', 'Avg min between sent tnx',
       'Avg min between received tnx',
       'Time Diff between first and last (Mins)', 'Sent tnx', 'Received Tnx',
       'Number of Created Contracts', 'Unique Received From Addresses',
       'Unique Sent To Addresses', 'min value received', 'max value received ',
       'avg val received', 'min val sent', 'max val sent', 'avg val sent',
       'min value sent to contract', 'max val sent to contract',
       'total Ether sent', 'total ether balance', ' Total ERC20 tnxs',
       ' ERC20 total Ether received', ' ERC20 total ether sent',
       ' ERC20 total Ether sent contract', ' ERC20 uniq sent addr.1',
       ' ERC20 uniq rec contract addr', ' ERC20 min val rec'],
      dtype='object')
```

（19）针对数据集中每个数值列的箱线图，进行单变量分析。具体实现代码如下所示。

```
# 单变量分析 - 绘制每个数值列的箱线图
for col in columns[2:]:
    box_plot(col)
```

上述代码循环遍历数据集中从第三列开始的每个数值列，并为每个列绘制了一个箱线图，其中"Sent_tnx"列的箱线图效果如图11-5所示。箱线图有助于显示数据的分布、中位数、上下四分位数以及异常值的情况，从而帮助了解每个变量的统计特性。

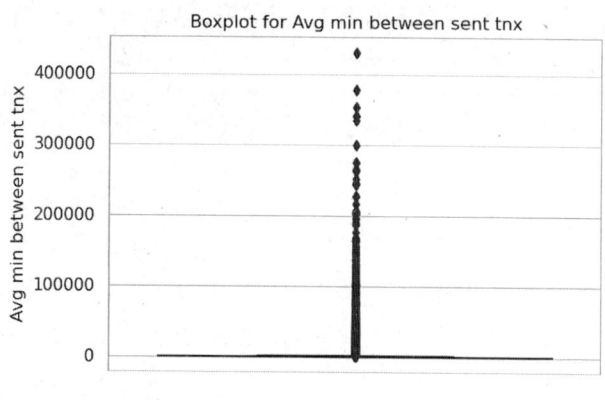

图11-5 "Sent_tnx"列的箱线图

(20)执行带有 FLAG 对比的箱线图绘制,为数据集中从第三列开始的每个数值列绘制箱线图。具体实现代码如下所示。

```
for col in columns[2:]:
    box_plot_y(col)
```

执行代码后会绘制与数据集中每个数值列相关的箱线图,并将它们与 FLAG 列进行对比。具体绘制了多少个箱线图取决于数据集中数值列的数量,其中"Sent_tnx"列的带有 FLAG 对比的箱线图效果如图11-6所示。这些箱线图可以帮助你了解每个数值列在欺诈和非欺诈交易之间的分布情况和差异。

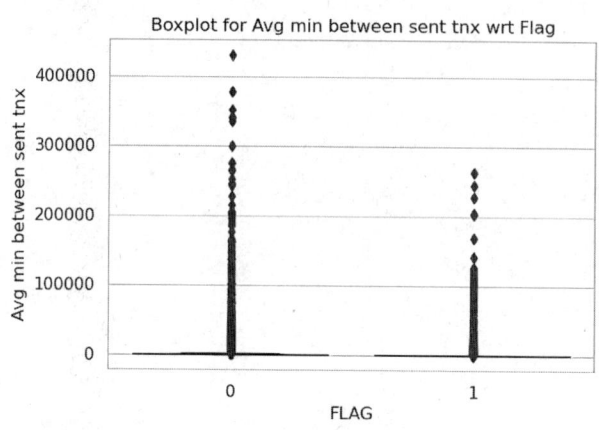

图11-6 "Sent_tnx"列的带有 FLAG 对比的箱线图

(21)计算训练数据集中"FLAG"列值为 1 的占比,即欺诈交易的百分比。具体计算方式是将"FLAG"列中值为 1 的行数除以总行数,然后将结果乘以 100,得到百分比。具体实现代码如下所示。

```
fraud = (sum(dataset['FLAG'])/len(dataset['FLAG'].index))*100
fraud
```

上述代码将计算的结果存储在变量 *fraud* 中,然后使用第2行代码查看欺诈交易的百分比。执行代码后会输出以下结果。

```
22.14205873386851
```

11.3.4 拆分数据集

"Train-Test Split"是机器学习和数据分析中一种常用的数据集拆分方法,用于评估模型的性能和泛化能力。Train-Test Split的主要目的是将原始数据集划分为两个互斥的子集:训练集和测试集。拆分数据集的方法如下。

(1)导入Scikit-Learn库中的 train_test_split 函数,并展示数据集的前几行。train_test_split 函数是用于将数据集划分为训练集和测试集的常用工具。它可以将数据集按照一定的比例分割成训练集和测试集,以便进行机器学习模型的训练和评估。具体实现代码如下所示。

```
from sklearn.model_selection import train_test_split
dataset.head()
```

执行后会输出以下内容。

```
     Address          FLAG  Avg min between sent tnx  Avg min between re-
ceived tnx  Time Diff between first and last (Mins)  Sent tnx    Received
Tnx  Number of Created Contracts     Unique Received From Addresses
Unique Sent To Addresses  ...   max val sent to contract    total Ether sent
total ether balance      Total ERC20 tnxs     ERC20 total Ether received
ERC20 total ether sent      ERC20 total Ether sent contract     ERC20 uniq sent
addr.1       ERC20 uniq rec contract addr     ERC20 min val rec
0    0x00009277775ac7d0d59eaad8fee3d10ac6c805e8     0       844.26  1093.71
704785.63       721     89      0       40      118     ...     0.0     865.691093
-279.224419  265.0  3.558854e+07  3.560317e+07  0.0       0.0     58.0    0.0
1    0x0002b44ddb1476db43c868bd494422ee4c136fed     0       12709.07
2958.44         1218216.73      94      8       0       5       14      ...     0.0
3.087297     -0.001819  8.0  4.034283e+02  2.260809e+00  0.0       0.0     7.0
0.0
2    0x0002bda54cb772d040f779e88eb453cac0daa244     0       246194.54
2434.02         516729.30       2       10      0       10      2       ...     0.0
3.588616     0.000441   8.0  5.215121e+02  0.000000e+00  0.0       0.0     8.0
0.0
3    0x00038e6ba2fd5c09aedb96697c8d7b8fa6632e5e     0       10219.60
15785.09        397555.90       25      9       0       7       13      ...     0.0
1750.045862  -854.646303  14.0  1.711105e+04  1.141223e+04  0.0     0.0
11.0  0.0
4    0x00062d1dd1afb6fb02540ddad9cdebfe568e0d89     0       36.61   10707.77
```

382472.42	4598	20	1	7	19	...	0.0	104.318883	-50.896986
42.0	1.628297e+05	1.235399e+05	0.0	0.0	27.0	0.0			

（2）首先将目标变量（响应变量）存储在 y 变量中，特征变量存储在 X 变量中。同时，将"FLAG"列和"Address"列从特征中移除。然后，定义一个名为 train_val_test_split 的函数，用于将数据集划分为训练集、验证集和测试集。这个函数使用 train_test_split 函数来进行划分。最后，使用 train_val_test_split 函数将数据集划分为训练集（80%）、验证集（10%）和测试集（10%），并分别存储在 X_train、X_val、X_test、y_train、y_val 和 y_test 变量中。具体实现代码如下所示。

```
# 将响应变量放入y，将特征变量放入X
y = dataset['FLAG']
X = dataset.drop(['FLAG', 'Address'], axis=1)

# 定义一个用于划分数据集的函数
def train_val_test_split(X, y, train_size, val_size, test_size):
    X_train_val, X_test, y_train_val, y_test = train_test_split(X, y, test_size=test_size)
    relative_train_size = train_size / (val_size + train_size)
    X_train, X_val, y_train, y_val = train_test_split(X_train_val, y_train_val,
                                                    train_size=relative_train_size, test_size=1-relative_train_size)
    return X_train, X_val, X_test, y_train, y_val, y_test

# 将数据集划分为训练集、验证集和测试集
X_train, X_val, X_test, y_train, y_val, y_test = train_val_test_split(X, y, 0.8, 0.1, 0.1)
X_train.shape, y_train.shape, X_test.shape, y_test.shape, X_val.shape, y_val.shape
```

执行代码后将输出训练集、测试集和验证集的形状信息。

```
((7872, 25), (7872,), (985, 25), (985,), (984, 25), (984,))
```

这些形状信息可以用于确保数据集的维度正确，并且可以作为训练、测试和验证过程中的参考。

（3）获取训练集 X_train 的列名，具体实现代码如下所示。

```
X_train.columns
```

执行代码后将返回训练集中的特征列（不包括目标列）的列名列表。

```
Index(['Avg min between sent tnx', 'Avg min between received tnx',
       'Time Diff between first and last (Mins)', 'Sent tnx', 'Received Tnx',
```

```
       'Number of Created Contracts', 'Unique Received From Addresses',
       'Unique Sent To Addresses', 'min value received', 'max value received ',
       'avg val received', 'min val sent', 'max val sent', 'avg val sent',
       'min value sent to contract', 'max val sent to contract',
       'total Ether sent', 'total ether balance', ' Total ERC20 tnxs',
       ' ERC20 total Ether received', ' ERC20 total ether sent',
       ' ERC20 total Ether sent contract', ' ERC20 uniq sent addr.1',
       ' ERC20 uniq rec contract addr', ' ERC20 min val rec'],
      dtype='object')
```

（4）通过信息评估每个特征对目标的重要性，并可视化显示前 18 个具有最大信息增益的特征的重要性。具体实现代码如下所示。

```
!pip install skfeature-chappers
from sklearn.feature_selection import mutual_info_classif
importance=mutual_info_classif(X_train,y_train)
feat_importances=pd.Series(importance,X_train.columns[0:len(X_train.columns)]])
plt.figure(figsize=[30,15])

feat_importances.nlargest(18).plot(kind='barh',color='teal',)
plt.show()
```

（5）获取具有最大信息增益的前 18 个重要特征的列名，这些列名被存储在名为 *col_x* 的变量中。具体实现代码如下所示。

```
col_x=feat_importances.nlargest(18).index
col_x
```

执行代码后将获得这些重要特征的列名列表，这些列名代表了对目标变量具有较高影响的特征。

```
Index([' Total ERC20 tnxs', ' ERC20 uniq rec contract addr',
       'total ether balance', 'Time Diff between first and last (Mins)',
       'max value received ', 'avg val received',
       ' ERC20 total Ether received', ' ERC20 min val rec',
       'Unique Received From Addresses', 'Received Tnx',
       'Avg min between received tnx', 'min value received',
       'Avg min between sent tnx', 'total Ether sent', 'avg val sent',
       'max val sent', 'Sent tnx', 'Unique Sent To Addresses'],
      dtype='object')
```

（6）从训练集 X_train、验证集 X_val 和测试集 X_test 中选择具有最大信息增益的前 18 个重要特征，并将这些特征存储在相应的数据集中。具体实现代码如下所示。

```
X_train=X_train[col_x]
X_val=X_val[col_x]
X_test=X_test[col_x]
feat_importances
```

执行后会输出以下内容。

```
Avg min between sent tnx                    0.096649
Avg min between received tnx                0.102166
Time Diff between first and last (Mins)     0.237711
Sent tnx                                    0.068052
Received Tnx                                0.109679
#######省略部分输出结果
 ERC20 total Ether sent contract            0.005287
 ERC20 uniq sent addr.1                     0.001419
 ERC20 uniq rec contract addr               0.254201
 ERC20 min val rec                          0.141128
dtype: float64
```

11.3.5 特征缩放

(1) 使用 PowerTransformer 和 MinMaxScaler 对训练集数据进行预处理,具体实现代码如下所示。

```
from sklearn.preprocessing import PowerTransformer
from sklearn.preprocessing import MinMaxScaler
X_train.info()
```

通过上述代码进行了幂变换和归一化的训练数据 X_train_scaled,可用于进一步的机器学习建模。同样,也可以对验证集和测试集进行相同的转换,以保持数据的一致性。

(2) 遍历训练集 X_train 中的列,并为每列打印其在原始数据集 dataset 中的值计数(value_counts)。具体实现代码如下所示。

```
col_x=X_train.columns
for col in col_x:
    print(dataset[col].value_counts())
```

(3) 对训练集、验证集和测试集中的特征进行幂变换处理,从而用于机器学习模型的训练和评估。具体实现代码如下所示。

```
#Function for plotting box plot on  variable
def box_plot_trans(variable):
  plt.figure(figsize=(6,4))
```

```python
  sns.boxplot(y=X_train[variable])
  plt.title("Boxplot for {}".format(variable))
  plt.show()

#Function for plotting box plot on  variable wrt to FLAG
def box_plot__trans_y(variable):
  plt.figure(figsize=(6,4))
  sns.boxplot(y=X_train[variable],x=X_train['FLAG'])
  plt.title("Boxplot for {} wrt Flag".format(variable))
  plt.show()

#Normalisation using power transformer
scaler = PowerTransformer()

X_train[col_x] = scaler.fit_transform(X_train[col_x])
X_val[col_x] = scaler.transform(X_val[col_x])
X_test[col_x] = scaler.transform(X_test[col_x])
X_train.head()
```

对上述代码的具体说明如下。

定义两个函数 box_plot_trans 和 box_plot__trans_y，用于绘制特征的箱线图以及特征与目标变量之间的箱线图，以可视化数据的分布和异常值。

使用 PowerTransformer 对训练集 X_train 中的特征进行幂变换，以更好地符合正态分布。幂变换有助于改善某些模型的性能，尤其是对于对输入数据分布敏感的模型。

将幂变换后的数据应用到验证集 X_val 和测试集 X_test 中的相同特征上，以确保数据的一致性。

执行后会输出以下内容。

```
      Total ERC20 tnxs    ERC20 uniq rec contract addr      total ether bal-
ance  Time Diff between first and last (Mins)  max value received   avg val
received     ERC20 total Ether received ERC20 min val rec   Unique Received
From Addresses      Received Tnx Avg min between received tnx     min value
received      Avg min between sent tnx     total Ether sent     avg val sent max
val sent      Sent tnx     Unique Sent To Addresses
9160  0.156836     0.253302       -0.004841     -0.257548     -0.255588
-0.160985    -0.737624    -0.494535     -0.201329    -0.610881    0.700299
-0.716981    -1.102188    -0.393199     0.288551     -0.141591   -0.595852
-0.344938
2417  0.156836     0.253302       0.005482      0.511018      1.473530
1.458423     0.215653     2.351705      0.441626     0.830246     0.808477
-0.781587    -1.102188    -1.255535     -1.138122    -1.209347   -1.400413
-1.501993
```

```
4450  -0.974022    -0.986343    -0.004841    -0.887848    1.072604
1.265252    -0.737624    -0.494535    -0.201329    -0.610881    -1.044357
1.334157    0.634390    0.782560    1.327028    1.103944    -0.210153
0.171779
8960   0.156836    0.253302    -0.004841    0.679893    -1.402214
-1.277771    -0.737624    -0.494535    0.441626    0.229734    1.246705
-0.781587    -1.102188    -1.255535    -1.138122    -1.209347    -1.400413
-1.501993
2533   0.608090    0.727532    -0.004770    0.725983    -1.143728
-1.069924    -0.182755    0.753744    0.180006    1.326268    0.630172
-0.781587    -1.102188    -1.255535    -1.138122    -1.209347    -1.400413
-1.501993
```

（4）遍历训练集 X_train 中的每个特征列，并为每个特征列绘制箱线图，以可视化其数据分布和异常值情况。具体实现代码如下所示。

```
columns=X_train.columns
columns
for col in columns[:]:
    box_plot_trans(col)
```

在上述代码中，为训练集 X_train 中的每个特征列绘制箱线图。如果训练集 X_train 具有 n 个特征列，那么将绘制 n 个箱线图，每个箱线图对应一个特征列。其中，ERC20 tnxs的箱线图效果如图11-7所示。

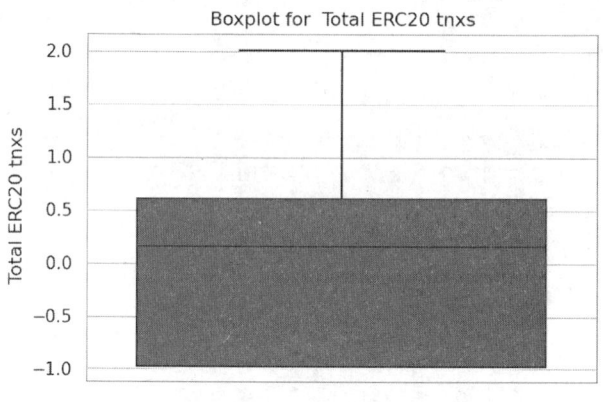

图11-7　ERC20 tnxs的箱线图

（5）绘制经过幂变换后的训练集 X_train 中各个特征的直方图，以可视化数据的分布情况。具体实现代码如下所示。

```
X_train.hist(figsize=(30,25))
```

11.3.6 构建模型和超参数调优

（1）使用不同的技术来处理数据集中的不平衡问题，包括随机欠采样、随机过采样、SMOTE 和 ADASYN。这些技术旨在使不同类别的样本数量更加平衡，以改善机器学习模型的性能和稳定性。通过这些技术，可以创建一个更平衡的训练数据集，以用于后续的模型构建和优化。具体实现代码如下所示。

```
# 使用欠采样处理数据不平衡
from imblearn import under_sampling
us = under_sampling.RandomUnderSampler(sampling_strategy='majority', random_state=100)
X_train_us, y_train_us = us.fit_resample(X_train, y_train)
print(X_train_us.shape)
print(y_train_us.shape)
print(y_train_us.value_counts())

# 使用过采样处理数据不平衡
from imblearn import over_sampling
ro = over_sampling.RandomOverSampler(sampling_strategy='minority', random_state=100)
X_train_ro, y_train_ro = ro.fit_resample(X_train, y_train)
print(X_train_ro.shape)
print(y_train_ro.shape)
print(y_train_ro.value_counts())

# 使用SMOTE处理数据不平衡
from imblearn.over_sampling import SMOTE
sm = SMOTE(sampling_strategy='minority', random_state=100)
X_train_smote, y_train_smote = sm.fit_resample(X_train, y_train)
print(X_train_smote.shape)
print(y_train_smote.shape)
print(y_train_smote.value_counts())

# 使用ADASYN处理数据不平衡
from imblearn.over_sampling import ADASYN
ada = ADASYN(sampling_strategy='minority', random_state=100)
X_train_ada, y_train_ada = ada.fit_resample(X_train, y_train)
print(X_train_ada.shape)
print(y_train_ada.shape)
print(y_train_ada.value_counts())
```

执行后会输出以下内容。

```
(3500, 18)
(3500,)
0    1750
1    1750
Name: FLAG, dtype: int64
(12244, 18)
(12244,)
1    6122
0    6122
Name: FLAG, dtype: int64
(12244, 18)
(12244,)
1    6122
0    6122
Name: FLAG, dtype: int64
(12190, 18)
(12190,)
0    6122
1    6068
Name: FLAG, dtype: int64
```

（2）定义两个函数，一个用于绘制ROC曲线，另一个用于计算和显示模型的各种标准性能度量，包括准确度、敏感性、特异性、精确度、召回率、F1分数和混淆矩阵。这些度量可用于评估分类模型的性能。具体实现代码如下所示。

```
# 绘制ROC曲线的函数
from sklearn import metrics
from sklearn.metrics import precision_recall_curve, confusion_matrix, accuracy_score


def draw_roc(actual, probs):
    fpr, tpr, thresholds = metrics.roc_curve(actual, probs, drop_intermediate=False)
    auc_score = metrics.roc_auc_score(actual, probs)
    plt.figure(figsize=(5, 5))
    plt.plot(fpr, tpr, label='ROC curve (area = %0.2f)' % auc_score)
    plt.plot([0, 1], [0, 1], 'k--')
    plt.xlim([0.0, 1.0])
    plt.ylim([0.0, 1.05])
    plt.xlabel('False Positive Rate or [1 - True Negative Rate]')
    plt.ylabel('True Positive Rate')
```

```python
    plt.title('Receiver operating characteristic example')
    plt.legend(loc="lower right")
    plt.show()

    return None

from sklearn.metrics import confusion_matrix, ConfusionMatrixDisplay

# 返回模型的各种标准度量的函数
def model_metrics(r, actual, predicted):
    confusion = confusion_matrix(actual, predicted)
    TP = confusion[1, 1]  # 真正例
    TN = confusion[0, 0]  # 真负例
    FP = confusion[0, 1]  # 假正例
    FN = confusion[1, 0]  # 假负例

    print('Accuracy    : ', metrics.accuracy_score(actual, predicted))
    print('Sensitivity : ', TP / float(TP + FN))
    print('Specificity : ', TN / float(TN + FP))
    print('Precision   : ', TP / float(TP + FP))
    print('Recall      : ', TP / float(TP + FN))
    print('F1_score    : ', metrics.f1_score(actual, predicted))
    print(confusion)

    disp = ConfusionMatrixDisplay(confusion_matrix=confusion, display_labels=r.classes_)
    disp.plot()
    plt.grid(False)
    plt.show()

    return None
#%%
```

（3）定义各种机器学习算法的超参数范围，然后使用这些参数进行随机搜索交叉验证或网格搜索以优化模型的性能。每个算法都有不同的参数，我们可以根据具体的问题和数据集来选择合适的参数组合。具体实现代码如下所示。

```python
from sklearn.linear_model import LogisticRegression
from sklearn.model_selection import RandomizedSearchCV
from sklearn.tree import DecisionTreeClassifier
from sklearn.ensemble import RandomForestClassifier

# 逻辑回归参数
```

```python
params_LR = {'C': np.logspace(-1, 5, 10), 'class_weight': [None, 'balanced'], 'penalty': ['l1', 'l2']}

# 决策树参数
params_DT = {
    'max_depth': [10, 20, 50, 100, 200],
    'min_samples_leaf': [10, 20, 50, 100, 200],
    'min_samples_split': [10, 20, 50, 100, 200],
    'criterion': ["gini", "entropy"]
}

# 随机森林参数
params_RF = {
    'n_estimators': [10, 12, 15],
    'max_features': ['sqrt', 0.3],
    'max_depth': [10, 50],
    'min_samples_leaf': [50, 200],
    'min_samples_split': [50, 100],
    'criterion': ["gini"]
}

# XGBoost参数
params_XGB = {
    'learning_rate': [0.01, 0.1, 0.3, 0.5, 0.7],
    'max_depth': [2, 3, 4, 10],
    'n_estimators': [10, 15, 20, 50, 100, 200],
    'subsample': [0.3, 0.5, 0.9],
    'colsample_bytree': [0.3, 0.5, 0.7],
    'max_features': [8, 10, 14, 16]
}

# AdaBoost参数
params_ada = {
    'learning_rate': [0.0001, 0.01, 0.1, 1.0, 1.1, 1.2, 0.3, 0.5, 0.7],
    'n_estimators': [2, 5, 8, 10, 15, 20, 50]
}

# Gradient boosting参数
params_gb = {
    'learning_rate': [0.0001, 0.01, 0.1, 1.0, 1.1, 1.2, 0.3, 0.5, 0.7],
    'n_estimators': [2, 5, 8, 10, 15, 20, 50, 100]
}
```

```python
# Light Gradient boosting参数
params_lgbm = {
    'boosting_type': ['gbdt', 'dart', 'rf'],
    'learning_rate': [0.0001, 0.01, 0.1, 1.0, 1.1, 1.2, 0.3, 0.5, 0.7],
    'n_estimators': [2, 5, 8, 10, 15, 20, 50, 100, 200],
    'subsample': [0.3, 0.5, 0.9],
    'max_depth': [-1, 2, 3, 4, 5, 10],
    'colsample_bytree': [0.3, 0.5, 0.7, 1.]
}

# CatBoost参数
params_cat = {
    'boosting_type': ["Ordered", "Plain"],
    'iterations': [100, 200],
    'learning_rate': [0.0001, 0.01, 0.1, 1.0, 1.1, 1.2, 0.3, 0.5, 0.7],
    'loss_function': ['RMSE', 'Logloss', 'MAE', 'CrossEntropy', 'MAPE'],
    'subsample': [0.3, 0.5, 0.9],
    'depth': [-1, 2, 3, 4, 5, 10]
}

# SVM参数
params_svc = {'C': [i for i in range(1, 10, 1)], 'kernel': ['linear', 'rbf', 'poly']}

# KNN参数
params_knn = {'n_neighbors': [i for i in range(1, 25, 1)], 'algorithm': ['kd_tree', 'auto'], 'n_jobs': [-1]}
# 朴素贝叶斯参数
params_gnb = {}
```

上述代码段中涵盖了以下几种机器学习算法的参数范围：逻辑回归、决策树、随机森林、XGBoost、AdaBoost、Gradient Boosting、LightGBM、CatBoost、支持向量机、K近邻和朴素贝叶斯。

这些算法可以用于分类和回归问题，并在各种应用中得到广泛使用。通过调整这些算法的超参数，可以根据数据和任务的特点来优化模型的性能。

（4）初始化各种机器学习算法的模型，这些模型将用于建立机器学习分类器，以根据给定的数据进行分类任务。每个模型都可以通过训练数据来学习，并根据超参数调整进行调优，以提高其性能。具体实现代码如下所示。

```python
# 逻辑回归模型
```

```python
model_LR = LogisticRegression()

# 决策树模型
model_DT = DecisionTreeClassifier(random_state=23)

# 随机森林模型
model_RF = RandomForestClassifier(oob_score=True, random_state=23)

# 导入XGBoost库并创建XGBoost模型
!pip install XGBoost
import XGBoost as xgb
model_xgb = xgb.XGBClassifier()

# 导入AdaBoost库并创建AdaBoost模型
from sklearn.ensemble import AdaBoostClassifier
model_ada = AdaBoostClassifier()

# 导入Gradient Boosting库并创建Gradient Boosting模型
from sklearn.ensemble import GradientBoostingClassifier
model_GB = GradientBoostingClassifier()

# 导入LightGBM库并创建LightGBM模型
from lightgbm import LGBMClassifier
model_LGBM = LGBMClassifier()

# 导入CatBoost库并创建CatBoost模型
!pip install catboost
from catboost import CatBoostClassifier, Pool
model_cat = CatBoostClassifier()

# 导入SVM库并创建SVM模型
from sklearn.svm import SVC
model_svc = SVC()

# 导入KNN库并创建KNN模型
from sklearn.neighbors import KNeighborsClassifier
# 使用K近邻设置KNN分类器
model_knn = KNeighborsClassifier()

# 导入高斯朴素贝叶斯库并创建Gaussian Naive Bayes模型
from sklearn.naive_bayes import GaussianNB
model_gnb = GaussianNB()
```

（5）定义用于模型训练和评估的函数model_fit_evaluation()，它采用了模型、参数、训练集和验证集，并使用随机搜索交叉验证来搜索最佳超参数。然后，输出最佳模型的性能指标，包括AUC和混淆矩阵。这个函数还可以输出运行时间，并绘制ROC曲线以可视化模型性能。具体实现代码如下所示。

```
import time

def model_fit_evaluation(model_model, params, X_train, y_train, X_val, y_val,
algo=None, sampling=None):
    start_time = time.time()
    rcv = RandomizedSearchCV(model_model, params, cv=10, scoring='roc_auc',
n_jobs=-1, verbose=1, random_state=23)
    rcv.fit(X_train, y_train)
    
    print('\n')
    print('best estimator : ', rcv.best_estimator_)
    print('best parameters: ', rcv.best_params_)
    print('best score: ', rcv.best_score_)
    print('\n')
    y_train_pred= (rcv.best_estimator_).predict(X_train)
    y_val_pred= (rcv.best_estimator_).predict(X_val)
    print("--- %s seconds ---" % (time.time() - start_time))
    draw_roc(y_train, y_train_pred)
    print("Training set metrics")
    print ('AUC for the {} Model {} sampling technique'.format(algo,sam-
pling), metrics.roc_auc_score( y_train, y_train_pred))
    model_metrics(rcv,y_train, y_train_pred)
    print('*'*50)
    print("Validation set metrics")
    draw_roc(y_val, y_val_pred)
    print ('AUC for the {} Model {} sampling technique'.format(algo,sam-
pling), metrics.roc_auc_score( y_val, y_val_pred))
    model_metrics(rcv,y_val, y_val_pred)

!jupyter --version
```

（6）构建不同的机器学习模型和超参数调优，通过不同的机器学习算法和采样技术寻找最佳的模型和参数组合，以解决数据不平衡的分类问题，并评估每个模型的性能。具体实现代码如下所示。

```
# 使用过采样的Logistic Regression
model_fit_evaluation(model_LR, params_LR, X_train_ro, y_train_ro, X_val, y_
```

```python
val, 'Logistic Regression', '过采样')

# 使用SMOTE的Logistic Regression
model_fit_evaluation(model_LR, params_LR, X_train_smote, y_train_smote, X_
val, y_val, 'Logistic Regression', 'SMOTE')

# 使用ADASYN的Logistic Regression
model_fit_evaluation(model_LR, params_LR, X_train_ada, y_train_ada, X_val, y_
val, 'Logistic Regression', 'ADASYN')

# 使用过采样的Decision Tree
model_fit_evaluation(model_DT, params_DT, X_train_ro, y_train_ro, X_val, y_
val, 'Decision Tree', '过采样')

# 使用SMOTE的Decision Tree
model_fit_evaluation(model_DT, params_DT, X_train_smote, y_train_smote, X_
val, y_val, 'Decision Tree', 'SMOTE')

# 使用ADASYN的Decision Tree
model_fit_evaluation(model_DT, params_DT, X_train_ada, y_train_ada, X_val, y_
val, 'Decision Tree', 'ADASYN')

# 使用过采样的Random Forest
model_fit_evaluation(model_RF, params_RF, X_train_ro, y_train_ro, X_val, y_
val, 'Random Forest', '过采样')

# 使用SMOTE的Random Forest
model_fit_evaluation(model_RF, params_RF, X_train_smote, y_train_smote, X_
val, y_val, 'Random Forest', 'SMOTE')

# 使用ADASYN的Random Forest
model_fit_evaluation(model_RF, params_RF, X_train_ada, y_train_ada, X_val, y_
val, 'Random Forest', 'ADASYN')

# 使用过采样的XGBoost
model_fit_evaluation(model_xgb, params_XGB, X_train_ro, y_train_ro, X_val, y_
val, 'XGBoost', '过采样')

# 使用SMOTE的XGBoost
model_fit_evaluation(model_xgb, params_XGB, X_train_smote, y_train_smote, X_
val, y_val, 'XGBoost', 'SMOTE')
```

```python
# 使用ADA的XGBoost
model_fit_evaluation(model_xgb, params_XGB, X_train_ada, y_train_ada, X_val,
y_val, 'XGBoost', 'ADA')

# 使用ADA的AdaBoost
model_fit_evaluation(model_ada, params_ada, X_train_ada, y_train_ada, X_val,
y_val, 'AdaBoost', 'ADA')

# 使用SMOTE的AdaBoost
model_fit_evaluation(model_ada, params_ada, X_train_smote, y_train_smote, X_
val, y_val, 'AdaBoost', 'SMOTE')

# 使用过采样的AdaBoost
model_fit_evaluation(model_ada, params_ada, X_train_ro, y_train_ro, X_val, y_
val, 'AdaBoost', '过采样')

# 使用过采样的Gradient Boosting
model_fit_evaluation(model_GB, params_gb, X_train_ro, y_train_ro, X_val, y_
val, 'Gradient Boosting', '过采样')

# 使用ADASYN的Gradient Boosting
model_fit_evaluation(model_GB, params_gb, X_train_ada, y_train_ada, X_val, y_
val, 'Gradient Boosting', 'ADASYN')

# 使用SMOTE的Gradient Boosting
model_fit_evaluation(model_GB, params_gb, X_train_smote, y_train_smote, X_
val, y_val, 'Gradient Boosting', 'SMOTE')

# 使用SMOTE的Light Gradient Boosting
model_fit_evaluation(model_LGBM, params_lgbm, X_train_smote, y_train_smote,
X_val, y_val, 'Light Gradient Boosting', 'SMOTE')

# 使用ADASYN的Light Gradient Boosting
model_fit_evaluation(model_LGBM, params_lgbm, X_train_ada, y_train_ada, X_
val, y_val, 'Light Gradient Boosting', 'ADASYN')

# 使用过采样的Light Gradient Boosting
model_fit_evaluation(model_LGBM, params_lgbm, X_train_ro, y_train_ro, X_val,
y_val, 'Light Gradient Boosting', '过采样')

# 不进行采样的Light Gradient Boosting
model_fit_evaluation(model_LGBM, params_lgbm, X_train, y_train, X_val, y_val,
```

```python
'Light Gradient Boosting', '无采样')

# 使用SMOTE的Cat Boosting
model_fit_evaluation(model_cat, params_cat, X_train_smote, y_train_smote, X_val, y_val, 'Cat Boosting', 'SMOTE')

# 使用过采样的Cat Boosting
model_fit_evaluation(model_cat, params_cat, X_train_ro, y_train_ro, X_val, y_val, 'Cat Boosting', '过采样')

# 使用ADASYN的Cat Boosting
model_fit_evaluation(model_cat, params_cat, X_train_ada, y_train_ada, X_val, y_val, 'Cat Boosting', 'ADASYN')

# 使用SMOTE的SVM
model_fit_evaluation(model_svc, params_svc, X_train_smote, y_train_smote, X_val, y_val, 'SVM', 'SMOTE')

# 使用过采样的SVM
model_fit_evaluation(model_svc, params_svc, X_train_ro, y_train_ro, X_val, y_val, 'SVM', '过采样')

# 使用ADASYN的SVM
model_fit_evaluation(model_svc, params_svc, X_train_ada, y_train_ada, X_val, y_val, 'SVM', 'ADASYN')

# 使用SMOTE的KNN
model_fit_evaluation(model_knn, params_knn, X_train_smote, y_train_smote, X_val, y_val, 'KNN', 'SMOTE')

# 使用ADASYN的KNN
model_fit_evaluation(model_knn, params_knn, X_train_ada, y_train_ada, X_val, y_val, 'KNN', 'ADASYN')

# 使用过采样的KNN
model_fit_evaluation(model_knn, params_knn, X_train_ro, y_train_ro, X_val, y_val, 'KNN', '过采样')

# 使用SMOTE的Naive Bayes
model_fit_evaluation(model_gnb, params_gnb, X_train_smote, y_train_smote, X_val, y_val, 'Naive Bayes', 'SMOTE')
```

```
# 使用ADASYN的Naive Bayes
model_fit_evaluation(model_gnb, params_gnb, X_train_ada, y_train_ada, X_val,
y_val, 'Naive Bayes', 'ADASYN')

# 使用过采样的Naive Bayes
model_fit_evaluation(model_gnb, params_gnb, X_train_ro, y_train_ro, X_val, y_
val, 'Naive Bayes', '过采样')
```

上面的代码绘制了多张ROC曲线图和混淆矩阵图，具体数量取决于模型和采样技术的组合，每个组合对应1张ROC曲线图和1张混淆矩阵图。这里共绘制了34张图，包括过采样后的逻辑回归的ROC曲线和混淆矩阵、SMOTE采样后的逻辑回归的ROC曲线和混淆矩阵、ADASYN采样后的逻辑回归的ROC曲线和混淆矩阵、过采样后的决策树的ROC曲线和混淆矩阵、SMOTE采样后的决策树的ROC曲线和混淆矩阵、ADASYN采样后的决策树的ROC曲线和混淆矩阵、过采样后的随机森林的ROC曲线和混淆矩阵、SMOTE采样后的随机森林的ROC曲线和混淆矩阵、ADASYN采样后的随机森林的ROC曲线和混淆矩阵、过采样后的XGBoost的ROC曲线和混淆矩阵、SMOTE采样后的XGBoost的ROC曲线和混淆矩阵、ADASYN采样后的XGBoost的ROC曲线和混淆矩阵、ADASYN采样后的AdaBoost的ROC曲线和混淆矩阵、SMOTE采样后的AdaBoost的ROC曲线和混淆矩阵、过采样后的AdaBoost的ROC曲线和混淆矩阵、过采样后的梯度提升的ROC曲线和混淆矩阵、ADASYN采样后的梯度提升的ROC曲线和混淆矩阵、SMOTE采样后的梯度提升的ROC曲线和混淆矩阵、SMOTE采样后的Light Gradient Boosting的ROC曲线和混淆矩阵、ADASYN采样后的Light Gradient Boosting的ROC曲线和混淆矩阵、过采样后的Light Gradient Boosting的ROC曲线和混淆矩阵、无采样的Light Gradient Boosting的ROC曲线和混淆矩阵、SMOTE采样后的Cat Boosting的ROC曲线和混淆矩阵、过采样后的Cat Boosting的ROC曲线和混淆矩阵、ADASYN采样后的Cat Boosting的ROC曲线和混淆矩阵、SMOTE采样后的SVM的ROC曲线和混淆矩阵、过采样后的SVM的ROC曲线和混淆矩阵、ADASYN采样后的SVM的ROC曲线和混淆矩阵、SMOTE采样后的KNN的ROC曲线和混淆矩阵、ADASYN采样后的KNN的ROC曲线和混淆矩阵、过采样后的KNN的ROC曲线和混淆矩阵、SMOTE采样后的朴素贝叶斯的ROC曲线和混淆矩阵、ADASYN采样后的朴素贝叶斯的ROC曲线和混淆矩阵、过采样后的朴素贝叶斯的ROC曲线和混淆矩阵。

11.3.7 模型评估

模型评估是机器学习和统计建模中的重要步骤，用于评估构建的模型的性能和有效性。它涉及使用不同的指标和技巧来量化模型在处理数据和进行预测时的表现，并以确定模型是否能够满足特定任务的需求。

（1）对模型进行全面评估，包括在训练集和测试集上的性能评估，并绘制精确度—召回率曲线（Precision-Recall Curve），以更全面地了解模型的性能和潜在问题。具体实现代码如下所示。

```python
def model_fit_evaluation2(model_model, params, X_train, y_train, X_val, y_val, algo=None, sampling=None):
    start_time = time.time()
    rcv = RandomizedSearchCV(model_model, params, cv=10, scoring='roc_auc', n_jobs=-1, verbose=1, random_state=23)
    rcv.fit(X_train, y_train)

    print('\n')
    print('best estimator : ', rcv.best_estimator_)
    print('best parameters: ', rcv.best_params_)
    print('best score: ', rcv.best_score_)
    print('\n')
    y_train_pred= (rcv.best_estimator_).predict(X_train)
    y_test_prob1=(rcv.best_estimator_).predict_proba(X_test)[:,1]
    y_test_pred= (rcv.best_estimator_).predict(X_test)
    print("--- %s seconds ---" % (time.time() - start_time))
    draw_roc(y_train, y_train_pred)
    print("Training set metrics")
    print ('AUC for the {} Model {} sampling technique'.format(algo,sampling), metrics.roc_auc_score( y_train, y_train_pred))
    model_metrics(rcv,y_train, y_train_pred)
    print('*'*50)
    print("Test set metrics")
    draw_roc(y_test, y_test_pred)
    print ('AUC for the {} Model {} sampling technique'.format(algo,sampling), metrics.roc_auc_score(y_test, y_test_pred))
    model_metrics(rcv,y_test, y_test_pred)
    precision, recall, thresholds = precision_recall_curve(y_test, y_test_prob1)
    plt.fill_between(recall, precision, step='post', alpha=0.2,
                color='#F59B00')
    plt.ylabel("Precision")
    plt.xlabel("Recall")
    plt.title("Test Precision-Recall curve");

model_fit_evaluation2(model_GB, params_gb, X_train_ro, y_train_ro, X_test, y_test, 'GradientBoosting', 'oversampling')
```

上述代码使用了测试数据集 X_test 和 y_test 来评估模型的性能，而不仅仅是训练和验证数据集。具体来说，上述代码的功能如下。

使用 RandomizedSearchCV 对指定的机器学习模型（model_model）进行超参数调优。超参数在 params 中定义，并通过交叉验证来选择最佳的超参数组合。

输出最佳模型的估计器（best_estimator_）、最佳超参数（best_params_）和最佳得分（best_score_）。

使用最佳模型对训练数据集 X_train 进行预测，得到预测结果 y_train_pred。

使用最佳模型对测试数据集 X_test 进行预测，得到预测结果 y_test_pred 和类别概率预测 y_test_prob1。

绘制训练集和测试集的 ROC 曲线，并计算 AUC（ROC 曲线下面积）以评估模型性能。

输出训练集和测试集的性能指标，包括 AUC、准确率、召回率、精确度、F1 分数、混淆矩阵等。

绘制测试集的精确度—召回率曲线。

执行程序后输出使用交叉验证（10折交叉验证）选择最佳超参数的过程以及相应的结果。

```
Fitting 10 folds for each of 10 candidates, totalling 100 fits

best estimator :  GradientBoostingClassifier(learning_rate=0.5, n_estimators=50)
best parameters:  {'n_estimators': 50, 'learning_rate': 0.5}
best score:  0.9993991240384741

--- 72.88349509239197 seconds ---
```

上面的输出包括了训练集和测试集上的性能指标以及精确度-召回率曲线。总的来说，这个模型在训练集和测试集上都表现出色，但需要注意过拟合的可能性，因为训练集上的性能远远高于测试集。

另外，上面的代码执行后还会绘制"精确度—召回率"曲线，如图11-8所示。这是测试集上模型性能的可视化指标之一，这个曲线用于可视化模型在不同召回率和精确度下的表现，有助于更全面地评估模型的性能。

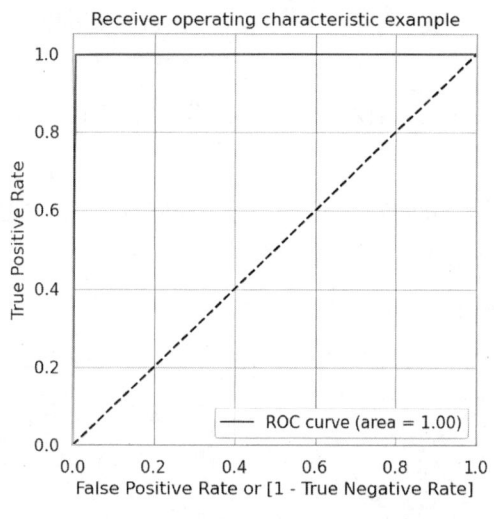

图11-8 "精确度—召回率"曲线

（2）在以下代码中，每一行代码都执行了不同模型的评估，使用不同的采样技术（Oversampling或SMOTE）以及不同的超参数进行配置。

```
model_fit_evaluation2(model_GB, params_gb, X_train_smote, y_train_smote, X_test, y_test, 'Gradient Boosting', 'SMOTE')

model_fit_evaluation2(model_LGBM, params_lgbm, X_train_ro, y_train_ro, X_test, y_test, 'Light Gradient Boosting', 'Oversmapling')

model_fit_evaluation2(model_LGBM, params_lgbm, X_train_smote, y_train_smote, X_test, y_test, 'Light Gradient Boosting', 'SMOTE')

model_fit_evaluation2(model_cat, params_cat, X_train_ro, y_train_ro, X_test, y_test, 'Cat Boosting', 'Oversampling')

model_fit_evaluation2(model_cat, params_cat, X_train_smote, y_train_smote, X_test, y_test, 'Cat Boosting', 'SMOTE')
```

上述代码的具体说明如下。

第1行代码评估了Gradient Boosting模型，采样技术为SMOTE，输出了模型的性能指标以及Precision-Recall曲线。

第2行代码评估了Light Gradient Boosting模型，采样技术为Oversampling，输出了模型的性能指标以及Precision-Recall曲线。

第3行代码评估了Light Gradient Boosting模型，采样技术为SMOTE，输出了模型的性能指标以及Precision-Recall曲线。

第4行代码评估了Cat Boosting模型，采样技术为Oversampling，输出了模型的性能指标以及Precision-Recall曲线。

第5行代码评估了Cat Boosting模型，采样技术为SMOTE，输出了模型的性能指标以及Precision-Recall曲线。

上面的每个评估都采用了相同的评估步骤，包括超参数调优、性能指标计算和绘制Precision-Recall曲线。评估的目的是确定每个模型在不同采样技术下的性能表现，以及它们是否适用于测试数据集。例如，第5行代码输出的内容结果如下。

```
AUC for the Cat Boosting Model SMOTE sampling technique 0.9802106230517987
Accuracy    :   0.9827411167512691
Sensitivity :   0.9758454106280193
Specificity :   0.9845758354755784
Precision   :   0.9439252336448598
Recall      :   0.9758454106280193
F1-Score: 0.9596199524940617
[[766  12]
 [  5 202]]
```

上面输出的是Cat Boosting模型在SMOTE采样技术下的性能评估结果，其中AUC（Area Under the Curve）为0.9802，这是ROC曲线下的面积，用于衡量模型的分类性能。AUC越接近1，说明模型性能越好。接下来是混淆矩阵中的各项指标。

准确度（Accuracy）为0.9827，表示模型正确分类的样本比例为98.27%。

敏感度（Sensitivity）为0.9758，也称为真正例率（True Positive Rate），表示模型正确预测正例的比例。

特异度（Specificity）为0.9846，也称为真负例率（True Negative Rate），表示模型正确预测负例的比例。

精确度（Precision）为0.9439，表示模型预测为正例的样本中，实际为正例的比例。

召回率（Recall）为0.9758，与敏感度相同，表示模型正确预测正例的比例。

F1分数（F1-Score）为0.9596，综合考虑了精确度和召回率，是一个综合性能指标。

最后，混淆矩阵显示了模型的分类结果。其中，766个样本被正确分类为负例（真负例），202个样本被正确分类为正例（真正例），12个样本被错误分类为正例（假正例），5个样本被错误分类为负例（假负例）。

综合来看，我们的模型在SMOTE采样技术下表现良好，具有较高的准确度、敏感度和特异度。

另外，上面的5行代码还会为每个评估绘制可视化图，其中包括ROC曲线和Precision-Recall曲线。例如，第5行代码的绘图如图11-9所示。这些图有助于可视化模型在不同采样技术下的性能表现以及模型在测试数据集上的性能，进而更好地理解模型的性能，并进行比较和分析。

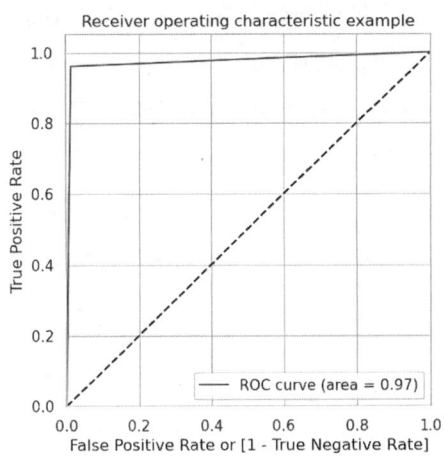

图11-9　Cat Boosting模型的ROC曲线图

11.4 比特币价格预测系统

比特币是一种分散式的数字货币，可以在点对点比特币网络上从用户发送到用户，无须中间人的参与。比特币的交易通过密码学被网络节点验证，并记录在一个名为区块链的公共分布式账本中。

11.4.1 GreyKite介绍

GreyKite是一种用于时间序列预测的 Python 库，由 LinkedIn 开发，旨在提供强大的工具，以帮助数据科学家和分析师更轻松地进行时间序列数据的预测和分析。GreyKite库的主要特点和作用如下。

Silverkite 预测算法：GreyKite 的核心是 Silverkite 的预测算法。这个算法具有快速、准确和直观的特点，适用于各种时间序列预测任务。

交互式和自动化预测：GreyKite 可以用于交互式预测，允许用户通过可视化界面进行实时调整和分析预测结果。同时，GreyKite也支持自动化预测，可以批量处理大规模时间序列数据。

应用广泛：GreyKite 可以应用于多个领域，包括金融、销售、供应链管理、天气预测、能源消耗预测等，能够解决各种业务和领域的时间序列问题。

特征工程支持：GreyKite 提供了丰富的特征工程支持，可以帮助用户从原始时间序列数据中提取有用的特征，以提高预测性能。

模型解释性：GreyKite 提供了模型解释性的功能，可以帮助用户了解模型如何做出预测，以及哪些特征对预测结果的影响最大。

可视化工具：GreyKite包括多种可视化工具，用于展示时间序列数据、预测结果和模型性能，使用户能够更好地理解数据和模型的行为。

开源：GreyKite是开源的，因此可以免费使用和定制，同时也能得到社区的支持。

总之，GreyKite是一个功能强大且灵活的时间序列预测库，旨在帮助数据科学家和分析师更好地理解和预测时间序列数据，从而支持数据驱动的决策和规划。它的Silverkite算法以及丰富的功能使其成为处理时间序列问题的有力工具。在使用GreyKite之前需要先通过如下命令安装。

```
pip install greykite
```

11.4.2 数据预处理

（1）列出指定目录中的所有文件名，对于每个找到的文件，使用os.path.join将目录名和文件名组合成完整的文件路径，并打印出来。具体实现代码如下所示。

```
# 导入必要的库
import numpy as np    # 导入NumPy库，用于处理数值数据
import pandas as pd   # 导入Pandas库，用于数据处理和CSV文件的输入/输出

# 输入数据文件位于只读的 "../input/" 目录下
# 例如，运行此代码（通过点击运行或按Shift+Enter）将列出输入目录下的所有文件

import os    # 导入os库，用于操作文件和目录

# 使用os.walk遍历指定目录中的文件
for dirname, _, filenames in os.walk('input'):
    for filename in filenames:
        # 打印每个文件的完整路径
        print(os.path.join(dirname, filename))
```

执行后会输出以下内容。

```
input/bitcoin-historical-data/bitstampUSD_1-min_data_2012-01-01_to_2021-03-31.csv
```

（2）使用IPython中的HTML工具来插入自定义的HTML样式，以更改文本标题的样式。具体实现代码如下所示。

```
from IPython.display import HTML    # 导入IPython中的HTML工具，用于在Jupyter Notebook中插入HTML内容

# 使用HTML标签定义一些自定义的样式，这些样式将应用于h1、h2和h3标题标签
HTML("""
```

```
<style>
h1,h2,h3 {
    margin: 1em 0 0.5em 0;
    font-weight: 600;
    font-family: 'Titillium Web', sans-serif;
    position: relative;
    font-size: 36px;
    line-height: 40px;
    padding: 15px 15px 15px 2.5%;
    color: #13003A;
    box-shadow:
        inset 0 0 0 1px rgba(53,86,129, 1),
        inset 0 0 5px rgba(53,86,129, 1),
        inset -285px 0 35px white;
    border-radius: 0 10px 0 15px;
    background: #fff;
}
</style>
""")
```

上述代码演示了如何使用HTML和IPython来自定义文档的外观,这需要在Jupyter Notebook环境中运行,以便查看样式在文档中的效果。

(3)使用Pandas库对比特币历史数据进行预处理和聚合操作,最终Price包含了按日期聚合的每日加权平均价格,这些数据可以用于进一步的分析和可视化。这是数据预处理和聚合的一种示例,用于处理时间序列数据。具体实现代码如下所示。

```
import pandas as pd    # 导入Pandas库,用于数据处理
import numpy as np     # 导入NumPy库,用于数值计算
# 读取比特币历史数据的CSV文件
df = pd.read_csv('../input/bitcoin-historical-data/bitstampUSD_1-min_data_2012-01-01_to_2021-03-31.csv')
# 将时间戳列转换为日期列
df['date'] = pd.to_datetime(df['Timestamp'], unit='s').dt.date
# 根据日期进行分组
group = df.groupby('date')
# 计算每日加权平均价格(Weighted_Price)的均值
Price = group['Weighted_Price'].mean()
```

(4)对前面计算的每日加权平均价格数据进行一系列操作,包括重塑数据框架、筛选数据和重新设置索引。具体实现代码如下所示。

```
# 将每日加权平均价格数据转换为DataFrame,并保留日期信息
df_price_zz = Price.to_frame()
```

```python
df_price_zz['Timestamp'] = df_price_zz.index
df_price_zz['Timestamp'] = pd.to_datetime(df_price_zz['Timestamp'])

# 重置索引,删除原有索引列
df_price_zz.reset_index(drop=True, inplace=True)

# 过滤数据,仅保留2017年及以后的数据
df_price_include_zz = df_price_zz[df_price_zz['Timestamp'].dt.year >= 2017]

# 再次重置索引,删除原有索引列
df_price_include_zz.reset_index(drop=True, inplace=True)

# 将Timestamp列设置为DataFrame的索引
df_price_include_zz.set_index("Timestamp", inplace=True)
```

最终的DataFrame df_price_include_zz 包含了从2017年开始的每日加权平均价格数据,执行后会输出以下内容。

```
            Weighted_Price
Timestamp
2017-01-01     981.637688
2017-01-02    1013.199484
2017-01-03    1019.992995
2017-01-04    1079.434027
2017-01-05    1039.655397
...            ...
2021-03-27   55193.357260
2021-03-28   55832.958824
2021-03-29   56913.993819
2021-03-30   58346.912268
2021-03-31   58764.349363
1551 rows × 1 columns
```

(5)继续处理时间序列数据,包括将数据转换为 NumPy 数组、筛选数据以及划分训练集和测试集。具体实现代码如下所示。

```python
# 将每日加权平均价格数据转换为 NumPy 数组
Price_array = Price.to_numpy()

# 将每日加权平均价格数据转换为DataFrame,并保留日期信息
df_price = Price.to_frame()
df_price['Timestamp'] = df_price.index
df_price['Timestamp'] = pd.to_datetime(df_price['Timestamp'])
```

```python
# 重置索引，删除原有索引列
df_price.reset_index(drop=True, inplace=True)

# 过滤数据，仅保留2017年及以后的数据
df_price_include = df_price[df_price['Timestamp'].dt.year >= 2017]

# 再次重置索引，删除原有索引列
df_price_include.reset_index(drop=True, inplace=True)

# 设置预测的天数
prediction_days = 50

# 划分训练集和测试集
# 训练集包含了最后 prediction_days 天的数据
df_train = df_price_include[:len(df_price_include) - prediction_days]

# 测试集包含最后 prediction_days 天的数据
df_test = df_price_include[len(df_price_include) - prediction_days:]
```

通过上述方法，我们将构建一个用于训练和测试时间序列预测模型的数据集，其中训练集包含历史数据，而测试集包含将用于未来预测的数据。

11.4.3 创建预测

在本项目中，只需几行代码即可创建预测。

（1）使用 GreyKite 创建时间序列预测。首先，创建一个元数据参数对象（metadata），用于指定数据集的信息，包括时间列名称（Timestamp）、值列名称（Weighted_Price）以及时间序列的频率（W，表示每周）。然后，创建一个时间序列预测器对象（forecaster）。具体实现代码如下所示。

```python
# 创建元数据参数对象，用于指定数据集信息
metadata = MetadataParam(
    time_col="Timestamp",      # 指定时间列名称
    value_col="Weighted_Price",  # 指定值列名称
    freq="W"  # 指定时间序列的频率，这里设置为每周（"W"）
)

# 创建一个时间序列预测器对象
forecaster = Forecaster()
```

```
# 运行预测配置
result = forecaster.run_forecast_config(
    df=df_price_include,  # 使用包含数据的DataFrame
    config=ForecastConfig(
        model_template=ModelTemplateEnum.SILVERKITE.name,  # 使用 Silverkite 模型模板
        forecast_horizon=30,  # 预测未来的时间步数，这里设置为30步
        coverage=0.95,  # 设置预测的置信水平为95%
        metadata_param=metadata  # 使用之前创建的元数据参数
    )
)
```

上述代码使用了 run_forecast_config 方法来运行预测配置，其中包括以下配置项。

model_template：使用 Silverkite 模型模板来进行预测。

forecast_horizon：设置预测未来的时间步数，这里设置为30步。

coverage：设置预测的置信水平，这里设置为95%。

metadata_param：使用之前创建的元数据参数，指定数据集的信息。

最终，result 包含了预测结果，具体包括未来预测值、原始时间序列数据以及历史预测性能。这个代码片段演示了如何使用 GreyKite 包创建时间序列预测模型并运行预测配置。执行后会输出以下结果。

```
Fitting 3 folds for each of 1 candidates, totalling 3 fits
```

（2）绘制时间序列预测结果，具体实现代码如下所示。

```
fig = result.timeseries.plot()
fig.show()
```

执行代码后会绘制时间序列预测结果图，如图11-10所示。

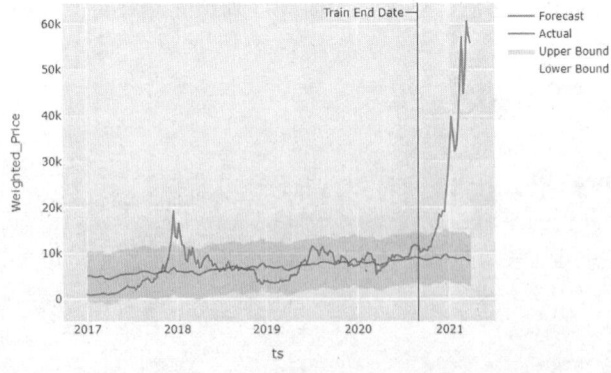

图11-10　时间序列预测结果图

11.4.4 交叉验证

当运行 run_forecast_config 时,模型通常会提供历史评估结果,这些结果被存储在 grid_search (交叉验证部分)和 backtest(留存测试集)中,以便我们查看模型在过去数据上的表现。编写代码用于汇总和显示交叉验证结果。具体实现代码如下所示。

```
# 获取 grid_search 对象,其中包含了交叉验证的结果
grid_search = result.grid_search

# 汇总交叉验证结果
cv_results = summarize_grid_search_results(
    grid_search=grid_search,
    decimals=2,
    # 以下参数用于节省打印输出中的空间,可以删除以显示所有可用的指标和列
    cv_report_metrics=None,
    column_order=["rank", "mean_test", "split_test", "mean_train", "split_train", "mean_fit_time", "mean_score_time", "params"]
)

# 转置表格以节省打印输出中的空间
cv_results["params"] = cv_results["params"].astype(str)
cv_results.set_index("params", drop=True, inplace=True)
cv_results.transpose()
```

对上述代码的具体说明如下。

获取包含交叉验证结果的 grid_search 对象,该对象包含了不同模型配置的性能评估信息。

使用 summarize_grid_search_results 函数汇总交叉验证结果,包括排名、平均测试分数、测试分数的方差、平均训练分数、训练分数的方差、平均拟合时间和平均评分时间等信息。这些信息可以用于评估不同模型配置的性能。

使用 transpose() 方法将结果表格进行转置以节省打印输出中的空间,以便更清晰地查看各项性能指标和模型配置。

最终,cv_results 包含了交叉验证的汇总结果。这些结果可用于比较不同模型配置的性能。执行后会输出以下结果。

```
params              []
rank_test_MAPE      1
mean_test_MAPE      60.13
split_test_MAPE     (116.93, 34.5, 28.96)
mean_train_MAPE     73.62
split_train_MAPE    (23.55, 101.05, 96.27)
mean_fit_time       12.56
mean_score_time     0.86
```

11.4.5 后测试

后测试（Backtest）是一种评估模型性能的方法，特别是在时间序列预测中。后测试通过估计过去时间点的预测结果，然后将这些预测结果与实际观测值进行比较，以评估模型在历史数据上的准确性和效果，并将其应用于未来的数据。

（1）可视化后测试结果。首先，获取后测试结果对象，这个对象包含了模型在留存测试集上的性能评估和预测结果。然后，使用 backtest.plot() 绘制后测试结果的图表。最后，使用 fig.show() 显示图表，以便查看后测试结果的可视化。具体实现代码如下所示。

```
# 获取后测试结果对象
backtest = result.backtest

# 绘制后测试结果的图表并显示
fig = backtest.plot()
fig.show()
```

执行代码后显示的后测试效果图，如图11-11所示，这有助于了解模型在留存测试集上的表现以及预测结果与实际数据的差异。

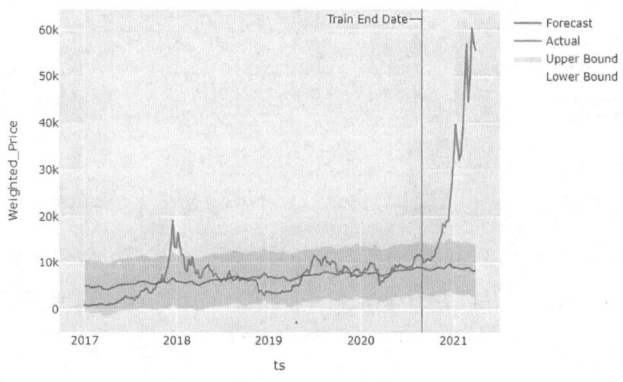

图11-11　后测试效果图

（2）从后测试结果中提取性能指标并将其组织成一个数据框，以便进行比较。具体实现代码如下所示。

```
# 创建一个默认字典，用于存储后测试的性能指标
backtest_eval = defaultdict(list)
# 遍历后测试中的性能指标
for metric, value in backtest.train_evaluation.items():
    # 将训练集和测试集的性能指标值分别添加到列表中
    backtest_eval[metric].append(value)
    backtest_eval[metric].append(backtest.test_evaluation[metric])

# 创建一个数据框（DataFrame），将性能指标按训练集和测试集组织，并设置指标名称为索引
metrics = pd.DataFrame(backtest_eval, index=["train", "test"]).T
```

对上述代码的具体说明如下。

创建一个默认字典（defaultdict），用于存储后测试中的性能指标。默认字典允许按指标名称组织值列表。

使用循环遍历后测试中的性能指标。将每个指标在训练集和测试集上的值分别添加到列表中。

创建一个数据框，其中行表示性能指标的名称，列表示训练集和测试集的性能值。数据框的索引被设置为指标名称。

最终，metrics 包含了后测试的性能指标，分别对应训练集和测试集。这个数据框可用于比较模型在不同数据集上的性能表现。执行后会输出以下结果。

```
                        train           test
CORR    0.594112        -0.213172
R2      0.289701        -1.358174
MSE     8227240.311111          651879964.932465
RMSE    2868.316634     25531.940093
MAE     2218.435046     19313.942228
MedAE   2001.118287     11810.323572
MAPE    66.153838       54.906148
MedAPE          24.928294       55.241113
sMAPE   19.924326       41.864244
Q80     1109.217523     15451.153782
Q95     1109.217523     18348.245116
Q99     1109.217523     19120.802806
OutsideTolerance1p 0.958333      1.0
OutsideTolerance2p 0.942708      1.0
OutsideTolerance3p 0.927083      1.0
OutsideTolerance4p 0.90625       1.0
OutsideTolerance5p 0.890625      1.0
Outside Tolerance (fraction)    None    None
R2_null_model_score             None    None
Prediction Band Width (%) 274.634786    57.20467
Prediction Band Coverage (fraction)     0.958333        0.3
Coverage: Lower Band    0.510417        0.0
Coverage: Upper Band    0.447917        0.3
Coverage Diff: Actual_Coverage - Intended_Coverage      0.008333        -0.65
```

11.4.6 预测

（1）绘制时间序列预测结果可视化图。首先，获取预测结果对象，然后使用 forecast.plot() 绘制。具体实现代码如下所示。

```
forecast = result.forecast
fig = forecast.plot().show()
```

执行代码后会绘制时间序列预测结果可视化图，如图11-12所示。

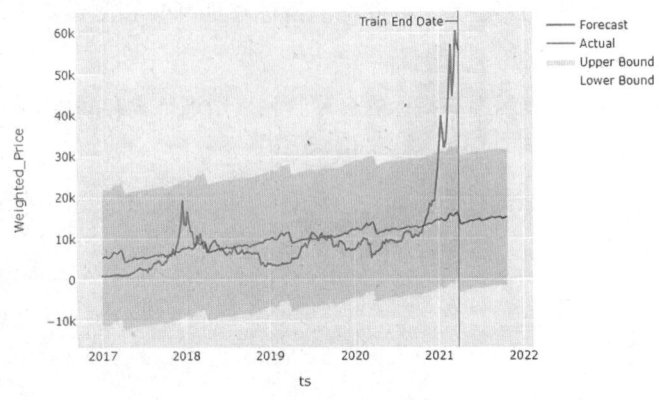

图11-12　时间序列预测结果可视化图

（2）显示时间序列预测结果的前几行数据并将数据保留两位小数。这可用于查看预测结果的初始部分以及其数值精度。具体实现代码如下所示。

```
forecast_data = forecast.df.head().round(2)
```

对上述代码的具体说明如下。

使用 forecast.df 获取时间序列预测结果的数据框。

使用 .head() 方法显示数据框的前几行，默认是前5行。

使用 .round(2) 方法将数据中的数值保留两位小数，以提高数据的可读性。

执行代码后会输出以下结果。

	Timestamp	actual	forecast	forecast_lower	forecast_upper
0	2017-01-01	981.64	5156.59	-11442.45	21755.63
1	2017-01-08	915.21	5586.52	-11012.52	22185.55
2	2017-01-15	817.05	5660.79	-10938.25	22259.83
3	2017-01-22	921.00	5321.86	-11277.17	21920.90
4	2017-01-29	916.47	5372.30	-11226.74	21971.33

11.4.7　模型诊断

（1）绘制时间序列预测结果的可视化图，以可视化模型中的趋势、季节性和其他组成部分。具体实现代码如下所示。

```
fig = forecast.plot_components().show()
```

执行效果如图11-13所示。这个图可以帮助我们了解模型是如何捕捉和解释数据中的这些特征的，评估模型是否适合数据，识别模型中可能存在的问题或改进的方向，从而确保模型对数据的拟合和预测是准确和可靠的。

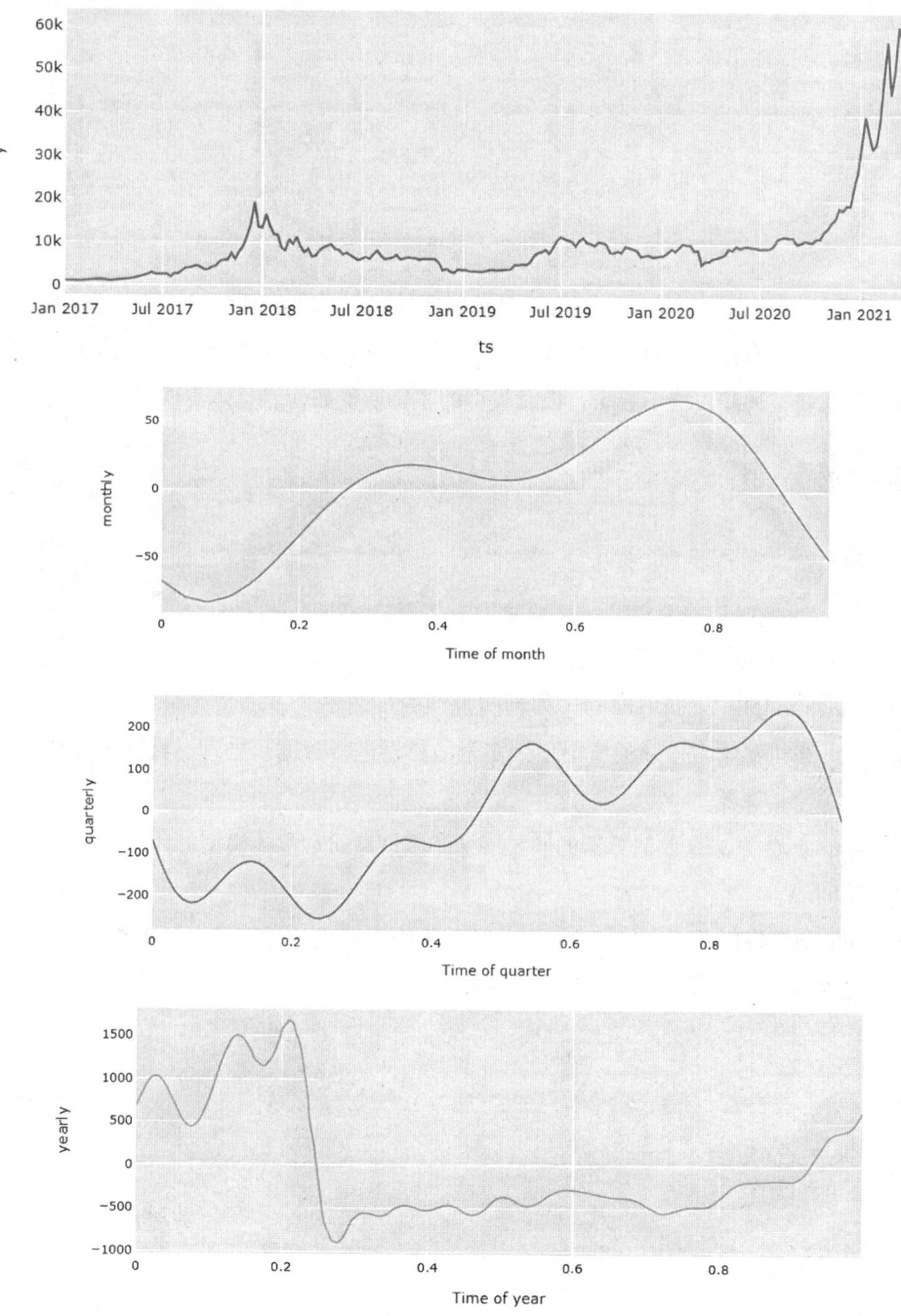

图11-13　时间序列预测结果可视化图

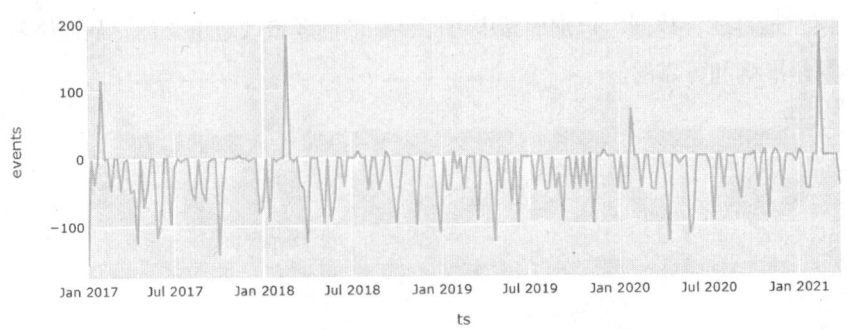

图11-13 时间序列预测结果图（续）

（2）获取时间序列预测模型的摘要信息并打印输出，模型摘要信息对于模型诊断和进一步改进模型的决策非常有用。通过分析模型摘要，可以深入理解有关模型，包括哪些模型项对响应变量的解释最重要、哪些可能不显著，以及模型的整体质量如何。具体实现代码如下所示。

```
# 获取时间序列预测模型的摘要信息
summary = result.model[-1].summary()

# 打印摘要信息
print(summary)
```

对上述代码的具体说明如下。

使用 result.model[-1] 获取时间序列预测模型的最后一个（通常是最终训练好的）估算器（estimator）。在机器学习中，通常会使用多个估算器进行数据预处理、特征工程和建模，[-1] 用于获取最后一个估算器。

使用 .summary() 方法获取估算器的摘要信息，该信息通常包括模型参数估计值、显著性检验结果、置信区间等。

使用 print() 函数将摘要信息打印到控制台，以便查看模型的详细信息和参数估计结果。

执行后会输出以下结果。

```
=============================== Model Summary ===============================

Number of observations: 222,    Number of features: 96
Method: Ridge regression
Number of nonzero features: 73
Regularization parameter: 376.5

Residuals:
        Min          1Q       Median          3Q         Max
     -8482.0     -3713.0     -2063.0      -26.97    4.445e+04
```

```
                 Pred_col Estimate Std. Err Pr(>)_boot sig. code
95%CI
              Intercept    4771.0    347.8    <2e-16      ***     (4240.0,
5638.0)
  events_C...New Year      69.68    79.29     0.476              (-38.83,
249.6)
  events_C...w Year-1     -21.77    14.17     0.080       .      (-52.78, 0.)
  events_C...w Year-2     -17.31    16.17     0.144              (-56.96,
0.)
  events_C...w Year+1      69.68    79.29     0.476              (-38.83,
249.6)
  events_C...w Year+2      91.45    77.53     0.098       .       (0.,
268.5)
##############省略部分结果
     cos12_ct1_yearly    -54.11    118.3     0.642              (-266.9,
182.9)
     sin13_ct1_yearly     -42.9    162.3     0.788              (-351.1,
257.9)
     cos13_ct1_yearly     9.533    163.5     0.952              (-288.9,
360.8)
     sin14_ct1_yearly      33.4    171.3     0.848              (-285.5,
354.5)
     cos14_ct1_yearly     25.63    169.6     0.906              (-313.3,
340.0)
     sin15_ct1_yearly     31.38    169.0     0.856              (-270.8,
377.3)
     cos15_ct1_yearly    -29.14    179.6     0.880              (-390.0,
318.4)
Signif. Code:  0 '***' 0.001 '**' 0.01 '*' 0.05 '.' 0.1 ' ' 1

Multiple R-squared: 0.2944,    Adjusted R-squared: 0.2626
F-statistic: 2.7048 on 9 and 211 DF,   p-value: 0.004473
Model AIC: 5235.1,    model BIC: 5270.9
```

上述操作通常用于检查模型的性能、参数估计值的显著性，以及了解模型是如何拟合数据的。

（3）将时间序列预测模型保存在名为 model 的变量中，变量 model 包含了经过训练和配置的时间序列预测模型的信息，可以用于进一步的分析、评估和应用模型进行预测。具体实现代码如下所示。

```
model = result.model
model
```

执行后会输出以下内容。

```
Pipeline(steps=[('input',
                PandasFeatureUnion(transformer_list=[('date',
                                                      Pipeline(steps=[('select_date',
                                                                       ColumnSelector(column_names=['ts']))])),
                                                     ('response',
                                                      Pipeline(steps=[('select_val',
                                                                       ColumnSelector(column_names=['y']))])),
('outlier',
 ZscoreOutlierTransformer()),
('null',
 NullTransformer(impute_algorithm='interpolate',
                 impute_params={'axis': 0,
                 'limit_direct...
                                                                        'simple_freq':
<SimpleTimeFrequencyEnum.WEEK: Frequency(default_horizon=12, seconds_per_
observation=604800, valid_seas={'MONTHLY_SEASONALITY', 'QUARTERLY_SEASONALI-
TY', 'YEARLY_SEASONALITY'})>,
                                                                        'start_year':
2017},
                                                   uncertainty_dict={'params':
{'conditional_cols': None,
'quantile_estimation_method': 'normal_fit',
'quantiles': [0.025000000000000022,
0.975],
'sample_size_thresh': 5,
'small_sample_size_method': 'std_quantiles',
```

```
'small_sample_size_quantile': 0.98},
                                                                'uncertainty_
method': 'simple_conditional_residuals'}))])
```

（4）创建一个包含未来时间点的数据框，以便用于进行未来时间点的预测。具体实现代码如下所示。

```
# 创建未来时间点的数据框
future_df = result.timeseries.make_future_dataframe(
    periods=4,           # 要创建的未来时间点的数量
    include_history=False    # 是否包含历史数据中的时间点
)
```

在上述代码中，方法make_future_dataframe()中有两个参数。

periods：要创建的未来时间点的数量。在这个示例中，设置为4，表示要创建未来4个时间点的数据。

include_history：指定是否包含历史数据中的时间点。如果设置为False，则只创建未来时间点；如果设置为True，则包括历史数据中的时间点。

最终，future_df 数据框中包含了未来时间点的日期时间信息，这些信息能使模型进行未来的预测。这对于生成模型的预测结果以及评估模型在未来数据上的性能非常有用。执行后会输出以下结果。

```
                ts  y
2021-04-04  2021-04-04  NaN
2021-04-11  2021-04-11  NaN
2021-04-18  2021-04-18  NaN
2021-04-25  2021-04-25  NaN
```

（5）使用已训练的时间序列预测模型来对未来时间点进行预测。这个操作可以生成模型对未来数据的预测值，以便对未来事件进行估计。具体实现代码如下所示。

```
model.predict(future_df)
```

执行后会输出以下结果。

```
ts    forecast        forecast_lower      forecast_upper     y_quantile_summary   err_std
0  2021-04-04  13684.712459      -2914.324065       30283.748984
(-2914.3240651010674, 30283.748983712296)              8469.051807
1  2021-04-11  13486.453986      -3112.582538       30085.490511
(-3112.582538268998, 30085.490510544365)               8469.051807
2  2021-04-18  13719.761027      -2879.275498       30318.797551
(-2879.2754975017633, 30318.7975513116)                8469.051807
```

3	2021-04-25	13901.315286	-2697.721238	30500.351811
(-2697.721238111364, 30500.351810702)				8469.051807

这些预测值可以用于分析未来趋势、制定决策、规划资源等，具体取决于我们的应用场景。请注意，预测的准确性取决于模型的质量和数据的特性，因此建议在使用预测结果时进行适当的评估和验证。

11.4.8 使用LSTM训练模型

LSTM是一种深度学习模型，主要用于处理序列数据，尤其是时间序列数据。它是循环神经网络的一种变种，旨在解决传统RNN在处理长序列时出现的梯度消失和梯度爆炸等问题。

（1）将原始时间序列数据准备成适合LSTM模型训练的格式，包括归一化数据和形状重塑。接下来，将X_train和y_train用于LSTM模型的训练。具体实现代码如下所示。

```
training_set = df_train.values
training_set = np.reshape(training_set, (len(training_set), 1))
from sklearn.preprocessing import MinMaxScaler
sc = MinMaxScaler()
training_set = sc.fit_transform(training_set)
X_train = training_set[0:len(training_set)-1]
y_train = training_set[1:len(training_set)]
X_train = np.reshape(X_train, (len(X_train), 1, 1))
```

对上述代码的具体说明如下。

training_set = df_train.values：将训练集数据从Pandas DataFrame转换为NumPy数组。

training_set = np.reshape(training_set, (len(training_set), 1))：对训练集数据进行形状重塑，将其从一维数组变成二维数组，其中每个数据点是一个单独的行。

from sklearn.preprocessing import MinMaxScaler：导入MinMaxScaler，这是一个用于归一化（将数据缩放到0到1之间）的工具。

sc = MinMaxScaler()：创建MinMaxScaler对象，用于对数据进行归一化。

training_set = sc.fit_transform(training_set)：使用MinMaxScaler对训练集数据进行归一化，确保数据位于0到1之间。

X_train = training_set[0:len(training_set)-1]：创建X_train，这是训练集的输入特征。它包含了前一个时间点的归一化价格数据。

y_train = training_set[1:len(training_set)]：创建y_train，这是训练集的目标值。它包含了当前时间点的归一化价格数据。

X_train = np.reshape(X_train, (len(X_train), 1, 1))：对X_train进行形状重塑，以适应LSTM模型的输入要求。LSTM模型的输入通常是三维的，其中第一维表示样本数量，第二维表示时间步长

（序列长度），第三维表示特征数量。这里每个样本是一个时间点，所以时间步长为1，特征数量也为1。

（2）使用Keras库构建一个简单的LSTM模型，用于时间序列预测。我们可以根据需要添加更多的LSTM层或调整其他超参数来改进模型性能。接下来，使用准备好的训练数据 X_train 和 y_train 来训练这个模型。具体实现代码如下所示。

```
model1 = Sequential()
model1.add(LSTM(10,activation="sigmoid",return_sequences = True,input_shape = (None, 1)))
# model1.add(Dropout(0.2))
# model1.add(LSTM(64,return_sequences = True))
# model1.add(Dropout(0.2))
# model1.add(LSTM(10))
# model1.add(Dropout(0.2))

model1.add(Dense(1))
model1.compile(loss='mean_squared_error', optimizer='adam')

model1.summary()
```

执行后会输出以下结果。

```
Model: "sequential"

Layer (type)                 Output Shape              Param #
=================================================================
lstm (LSTM)                  (None, None, 10)          480
_____
dense (Dense)                (None, None, 1)           11
=================================================================
Total params: 491
Trainable params: 491
Non-trainable params: 0
```

（3）训练构建的LSTM模型 (model1)，并将训练的历史记录存储在 history 变量中。具体实现代码如下所示。

```
history=model1.fit(X_train, y_train, batch_size = 5, epochs = 20)
```

在训练函数model1.fit()中，参数X_train是训练集的输入特征，包含时间序列数据的前一个时间点的归一化价格数据。参数y_train是训练集的目标值，包含时间序列数据的当前时间点的归一化价格数据。参数batch_size用于指定每个小批次的样本数量，这里设置为 5。参数epochs用于指定训练的轮数，这里设置为 20。在训练过程中，会使用优化器（在此处是Adam优化器）最小化损失函数（均方误差）。模型会反复迭代训练数据集，并不断调整模型参数以逐步提高模型的预测性能。执行后会输出训练过程。

```
Epoch 1/20
300/300 [==============================] - 2s 1ms/step - loss: 0.2960
Epoch 2/20
300/300 [==============================] - 0s 1ms/step - loss: 0.0153
Epoch 3/20
300/300 [==============================] - 0s 1ms/step - loss: 0.0134
Epoch 4/20
300/300 [==============================] - 0s 1ms/step - loss: 0.0123
Epoch 5/20
300/300 [==============================] - 0s 1ms/step - loss: 0.0099
Epoch 6/20
300/300 [==============================] - 0s 1ms/step - loss: 0.0095
Epoch 7/20
300/300 [==============================] - 0s 1ms/step - loss: 0.0073
Epoch 8/20
300/300 [==============================] - 0s 1ms/step - loss: 0.0049
Epoch 9/20
300/300 [==============================] - 0s 1ms/step - loss: 0.0048
Epoch 10/20
300/300 [==============================] - 0s 1ms/step - loss: 0.0030
Epoch 11/20
300/300 [==============================] - 0s 1ms/step - loss: 0.0018
Epoch 12/20
300/300 [==============================] - 0s 1ms/step - loss: 0.0011
Epoch 13/20
300/300 [==============================] - 0s 1ms/step - loss: 6.5369e-04
Epoch 14/20
300/300 [==============================] - 0s 1ms/step - loss: 2.6755e-04
Epoch 15/20
300/300 [==============================] - 0s 1ms/step - loss: 2.2276e-04
Epoch 16/20
300/300 [==============================] - 0s 1ms/step - loss: 1.7363e-04
Epoch 17/20
300/300 [==============================] - 0s 1ms/step - loss: 1.4839e-04
Epoch 18/20
300/300 [==============================] - 0s 1ms/step - loss: 1.5048e-04
Epoch 19/20
300/300 [==============================] - 0s 1ms/step - loss: 1.0066e-04
```

```
Epoch 20/20
300/300 [==============================] - 0s 1ms/step - loss: 1.1933e-04
```

通过上述训练过程，模型将逐渐学习如何根据过去的时间点预测未来的时间点。可以使用变量history中的信息来可视化训练过程中损失的变化，并评估模型的性能。这对于确定模型是否过拟合或欠拟合以及是否需要进一步调整超参数非常有帮助。

11.4.9 模型性能可视化

（1）使用Matplotlib库绘制模型的训练损失曲线，用于评估模型的性能。具体实现代码如下所示。

```
%matplotlib inline
plt.figure(figsize=(15,5))
plt.plot(history.history['loss'])
plt.title("The model's evaluation", fontsize=14)
plt.xlabel('Epoch')
plt.ylabel('Loss')
plt.show()
```

执行代码后会绘制可视化图，展示模型在训练过程中损失的变化情况，如图11-14所示。通过观察损失曲线，你可以了解模型在训练过程中是否逐渐收敛，以及是否存在过拟合或欠拟合等问题。通常，随着训练轮次的增加，损失应该逐渐减小。如果出现损失突然上升的情况，可能表示模型在训练数据上过拟合。这有助于你评估模型的性能并进一步改进模型。

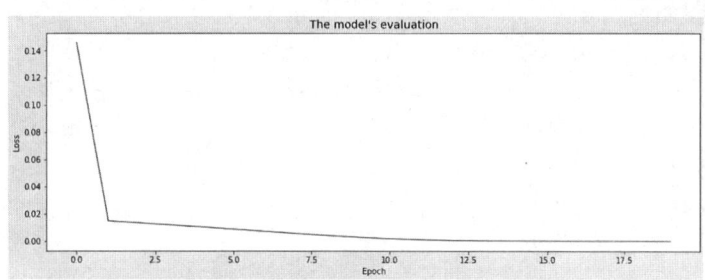

图11-14　模型在训练过程中的损失曲线图

（2）使用Keras中的函数plot_model可视化展示前面构建的LSTM模型的架构，并将可视化结果保存到一个名为"model_plot.png"的图像文件中。具体实现代码如下所示。

```
from keras.utils.vis_utils import plot_model
plot_model(model1, to_file='model_plot.png', show_shapes=True, show_layer_names=True, expand_nested=False)
```

执行这段代码后，你将在当前工作目录下找到一个名为"model_plot.png"的图像文件，其中包含了LSTM模型的架构图,如图11-15所示。这个图像可以帮助你更好地理解模型的结构,包括层之间的连接和数据流,这对于模型调试和可视化非常有用。

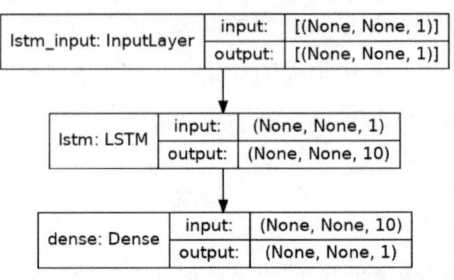

图11-15　LSTM模型的架构图

(3)使用训练的LSTM模型对BTC价格进行预测,并可视化展示BTC的真实价格与模型预测价格之间的对比。具体实现代码如下所示。

```
test_set = df_test.values
inputs = np.reshape(test_set, (len(test_set), 1))
inputs = sc.transform(inputs)
inputs = np.reshape(inputs, (len(inputs), 1, 1))
predicted_BTC_price = model1.predict(inputs)
predicted_BTC_price=predicted_BTC_price.reshape(-1,1)
predicted_BTC_price = sc.inverse_transform(predicted_BTC_price)


%matplotlib inline
plt.figure(figsize=(15,8))
plt.plot(test_set, color = "red", label = "Real Stock Price")
plt.plot(predicted_BTC_price, color = "black", label = "Predict Stock Price")
plt.title("BTC Price Prediction")
plt.xlabel("Time")
plt.ylabel("BTC Price(USD)")
plt.legend()
plt.show()
```

执行代码后会绘制BTC的真实价格与模型预测价格曲线图,如图11-16所示。通过比较真实价格和模型预测的价格,可以评估模型的准确性和泛化能力。

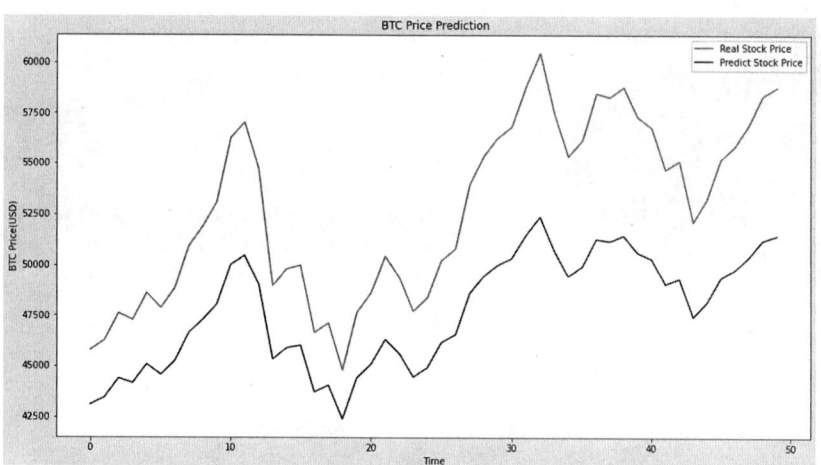

图11-16　BTC的真实价格与模型预测价格曲线图

第12章
未来金融智能化发展趋势

本章导读

未来金融智能化的发展趋势将继续以技术创新和数据为核心,以提高效率、降低风险和改善客户体验。然而,这也会带来一些挑战,包括数据隐私、安全性和监管等方面的问题,这些都需要我们进行妥善处理。本章将详细讲解未来金融智能化发展趋势的知识,为本书的内容画上一个完美的句号。

12.1 人工智能在金融领域的应用前景

人工智能在金融领域有广泛的应用前景,具体表现在以下几个方面。

风险管理:人工智能可以分析大规模的金融数据以识别潜在的风险和模式,包括信用风险、市场风险和操作风险。例如,利用机器学习模型建立风险评估模型,可以帮助金融机构更好地管理风险。

反欺诈:AI可以识别不寻常的交易模式和行为,以检测欺诈活动。这包括信用卡欺诈检测、身份验证和交易监视。

自动化交易:自动化交易使用人工智能来执行交易策略,以便在市场上迅速捕捉机会。

投资组合管理:AI可以分析大量数据以制定投资组合策略,帮助投资者做出更明智的投资决策。

客户服务:虚拟助手和聊天机器人可以用于提供客户支持、回答常见问题、处理投诉和查询。

信贷评估:AI可以更全面地评估贷款申请,包括分析借款人的信用历史、财务状况和还款能力,以便更准确地做出贷款决策。

金融市场分析：人工智能可以分析金融新闻、社交媒体和其他信息源，以预测市场趋势和事件对市场的影响。

合规和监管：监管科技利用人工智能来帮助金融机构严格遵守法规和监管要求，包括报告、监视和风险管理。

财务规划：AI可以提供个性化的财务建议，帮助个人和家庭做出更好的财务决策，包括投资、储蓄和退休规划。

区块链和数字资产：AI可以用于分析区块链交易数据，监控数字资产市场，并提高区块链网络的安全性。

可持续金融：AI可以用于评估环境社会治理（ESG）指标，帮助投资者和金融机构评估可持续投资机会。

总的来说，AI在金融业的前景是多样化和充满潜力的。通过更好地利用大数据、高级分析和机器学习，金融机构可以提高效率、降低风险、提供更好的客户体验，同时也可以创造新的商业机会。然而，金融机构需要应对数据隐私、监管合规性、技术风险和道德问题等挑战，以确保AI在金融领域的成功应用。

12.2 未来金融智能化发展趋势的展望

未来金融智能化发展的趋势将继续受到技术创新、市场需求和法规变化的影响。

12.2.1 智能化金融服务的普及

智能化金融服务的普及正在金融行业迅速发展，这些服务借助人工智能、机器学习和自动化技术来提升客户体验、提高效率并提供更个性化的金融解决方案。以下是影响智能化金融服务普及的关键因素。

技术发展：随着AI和机器学习技术的不断发展和成熟，金融机构能够更容易地整合这些技术，以改进其产品和服务。同时，硬件设备的不断提高也有助于提高计算能力，从而更好地支持智能化金融服务。

数据驱动：大数据的可用性和访问性不断提高，金融机构可以利用海量的数据来训练AI模型，以提供更准确的预测和决策支持。这使得智能化金融服务更具吸引力。

客户需求：消费者对个性化、便捷和高效的金融服务的需求不断增加。他们希望能够通过手机应用程序或在线平台访问金融产品，并期望这些产品能够满足其特定的需求和目标。

成本效益：智能化金融服务可以帮助金融机构降低运营成本，包括自动化流程、减少错误和欺诈，从而提高效率。这使得金融机构能够更灵活地提供更有吸引力的定价和利率。

竞争压力：金融科技公司的兴起和竞争加剧了传统金融机构的竞争压力。传统金融机构需要跟上趋势，以确保不失去市场份额。

监管环境：监管机构也开始认识到智能化金融服务的潜力，并开始调整监管框架以适应新技术。这为金融机构提供了更多的机会来实施智能化金融服务。

尽管智能化金融服务的发展前景光明，但仍然需要解决一些问题，包括数据隐私、安全性、监管合规性和技术可靠性。然而，随着时间的推移，这些问题可能会得到解决。届时智能化金融服务将继续在金融领域扮演越来越重要的角色，为消费者和企业提供更多的选择和便利性。

12.2.2 区块链与数字货币的演进

区块链与数字货币是金融和科技领域备受关注的两个领域，它们的演进对未来的金融体系和技术发展具有深远的影响。

1. 区块链的演进

公有链和私有链：最初，区块链技术主要以公有链的形式出现，如比特币和以太坊。然而，随着需求的增长，私有链和联盟链也逐渐崭露头角。私有链更适合企业内部使用，而联盟链则用于多方共享数据和交易。

性能改进：一些区块链平台已经开始改进性能问题，以增加交易吞吐量和降低费用。这将有助于扩大其应用场景，包括金融交易和供应链管理。

智能合约：以太坊引入了智能合约的概念，允许在区块链上执行可编程的合同。未来，智能合约将变得更强大，可以用于更多领域，如法律、不动产和医疗保健。

跨链互操作性：为了解决多个区块链之间的互操作性问题，跨链技术将继续发展，以实现不同区块链之间的数据和资产流动。

隐私保护：随着人们对隐私的关注增加，隐私保护技术将成为区块链的一个重要发展方向，以确保敏感数据的保护。

2. 数字货币的演进

中央银行数字货币（Central Bank Digital Currencies，CBDC）：越来越多国家的中央银行正在考虑或试验发行CBDC。CBDC将数字货币引入国家货币体系，可能会改变货币政策和支付系统。

稳定币：稳定币是一种与传统货币或其他资产（如黄金或股票）挂钩的数字货币。它被广泛用于加密交易和数字资产交换，因为它具有较低的价格波动性。

数字资产投资：数字货币不再仅仅是支付手段，它已成为一种投资工具。许多投资者将数字资产视为资产组合的一部分，并将其视为避险资产。

合规和监管：随着数字货币市场的扩大，监管机构将加强对此领域的监管。这将涉及反洗钱（Anti-Money Laundering，AML）和了解你的客户（Know Your Customer，KYC）要求的强化，以确保数字货币的合法使用。

更多的应用场景：数字货币的应用领域将扩展到物联网、供应链管理、音乐、艺术和其他领域，以改善支付和数字权益的管理。

总的来说，区块链和数字货币的演进将受到技术、市场和监管方面的多重因素影响。这些技术的广泛应用将继续改变金融和数字领域，并可能对货币政策、金融服务和数据隐私产生深远影响。

12.2.3 金融监管与法规的调整

金融监管与法规的调整是为了适应金融业的变革和发展，确保金融市场的稳定性、透明度和保护投资者的权益。以下是一些可能发生的金融监管和法规调整的趋势。

数字资产监管：由于数字资产（如比特币和以太坊）的兴起，监管机构将加强对加密货币和数字资产市场的监管。这可能包括KYC和AML规定的强化，以减少非法活动和欺诈。

中央银行数字货币：随着越来越多的国家研究和实验发行CBDC，监管机构将制定相关监管框架，以确保CBDC的合法性、安全性和有效性。

金融科技监管：监管科技将继续发展，以帮助金融机构遵守法规。监管机构可能采用更多的数据分析和人工智能工具来监控金融市场。

可持续金融监管：环境社会治理（ESG）标准的重要性正在增加，监管机构可能会制定更多的法规来推动可持续金融和ESG标准的应用。

数据隐私和安全性：随着个人数据的增加和数字金融服务的普及，数据隐私和安全性将成为监管的重点。

市场透明度：监管机构可能会要求更多的透明度和报告，以改善市场的稳定性和投资者的信任。这可能包括更详细的报告和更频繁的披露。

金融科技公司的监管：监管机构可能会更密切地关注金融科技公司，确保它们严格遵守金融规定，并防止潜在的风险和不当行为。

全球协调：金融市场越来越国际化，监管机构可能需要更多的国际合作和协调来解决跨境金融问题。

数字身份认证：随着数字身份认证的重要性增加，监管机构可能会推动相关法规，以确保数字身份认证的安全和可靠性。

监管机构通常需要在保护投资者权益、维护市场秩序和促进创新之间寻求平衡。因此，监管和法规的调整将继续根据市场需求和技术变革而发展。